本书出版得到

国家重点文物保护专项补助经费资助

中国田野考古报告集

考 古 学 专 刊

丁种第八十四号

扬 州 城

——1987~1998 年考古发掘报告

中国社会科学院考古研究所
南 京 博 物 院 编著
扬 州 市 文 物 考 古 研 究 所

文物出版社

北京·2010

封面设计：张希广
责任印制：陆　联
责任编辑：黄　曲

图书在版编目（CIP）数据

扬州城：1987~1998年考古发掘报告 / 中国社会科学院考古研究所，南京博物院，扬州市文物考古研究所编著. —北京：文物出版社，2010.7

ISBN 978-7-5010-2988-4

Ⅰ. ①扬… Ⅱ. ①中… ②南… ③扬… Ⅲ. ①古城遗址（考古） – 发掘报告 – 扬州市 – 1987~1998 Ⅳ. ① K878.05

中国版本图书馆 CIP 数据核字（2010）第 115485 号

扬 州 城

—— 1987~1998 年考古发掘报告

中国社会科学院考古研究所
南 京 博 物 院 编著
扬 州 市 文 物 考 古 研 究 所

＊

文物出版社出版发行

（北京东直门内北小街 2 号楼）

http://www.wenwu.com

E-mail: web@wenwu.com

北京君升印刷有限公司印刷

新 华 书 店 经 销

889 × 1194　1/16　印张：32　附页：1

2010 年 7 月第 1 版　2010 年 7 月第 1 次印刷

ISBN 978-7-5010-2988-4　定价：480.00 元

Yangzhou City

Report on the Archaeological Excavation 1987–1998

(With Abstracts in English and Japanese)

by

Institute of Archaeology, Chinese Academy of Social Sciences

Nanjing Museum

Yangzhou Municipal Institute of Cultural Relics and Archaeology

Cultural Relics Press

Beijing · 2010

序

扬州隋唐城的考古工作始于1976年唐扬州罗城西南隅的手工业作坊遗址和寺庙遗址的发掘。引起考古学界关注的是1984年唐宋扬州城南门遗址的发掘。这两次工作都由南京博物院和扬州博物馆主持,分别由罗宗真同志和纪仲庆同志向夏鼐先生汇报,得到了他的支持。夏先生认为唐宋扬州城在中国古代城市史上,特别是地方城市发展上占有重要地位,应当是中国城市的重点工作(参阅罗宗真《夏鼐先生的三封信》,收入《夏鼐先生纪念文集》页111~113,科学出版社,2009年)。这个意见被有关方面采纳,唐宋扬州城考古被纳入全国社科考古学规划,扬州城被公布为全国历史文化名城,其历史文化价值得到了充分的认同。

中国现代考古学1928年诞生时发掘的第一个大遗址是商代都城——安阳殷墟,视城市考古为重中之重的研究课题。新中国成立后,1950年成立的中国科学院考古研究所继承了这个传统,除安阳殷墟外,陆续在西安、洛阳开展了夏商周秦和汉唐两京的城市考古工作;后来又在河北、北京作了邺城和元大都的考古;20世纪80年代以后,又进行了扬州唐宋城和杭州南宋临安城的考古工作,积累了中国城市考古的经验,包括城市考古的田野工作,从调查勘探发掘,到测绘复原研究。尤其是古今重叠式城市遗址的考古方法,都作了一些有益的探索。扬州唐宋城的考古正是在这种学术背景下开始工作的,从1986年以来,把若干配合基本建设的考古项目,纳入唐宋扬州城考古科研计划之内,既完整地保护了四座城门遗址的现场,也满足了科学研究的需要。

本书是扬州唐宋城考古一个阶段的成果报告,它是根据田野考古记录(包括文字记录、测绘线图、影像记录等)整理而成的,是考古研究的基础资料。因此,对考古报告的要求,一是真实,二是客观。要真实地记录考古工作的全过程,正确地描述遗迹和出土遗物,尽量避免在描述中掺入发掘者、编写者的主观推测意见。真实和客观是评论这个报告科学性的两大指标。所以,考古报告一般不采取把考古材料和个人研究的想法夹叙夹议混淆在一起的写法,这会造成真假难辨,致使整个报告毁于一旦。本报告坚持了正确的编写原则,在章节安排上层次分明,主要是发表具体材料,只在全书末尾才把有关需要作解释的问题进行了说明,严格区分,保证了报告本体的科学性。

今年春天,扬州唐宋城的考古报告杀青,蒋忠义先生送报告打印稿来阅并索序。我与扬州唐宋城考古尚有一点因缘,不揣浅陋,写了几点感想,意在阐明扬州城考古的重要性,并对从事这项工作的蒋忠义先生多年来的辛劳,严肃认真的学风,表示敬意。

徐苹芳

2010年5月于北京

目　录

插图目录

插表目录

图版目录

第一章 前 言

第一节 地理位置和地理环境

扬州，位于江苏省中部，地处长江下游，江淮平原南端。南部濒临长江，北面与淮阴、盐城接壤，东面与泰州市毗连，西面与南京市的六合区和安徽省的天长市交界。

扬州地区水系发达，南缘的长江自西向东，流经仪征、邗江、江都、泰兴、靖江和如东等市县后，进入东海。京杭大运河，南北纵贯腹地，运河由北向南沟通白马、宝应、高邮、邵伯四湖后与长江交汇，这段运河长142千米，水量充足，河面宽阔，常年可行大船。除长江、运河两大水系外，还有南北贯穿的射阳河、滷汀河、姜黄河，以及东西横穿的大溪河、宝射河、大潼河、白涂河、澄子河、蚌蜓河、新通扬运河（古之运盐河）和如泰运河等。（图一）

扬州城区地势呈西北高东南低。城北有海拔二三十米高的蜀冈（图版一），为条带状丘陵地，土质为黄黏土，由西向东延伸，愈向东愈低，至运河东逐渐倾斜消失。距城北2000米，为蜀冈最高处，东侧高地称为东峰，即今观音山（图版二，1），中间高地称为中峰，即今大明寺，西侧高地称为西峰，即今司徒庙（图版二，2），宛如一道屏障，护卫着扬州城区。蜀冈冈顶较宽平，地表冲沟平浅，一些沟溪顺地势下流，汇于北侧

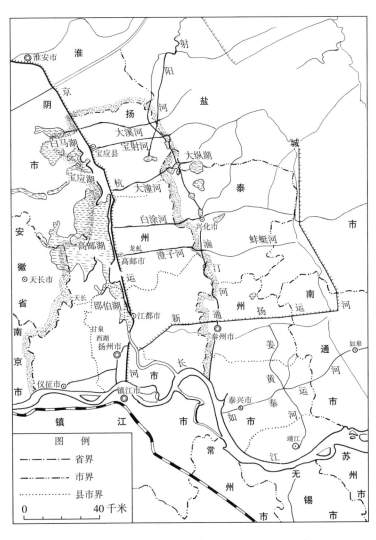

图一 扬州位置与地理环境（据1989年扬州市地图改绘）

雷塘，然后顺槐泗河东去，注入运河。蜀冈下向南至瓜州为一片长江冲积平原。考古勘探证实，隋唐以前的城，皆建在蜀冈上，唐代（罗城）以后的城，皆建在蜀冈下。（图版三）

　　扬州城所处的地理位置十分理想，城南濒临长江，又是江南和江北大运河的交汇点，自古以来即为水陆交通枢纽，南北货物集散地，这种得天独厚的地理环境是扬州经济发展的有利条件。城内外的水系特别丰富，纵横交错的水陆网，构成了扬州城的最大特色。这些水系多为人工开凿的运河，如江北大运河，从北向南流，经湾头向西流（图版四，1），沿蜀冈南麓至黄金坝（即唐代扬州罗城东北角）（图版四，2）后，转向南流，顺东城墙（图版四，3；图版五，1）至城的东南角康山后，河道折向西流（图版五，2），经唐代罗城南门前，又转向

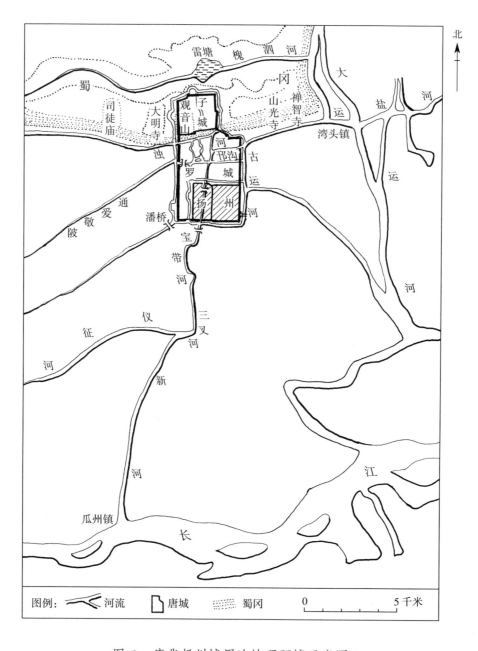

图二　唐代扬州城周边地理环境示意图

南流，经宝带河（图版六，1），到扬子镇的三叉河（图版六，2）、伊娄河，达瓜州，入长江。另一条运河，从三叉河转向西南，经仪征白沙镇，入长江，这条河即真扬运河。另外，围绕扬州城还有多层护城河（汉代、隋唐、宋明扬州城护城河），以及南北纵贯城中的市河（官河）和东西向的浊河、邗沟等。（图二）

第二节　扬州城历史沿革

"扬州"之名最早见于《尚书·禹贡》："淮、海惟扬州"。当时禹分天下为九州，扬州为其一，其地域大致包括现今的苏、皖、浙、赣、闽等省的广大地区，与今之扬州地域、定义完全不同。

扬州建城史，最早始于春秋时吴王夫差[1]，距今约有2500余年。首称"邗城"，并开挖邗沟，将长江与淮河沟通。此沟的大体方位在今长江以北，流经扬州、高邮、宝应的里河（即古运河）。

战国时代，扬州属楚国。楚怀王十年（前319年），此城首次称"广陵"[2]。

秦代，始皇二十四年（前223年）灭楚后，秦统一全国，广陵为九江郡下属县。

汉代，高祖刘邦封侄子刘濞到广陵当吴王，以广陵为都城。重建后的广陵城城周十四里半[3]（文献首记广陵城规模）。景帝三年（前154年），刘濞谋反，被除杀，徙汝南王非到此任江都王，广陵改为江都国（此地首称"江都"）。武帝元狩六年（前117年），立子胥为广陵王，又改称广陵国，统广陵、江都、高邮、安平四县[4]，其地域较近今扬州范围。元封五年（前106年），置十三州刺史部，广陵郡属徐州刺史部。东汉明帝永平元年（58年），封刘荆为广陵王，改广陵郡为广陵国。永平十年（67年）刘荆负罪自杀，国除。东汉末期献帝建安十八年（213年），并十四州为九州[5]，广陵郡县废。

三国时代，广陵郡处在魏吴两国争战地，广陵城郭遭毁，吴王孙亮于五凤二年（255年）派卫尉冯朝修广陵城，将军吴穰为广陵太守[6]。

六朝时代，广陵郡先后属东吴、东晋、宋、齐、梁、陈的领地，并成为江南六朝在江北抵御或进攻北朝的据点。因战争要求，大规模修筑广陵城有两次：一次为东晋太和四年（369年），北伐失败的大司马桓温，徙镇广陵，征徐、兖州民筑广陵城[7]。另一次是南朝的刘宋，因

---

[1] 《左传》鲁哀公九年（即周敬王三十四年，吴王夫差十年，前486年）秋："吴城邗，沟通江淮。"杜预注："于邗江筑城穿沟，东北通射阳湖（今扬州宝应市东北），西北至末口（今江苏淮安）入淮。"郦道元《水经·淮水注》："自广陵城东南筑邗城，城下掘深江，谓之邗江，亦曰邗溟沟。""邗"字由"干"加上偏旁"邑"，即为"邗"字。西周时周封江淮沿海一带地域的东夷人，为"干国"，"干"音为hán，其字义指靠近江海之滨的涯岸。"邗"成为此地沿袭的专用地名，如扬州邗江县。

[2] 《史记》卷十五《六国年表》楚怀王十年（前319年）"城广陵"。广陵之名，可能指蜀冈地势较为广阔的丘陵，城建在蜀冈上，因而称"广陵城"。

[3] 《续汉书》郡国志注：广陵"吴王濞所都，城周十四里半"。

[4] 《嘉靖惟扬志》卷二，建革。

[5] 《嘉靖惟扬志》卷三，历代。

[6] 《三国志·吴书》卷三：五凤二年七月"……使卫尉冯朝城广陵，拜将军吴穰为广陵太守，留略为东海太守。"

[7] 《晋书》卷九十八《桓温传》："太和四年，温……发州人筑广陵城，移镇之。"《资治通鉴》卷一百二："（太和四年）十二月，……大司马温发徐、兖州民筑广陵城。"

与北魏的几次战争，广陵城凋敝，宋孝武帝封刘诞为竟陵王，刘诞到广陵后，征发州民，于大明元年（457年）、二年修筑广陵城。[①]随后刘诞反叛宋主，大明三年（459年）孝武帝刘骏派大将军沈庆之率兵讨伐，攻克广陵，刘诞被诛，城中州民被屠杀三千余口，刚刚复兴的广陵城变成荒废的城墟，因故又称"芜城"。[②]

隋代，隋文帝杨坚统一全国后，于开皇九年（589年）改广陵郡为扬州（此乃首次称为"扬州"）。大业元年（605年），改扬州为江都。隋代的扬州经济开始好转，政治地位迅速提高。隋炀帝开凿大运河后，扬州成为江南与江北大运河的交汇处，也自然成为南北水陆交通枢纽，物资转运集散地，特别是京城的大米和盐，全靠大运河输送，经济贸易逐渐繁盛。隋炀帝特别喜爱扬州，从他继位称帝的第二年（606年）到他被叛臣谋杀死在江都（618年）的十三年中，共三次行幸江都，并按京城规格，营建江都城池和宫殿建筑。隋炀帝修建的江都城和宫殿应在蜀冈上，而蜀冈下的平原之地，靠运河一带已有市肆，史载隋炀帝夜游宵市[③]。隋炀帝在扬州所作的一切为以后宏大的唐代扬州城及其经济发展奠定了雄厚的基础。

唐代，扬州是淮南道的首府。武德七年（624年），在扬州设立大都督府。天宝元年（724年），改扬州为广陵郡，仍设大都督府。至德元年（756年），改广陵为扬州，大都督名不变[④]，领江都、江阳、六合、海陵、高邮、扬子、天长七县。（图三）

唐代扬州城除沿用蜀冈上隋代修筑的江都城外，何时在蜀冈下增筑了规模宏大的扬州罗城，文献记载不明确。文献记载唐代扬州有两重城，如诗人杜牧有"街垂千步柳，霞映两重城"[⑤]的诗句。《雍正扬州府志》明确记载："唐为扬州，城又加大，有大城（即罗城），又有子城，南北十五里一百一十步，东西七里三十步，盖连蜀冈上下以为城矣"。

文献记载唐代扬州筑城有两次，一次为建中四年（783年）十一月："淮南节度使陈少游，将兵讨李希烈，屯盱眙。闻朱泚作乱，归广陵，修堑垒，缮甲兵"[⑥]。55年后的开成三年（838年），日僧圆仁到扬州记："扬府，南北十一里，东西七里，周四十里"[⑦]。这可能就是陈少游修筑的扬州城。另一次为乾符六年（879年）载："高骈至淮南，缮完城垒"[⑧]。这是唐代末期最后一次修缮扬州城。约两百年后的北宋人沈括，记唐代扬州城址"南北十五里一百一十步，东西七里三十步"[⑨]，这应是唐代末期扬州城的规模。

五代时期，江淮地区战乱增多。南唐灭吴后，于升元元年（937年）建都金陵（今南京），扬州为其东都。保大十五年（957年），周世宗攻打南唐，元宗李璟自知东都扬州难守，放大

① 《南史》卷十四《竟陵王诞传》："大明元年秋，又出为南兖州刺史，加都督。诞知见猜，亦潜为之备。至广陵，因魏侵边，修城隍，聚粮练甲。……大明二年，发人筑广陵城。"《宋书》卷七十九："广陵城旧不开南门，云开南门者不利其主，至诞乃开焉。……大明二年，发民筑治广陵城。"
② 鲍照：《鲍参军集·芜城赋》。
③ 《雍正江都县志》载："小市桥，一名宵市桥，在北水关外，相传'隋炀帝于此开夜市'。"
④ 《旧唐书》地理志。
⑤ 杜牧：《樊川文集》卷三《扬州三首》。杜牧曾任淮南节度府掌书记，官至中书舍人。《扬州三首》是他任掌书记时，于大和六年（832年）写的作品。
⑥ 《资治通鉴》卷二百二十九。
⑦ 圆仁《入唐求法巡礼行记》卷一。
⑧ 《旧唐书》卷一百八十二《高骈传》。
⑨ 沈括《梦溪笔谈·补笔谈》卷三。

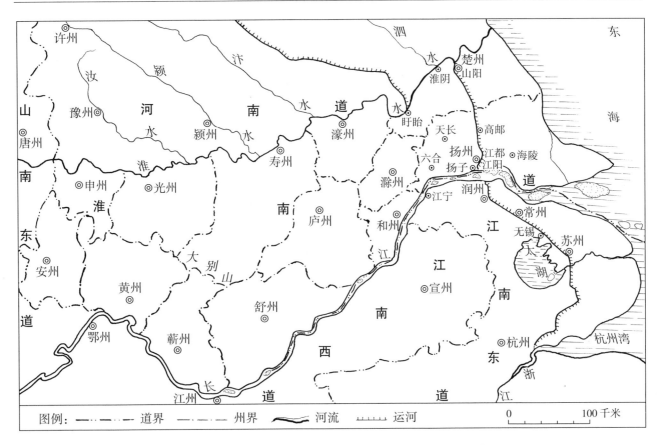

图三　唐代淮南道范围及首府扬州城位置示意图

（据《中国历史地图集》第五册《淮南道》改绘）

火烧毁扬州城，强制居民迁移江南①。"江淮之间东西千里，扫地尽矣"②，繁荣昌盛的唐代扬州城遭到严重毁坏。周世宗于显德五年（958年）进入扬州，"城中仅余癯病十余人"③。世宗命韩令坤发丁夫万余，整理被破坏的扬州城，因人烟稀少，虚旷难守，故在故城东南隅，筑一小城④，城周二十余里，与庞大的唐代扬州城相比，规模甚小，因而称为"周小城"⑤。

北宋时代，太祖统一天下，并亲征扬州，讨伐叛臣李重进⑥。攻克扬州后，以周小城为宋代扬州城⑦。乾德元年（963年）七月，命南唐时迁移江南的扬州居民，回归扬州⑧。宋代扬州先属淮南道，后属淮南东路，统辖江都、广陵两县。北宋一百六十余年，州民安居乐业，扬

---

① 《南唐书》保大十五年十二月条："帝知东都必不守，遣使焚其官私庐舍，徙其民于江南。"
② 《资治通鉴》景福元年七月条。
③ 《通鉴·后周纪五》。
④ 《旧五代史·周书·世宗纪第五》显德五年二月条："戊午，车驾发楚州南巡。丁卯，……诏发扬州部内丁夫万余人城扬州。……遂于故城内就东南别筑新垒。"《资治通鉴》卷二百九十四《后周纪五》显德五年二月条："戊午，帝发楚州；丁卯，至扬州，命韩令坤发丁夫万余，筑故城之东南隅为小城以治之。"胡三省注："今扬州大城是也。"《庶斋老学丛谈》卷上："今扬州城，乃周显德五年，于故城东南隅改筑，周二十余里。"
⑤ 刘文淇《扬州水道记》卷二："令坤所筑之城，即在故城之内，方舆纪要以令坤所修者，为周小城是也。"
⑥ 《宋史》卷一《太祖纪一》。
⑦ 周小城是后周显德五年（958年）开始修筑，至宋太祖于建隆元年（960年）攻下周小城，前后只有两年时间，这期间李重进修筑的城，仍是后周时未完成的部分城墙。所以周小城、宋大城实同城而异称。
⑧ 《南唐书》卷二，乾德元年七月条。

州又恢复了安定局面。蜀冈上的原唐代子城，被废弃不用。

南宋时代，扬州地处北部边境，成为抗金、抗元的前卫基地，战略地位的重要性愈益增加，根据战争防御需要，扬州城池经数次修缮或增筑，最后形成"宋三城"的布局。文献记载修筑城池之事有：

建炎元年（1127年）九月、二年十月，命扬州守臣吕颐浩缮修城池，竣隍修城，阅江淮郡水军①。

绍兴年中（1131～1162年），郭棣知扬州，看到州城北面的蜀冈上，原唐代故城（子城）地势险要，是防守要地，因而在故城遗址上筑城，与州城南北对峙，两城之间夹甬道，以联络南北二城相互支援②。在蜀冈故城遗址上建的城，名曰"堡城"，联络州城与堡城的甬道，名曰"夹城"，从此宋代扬州有了大城（与堡城和夹城相比而言的宋大城）、堡城和夹城，成了南宋王朝在江北的战略据点。这期间修城的还有莫濛③。

乾道三年（1167年）、四年；淳熙元年（1174年）、八年；绍熙三年（1192年）；庆元五年（1199年）等均有修城记载④。

嘉定七年（1214年），北方金、元两个民族矛盾加剧，金受蒙古逼迫，五月迁都汴（今开封），更迫近南宋版图及政权的安危。扬州事主管崔与之，为防金兵南下，加强扬州城池防护，浚壕沟，河面宽十有二丈，深二丈，濠外余三丈，护以旱沟，又外三丈封积土，复作瓮城五门，开月河，置吊桥，夹城夯土墙包砌城砖。⑤崔与之浚城濠，明确记载：大城城濠周三千五百四十一丈，夹城城濠周七百三十一丈，堡城周九里十六步。

金亡，强大的元兵迅速南下，迫及江淮。两淮宣抚使贾似道于宝祐二年（1254年）、三年修筑堡城，由此称"宝祐城"⑥。

景定元年（1260年）五月，李庭芝主管两淮安抚制置司公事，兼知扬州，为阻止元兵控制蜀冈中峰平山堂，乃加大城包平山堂于城内⑦，紧紧控制蜀冈中峰、东峰两个制高点。李庭芝是南宋扬州城最后的守将，南宋朝廷降元后，他仍凭借宋三城的优秀防御城池，孤军守垒，抵抗到底。

元代，扬州属扬州路，初建大都督府置江淮等处行中书省，治扬州。元朝袭用宋州城作为扬州城，并"被选为十二省治所之一"⑧，城市相当繁华。元末，因战乱，扬州城再次荒废，

① 《宋史》本纪，建炎元年、二年条；《宋会要辑稿》方域九之一。
② 《甘泉县治》引《宋朝言行录》："绍兴中，郭棣知扬州，以为故城凭高临下，四面险固，初李重进始夷之，而改为今城，相距二十里，处势界潦，虏来袭瞰，易在股掌，请即遗址建筑，无几时役竣，与旧城南北对峙，中夹甬道，疏两濠，缓急足以转响，谓之大城。"《舆地纪胜》扬州新旧城条也有相同的记载，只是"相距二十里"，变为"三十里"（二十里与三十里都不对，经考古勘查实测，堡城与宋大城南北相距1千米）。《方舆胜览》也有以上记载。
③ 《宋史》卷三百九十《莫濛传》。
④ 《宋史》本纪，乾道三年五月条、淳熙八年闰三月、绍熙三年七月条；薛应旃：《宋元通鉴》卷八十三乾道四年条；《宋会要辑稿》方域九之一～三。
⑤ 崔与之：《菊坡集·扬州重修城濠记》《宋史》卷四百六《崔与之传》："既至，浚濠广十有二丈，深二丈。西城濠势低，因疏塘水以限戎马。开月河，置钓桥，州城与堡砦城不相属，旧筑夹土往来，为易以甓。"
⑥ 《宋史》本纪·理宗纪；《庶斋老学丛谈》卷下。
⑦ 《宋史》本纪·开庆元年（1259年）正月条；《宋史》卷四百二十一《李庭芝传》。
⑧ 马可·波罗：《马可·波罗行记》。

"按籍城中居民，仅余十八家"①。

明代，改扬州路为淮海府，继而改惟扬府，后改扬州府，江都为府治，属南直隶（今南京）管辖。元至正十七年（1357年）十月，朱元璋命元帅张德林镇守扬州，"德林以旧城（指宋大城）虚旷难守，乃截城西南隅，筑而守之"②，城"周围九里二百八十六步四尺，高二丈五尺……城门楼观五座"③。"嘉靖十八年（1539年）巡盐御使吴悌、知府刘宗仁疏通修筑水门，并浚城内市河及西北城濠，其濠周围一千七百五十七丈五尺。"

明朝中期，因海防松弛，倭寇屡犯扬州。知府吴桂芳于嘉靖三十四年（1555年）二至十月，依旧城东墙接筑新城，城周约一十里，为一千五百四十一丈九尺，城门五座，便门一座，水门二座④。至正年修筑的城，称为旧城，嘉靖年筑的城，称为新城。自此扬州有新旧两城。扬州新旧城是整体的两个部分，相当宋大城的南半部。清代沿用明代扬州城。

1916年拆除两城之间墙，1951年全部拆除明代城墙，变为环城路。城内市河被填平，改为汶河路。如今扬州已是高楼林立，昔日扬州古城风貌正迅速消失，古城遗迹很难寻觅。

第三节　扬州城考古勘探与发掘

一　考古概况

扬州是著名的历史文化名城，在我国城市中占有重要的历史地位，尤其隋唐扬州城的地位更为重要，因此研究扬州城是历史考古学瞩目的课题。早在20世纪初，我国著名学者刘师培、罗振玉等人，就对扬州出土的唐代墓志进行收集与考证，这些实物例证和研究成果，收在罗振玉的《广陵冢墓遗文》一书和刘师培主编的《国粹学报》上，从而使人们了解唐扬州概况。抗日战争时，日本学者安藤更生曾来扬州做过一次考古调查，并撰写了《唐宋时代扬州城之研究》。⑤中华人民共和国成立后，江苏省与扬州市的考古工作者，曾对扬州城址做过考古调查和发掘，因受人力、财力等所限，未能开展大规模工作，历代扬州城的面纱未能揭开，对城址全貌的了解一直是个谜。

20世纪70年代，为配合扬州市旧城改造和基建施工，南京博物院和扬州博物馆等考古部门先后发掘了江苏农学院中的唐代手工业作坊遗址、扬州师范学院的寺庙遗址（上述地点均在唐代罗城内西南角）、石塔路的唐代木桥基、三元路的唐代窖藏（这两处遗存位于唐代罗城中心），以及蜀冈上城址的北城墙、城内汉唐时期遗址、手工业作坊和水井等遗迹。上述发现显示出扬州城地下遗迹和遗物的丰富。1978年，在扬州召开了一次考古学术研讨会，并由南京博物院编辑出版一本有关扬州考古的专刊⑥。

---

① 《明太祖实录》卷七。
② 《明太祖实录》卷七。
③ 《嘉靖惟扬志》卷十。
④ 《明史·吴桂芳传》；何城：《扬州府新筑外城记》。
⑤ 安藤更生：《鉴真大和传之研究》外篇《唐宋时代扬州城之研究》，东京平凡社，1960年。
⑥ 《南京博物院集刊》1981年3期。

二　联合考古队的成立与工作概况

1984年，在配合扬州汶河路南端的南通路施工中，考古发掘出唐宋时期的扬州城南门遗址，确定了唐代扬州罗城的南界，这一重要发现引起考古学界的关注。南京博物院和扬州博物馆委派纪仲庆等人到北京，向考古前辈夏鼐先生（时任中国社会科学院副院长、考古所名誉所长）作了汇报，夏鼐先生主张全面科学地对扬州城进行发掘，并建议由徐苹芳先生（原中国社会科学院考古研究所所长、考古学会理事长）到现场指导工作。南门遗址发掘告一段落后，1986年5月在扬州召开"扬州唐城南门遗址论证会"，国家文物局、中国社会科学院考古研究所、江苏省文化厅、南京博物院和扬州市等有关单位的领导、专家出席会议，与会者肯定了南门遗址的重要性，并决定就地保护好南门遗址。为深入研究唐代扬州城，经协商，由中国社会科学院考古研究所、南京博物院和扬州市文化局组成扬州唐城考古队，全面科学地对扬州城址进行考古勘探和发掘。"扬州城址的考古研究"被列入中国社会科学"八五"计划的重点科研课题。

第一届扬州唐城考古队组成人员：

队长：徐苹芳（中国社会科学院考古研究所）

副队长：蒋忠义（中国社会科学院考古研究所，主持日常工作）

　　　　纪仲庆（南京博物院）

　　　　杨其元（扬州市文化局）

队员：余永炳（中国社会科学院考古研究所）、吴荣清、汪海宁、纪德生（南京博物院）、王勤金、李久海、顾风（扬州市博物馆和唐城文物保护所）。刘震伟（中国社会科学院考古研究所）参加了短期考古钻探和测量工作。

第二届扬州唐城考古队组成人员：

队长：蒋忠义

副队长：邹厚本（南京博物院）

　　　　王志俊（扬州市文化局）

队员：李久海、张兆维、束家平、薛炳宏，短期参加考古发掘工作的有李裕群（中国社会科学院考古研究所）、顾风、徐良玉、王冰、周建高（扬州市博物馆）等。

扬州唐城考古队组成后，按科研计划展开工作。工作大体分三步：第一步，全面考古调查、钻探出城址范围（确定四面城墙、城门位置、城门之间道路及城内街道、河流布局）；第二步，选择部分城墙和城门进行考古发掘（确定城墙、城门年代和结构）；第三步，勘探城内建筑布局，有计划选点发掘不同类型遗址。第一步工作要先行完成，后两步工作可穿插进行。1989年后，扬州旧城改造全面进行，工程量大，对扬州古城破坏严重，因而我们只能改变工作计划，全力配合城市建设，进行抢救性的考古发掘。具体的工作概况如下：

1987~1989年，全面勘探了蜀冈上城址，并确定了蜀冈上城址分布范围。城址平面呈不规则的四边曲尺形，城址南北长约1400、东西最宽2020米，面积约2.828平方千米。随后对城址四面城墙选点进行发掘，共开7条探沟，并把西北城角的探沟扩大发掘面积，发掘出隋唐时期的西北城墙角。通过考古勘探发掘，证实蜀冈上的城址，自战国筑城后，汉、六朝、隋唐扬州城皆在战国城址基础上修建，一直沿用到五代末，北宋时该城址被废弃而荒芜。南宋时于蜀冈上城址的西半部修建了宝祐城。

1988～1989年，全面勘探了蜀冈下的城址，确定了蜀冈下城址范围。城址南北长4200、东西宽3120米，面积约13.1平方千米，是座规整的长方形城。在四周城墙选点发掘7条探沟。通过考古发掘，证实蜀冈下的城址始建于唐代，即唐代扬州罗城。在四周城墙上共钻探出7座城门，城门之间钻探出道路；在唐罗城内，还勘探出五代周小城，北宋州城、南宋大城和夹城，以及明代扬州旧城和新城。这些城皆在唐罗城内的基础上缩小而建。

1987年，配合石塔西路基建工程，发掘3个探方。

1988年，主动发掘了位于扬州大学农学院内的西门遗址，确定了唐罗城西墙南端的西门位置，它始建于唐代，沿用至五代，北宋时废弃。

1990年，在铁佛寺发掘1座唐代水井。

1990～1991年，配合扬州市工人文化宫建设时发掘3座唐代大型建筑遗址，出土了丰富的唐代遗物。对研究唐代扬州商业建筑、经济繁荣和城市生活形态，增加了丰富的实物资料。

1992年，发掘了汶河路东侧的开明桥遗址和新华中学遗址。这两处遗址均位于罗城中心区，是了解唐宋扬州城内十里长街风貌的重要发掘点。

1993年，在配合扬州大学综合大楼工程中，发掘出南城墙下的唐代大型排水设施——水涵洞。

1993年、1997年底至1998年初，两次配合大东门街改造工程，发掘出唐代水沟60余米，这条水沟是与东西主干街相配套的设施。

1995年11月至1996年4月，配合扬州西门街改造工程，发掘了宋大城西门遗址。

通过上述考古发掘，扬州唐城遗址荣获"1993年全国十大考古新发现"，1995年隋唐宋代扬州城遗址被评为"八五期间全国考古十大发现荣誉奖"。1996年，扬州隋—宋城遗址被国务院公布为全国重点文物保护单位。

进入21世纪，扬州文博考古事业发展迅速。根据扬州是文物大市的要求，2002年成立了扬州市文物局、扬州市文物考古研究所，并培养出一批年轻的文物考古工作者，继续承担起对扬州市的考古发掘任务，并参加扬州城联合考古队，继续深入扩大扬州城的考古工作。2000年之后得到当地政府和基建部门对考古发掘经费的支持，使城址考古顺利开展，较大规模的考古发掘有：唐罗城东南与西南城角的发掘；2000～2009年先后四次对唐宋城东门遗址进行全面发掘；2002年发掘唐二十四桥之一的下马桥（即宋夹城与宝祐城之间的长桥）；2003年发掘了扬州宋大城北门和北水门遗址；2006年发掘了宋大城西北城角；2007年发掘了唐、宋、明代南门遗址；2008年发掘了位于瘦西湖内的唐扬州罗城西墙最北端的西门遗址。至今配合基建工程，仍在扬州城内考古发掘出多处不同时代的遗址。

这次编写的《扬州城——1987～1998年考古发掘报告》，是1987～1998年的考古成果，是扬州城址考古的第一本报告。此报告于2006年开始编写，2009年完成。

三　工作方法

扬州城遗址考古，是借鉴西安、洛阳都城考古经验，并结合扬州城址的特点来进行工作的。在工作过程中主要使用如下方法：

（一）城址考古与文献史料的结合

扬州自春秋时吴王夫差筑邗城（前486年）始，至明嘉靖三十五年（1556年）增筑新城止，在这两千余年中，战国、汉、六朝、隋、唐、宋、明各代皆有修筑扬州城的记载，所以扬州城考古必须"要依靠文献记载和历史学的研究"①，这一点是很重要的。我们通过查阅文献，对扬州历代建城史有了系统了解，历代城址位置、城的规模形制和演变关系，以及当时的政治、经济、文化等各方面的历史背景，给我们提供了全面的历史概念。通过这些历史知识，能在工作中掌握重点，有目的地进行考古发掘，对发掘出的遗迹现象和性质的判断也会有根据。但文献记载也有不足之处，并有彼此互相抵牾矛盾，这些真伪难辨的记载，只有通过考古发掘出的新资料，才能去伪存真，纠正抵牾之处，补充文献不足，达到考古知识与历史知识紧密结合，相辅相成，共同究明扬州城的历史。

（二）城址考古对城市地形图的要求

大面积的城址考古，离不开地形图，工作前必须选好图。所选的地形图最好为万分之一以下比例的实测图，大比例图上会有很详细的地形、地貌和建筑物等，利用此图作为蓝图，较容易把勘探和发掘出的城址遗迹，标测在地形图上。尤其是较早的城市图，一般会有实测的明清时代的城池图，图上的城址形制、古代建筑和古老的地名，与现代实测的城市图进行比较，发现它们继承和演变关系，可以推测出古代城市的规模和形制。如我们选的扬州城地图为民国年间测绘的，图上对明代扬州新旧两城形制、街道、古建、市河及桥名，描绘得相当详细。更古老的图还有《嘉靖惟扬志》卷首所画的扬州明代《今扬州府城隍图》、《宋大城图》和《宋三城图》。这些图虽然不是实测，但画得很形象且详细，并可以和民国年间及现今实测的扬州图对照，可按主要街道、河流及建筑等位置套叠在一起，较容易解决宋明时代扬州城的规模以及它们的继承和演变关系。隋唐前的扬州城，文献上虽然没有绘图，但一些古老的地名、河流、桥名及建筑等，仍被后代继承和沿用，这为我们进行隋唐扬州城址考古提供了重要线索。

（三）城址考古和航拍照片

航空（航天）摄影照片对大面积遗迹的考察，能提供许多重要现象，城址考古也不例外。我们利用扬州航空照片，能清晰判明唐、宋、明三代护城河的分布范围，还能看出稍高于地面的断断续续的夯筑城墙、城角以及台基的位置（见图版三）。这为我们考古勘探城址遗迹提供了明确目标。

（四）城址考古钻探——洛阳铲与磁探

洛阳铲对遗址和墓葬的钻探，已广泛应用在我国考古调查和发掘工作上。大面积的城址考古，更显示出洛阳铲的捷便、灵活和准确的作用（但必须掌握钻探技术、能清楚辨认各种土的

---

① 《中国大百科全书·考古卷》考古学条，第17页，中国大百科全书出版社，1986年。

结构性质）。在扬州市区各种建筑鳞次栉比的条件下进行考古勘探，主要靠洛阳铲来寻觅地下遗迹，我们利用洛阳铲，在稠密建筑的空隙中，一孔一点地进行钻探（钻探时要避开地下各种管线，尤其是电缆线，以免发生意外），按已掌握的线索探出夯土城墙、城门位置、主要街道路土及部分建筑夯土基址等。作好钻探记录，尤其注意不同深度的路土、建筑夯土，随时分析每个探孔点的关系，并把每个点标测到图纸上，关连点要随时连线，把图形绘出，校正方位。这样由点到线，由线到面的遗迹图就勘探出来了。用此法勘测的城址图，经考古发掘检验还是比较准确的。在繁华的城市中，用洛阳铲探寻地下古城遗迹，是目前较好的考古钻探方法。

在蜀冈上宽广的农田中，适宜用仪器磁探办法进行勘探，因农田面积大，建筑少，地表扰乱层不多，磁探可快速探出地下夯土、砖石等建筑痕迹，然后可结合洛阳探铲，探出层次、深度和遗迹形状。

（五）考古程序

城址考古第一步，勘探出城址范围和平面布局形制，然后在不同部位选点解剖城墙，解决城墙结构和年代。第二步，发掘不同形制的城门，以及相对城门之间的街道（道路以钻探为主），找出里坊。最后是发掘城内不同类型的遗址等。在扬州城考古中，基本按上述程序进行工作。第一步工作做得多，第二、第三步工作做的工作量较少。另外，结合扬州城的特点，以河道（运河）为线索，把架在河道上的著名的"二十四桥"位置以及与桥相连的道路等勘探出来，为解决唐代扬州城的形制提供了重要依据。

分析不同遗迹采用不同的发掘方法。我们对城墙和道路采用探沟方法，横切在城墙（道路）上；居住遗址（寺庙等），采用探方法。在配合基建考古时，因受各种条件限制，只能以发掘遗迹为目的，发现遗迹后，以完整遗迹（平面布局）为单元，大到一组建筑或多组遗迹，小到一间房、一口井、一个灰坑等，顺遗迹现象扩大发掘面，尽量发掘出完整的遗迹。建筑遗迹一定要大面积揭露，才会有更多的研究价值。

（六）遗址编号

按考古常规办法，将发掘地点和遗址名称的第一个字头，均用汉语拼音代替，报告中也用此法说明。我们把每个发掘点和勘探的重要遗迹点，均用此法标在实测的扬州城图上。现将字母代号用意说明如下：

以遗址性质编号的如扬州唐代子城为 YZ，扬州唐代罗城为 YL。探方为 T，探沟为 G，房址为 F，灰坑为 H，水井为 J，水沟为 SG，水涵洞为 SH，灶为 Z，墓为 M，地窖为 DJ。

以遗址地点编号的如扬州文化宫遗址为 YW，扬州新华中学遗址为 YX，扬州开明桥遗址和大东门街遗址（与开明桥遗址仅相距 200 米）为 YK，扬州大学遗址为 YD，扬州大学师范学院附属中学遗址为 YS，扬州石塔西路遗址为 YSX。

对出土器物代号的用法，举例说明如下：

YZG2④：3，即代表扬州子城城墙上发掘的第 2 号探沟第 4 层中出土的第 3 号器物；YLG2④：3，即代表扬州罗城城墙上发掘的第 2 号探沟第 4 层中出土的第 3 号器物；YSXT302③：26，代表扬州石塔西路遗址发掘的探方 T302 第 3 层第 26 号器物；YWJ1：2，代表扬州文化宫遗址 1 号水井中出土的第 2 号器物。

第二章　蜀冈上城址的考古勘探与试掘

　　蜀冈上城址位于今扬州城西北2.2千米，其地势高出扬州城区约20米。1987年，我们对蜀冈上城址进行了全面的考古勘探。城址呈不规则的四边形，面积约为2.828平方千米。四面城墙保存基本完整，蜀冈南缘为南城墙，夯土城垣呈断续状。城址中间还有一道南北向城墙，将城址分为东西两半，西半城区称为"堡城"，堡城地势平坦，地面高于东半城区。残存的夯土城墙皆高出地面2～10米不等，城基（包括坍塌的夯土）宽达30～40米。护城河宽达20～100米，宽处的护城河多被后人辟为鱼塘。（图四）

　　城址内及城墙周边的地面上，可以捡到零星的陶片、瓷片和汉至宋代的建筑构件，如云纹瓦当和莲花纹瓦当，以及六朝、隋唐、宋代城砖等。从遗物年代分析，最早为春秋战国时代，晚到宋元时代，其中隋唐时期和宋代遗物最为丰富。从文献记载可知，春秋的邗城，战国和汉代的广陵城，隋代扬州城、江都城，唐代子城，南宋宝祐城（即堡城）等都建在蜀冈上，这与我们在蜀冈上采集到的遗物是一致的。

第一节　城址的考古勘探

一　城墙和城门

　　城址的城墙，除西城墙和中间城墙为笔直的南北走向外，其余三面城墙皆呈三折状的曲线形。每道城墙和城门的具体情况如下：

　　东城墙　南起铁佛寺东北130米的土墩处，即城址东南城角（图版七，1），由此向北偏东5度延伸700米，然后向西直折200米，又北折700米至江家山坎的土墩处，全长1600米。（见图四）江家山坎的土墩比周围地面高出约7米，应是城址东北城角遗迹（图版七，2）。茅山公墓以南400余米处，有一明显豁口，应是东门。至今豁口处仍是进出城址的东门道（图版八），当地人称此处为"东华门"。经钻探，深约1米处发现路土。东门以南约20米处的城墙下，探出河道污泥，宽5米，可能是城墙下的水涵洞。

　　西城墙　南起观音山，向北偏东5度笔直延伸，至西河湾村西北城角止，全长1400米。西城墙保存完整，城墙高出地面5～10米，护城河宽阔而深，从外观看颇为壮观（图版九，1、2）。西城墙南北两端，遗存着西南和西北两座城角，高出地面10余米（图版九，2）。西北城角已经正式考古发掘。西南城角为蜀冈上的最高点，有"东峰"称谓。经钻探发现，西南城角下遗存着百米见方的夯土台基。如今这里建有宏伟的观音山禅寺，相传此处是隋炀帝修筑

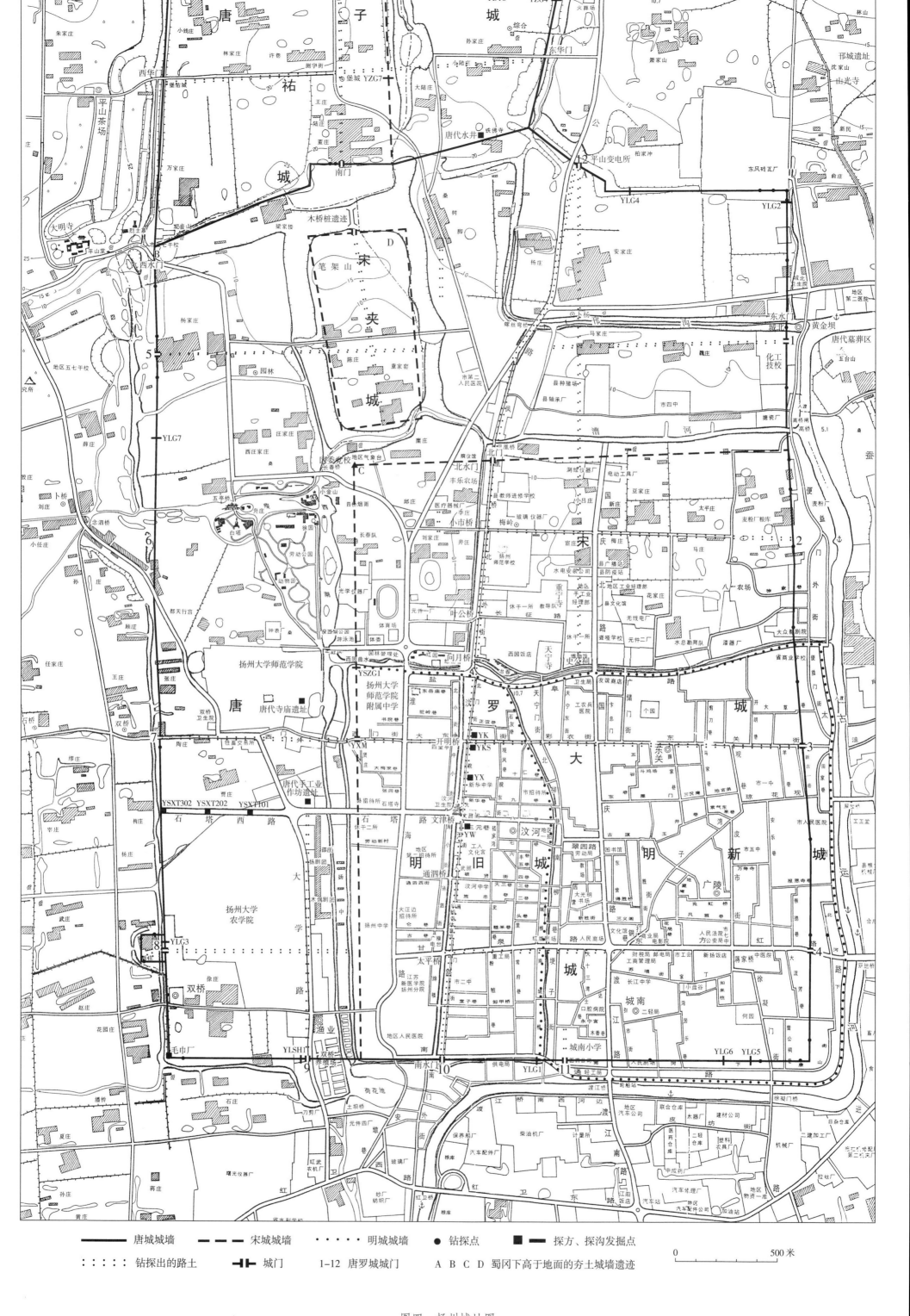

图四　扬州城址图

（据1973年扬州市地图改绘）

唐城城墙　　- - - 宋城城墙　　· · · · · 明城城墙　　● 钻探点　　■ ─ 探方、探沟发掘点

· · · · · · 钻探出的路土　　╫ 城门　　1-12 唐罗城城门　　A B C D 蜀冈下高于地面的夯土城墙遗迹

0　　　　　　　　500 米

的迷楼故址①。

西城墙中段保存着豁口状的城门遗迹（图版一〇，1），当地人称之为"西华门"。经钻探了解到，修公路时，西门两侧被拓宽，城门遗迹被破坏。西门外残存半圆形瓮城（图版一〇，2）及月河。修路及建房时，瓮城南半部遭破坏。从瓮城墙剖面看，夯筑城基宽16.4米，黄色夯土，其中夹有碎砖瓦砾，夯层厚8~22厘米不等，城基下即为生土。夯土中有极少青瓷片，有1件敞口碗碎片，青灰釉，灰白胎，器底厚重，内壁刻划荷花纹，是宋代龙泉窑系产品。圆形瓮城是南宋时期所建。

南城墙　西起观音山，顺蜀冈南缘，向北偏东70度延伸800米，至梁家楼东，城墙向北折百余米，又东折330余米，经董庄南口，至铁佛寺东北，与城址东南角土墩相接，全长1900米。南城墙也呈三折状。南城墙大部分在地面以下，仅董庄西侧保存一段地面以上的夯土城墙。部分南城墙依蜀冈南缘断崖为城壁（见图版一），如梁家楼东北处的断崖，自下而上，有贴筑的夯土城壁，高约10米。断崖下即为自西而东流的浊河，也是唐子城南护城河。观音山下的河迹特别宽阔（见图版二，1），应为史载的九曲池遗迹②。

经考古钻探，在董庄南口探出1座南城门遗迹（图版一〇，3），方向约175度。南门的北半部分，被农民所建楼房压着。南门是由并排的三条门道组成，中间门道宽7米，两侧门道皆宽5米，门道之间有2.5米厚的夯筑隔墙，门道长皆14米。城门两侧城墙厚9米，门楼建在长28、宽14米的夯土台基上。（图五）门址周围有近2米厚的砖瓦堆积层，推知城门部位的外表包砌城砖。门道内探出三层坚硬的路土，以中间门道路土为例：第1层路土距地表深1.5米，第2层路土距地表深2米，第3层路土距地表深2.7~4米、厚达1.3米。路土呈灰褐色，夹杂有碎石粒，经长期踩压，路面非常坚硬，以第3层路土最坚硬。近门道底层中心铺石，可能有石门槛结构。城门门道的南北两侧也探到了路土，向北与城内南北大道相接，直通北门，向南与宋代夹城北门相对。南门外有一块长方形的平台，突出蜀冈南边缘，约东西长450、南北宽140米，地势低于城内地面，平台的三边缘皆有夯土包边遗迹。突出的平台，应是南门外的瓮城遗迹。

北城墙　北城墙为东北向西南走向，亦呈三折状。东段城墙，东起江家山坎（图版一一，1），西到尹家亳子（图版一一，2），长920米；中段城墙，由尹家亳子折向南偏西至李庄北，长400米；西段城墙，从李庄向西偏南至西河湾村西北城角止，长700米，三段北城墙全长2020米。其中中段400米长的墙体被堡城北门破坏。位于李庄之北的城墙，有一缺口，今称之为"北水关"（图版一二，1），现这里仍为一潭水。在尹家亳子的城墙处，曾考古发掘出戳印"北门壁"的城砖。在江家山坎西面，修筑道路时，曾挖出大量唐代砖、板瓦和筒瓦，还有少量的莲花纹瓦当。

南北向城墙　城址中间的南北向城墙，南起董庄东侧，向北笔直到尹家庄东北，长约1200米。这道墙即为堡城东墙，堡城是利用蜀冈上城址，从中间筑一道墙，把城址一分为二，西

① 《舆地纪胜》卷三十七，扬州条云："……炀帝于扬州作迷楼，今摘仙（星）楼，即迷楼原旧址。"《扬州府志》古迹条云："摘星楼，在城西北七里，观音阁之东阜，即迷楼故址。"
② 《舆地纪胜》卷三十七，扬州景物条载："九曲池，鲜于侁广陵诗序云'炀帝奏乐于此也'。"

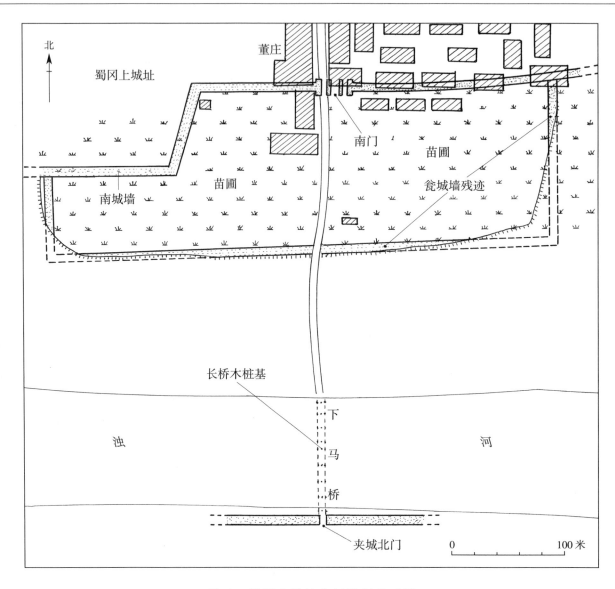

图五　蜀冈上城址南门钻探平面图

半城区即为堡城（即宝祐城）范围，面积约为1.56平方千米。堡城是南宋时所修筑[①]，为抗金、元的防御性城堡。我们在调查堡城西门外的瓮城时，在城墙夯土中采集有南宋的龙泉窑莲花纹青瓷碗。另外在修筑堡城北门（图版一二，2）及瓮城时，还把原蜀冈上城址北门及城墙破坏了约400米长。

二　道路

在蜀冈上城址内钻探出两条大路，呈"十"字形交叉。东西向路东起东华门，西至西华门，长1860米；南北向路南起董庄南门址，向北笔直至堡城北门外，长约1500米。路面宽10～11米，两条路交叉的十字路口宽达22米。经钻探，地面下的路土可分为三层，第1层路土距地

---

①《宋史·本纪·理宗纪》宝祐三年二月条："己卯，复广陵堡城，贾似道以图来上。"

表深 1.5 米，第 2 层为 2 米，第 3 层为 2.7 米，路土一般厚 20 厘米，第 3 层路土厚达 80 厘米。

　　蜀冈上城址内除现代房屋建筑外，空地广植密集花卉和苗圃，因而未能展开考古钻探，地下建筑遗迹不清，但地面上还能看见一些建筑构件，如大量的砖瓦碎片。在十字街南，一住户家门前还遗放一块莲花座柱础石（图版一二，3）。蜀冈上城址内的建筑布局，留到以后有条件时再进行考古钻探和发掘。

第二节　城墙的考古试掘

　　1987、1989 年，在暴露出的夯土城墙上，共发掘 7 条探沟（见图四），计有西北城角的第 1 号探沟，编号 YZG1，发掘面积 312.5 平方米；西河湾村西城墙的第 2 号探沟，编号为 YZG2，发掘面积 100 平方米；方家庄北城墙（YZG3）探沟，面积 54 平方米；综合村东北面的东城墙探沟（YZG4），面积 66.6 平方米；李庄北城墙探沟（YZG5），面积 100 平方米；堡城尹家庄东城墙探沟（YZG6），面积 114 平方米；堡城花园的东城墙探沟（YZG7），面积 375 平方米。1978 年南京博物院曾于尹家毫子的北城墙上，发掘 7 条探沟，自东向西分别编号 YDG1 ~ YDG7，发掘面积总共 212.5 平方米[1]。现将前后两次发掘情况综述如下。

一　东城墙

　　YZG4 探沟，横切在夯土城墙之上，从探沟北壁剖面看，地层堆积、城墙结构及年代说明如下（图六）：

　　第 1 层：地表土，灰黄色，土质松。厚约 0.2 米。

　　第 2 层：扰乱的城墙坍塌土，黄色土。深 0.9 ~ 2、厚 0.9 ~ 1.8 米。该层土呈倾斜状堆积在城墙东西两侧。出土遗物大多为唐代砖，砖块上有的戳印"东窑周□"、"西窑郑非□"和

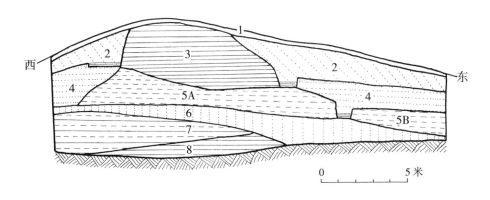

图六　蜀冈上城址东城墙探沟 YZG4 北壁地层剖面图

1. 地表层，灰黄色土　2. 城墙坍塌土，黄色土　3. 四期城墙夯土层，灰土和黄土　4. 隋唐地面层，灰黄色土　5A. 三期城墙夯土层，黄色土　5B. 三期城墙坍塌土，黄色土　6. 二期城墙坍塌土，浅黄色土　7. 二期城墙夯土层，黄色和灰黑色土　8. 一期城墙夯土层，青灰色土

[1] 南京博物院：《扬州古城 1978 年调查发掘简报》，《文物》1979 年 9 期。

"白沙窑赵崇"等文字，另外还有少量莲花纹瓦当、瓷片和汉至六朝时期的砖瓦及青瓷片。最晚的遗物，有宋至明清时代的铜钱。

第3层：四期城墙夯土，用灰土和黄土交错堆积夯筑，土质坚硬。深2.5～3.1、最厚处3.5米。探方中部地表以下即为夯土，夯土城墙顶部残宽5.7米，城墙基础遗存宽11.6米。每层夯土厚6～7厘米。城基的东西两侧边皆有沟槽，东侧槽宽1、深0.75米，西侧槽宽2、深0.3米，槽内平铺有城砖。两侧沟槽应是夯土城墙外包砌城砖的基础槽。城墙废弃后，城壁砖被后人挖取破坏。夯土城墙内，出土少量隋唐及六朝时期的瓷片。

第4层：灰黄土。深2～3.2、厚1.1～2米。在此层表面垫有一层瓦砾，厚10厘米，为城墙外散水地面。出土遗物有六朝至唐时期的青瓷片。第4层应是四期城墙外的地面和堆积层。

第5层：三期城墙夯土，黄色土，土质纯净，夯打得很坚硬。5A层深3.2～4.8、厚0.8～2.1、东西残存宽14.6米。城墙东侧边缘有沟槽结构，宽、深皆为0.8米，应是夯土城墙外侧的包砖基础槽。5B层为基槽外东侧的黄土，为三期城墙的坍塌土，厚0.3～1.3米。出土遗物很少，皆为六朝时期的青瓷片。

第6层：二期城墙坍塌土，浅黄色土，表层较硬，是经人踩踏过的路土。深3.1～5.8、厚0.2～1.6米，呈西高东低墁坡状堆积。出土遗物多为汉代的泥质灰陶盆、弦纹和绳纹罐，以及绳纹砖，另外有少量印纹硬陶片。

第7层：二期城墙夯土，用灰黑土和黄土堆积夯筑。深5.3～7.1、厚2.2、东西宽11米，向东逐渐倾斜变薄。西端夯土厚2.5米，但未到城墙边缘。夯土较纯净，出土遗物极少，发现有泥质灰陶片，器形有盆、瓮、罐和圈足豆。

第8层：一期城墙夯土，青灰色，土质紧密细腻，较硬。深5.7～7.9、厚0.1～1、宽11.5米。是用河塘泥堆砌夯筑的土。土层中不包含任何遗物。这层下面即为黄色生土。

从YZG4的地层堆积看，东城墙最下面的一、二期（7层和8层）夯土，是最早的城墙遗迹。它起建在生土层上，出土遗物皆为战国至汉代。压在二期夯土墙上的第6层，应是汉代城墙坍塌的土，其上形成一薄层路土面，说明汉代之后，该城被废弃一段时间。在汉代路面之上的第5层，为重新夯筑的第三期城墙。三期城墙墙体，比二期墙体稍向东移。从出土物看，三期城墙应为六朝时期修筑，城墙外侧出现了包砖壁。三期城墙之上，叠压着四期城墙，从出土物分析，四期城墙为隋唐时期修筑，于城墙内外都有包砖壁。隋唐之后，东城墙被废弃。因此，城墙两侧的坍塌土中，出有宋至明清时代遗物。

二 北城墙

YDG1～YDG7，位于北城垣东段（江家山坎—尹家毫子），是由南京博物院主持发掘的7条南北向探沟[1]。它们的地层堆积基本相同，都有四个时期的夯土城墙。一期城墙始建在生土层上，城基宽11.2米。用黄褐色土夯筑，土质纯净，夯层清楚，每层厚7～11厘米，夯窝径6厘米。二期夯土城墙，叠压在一期城墙上，夯土结构同一期，但夯土层中夹有极少汉代陶片。

---

① 南京博物院：《扬州古城1978年调查发掘简报》，《文物》1979年9期。

三期为东晋时期的夯土城墙，用黄土夹瓦砾层层夯筑。夯土城墙外，砌有包砖墙壁及砖铺的路面（在 YDG3、YDG4 内）。所用的城砖长 39、宽 19、厚 7.5 厘米，青灰色，少数砖作暗红色，火候较高。砖的一面印有绳纹，其余五面无纹饰。在砖的六个面上，均戳印铭文，有绳纹的一面印"城门壁"，其余五面皆印有"北门壁"，都为阴文，字体近晋隶（图七、八；图版一三，1、2）。四期为唐代夯土城墙，压在三期夯土城墙之上。四期城墙上，即为宋代扰乱层，在城墙上（YDG7 中）发现埋有宋至明清时代的小墓。

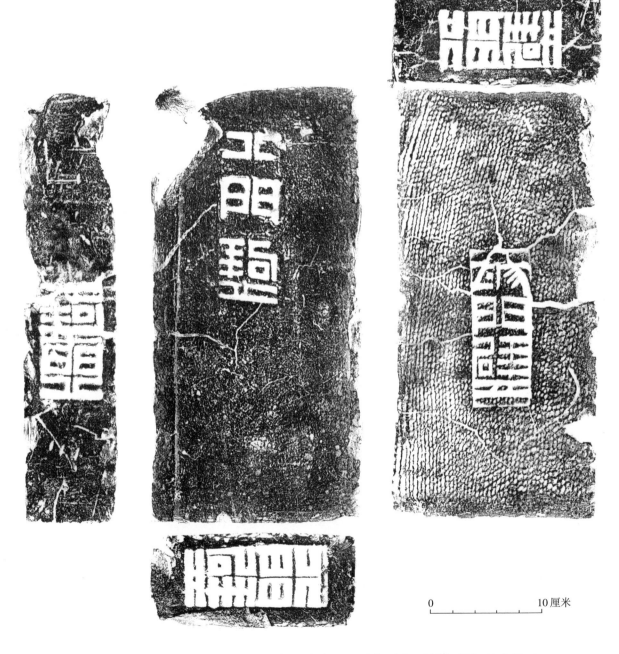

图七　蜀冈上城址北城墙 YDG3 出土的东晋"北门壁"、"城门壁"铭文城砖
（砖的五面皆模印"北门壁"，有绳纹的正面模印"城门壁"）

0　　　　　　　　10厘米

图八　蜀冈上城址北城墙 YDG4 出土的东晋"北门壁"、"城门壁"铭文城砖
（砖的五面皆模印"北门壁"，有绳纹的正面模印"城门壁"）

从以上 7 条探沟的堆积可知，北城墙东段，最早的城墙为战国始建，汉代重建，东晋至隋唐时代均在旧城基础上有所修缮和加固。到宋代，这段城墙被废弃。北城垣东段与东城垣在城墙修筑年代、结构及废止后的现象完全相同。

YZG3、YZG5 是在北城垣西段发掘的两条南北向探沟。从探沟地层堆积看，两条探沟均有五期夯筑城墙遗迹。以 YZG5 探沟东壁地层剖面（图九）为例，说明如下：

第 1 层：地表土，黄色，疏松。厚 0.2～0.3 米。

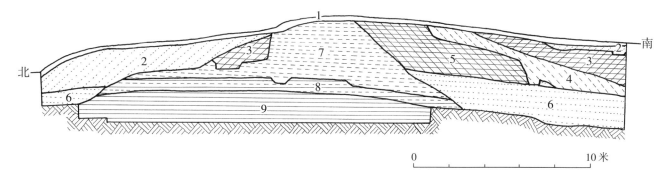

图九　蜀冈上城址北城墙探沟 YZG5 东壁地层剖面图

1. 地表层，黄色土　2. 扰乱土　3. 五期城墙夯土层，灰色土夹碎砖瓦砾　4. 四期城墙坍塌土，灰黄色土　5. 四期城墙夯土层，灰褐色土和黄褐色土　6. 三期城墙坍塌土，青灰色土　7. 三期城墙夯土层，黄色黏土　8. 二期城墙夯土层，青灰色土　9. 一期城墙夯土层，黄色土

　　第2层：扰乱土，分布在探沟的南北两端，南端为黑色土，北端为拆取城砖后的乱砖瓦砾及灰色土。深0.4～2.3、厚0.2～1.2米。该层为宋代以后扰乱的，出土遗物多为唐宋时期的瓷片和砖，有的砖块上戳印有文字。也有少量明清时期瓷片。

　　第3层：五期宋代城墙，用灰土和碎砖瓦砾层层夯筑而成。土质坚硬，夯层清楚。深0.3～2.5、厚0.1～1.8米。夯层厚10～20厘米。此期城墙夯土分布在探沟南北两侧，中间有三、四期夯土城墙相隔。南侧夯土宽约9米，未到城墙边缘。北侧夯土宽约3米，边缘有包砖墙基础槽，槽宽1.3、深0.3米。南北两侧夯土（即宋城墙）宽约23米（可能为马面部位，因而宽厚）。出土遗物有唐宋时期的瓷片和大量宋代城砖。少量城砖上印有铭文，有"☒王敬贤"、"大使府☐☐"、"右"、"扬"、"☐勇☒"、"军"、"镇江☒"（图一〇）。

　　第4层：灰黄土，松软。深1～3、厚0.4～1.5米。分布在探沟南端，被压在五期宋代夯土城墙下。第4层为四期城墙坍塌土，呈北高南低斜坡状，覆盖在四期夯土城墙上。出土物多为唐、五代时期的瓷片和城砖。

　　第5层：四期隋唐时期修筑的夯土城墙，分布在探沟南部，遗存宽度8.5、深3、厚1.2～2.7米。城墙用两种土夯筑，一种为灰褐土，贴三期夯土城墙南缘筑成，年代稍早，宽约8.5米；另一种为黄褐土，贴灰褐土南缘夯筑，宽约7米，两种土上下叠压。夯土边缘有砖砌城墙的基槽，宽0.6、深0.4米。四期夯土中，出土少量隋唐时期的瓷片和城砖。城砖一面带绳纹，砖长27、宽13.5、厚4厘米，少量城砖上戳印"官"、"州"、"宣"等文字（图一一）。出土一串"开元通宝"钱，铜钱直径2.4厘米。

　　第6层：青灰土，质细，松散。深3.2～4.9、厚0.6～2.1米。分布在探沟的南北两侧，南侧被压在四期隋唐时期夯土城墙下，北侧被压在扰乱层下，它本身又叠压在第三期夯土城墙的南北城脚上。此层应是三期城墙的坍塌堆积土，表面已形成很薄的一层路土面。隋唐时期修筑城墙时，6层表面经过平整，成为地面。包含物大部分为泥质灰陶片、釉陶片和六朝青瓷片，表层也出土一些隋唐青瓷片。

　　第7层：三期东晋时期修筑的夯土城墙，黄色夯土，黏性大，坚硬。位于探沟（城岗）中心，呈中间高两侧低的山头形堆积，城墙夯土保存最厚处3.3米，城墙顶部残宽2米，城墙基宽

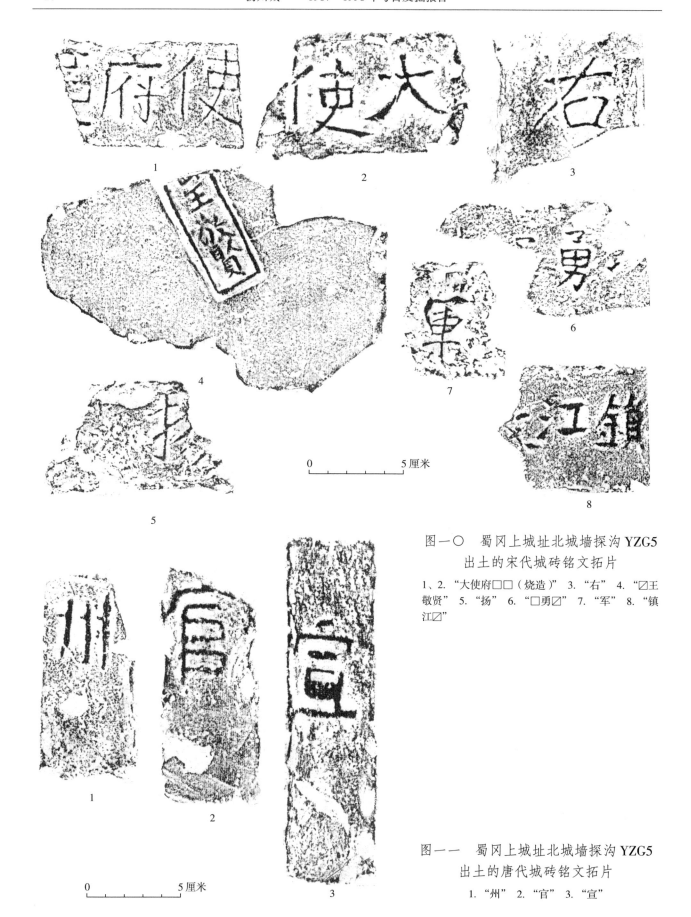

图一○　蜀冈上城址北城墙探沟 YZG5
　　　　出土的宋代城砖铭文拓片

1、2.“大使府□□（烧造）”3.“右”4.“□王敬贤”5.“扬”6.“□勇□”7.“军”8.“镇江□”

图一一　蜀冈上城址北城墙探沟 YZG5
　　　　出土的唐代城砖铭文拓片

1.“州”2.“官”3.“宣”

19米。出土物以泥质灰陶为主，有绳纹筒瓦、板瓦和少量红板瓦；还发现有青釉、酱釉瓷片。

第8层：第二期汉代修筑的夯土城墙，被压在第三期夯土城墙下，青灰土。深2.5～4.7、厚0.4～0.7米。夯层厚13厘米，夯窝径6厘米。夯土南北残存宽21米。出土物很少，有泥质灰陶32片、红陶3片，夹砂灰陶1片，有的陶片饰绳纹或弦纹。

第9层：一期战国时期修筑的夯土城墙，黄色土，坚硬，土很纯净。城墙下有沟槽结构，城基槽宽19.5、深1米，槽底距地表深3.5～6.1米，夯土最厚处2米。该层未见出土物。城墙下为生土。

以上五期城墙堆积，一期为最早的城墙，其余四期城墙，均在一期城墙基础上修筑，尤其四期、五期城墙，是在原有城墙内侧修缮或加固，使墙体位置逐渐向南内移。一期夯土中未见出土遗物，其年代是根据YZG2的地层叠压关系（见下文）断定，另一方面，根据城内地面散布大量汉唐时期的砖瓦和陶瓷片分析，一期夯土城墙内不见这些遗物，故把一期夯土城墙定为战国时期。

三　西城墙

YZG2是在西城墙上发掘的一条东西向探沟。以南壁地层剖面为例，说明其地层堆积（图一二）：

第1层：地表土和扰乱层，黄灰色土，松软。厚0.2～1.5米。呈东高西低状覆盖在城岗上。在探沟东端有座近代墓，墓坑深约2米，打破第2层。

第2层：五期夯土城墙，用黄黏土、黄褐土夹碎砖瓦砾夯筑而成，土层坚硬，夯层清楚，还能看出直径6厘米的夯窝。深1～2.3、最厚处1.6、东西残宽8米。只分布在探沟（城岗）东侧，西高东低，呈坡状覆盖在第四期夯土上。出土物有宋代龙泉窑刻花青瓷碗片和擂石。

第3层：四期夯土城墙，夯土为黄褐色，夯层内夹有碎砖瓦砾，坚硬。深1.5～4、最厚处3.5米。只分布在探沟（城岗）东侧，宽约10米。它紧贴在第4层边缘夯筑。包含物以汉唐遗物为主，有汉代绳纹砖瓦和云纹瓦当，隋代的斜面城砖以及唐代莲花纹瓦当和越窑青瓷片等。

第4层：三期夯土城墙，用褐黄色土夹碎砖瓦砾夯筑，土质坚硬。深0.9～4.5、厚0.5～3.5米。只分布在探沟（城岗）东侧，遗存宽12.9米，呈倾斜状覆压在第5层上。包含物为汉

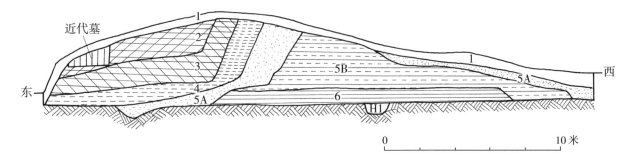

图一二　蜀冈上城址西城墙探沟YZG2南壁地层剖面图

1. 地表土、扰乱土层，黄灰色土　2. 五期城墙夯土层，黄色黏土和黄褐色土夹碎砖瓦砾　3. 四期城墙夯土层，黄褐色土　4. 三期城墙夯土层，褐黄色土夹碎砖瓦砾　5A. 城墙坍塌土，黄褐色黏土　5B. 二期城墙夯土层，黄褐色黏土　6. 一期城墙夯土层，褐黄色黏土

代绳纹砖瓦及六朝青瓷片。

第5层：黄褐色黏土，按其土质可分5A、5B两小层。5A层，土质疏松，未经夯打，为城墙坍塌土。深0.3～5.2、厚0.5～4米，呈倾斜状覆盖在5B层夯土上。5B层，二期夯土城墙，土质坚硬，深1.7～3.7、厚0.8～3.3、遗存宽19米。夯层厚约7～9厘米，夯窝径6厘米。夯土呈山头形分布在探沟中西部，西边呈墁坡状。出土物为汉代绳纹砖瓦及泥质灰陶片。

第6层：一期夯土城墙，用褐黄色黏土夯筑，坚硬。深2～5.1、厚0.65～0.85、遗存宽17.7米，被压在5B层（二期城墙）下。出土物有泥质灰陶豆、罐、几何印纹硬陶片和原始青瓷片。皆为战国时期遗物。第6层下即为黄色生土，在6层中部的城墙夯土基底下，发现一座灰坑，编号YZH1。灰坑南部压在探沟南壁下，灰坑略作长方形，圜底。南北残长1.1、东西宽1.3、深0.6米。坑内为黑灰土，松软（图一三）。灰坑中出土许多兽骨、铜贝和泥质灰陶片，可复原3件豆，其中两件形制相同。YZH1：1，口径16.1、足径11、高13.3厘米（图一四，1）。YZH1：2，口径16.2、足径9、高14厘米（图一四，2）。上两件均为浅盘，弧腹，圆唇内敛，喇叭形圈足。YZH1：3，口径13.6、足径9.7、高12.6厘米。浅盘，折壁，直口，喇叭形圈足（图一四，3）。

从YZG2探沟的地层堆积分析，西城墙有五期城墙建筑，一期是战国时期城墙，城墙下压着战国时期灰坑，这一地层叠压关系，为其

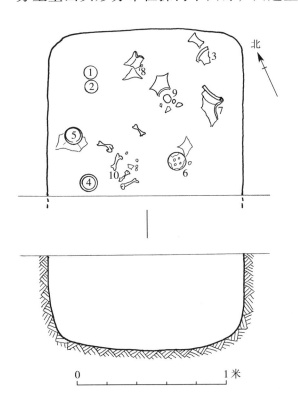

图一三　蜀冈上城址西城墙下的战国时期灰坑
YZH1平、剖面图

1～4.泥质灰陶豆残片　5、8.泥质灰陶罐残片　6.灰陶甑片
7.夹砂灰陶釜片　9.铜贝（蚁鼻钱）　10.兽骨

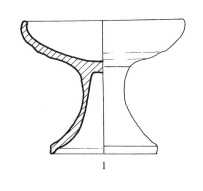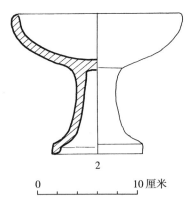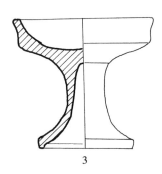

图一四　YZH1出土的灰陶豆
1. YZH1：1　2. YZH1：2　3. YZH1：3

他三面城墙的始筑年代，提供了可靠根据。

我们在调查西城墙时，发现在西城墙南端万庄西侧的一条简便公路横切在城墙上，从暴露的一段西城墙剖面看：位于城岗中心处，有一条宽约7、高约4.8米的突出地面的红褐色黏土岗，土质纯净而坚硬，不包含遗物。应是未经人工动过的生土岗，由南向北形成一条自然土隆。在土隆的东西两侧，各夯筑3.8米宽的黄灰土，形成14.5米宽的城墙基础。土隆与夯筑墙体有明显界限，中心土隆上下一色，不分层，两侧贴筑的夯土层清晰，每层厚约12厘米。这是利用自然土隆，于两侧堆土夯打的一种修筑城墙方法。（图一五）

四　西北城墙角

西北城角比周围地面高出约7米，城基堆积宽达50余米。从外观看西北城角呈墩台状（见图版九，2），保存较好，是解决其形制结构的理想发掘点。如今这里已遍植桃树，不可能大面积发掘，为减少毁坏桃树，我们在桃树之间空地发掘一条很不规则的东西向弯曲探沟，长约62.5、宽4～6米，编号YZG1，从城岗顶向下发掘到生土层，深达9.2米。以探沟南壁地层剖面，说明西北城角的地层堆积（图一六）：

第1层：耕土及扰乱层，黄灰色，质松。厚0.2～2米。由城岗顶向两侧倾斜堆积，至城脚处堆积最厚。出土物很杂乱，早到战国，晚到明清时代。还发现有近代墓。

第2层：五期宋代城墙，分布在探沟东端。深0.2～6.25米。按土色不同，可分为2A、2B和2C层。2A层是夯土城墙，遗存宽40米，厚0.4～4.5米，灰黄色，夯筑，坚硬。每层夯土厚12～15厘米，个别夯层厚达20厘米。夯窝散乱，夯窝径6厘米。夯土东侧边缘有包砌城砖的墙基槽，宽约2.5、深0.5～1米，相对应的西侧也有墙基槽，槽中残存3层城砖。2B层，黄黏土，质较松，厚0.5～2米，是四期（第3层）城墙的坍塌土。该层出土少量宋代瓷片，宋代修筑城墙时，平整过2B层，五期城墙在此基础上夯筑。2C层，为五期城墙坍塌土，只在探沟东端遗存30厘米厚的一薄层，土呈黄灰色。2层除出土汉唐时期砖瓦外，还出土大量南宋城砖，少量砖上戳印有铭文，如"镇江前军"、"右军"、"武锋军"、"宁国府南"、"太平州"、"镇江"、"抚州"和"江州"等。

第3层：四期隋唐时期城墙，深1.5～6.5米。按土色和城墙结构不同，可分3A、3B和3C层。3A和3B层只分布在探沟（城岗）东侧。3A层，黄褐土夹瓦砾，厚0.25～2.4米，夯筑，坚硬，每层夯土厚10～15厘米。3B层，是3C层隋代城墙坍塌下的堆积层，唐代修筑城墙时，对坍塌堆积平整过，因此3A、3B层都出土有隋唐时期的瓷片和"开元通宝"铜钱。另外还出土大量建筑构件，有"官"字款的城砖瓦、莲花纹瓦当和六个圆帽形铜门钉。在3A层东侧夯土边缘，残存有包砌城砖的墙基槽，宽1、深0.5米。基槽内的城砖已被破坏。3C层为隋代包砖城墙，深2～6.1米，砖墙残高0.4～3.15、厚0.8米。从东西两侧包砖基槽间距测得隋代城角墙宽约29米，方向5度。隋代包砖墙是在三期（六朝）和二期（汉代）夯土城墙上修筑的。

发掘的隋代包砖城墙，是城的内侧拐角墙，拐角为90度直角形（图一七；图版一四，1、2）。外侧城角因受条件限制未发掘，但从保存情况看，外侧砖墙坡度较陡。包砖墙的砌法和结构：首先在墙下挖基础槽，槽宽1.15、深0.4米，槽内共填砌6层砖，最底下一层为平铺顺

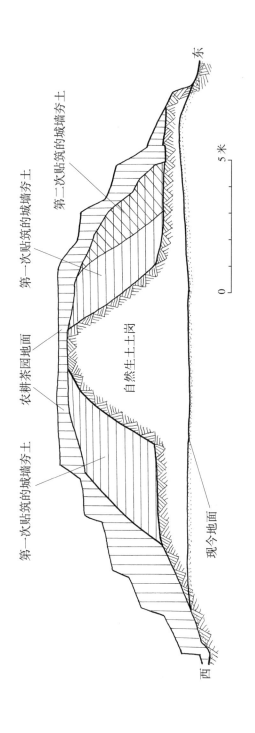

第一次贴筑的城墙夯土　第二次贴筑的城墙夯土

第一次贴筑的城墙夯土

农耕茶园地面

自然生土土岗

现今地面

图一五　蜀冈上城址西城墙南段墙体结构图

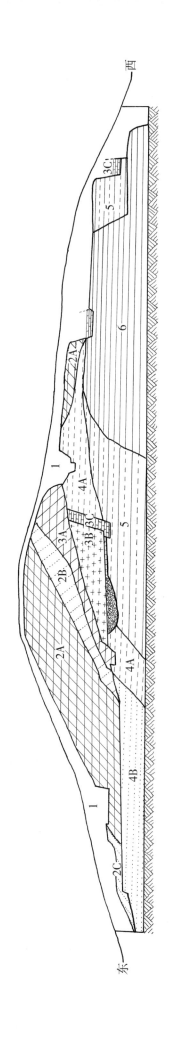

图一六　蜀冈上城址西北城角探沟 YZG1 南壁地层剖面图

1. 地表耕土及扰乱层，黄灰色土　2A. 五期城墙夯土层，黄褐色土　3A. 四期城墙夯土层，黄褐色土层，灰黄色土　2B. 四期城墙坍塌土，灰黄色土　3A. 四期城墙夯土层，黄褐色土　3B. 为隋代砖砌城墙坍塌土
3C. 隋代砖砌城墙　4A. 三期城墙夯土层，黄褐色土层，黄褐色黏土　5. 二期城墙夯土层，黄褐色黏土　6. 一期城墙夯土层，黄色黏土
4B. 三期城墙坍塌土，黄褐色土层，黄褐色黏土

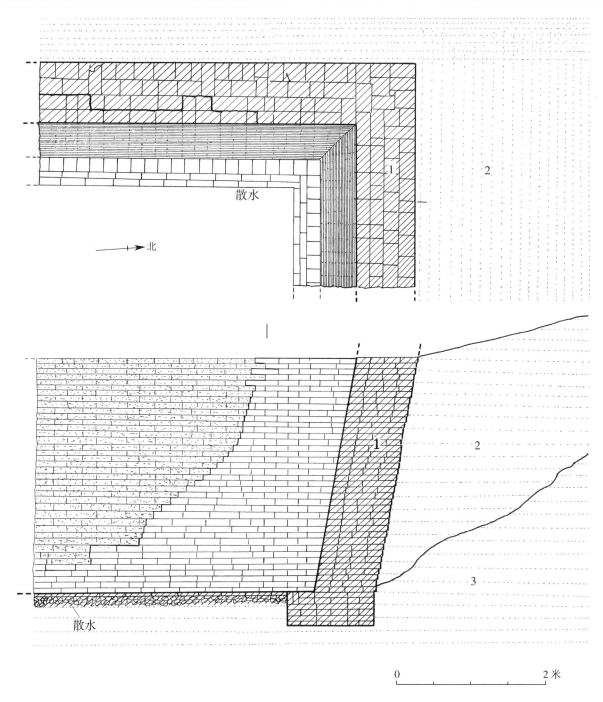

图一七　蜀冈上城址西北城角中隋代城角包砖墙平、剖面图

1.隋代城墙包砖　2.六朝时期城墙夯土　3.汉代城墙夯土

砖，其上再平铺丁砖，交替填砌，至基槽口的外侧，用两行侧立顺砖砌出双线道，与基槽口平齐。然后在基础砖上垒砌城墙。墙面以基槽外侧口（即砌出的双线道）向内缩进35厘米起建城墙砖，城墙包砖壁厚0.8米。使用的城砖有两种规格，一种是用在外表的城面砖，这种砖是特制烧造的，砖长35、宽17、厚7厘米。砖土细腻，火候高，质硬，砖的一侧面（砖长面或宽面）在制砖坯时，都去掉一直角棱，使砖皆呈有倾角的斜面砖（图一八，1、2）。另一种

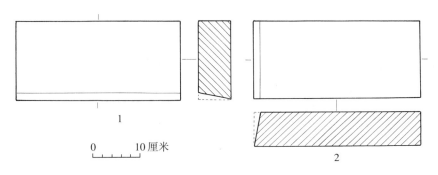

图一八　隋代特制的斜面城砖
1. 长边去掉一条直角棱　2. 宽边去掉一条直角棱（去掉的棱角约10度）

砖，均砌在城面砖内侧，砖的大小有长36、宽18、厚8厘米，长35、宽16、厚5.5厘米或宽14.5、厚4.5厘米等规格。前者数量多，为素面灰砖，较小的城砖多为绳纹砖。

城砖的砌法：城面皆用特制斜面砖砌筑，以斜面朝外，采用四顺砖加一丁砖平铺错缝砌，墙面厚35厘米。特制的斜面砖垒起的城墙，自下而上自然形成收分，每砌高1米，墙面内收16厘米，用黄泥砌墙，每层都用细腻泥浆灌注，城墙壁面非常光平，似磨砖对缝砌法。墙面砖内侧，均用长方砖垒砌，采用平铺错缝顺砌，加少量丁砖。用黄泥垒墙，技法粗糙，外表的墙面砖与内侧的城砖，不相互交叉衔接，呈两张皮状，故墙面砖易外鼓残毁脱落。在城基外侧用黄黏土夹碎砖瓦砾，夯打一层厚20厘米、宽约3.6米的散水路面。（图版一四，3、4）

在3B、3C层出土的砖中，少量模印或刻划有文字，如斜面砖上模印"□□伯齐九分"，直书，反文，有的横列刻划"祀礼祷□"。有的砖在宽面上刻写"十"、"五十"、"六十"、"一百"等记数。有少量板瓦、筒瓦表面磨光，制作非常精美，颜色分黑灰或浅红色，但都已残碎，筒瓦直径14、厚1.5厘米。另外还出土一些绳纹板瓦，两块瓦上刻写"王智"、"王镇"名字。在城基的散水面上，发现两枚隋"五铢"铜钱，直径2.3厘米。在③B层中复原4件青釉粗瓷器，计有酱釉敞口斜腹碗，1件，YZG1③B：6，口径17.8、高5.4、底径8.9厘米（图一九，1）；青酱釉直口折腹钵，1件，YZG1③B：4，口径14.4、高5.6、底径8.6厘米（图一九，2）；灰青釉器盖，1件，YZG1③B：1，直径11.8、高4厘米，子口，只盖面施釉（图一九，3）；青灰釉直口深腹碗，1件，YZG1③B：9，口径8、高6、足径3厘米（图一九，4）。

第4层：按土质硬度不同，可分为4A和4B层。4A层为三期六朝夯土城墙，用黄褐色黏土夯筑，东西宽约28、深0.7～8.35、厚0.4～3米。夯层明显，每层厚6～8厘米，夯窝径6厘米。4B层为三期城墙坍塌土，只遗存在东侧，厚约1.8米。4层被压在四、五期城墙下，西部上端被扰乱土破坏。夯土中出土很少六朝时期青瓷片，有盘口壶和碗的残片。筒瓦和板瓦的碎片较多，外饰绳纹，内有麻点。板瓦端头饰弦纹。筒瓦直径17、厚1.5厘米，瓦榫长1.7～3.5厘米。板瓦残长44.5、宽38、厚1.5厘米。

第5层：二期汉代城墙，用黄褐色黏土夯筑。分布在探沟东西两侧，建在生土层上，叠压在一期城墙上。城基东西遗存宽约38、深2.4～9.2、厚1～3.8米。夯土坚硬，夯层清晰，每层厚6～8厘米，夯窝径6厘米。出土物极少，有筒瓦残片和板瓦残片，表面有绳纹，内面有凸点麻纹、网纹等。

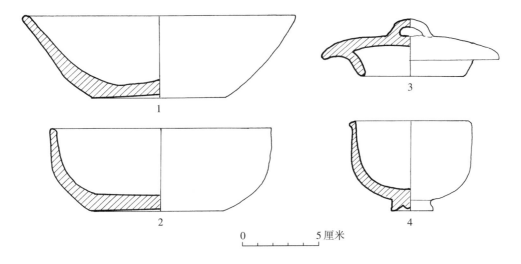

图一九　蜀冈上城址西北城角出土的瓷器

1.酱釉敞口斜腹碗 YZG1③B：6　2.青酱釉直口折腹钵 YZG1③B：4　3.灰青釉器盖 YZG1③B：1　4.青灰釉直口深腹碗 YZG1③B：9

第6层：一期战国城墙，分布在探沟西部，始建在生土层上。用黄黏土夯筑，遗存宽25、深2.6～7.1、厚1.5～4.8米。夯土坚硬，土质纯净，夯层均匀，每层厚6～8厘米。出土物极少，仅有几片泥质灰陶，多为喇叭形圈足豆，还有两三片"米"字形纹印纹硬陶片。

五　南北向中间城墙（宝祐城东墙）

在城址中间的城墙上，发掘两条东西向探沟，一条探沟选在保存较高的城墙北端，编号YZG6，另一条探沟选在保存很矮的城墙南段，北距堡城东门约30米，编号YZG7。以探沟北壁剖面说明地层堆积情况。

（一）YZG6探沟（图二○）

第1层：地表层，黄褐色土，松软。厚0.2～0.4米。为中间高两侧低的土隆状地面。

第2层：扰乱层，灰土。深0.5～3、厚0.25～2.6米。分布在探沟东西两侧，中间有夯土城墙相隔。出土物以唐代瓷片最多，有少量六朝青瓷片和汉代陶片。最晚遗物为清代瓷片。

第3层：黄褐色和青灰色混杂土，较松软。深1.5～3.1、厚0.8～2.5米。分布在探沟（城

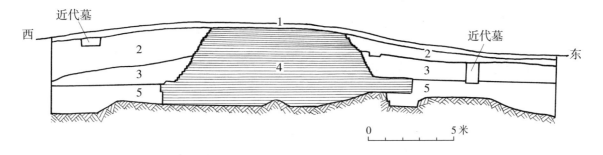

图二○　宝祐城东墙探沟 YZG6 北壁地层剖面图

1.地表层，黄褐色土　2.扰乱层，灰色土　3.城墙坍塌土，黄褐色土和青灰色土　4.宋代夯土城墙　5.灰黑色土

墙）东西两侧，为城墙坍塌土，表面为倾斜状。出土物以唐宋瓷片为主。

第4层：宋代夯土城墙，分布在探沟中部。地表土下即为夯土，深0.3～4.6、厚0.8～4.4米，夯土墙顶部遗存宽7.6、城墙底部遗存宽11.5米。城墙下挖有基槽，东西宽14.1、深0.7～1.1米，基槽打破第5层，槽底直达黄色生土。夯土可分为两种颜色，上部为黄褐色土，夯层清楚，呈水平状，每层厚13～15厘米，夯窝径6厘米。下部近2米厚的夯土为灰黄褐土，土层中夹杂大量碎砖瓦砾，层层交叠夯筑，夯层更显坚硬。夯土墙的东西两侧边缘，发现有柱洞痕，柱洞径15～20厘米不等，间隔0.8～1.2米，这些柱洞应是夯筑城墙时，作为夹墙板之柱洞。出土物最晚的为南宋时期。夯土上部多出汉代遗物，以泥质灰陶片为主，还有少量六朝青瓷片，应是修筑城墙时扰乱下层堆积所致。夯土下部多出唐宋瓷片。出土的铜钱计有汉代"五铢"钱1枚，直径2.5厘米（图二一，1）。唐代"开元通宝"钱1枚，直径2.5厘米（图二一，3）。宋代"淳化元宝"钱1枚，直径2.35厘米；"元丰通宝"钱1枚，直径2.85厘米；"皇宋通宝"钱1枚，直径2.4厘米；"圣宋元宝"钱2枚，直径2.4厘米和3厘米（图二一，4～8）。夯土中还出土一些方格纹和莲花纹方砖，皆残（图二二，1～6），另外有带"官"、"罗城"、"右□"、"孙颢"、"□徐诚"、"□□令蕴"、"西窑王师□"和"中军"铭文的城砖（图二三，1～11）。

第5层：灰黑土，较硬。深2.4～4.4、厚0.9～2米。中间被宋代夯土城基槽打破。表面平整，坚硬。该层下面即为黄色生土。出土遗物皆为汉唐时代的陶瓷片。有较早的泥质灰陶豆、盆、瓮、罐，以及云纹瓦当、粗绳纹瓦等。出土1枚剪边"半两"铜钱，直径2.4厘米（图二一，2）。

（二）YZG7探沟（图二四）

第1A层：表土层，黄灰色土，土质松软，厚0.2～0.3米，中间地面稍稍隆起。1B层：

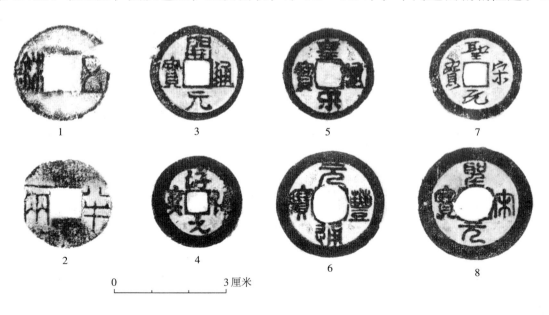

1　　　　　　3　　　　　　5　　　　　　7

2　　　　　　4　　　　　　6　　　　　　8

0　　　　　　　　　　3厘米

图二一　宝祐城东墙探沟YZG6出土的铜钱拓片

1.汉代"五铢"钱　2.汉代剪边"半两"铜钱　3.唐代"开元通宝"钱　4.宋代"淳化元宝"钱　5.宋代"皇宋通宝"钱　6.宋代"元丰通宝"钱　7、8.宋代"圣宋元宝"钱

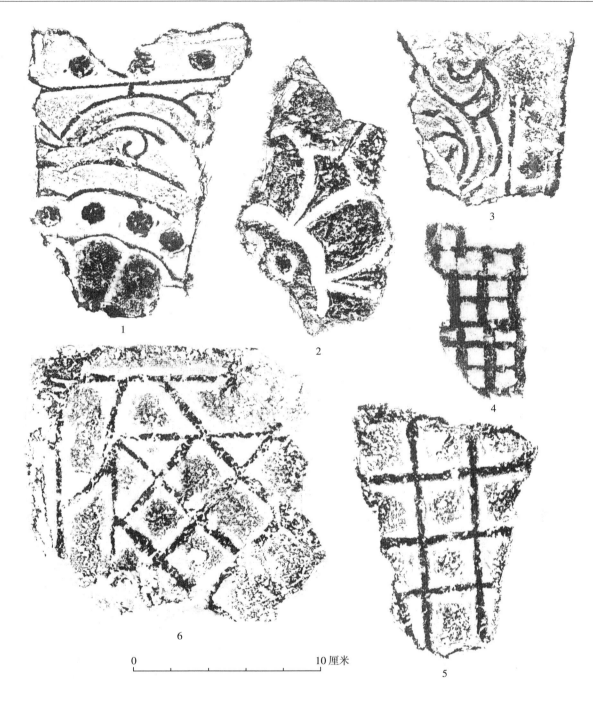

图二二　宝祐城东墙探沟 YZG6 出土的方砖花纹拓片

1~3.莲花纹方砖　4、5.方格纹方砖　6.菱形纹、点纹方砖

黄灰色土，是城墙坍塌土，又经平整。深 0.9~3.6、厚 0.6~3.4 米。堆积中出土 5 件元代瓷器。其中黑釉碗 1 件，YZG7①B：6，口径 14.5、高 6.6、底径 5.7 厘米。圆唇，侈口，圈足。内壁有酱色条纹（图二五，1；图版一五，1）。青釉罐 1 件，YZG7①B：4，口径 8.3、底径6、高 15 厘米。圆唇，矮颈，鼓腹，平底内凹。口、肩施釉，釉不光亮，流釉严重（图二五，2；图版一五，2）。白釉黑花碗 3 件，均圆唇，敞口，弧腹，圈足。为磁州窑产品。YZG7①

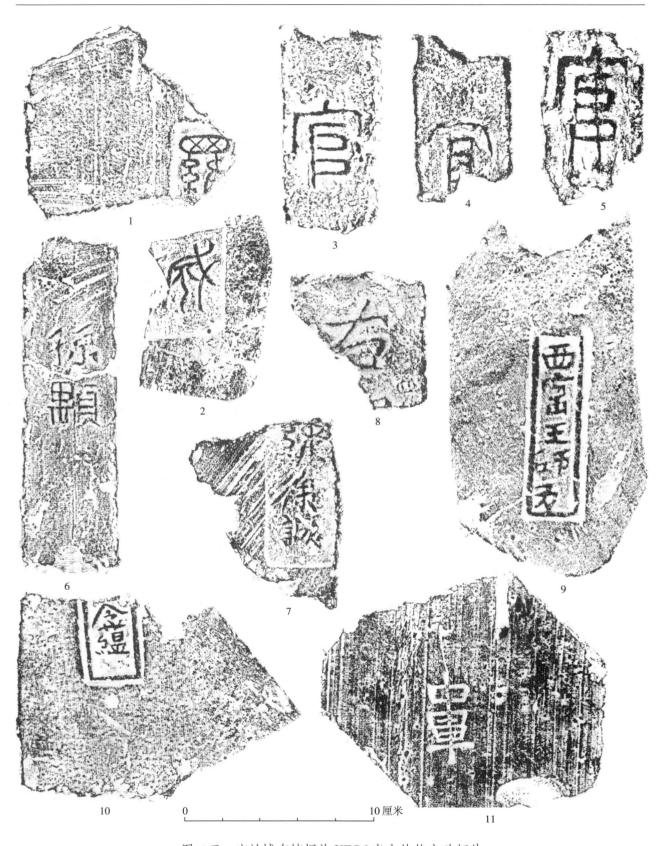

图二三　宝祐城东墙探沟 YZG6 出土的铭文砖拓片

1、2.“罗城”砖　3～5.“官”字砖　6.“孙颙”砖　7.“□徐诚”砖　8.“右□”砖　9.“西窑王师□”砖　10.“☑令蕴”砖　11.“中军”砖（1～5为唐砖，余为宋砖）

B：1，口径12.3、高4.5、底径5.2厘米。土黄胎，白釉，外壁半釉。内壁底上用黑褐彩绘花草纹（图二五，4；图版一五，3）。从坍塌堆积土内出土遗物分析，宋代城墙（宝祐城东墙）已于元代废弃。

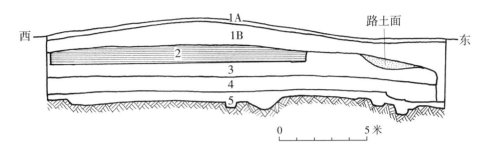

图二四　宝祐城东墙探沟 YZG7 北壁地层剖面图

1A. 表土层，黄灰色土　1B. 城墙坍塌土，黄灰色土　2. 宋代夯土城墙　3. 灰黄色土　4. 黑灰色土　5. 青灰色土

图二五　宝祐城东墙探沟 YZG7 出土的瓷器和陶器

1. 黑釉碗 YZG7①B：6　2. 青釉罐 YZG7①B：4　3. 青釉杯 YZG7③：1　4. 白釉黑花碗 YZG7①B：1　5. 泥质灰陶豆 YZG7⑤：3（1、2、4为磁州窑产品）

第2层：宋代夯土城墙基，分布在探沟中西部，打破第3层。深2～2.5、厚1米。城基以上夯土墙已被破坏，城基宽14、深0.6米。基槽外有路土面，东侧残宽3米。

第3层：灰黄色土。深约2.5、厚0.6～1.2米，土质较硬，起碎层，为路土性质。出土遗物以六朝至隋唐瓷片较多，其中有1件青釉杯，YZG7③：1，口径5.4、底径3.4、高2.2厘米。只内壁施釉。直口，浅腹，饼足（图二五，3；图版一五，4）。第3层可能为隋唐路面。

第4层：黑灰土。深约4.6、厚1米。出土遗物为六朝青瓷片以及汉代陶片、绳纹瓦片。该层也有路土性质，可能是六朝时期地面。

第5层：青灰土。深约5、厚0.7～1米。出土遗物以泥质灰陶片为主，器形有豆、罐、盆、缸等。其中复原1件灰陶豆，YZG7⑤：3，口径16.6、通高13.2、足径9.8厘米。敞口，浅盘，高柄，喇叭形圈足（图二五，5；图版一五，5）。另外有少量几何印纹陶片和绳纹板瓦、筒瓦。出土遗物均为战国至汉代遗物。第5层很可能为城址中最早的地面。此层下即为生土。

第三节　城址内的考古发掘

1978、1982年南京博物院曾在城址东半区的大谭庄、小陆庄和铁佛寺等地，进行了小范围的考古发掘，共发掘6个探方（见图四）。[①]从发掘探方的地层堆积看，城址东半区的文化层厚约1米，中部和南部文化层稍厚，约1.2米。除地表土外，地层堆积可分上、下两层，上层为灰土，较硬，厚0.2～0.4米，出土遗物多为唐代瓷片，接近灰土层上部还伴出少量北宋瓷片；下层为黑灰土，稍软，厚0.3～0.6米，出土遗物以汉代建筑材料和陶器残片为主。在上、下两层之间有少量六朝至隋唐青瓷片和"五铢"铜钱。在下层底部近生土层面上，出土少量印纹硬陶片。在此之后，蜀冈上城址内再未进行过考古发掘。

1990年，当地农民在铁佛寺北挖土时，发现一座砖井，扬州城考古队派人清理了古井，编号YZJ1。根据井壁所用唐砖判断，此井年代为唐代。

一　唐代水井（YZJ1）

井口呈圆形，小口，小底，井腹大，从纵剖面看似梭柱形。井口已被破坏，井口石圈落入井中，井圈口径0.42、井残深9、井腹直径1.6、井底直径0.75米。（图二六）

井的建造工序和结构：首先挖圆形竖井穴，再自下而上围砌灰砖，距井底2.3米时内收。井壁砖有两种，近井底2.3米的一段，用长26、宽13、厚2.8厘米的小砖围砌井壁。井腹壁用长35、宽17、厚5厘米的大砖（这种规格的砖是扬州常见的唐砖）围砌。砖的砌法不同，井底壁先用9块小砖，平铺碰角围砌（图二六，B）4层，其上改用竖立砖围砌9层，再上用平铺砖碰角围砌1层，之上又用竖立砖围砌8层，然后又改用平铺砖碰角围砌3层，在上面与井腹壁衔接。由井底向上围砌时，逐层外扩，错缝叠压，至井腹壁时，直径达1.6米。井腹壁改用大砖垒砌，平铺碰角围砌，层层错缝，向上笔直砌至8米（距井底）时，开始层层内收，至

---

①　南京博物院：《扬州古城1978年调查发掘简报》，《文物》1979年9期。

9米时，井筒直径收为1.5米，再上井壁残缺。根据井壁弧度和井圈口径（图二六，A），复原井深11米。

二　出土遗物

唐井中的出土遗物，仅有1件唐代青瓷钵，其余皆为宋代瓷器，这种现象说明，唐井沿用时间至宋代，中途经宋代掏井，把唐代遗落井中的器物掏去，因而唐代遗物较少。经统计，井中出土遗物25件，分述如下。

青釉钵　1件，宜兴窑，属唐代遗物。YZJ1：10，口径14、底径7、高4.5厘米。灰胎，青釉，外壁半釉。内底及外底边缘有支块痕。圆唇，斜腹，平底，底部内凹（图二七）。

青白釉碗　共8件，皆宋代景德镇湖田窑产品。白胎细腻，釉色泛青，光亮，足底无釉。4件内壁刻划花纹。按形式可分：

敞口碗　3件。YZJ1：8，口径16.6、高7、足径4.8厘米。青白釉泛灰，外壁半釉。内口下饰两道弦纹（图二八，1；图版一六，1）。YZJ1：12，口径15.2、高6.6、足径5厘米（图二八，2；图版一六，2）。YZJ1：6，口径16.4、高6、足径6.5厘米。胎釉较粗，外壁施半釉（图二八，3）。

芒口碗　1件。YZJ1：3，口径14.8、高6、足径6厘米。薄方唇，敞口，弧腹，矮圈足。口

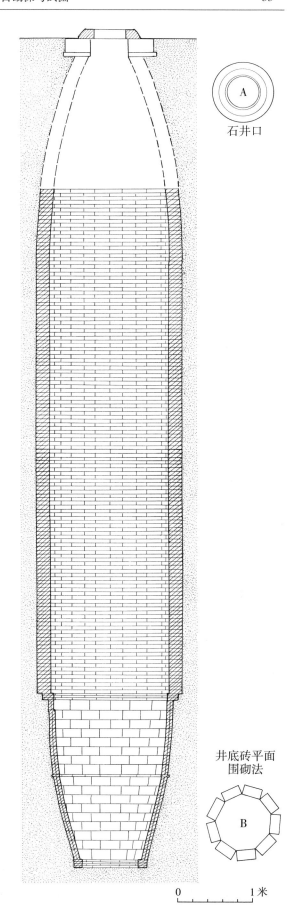

图二六　铁佛寺唐井 YZJ1 结构图

A. 石井口　B. 井底砖平面围砌法

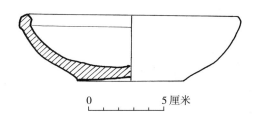

图二七　铁佛寺唐井 YZJ1 出土的
青釉钵 YZJ1：10

边无釉，露胎处呈浅红色，应为覆烧（图二八，4；图版一六，3）。

葵口碗　3件。YZJ1：2，口径19.2、足径6、高6.5厘米。内壁饰花卉纹加篦划纹。外底墨书一"化"字（图二八，5；图版一七，1）。YZJ1：5，口径18.2、高6、足径5.7厘米（图二八，6；图版一七，2）。YZJ1：1，器形同YZJ1：2（图二八，7）。

侈口碗　1件。YZJ1：4，口径19、足径5.8、高7.3厘米。口唇的胎壁很薄，内壁饰花卉纹加篦点纹。外底墨书一"铁"字（图二八，8；图版一六，4）。

青灰釉瓶　1件。YZJ1：11，口径5.6、高19、底径7.4厘米。灰胎，较粗，坚硬，外壁施薄釉，釉不及底。器外壁包一薄层银箔，大部分已锈蚀脱落。圆唇，小口，矮领，丰肩，直腹，平底内凹。胎壁留有轮旋痕（图二九，1；图版一七，3）。

青釉碟　2件。YZJ1：15，口径9.8、高3.6、底径3.2厘米。紫红胎，含细沙，坚硬。内壁施青釉，外壁及底无釉。圆唇，敞口，斜收腹，小平底（图二九，3；图版一七，4）。

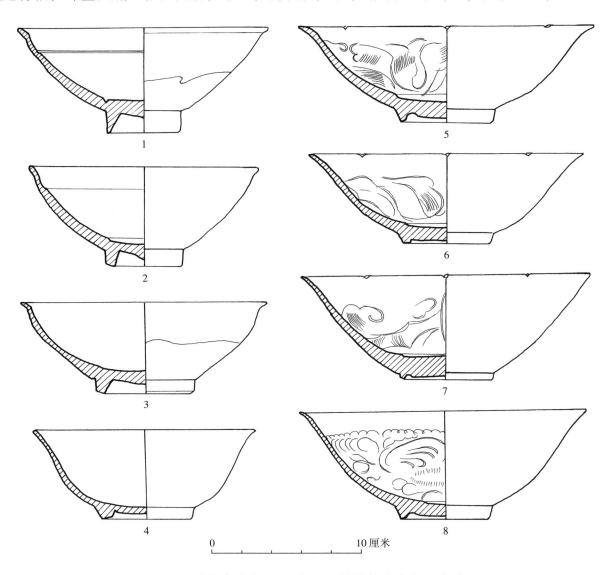

图二八　铁佛寺唐井YZJ1出土的景德镇窑青白釉瓷碗

1～3.敞口碗YZJ1：8、YZJ1：12、YZJ1：6　4.芒口碗YZJ1：3　5～7.葵口碗YZJ1：2、YZJ1：5、YZJ1：1　8.侈口碗YZJ1：4

　　酱黑釉盏　1件，建窑。YZJ1∶7，口径10.6、高5.6、足径3.5厘米。灰胎，坚硬，釉泽光亮，外施半釉，露胎处呈灰黑色。圆唇，直口，收腹，圈足（图二九，4）。

　　塔形陶模　1件，残。YZJ1∶9，肩宽9.2、残高10.6、胎厚1.2厘米。灰白胎，较硬。为外模。口底残缺，仅存肩和下腹部，腹下施莲花纹（图二九，2）。

　　铁铲　1件。YZJ1∶16，通长33、头宽13、裤把径5厘米。锻打制成，平头铲锹（图三〇，1）。

　　铜钱　1枚。YZJ1∶13，直径2.7厘米。正面为"庆元通宝"，背面为"春六"（图三〇，2）。

　　井口石圈　1件。YZJ1∶14，外径85、内口径42厘米。正面微鼓，围绕内口有凹弦纹（图三〇，3）。

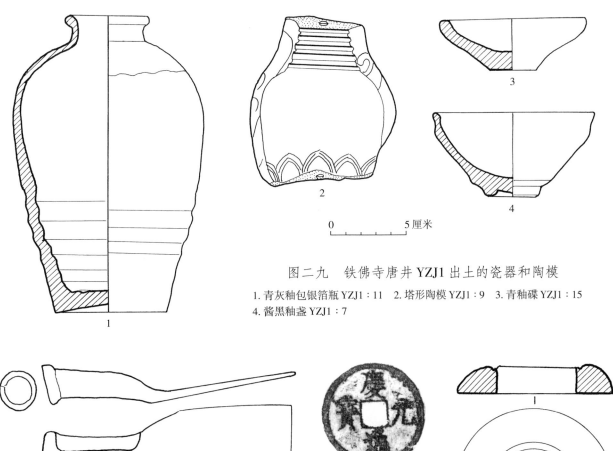

0 ————— 5厘米

图二九　铁佛寺唐井YZJ1出土的瓷器和陶模
1.青灰釉包银箔瓶YZJ1∶11　2.塔形陶模YZJ1∶9　3.青釉碟YZJ1∶15
4.酱黑釉盏YZJ1∶7

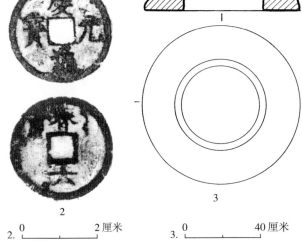

1. 0 ————— 10厘米

图三〇　铁佛寺唐井YZJ1出土器物
1.铁铲YZJ1∶16　2."庆元通宝"铜钱YZJ1∶13　3.井口
石圈YZJ1∶14

2. 0 —— 2厘米　　　3. 0 —— 40厘米

第三章　蜀冈下城址的考古勘探

第一节　城址保存概况

　　1988~1989年全面勘探了蜀冈下的城址。城址夯筑城墙已被破坏殆尽，经调查，高出地面的夯土城墙仅有四处，一处位于观音山下的罗城西城墙北端，如图四中标出的"B"点（见图四；图版一八，1），残长约50米，高出地面2米余，向北与蜀冈上城址的西城墙相接。另一处位于铁佛寺以东，即从蜀冈上城址的东南角向东延伸的城墙（图版一八，2），过槐扬公路，经平山变电所，长470米，然后由此城墙向南折100米，之后又东折500米长，至东风砖瓦厂西围墙下残断，总残长1070米，高出地面约2米，如图四中标出的"A"点位置。上述两处城墙皆紧靠蜀冈下，其中位于观音山下南北50米长的城墙，应是蜀冈下罗城城址的西城墙，而1070米长的城墙，为东西走向，西端与蜀冈上的南城墙（见图版一）相接，形成蜀冈下罗城城址的北城墙。

　　另外两处夯土城墙，一处在长春桥东北面的区委党校内，夯土城墙平面呈拐角状，拐角长宽约100米，高出地面约10米（图版一九，1），如图四中标出的"C"点。在北侧的夯土墙断面上，可以清楚看出一层层夯土，有的部位为一层夯土夹一层瓦砾，夯土层一般厚10~20厘米，最厚的夯层达30厘米。夯土内夹杂有宋代瓷片和砖瓦等。由夯土城角向东，经凤凰桥（图版一九，2）到高桥的东西一线，全长2000余米，其北侧还保存着护城河，河南岸的地面遗存不少城砖，部分砖的侧面有"武锋军"戳记。城河旧名柴河，又称潮河，今已改称漕河（图版一九，3）。区委党校内的夯土城墙拐角，应是扬州宋大城的西北角，由此向东至高桥一线，为宋大城的北城墙。这段城墙与护城河，在清代还能见到，如雍正《扬州府志》河渠条云："柴河在府城北三里，东通运河，西接市河（图版二〇，1），相传为旧城濠，南岸城基犹存。"嘉庆《扬州府志》古迹条中则明确指出柴河为宋大城北濠。东西一线的北城墙，现已修建成漕河大道（图版二〇，2）。

　　宋大城西北城角向北约150米，为第四处夯土城墙遗迹，分布在今童家套一带，这一带地势高出四周地面1~3米，南北长900余米，东西宽380~450米（北端较宽）。围绕在高地的四周，形成较陡峭的坡面，坡面上皆暴露出夯土城墙遗迹，城墙外环绕着宽阔的护城河（图版二一，1、2），如图四中标出的"D"点位置。在北城墙中间还能看出城门豁口，两侧的土堆高出地面5~6米，当地人称为笔架山（图版二一，3）。在东城墙北端，调查时发现一处砖砌涵洞遗迹，涵洞砖已被后人取用殆尽，涵洞塌陷，结构不清。当地农民用大量城砖筑砌一个蓄肥池，其中有数以百计的砖，在砖侧面印有楷书"武锋军"的阳文砖铭。砖长38、宽18.5、厚8厘米。从第四处夯土城墙位置分析，它位于宋大城以北，蜀冈上的宝祐城之南，应是扬州南宋夹城城址。

　　除上述四处城墙外，1984年在扬州南门街改造施工中，发现了唐、宋、明时代的南城门遗址，不同时代的城门上下叠压在一起，这一重要发现确定了蜀冈下唐扬州罗城、宋城和明城的南界（图版二二，1、2）。蜀冈下城址的另一特点，就是历代城址的护城河皆保存得相当完整，并与人工开凿的运河相连通，形成扬州城一套完整的排水和运输水系，这套水系至今还在起着重要作用。这套水系，从航拍照片上看得很清楚（见图版三），古运河是运输河道，航拍照片显示出很宽的一条白线。如古运河由南向北到罗城南门后折而向东，至康山，即城的东南角，又直折向北到黄金坝，然后向东折经湾头与京杭大运河交汇。由黄金坝经康山至南门，即是唐罗城城址的东南界线。如今古运河已开发出一条"古运河水上游"（图版二三，1、2）热线。罗城城址的西南界，从航拍照片上也可看出，从南门向西，古城濠经荷花池（图版二四，1、2），到大学路南口，继续向西，围绕扬州大学农学院南侧，至双桥乡北折，古城濠笔直向北，直达观音山（图版二五，1）。这条古城濠当地人称之为蒿草河（图版二五，2），因河道窄，航拍照片上仅显示出一条浅灰黑色的细线，在位于扬州大学农学院西围墙处，还清晰显示出瓮城及环绕瓮城外的方形河道（见图版三）。扬州宋大城、夹城和明代扬州城的城濠，皆在唐扬州罗城范围内。从一圈圈城濠河道看，唐扬州罗城城址最大，其次是宋城，明城最小。从航拍照片上还可以看出，宋、明扬州城是在唐扬州罗城东南隅基础上缩小建成。

　　蜀冈下城址包括唐、宋、明时代的扬州城。从文献记载看，各时代营造的扬州城，其规模皆不相同，但它们都有着密切关系，似祖孙三代有着血脉联系，它们的主要街道、河道和重要建筑，皆继承、沿袭使用。从地层看，则形成上下叠压关系，为城址考古提供了丰富的历史实物。扬州老城区房屋建筑密集，给考古勘探和发掘工作造成很大困难，我们只能在建筑空隙中进行考古钻探。在这种条件下，我们根据钻探资料，并结合文献记载，按先易后难的办法，先考证明代扬州城，然后上推到宋、唐扬州城。

第二节　明代扬州城

一　修建的历史背景

　　明代扬州有新、旧两城，其范围与今扬州老城区相同，如图中深粉色的一大片区域（图四）。据《明太祖实录》卷七载：元至正十七年（1357年），朱元璋攻下扬州，命元帅张德林驻守扬州，因战乱，扬州"城中居民，仅余十八家……德林以旧城（指宋大城）虚旷难守，乃截旧城西南隅，筑而守之"，这是第一次修筑的扬州城。第二次修筑扬州城，是在198年后的嘉靖三十四年（1555年），为防倭寇侵犯扬州，依至正十七年修筑的扬州城东墙，向东扩建一城[①]。因此，至正年修的为扬州旧城，嘉靖年修的为扬州新城，这种称法流传至今。

---

① 见《明史·吴桂芳传》；何诚：《扬州府新筑外城记》。

二　文献记载的明代扬州城

在《嘉靖惟扬志》卷首附的《今扬州府城隍图》（图三一），即为明代旧城全貌。《嘉靖惟扬志》卷十载旧城"周围九里二百八十六步四尺，高二丈五尺……城门楼观五座"。《康熙扬州府志》附有《扬州府城池图》（图三二），该图把新、旧两城合在一起，从图上可看出新城共有七座城门，两座水关。文献记载新城城周"约一十里，为一千五百四十一丈九尺"[①]。

三　明代扬州城与今扬州城的关系

上述文献将明代新、旧两城记载得很清楚，虽然城墙与城内市河已被拆除和填平，但还保留的民国九年（1920年）实测的《扬州城市图》（图三三）标出的城墙、河道、桥位、大街小巷和主要建筑，与《嘉靖惟扬志》所附《今扬州府城隍图》和《康熙扬州府志》所附《扬州府城池图》基本一致。下面把这三幅图作个比较，看看明代扬州城的布局特点，为下面考证唐宋扬州城做些基础分析。

《嘉靖惟扬志》卷首所附《今扬州府城隍图》所指即明旧城。图将明旧城画为一方形，城有门五座，即南门、西门、北门、大东门和小东门，城内有"十"字形大街。东西大街，偏在全城北部，东西两端分别与大东门和西门相连通。南北大街为城的中轴线，与北门和南门相连通。在南北大街西侧，有条与之平行的市河，从南水门至北水门纵贯全城，市河上从北向南架设五座桥，即开明桥、文津桥、通泗桥、太平桥和新桥。西侧还有条滨河路，即北小街、中小街和南小街。大东门南有座小东门，通过小东门有条东西大街，与南北大街和市河垂直相交。西半城区的东西向大街以南，沿滨河路西侧，设置府县衙署、府学书院及寺庙等建筑。东半城区内大型建筑很少。

《康熙扬州府志》所附《扬州府城池图》上所绘旧城为长方形，上有门五座，分别是安江门、通泗门、淮镇门、先春门和小东门。沟通安江门（南门）和淮镇门（北门）的为旧城南北大街。大街西侧市河上有桥七座，从北向南分别为水关桥、开明桥、文津桥、通泗桥、太平桥、新桥和义济桥。其中水关桥、义济桥应为环城新设桥。府县衙署、府学书院及寺庙等位置与前《嘉靖惟扬志》所录一致。所录新城亦为长方形。共有城门七座，分别为徐凝门、挹江门、拱辰门、广储门、便益门、利津门、通济门。水关两座，分别在挹江门、拱辰门西侧。城内有南北大街一条，沟通挹江门和拱辰门。东西大街两条，靠北一条沟通利津门和旧城先春门，靠南一条沟通通济门和旧城小东门。

我们从1920年实测的《扬州城市图》上看，旧城为长方形，其东北城角稍向内抹。南北长约2000、东西宽约1000米。城内有"十"字形大街。南门居中，北门偏东，因此南北大街向东偏斜5度，西侧市河也斜向东北。东西大街不在横贯的中心线上，而大大偏于城北部。府县衙署位于西城中心。东城区多辟小巷街道，为市民所居。

《康熙扬州府志》所画的《扬州府城池图》，是把明代新旧两城合在一起，与民国元年（1920

①　见何诚：《扬州府新筑外城记》。

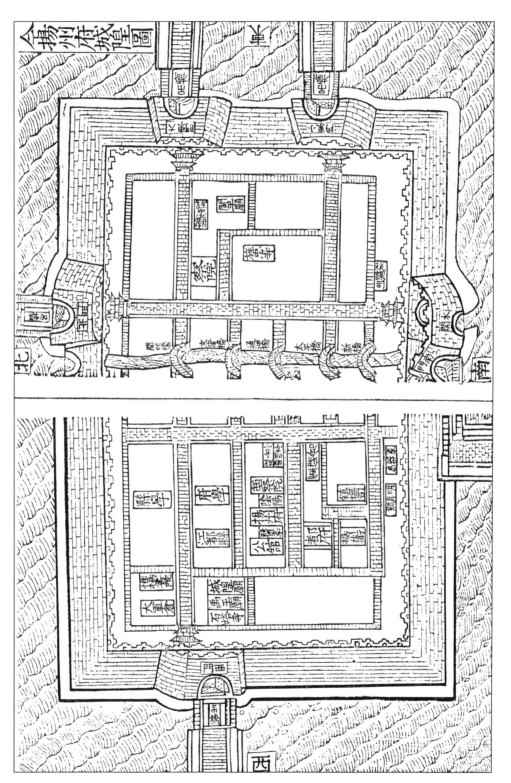

图三一　《嘉靖惟扬志》卷首附《今扬州府城隍图》

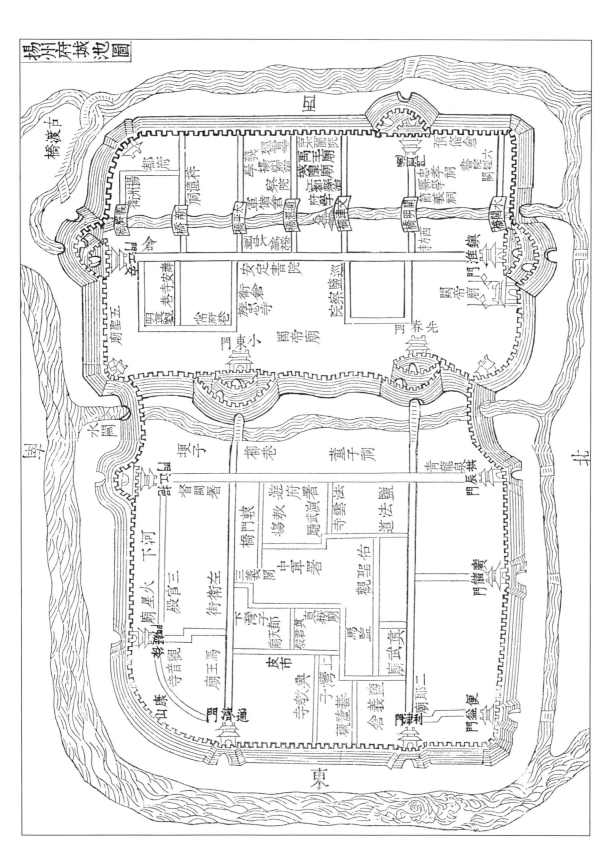

图三二　《康熙扬州府志》附《扬州府城池图》

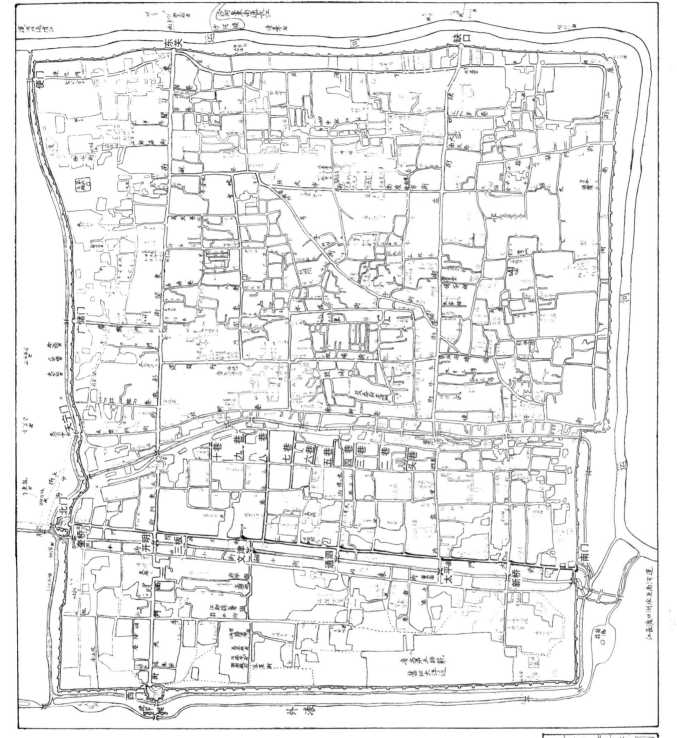

图三三 民国九年（1920年）实测的《扬州城市图》

年）实测的《扬州城市图》相同。从《扬州城市图》上看，明代新城是依旧城东墙向东展建的，新城的东城墙和南城墙紧临古运河，因此，新城南墙与旧城南墙不在东西向一条直线上，而是以旧城东南角，向南直折突出 100 米左右。值得注意的是，旧城南护城河向东过埂子街，与新城的南河下相对，然后经康山街向北折，与北河下相连，从这种现象分析，新城东南角的南河下、康山街至北河下的街道位置，很可能是唐宋扬州城东南隅外的护城河。

　　明新城平面呈长方形，南北长约 2000 余米，东西宽约 1500 余米。南城墙有挹江门和徐凝门，东城墙有通济（缺口）门和利津（东关）门，北城墙有便益门、广储门和拱辰（天宁）门。城内横贯两条东西主干街，北面一条从利津（东关）门向西与旧城先春（大东）门相连，南面一条从通济（缺口）门向西与旧城小东门相连。这两条主干街南北间距 1000 米，与旧城的两条东西干街完全相同。新城街道不如旧城整齐，这是因为清代扬州的经济市肆中心转移到新城，商甲富户在后建的新城内，改扩建许多宅院、园林和会馆，破坏了原有扬州城的布局，但东西主干街未变动，因为它们是连接新旧两城的主要通道，这种布局与现今扬州城的街道完全相同。

　　以上三幅图所描绘的明代扬州城的形制基本相同，只不过《扬州城市图》为实测图，比例更加准确。从《扬州城市图》上看，旧城市河上从北向南架设桥八座，即奎桥、开明桥、三板桥、文津桥、通泗桥、太平桥、新桥和义济桥。比《嘉靖惟扬志》图多了奎桥、三板桥和义济桥。其中奎桥和义济桥为内环城路上的桥，三板桥距开明桥以南很近，为一座新建桥，除去这三座桥，其余的桥与《嘉靖惟扬志》图上完全相同。值得注意的是实测的《扬州城市图》上，大东门、小东门的两条东西大街，南北间距 1000 米，之间等距离分布着开明桥、文津桥、通泗桥和太平桥，桥与桥间距 300 余米，每座桥均连通一条东西向路，旧城内实有 7 条东西向路（包括南北两端的环城路）。桥与桥之间又等距离分布着 3 条小巷，巷与巷间距约 80 米，巷口均通向纵向的南北主干大街上，如两条主干东西大街上的太平桥至开明桥之间，路东侧就很有规律地分布着头巷至十巷的小巷道。这种街道规划，是宋以后我国城市中最常见的形制。主干大街旁临河道，形成水、路并行的交通线，又具有南方城市布局的特点。南北干道东侧的小巷内，多为居民房舍，临街为市肆。南北大街西侧为官署寺庙，建筑面积大，因而占据着几条小巷，如扬州府署就占据着文津桥至通泗桥左侧 300 多米见方的整个范围。

第三节　宋代扬州城

　　宋代扬州有三城，文献记载的较清楚，在《嘉靖惟扬志》卷首附有《宋三城图》，其中宋大城在南，宝祐城在北，夹城居中间（图三四）。宋大城为扬州州城，五代末至北宋时修筑。宝祐城在蜀冈上，与夹城皆为南宋时修筑。

一　宋大城

（一）营建的历史背景

　　唐代扬州城在经历经济鼎盛繁荣期后，于唐末五代遭受兵火浩劫，"江淮之间，东西千里，扫地尽矣"[1]。最后一次扬州遭到灭顶之灾，是五代末南唐保大十五年（957年），为防后周世宗攻打扬州，南唐皇帝李璟派人放火烧毁整座扬州城，强迫居民迁徙江南（见《南唐书》保大十五年十二月条），庞大的唐代扬州城变为废墟。

后周世宗到扬州后，发丁夫万余，整理被破坏的扬州城，因城内人烟稀少，空旷难守，因此，命韩令坤于显德五年（958年）在故城（指唐扬州罗城）东南隅筑一小城，周二十余里，称为"周小城"（与庞大的唐扬州城相比，而称小城），上述事件在《旧五代史·周书·世宗纪》显德五年二月条、《资治通鉴》《后周纪》显德五年二月条、《庶斋老学丛谈》（盛如梓）卷下等文献中都有记载。两年之后，宋太祖统一天下，就以周小城为宋代扬州州城，蜀冈上的唐代子城被遗弃而荒废。周小城、北宋扬州城和南宋大城（宋大城是与后来的夹城、宝祐城相比而言大城），是同城而异称。

（二）文献记载的宋大城规模

宋大城的规模，在多种文献中均有记载。《宋会要辑稿》记：城"周十七里一百七十二步，计三千一百四十六丈"。崔与之所撰《菊坡集·扬州重修城濠记》中记：宋"大城城濠周三千五百四十一丈"（城濠周长要大于城墙周长）。盛如梓《庶斋老学丛谈》卷下记："今扬州城……于故城东南隅改筑，周二十余里。"明《嘉靖惟扬志》卷下记：宋大城"周二千一百八丈"，并详细记出城周四至尺丈，如"小东门南至大东门八百一十丈；……大东门至大北门八百一十八丈；……大北门至小北门一百六十四丈五尺；……小北门至西门一百四十五丈五尺；……西门至新城濠边一百七十丈"，然四段相加却为一千九百六十二丈，少一百四十丈。又据四周起止看，所记实为明代旧城。《嘉靖惟扬志》所记宋大城周的尺丈数字，为明显之错。《万历江都县志》记宋大城："周二千一百八十丈"，显然是抄写《嘉靖惟扬志》之误，更不可信。

（三）宋大城与明代扬州城的关系

宋大城的形制布局，在《嘉靖惟扬志》《宋三城图》（图三四）、《宋大城图》（图三五）中描绘得很清楚，《宋三城图》中的大城描绘得简单明了而形象。大城为规整的长方形，城内开"十"字形大街，与四面城门相通，北门以西的城北角，又辟一座北门通往夹城，并有一条路通往小市桥。在南门、北门的西侧各设一水门，市河从北向南贯穿流过，市河上从北向南有小市桥、迎恩桥、开明桥、通泗桥、太平桥五座桥。值得注意的是南北大街与市河，自南而北向东偏斜，东西大街与南北大街交叉后，向西通过开明桥，这些现象与明代旧城的街道、河流及桥十分相似。清代学者李斗在《扬州画舫录》卷九《小秦淮录》中云："按，今之旧城即宋大城之西南隅……今之新城，即宋大城之东南隅……"明代扬州城沿袭了宋大城南半部的主要街道、河流及建筑，这些建筑都未变动位置，所以才会出现这种相似之处。下面把宋明两城的关系归纳如下：

其一，宋大城南门及南城墙西段、西城墙南段，为明代旧城所沿用。这点已被1984年发掘的扬州南门遗址所证明。南门遗址自唐代始至宋、元、明、清代，门址位置未曾变动（详见本书第四章）。1995年发掘的宋大城西门，亦证明自五代末，至宋、元、明、清，西门的位

---

① 见《资治通鉴》卷二百五十九，景福元年七月条。

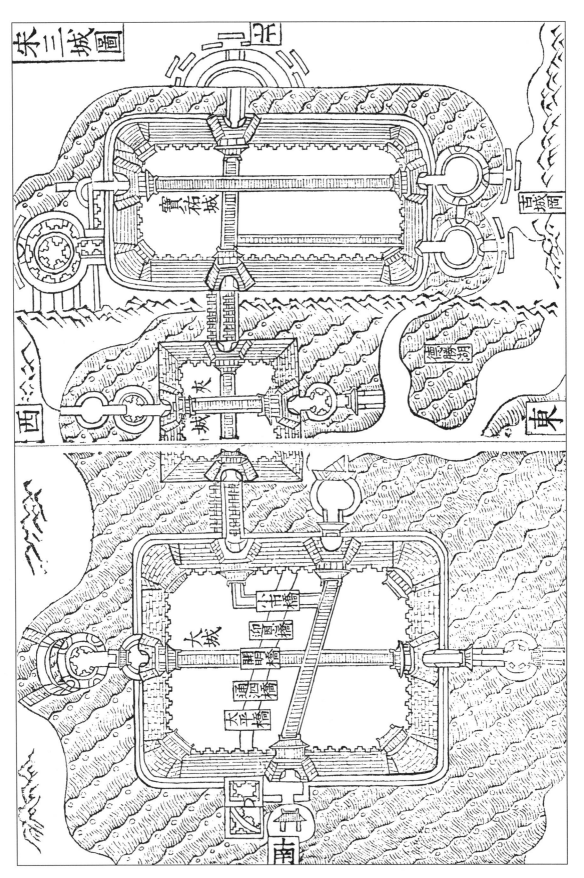

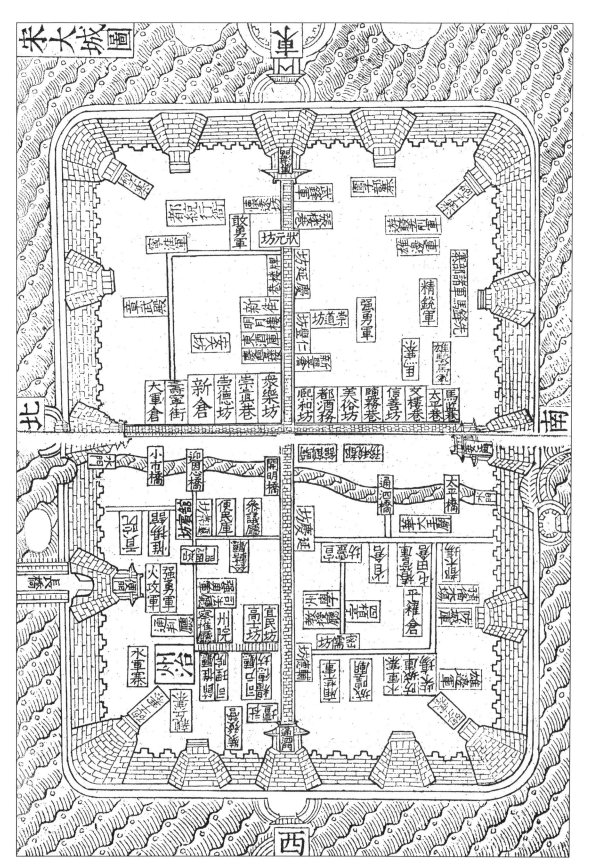

图三五 《嘉靖惟扬志》卷首附《宋大城图》

置也未变动，历代城门上下叠压在一起。

其二，宋大城的东西与南北大街，明城继续沿用，所以两城的南北大街，自南而北均向东偏斜。明城南缩，而东西大街位置不变，所以出现明城的东西大街偏向城北。

其三，市河与桥的位置，自唐一直沿用至今。《宋大城图》的市河上，从北向南有小市桥、迎恩桥、开明桥、通泗桥、太平桥五座。明代的《今扬州府城隍图》的市河上，从北向南有开明桥、文津桥、通泗桥、太平桥、新桥五座。明城已南缩，把迎恩、小市两桥割在城外，沿用了开明、通泗、太平三桥，南端设一座新桥。沿用的开明桥均在"十"字大街交叉点上。太平桥在《宋大城图》的西岸有座"华大王庙"[1]。该庙如今已不存在，但地名还在这个位置上，正如开明桥如今也不存在，但在其位置的东侧巷口仍称开明桥。以此类推通泗桥也是如此。出明旧城北门外，市河及南北这条倾斜街仍向北延伸，直至宋大城北濠（今称漕河），如今这条市河流出明城后，河道上从南至北还保存着问月桥、叶公桥、小市桥（图版二六，1~3）三桥，按其范围这三座桥均在宋大城内的北半部（图三六），《宋大城图》上只有迎恩、小市两桥，过小市桥即出大城北门。这种现象李斗在《扬州画舫录》卷一《草河录》上云："今小市桥在叶公桥之下（北），可知昔之迎恩桥当在叶公桥左右。又〈宋大城图〉迎恩、小市二桥之东为寿宁街，街北有章武殿。寿宁街即今天宁寺后街，章武殿即在今建隆寺内。以此二者考之，则今之小市桥或古之小市桥非二地，而古之迎恩桥当在今叶公桥左右，更无疑矣。又宋大城由南至北有五桥，为太平、通泗、开明、迎恩、小市，明城由南至北亦有五桥，为新桥、太平、通泗、文津、开明。以此考之，明于宋城已南徙，南增新桥于城内，北割迎恩、小市二桥于城外。其小市桥，今昔非二地，而昔之迎恩当在叶公桥左右无疑矣。"他的考证很有道理。我们再看"宋大城图"迎恩、开明两桥之间，开明、通泗两桥之间，距离很大，应是到明清时期于迎恩桥和开明桥之间增补了问月桥，开明桥和通泗桥之间增补了文津桥。

以上考证的这些桥，与沈括在《梦溪笔谈·补笔谈》中所记唐代二十四桥有密切关系。我们从沈括自北而南所记的周家桥（宋大城北门）起，向南有小市桥、广济桥、新桥、开明桥、顾家桥、通泗桥、太平桥、利园桥八座，与《宋大城图》和《今扬州府城隍图》比较，顺序的同名桥有小市、开明、通泗、太平四座，在这四座桥后，沈括均注上"今存"，说明北宋时桥还在。上文考证自明代后相当宋大城范围内，从北向南的桥有小市、叶公、问月、开明、文津、通泗、太平、新桥八座，恰好与沈括所记宋大城内桥数相同。这决不是一种巧合。我们可以暂且推定，小市桥自唐始至今，桥名未变，是宋城内的一条东西大街上的桥。广济桥在北宋时存在，到南宋时改为迎恩桥，桥西路北有馆宾坊，路中间设迎恩门，因之更改了桥名，到明清时期改名叶公桥[2]。新桥北宋时已不存在，南宋时也未建，到明清时期于原址上建有问月桥。开明桥自唐始至今未变，而且是宋、明城内东西主干大街上的桥。顾家桥北宋时已不存在，南宋时也未建，至明代建有一座文津桥。通泗桥、太平桥自唐始至今未变，在明城图上太平桥为一条东西主干大街上的桥。利园桥北宋时已不存在，至明代建有一座新桥。以上

① 见《康熙扬州府志》卷十九《寺观》："神医庙，在府东南太平桥下，祀汉华佗，俗称华大王庙。"
② 因桥西有叶公坟，为明刑部侍郎叶公相之墓。见刘文淇：《扬州水道记》卷二。

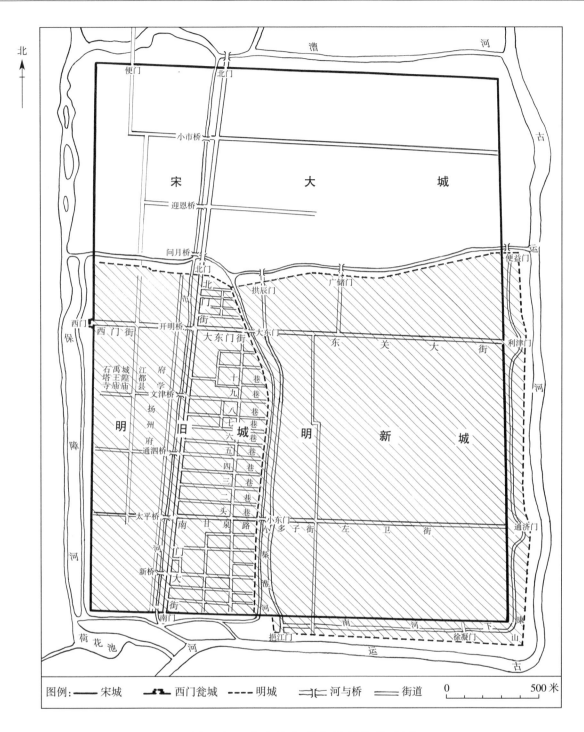

图三六 宋大城与明代扬州城关系图

为唐、宋、明代桥名的演变关系。这些桥的设置都与唐代街道有关,这为我们下面研究唐城奠定了基础。

其四,从宋州学和明府学的位置关系看,宋、明城内的主要建置也有沿袭关系。从《宋大城图》看,在西门大街以南,开明、通泗两桥之间,宣灵坊向西的一条街,路北即州学,西临教授厅,再西到密儒坊,隔街为城隍庙。明"今扬州府城隍图"的西门大街路南,开明、通泗两桥之间的文津桥向西的一条街，路北即府学，西邻江都县衙，再西，隔街为城隍庙、禹王庙和石塔寺。以上宋、明两城图的这部分街道、桥及建筑的布置完全相同，与现今街道也无区别。

（四）宋大城的勘探

通过上述对文献的分析，结合扬州航拍照片及民国九年（1920年）测绘的《扬州城市图》、1979年绘制的《扬州城区图》，我们首先看出围绕在唐、宋、明时代城址外的护城河，虽然城墙已被拆除，但城濠至今仍在利用，成为城市排水的主要河道。如明旧城西北角的护城河，为宋大城西护城河南段，今称保障河。向北为宋大城西护城河北段，北段护城河向北流过大虹桥，进入瘦西湖公园，继续北流，到长春桥下（即瘦西湖东北角），穿流长春桥，向北通入宋夹城西护城河。我们调查时发现的长春桥东北角的高地，应是宋大城西北城角，护城河至此，折向东流，经凤凰桥、高桥后，向东与古运河相汇，由区委党校至高桥的北护城河一线为宋大城北城墙，全长约2200米。宋大城南濠即古运河以北的南河下，这样宋大城四至很清楚，今扬州城区的地图上也可看出，城的东、南面为古运河，西面为保障河，北面为漕河，是一座南北长、东西宽的长方形城。（图三七）

根据上述线索，我们勘探出宋大城北城墙长2150、南城墙长2200、西城墙长2860、东城墙长2900米，城周10110米。我们将实测的宋大城周长，与文献所记宋大城周长作个比较：

《宋会要辑稿》记宋大城周长"十七里一百七十二步"，合10070.4米（按一里合360步，一步合5尺，从出土的三种宋尺看，宋制一尺合成米数为0.309、0.316、0.329米，按平均0.32米计算），与实测周长相差39.6米；

《扬州重修城濠记》记宋大城城濠"周三千五百四十一丈"，合11331米，与实测城周相差1221米；

《庶斋老学丛谈》记周小城"城周二十余里"，约合9300米（五代尺沿用唐尺，按唐制一里300步，一步5尺，一尺0.31米计算），与实测城周相差810米。

上述三种文献记载，以《宋会要辑稿》记宋大城周长与实测周长相差最小，应最为可信。

宋城城内街道布局，经考古钻探，与《嘉靖惟扬志》卷首所附的《宋大城图》基本相同。只是《嘉靖惟扬志》把宋大城画成东西长、南北窄的长方形，城内"十"字大街位于中心；而考古勘探的"十"字大街，只有东西大街横穿于城内中心，而南北大街不在城的中轴线上，而大大偏于西侧，并且是条斜街，呈东北—西南走向（北偏东5度），与城内市河走向一致。在长方形的城内，这条斜街、斜河布局显得很不协调。造成这种现象是因为宋大城沿用唐罗城街道的结果（详见下文）。南宋时期，因防御战争需要，于北门西侧约500米处，新开一座便门，向北与夹城相通。

二　宋宝祐城

（一）文献记载的宝祐城

宋室南迁后，扬州成为国之北门。为防金兵南下，曾数次加固扬州城，在城防布局上也有重大变化，绍兴年中（1131～1162年），知州郭棣认为蜀冈上废弃的唐代子城，"凭高临下，

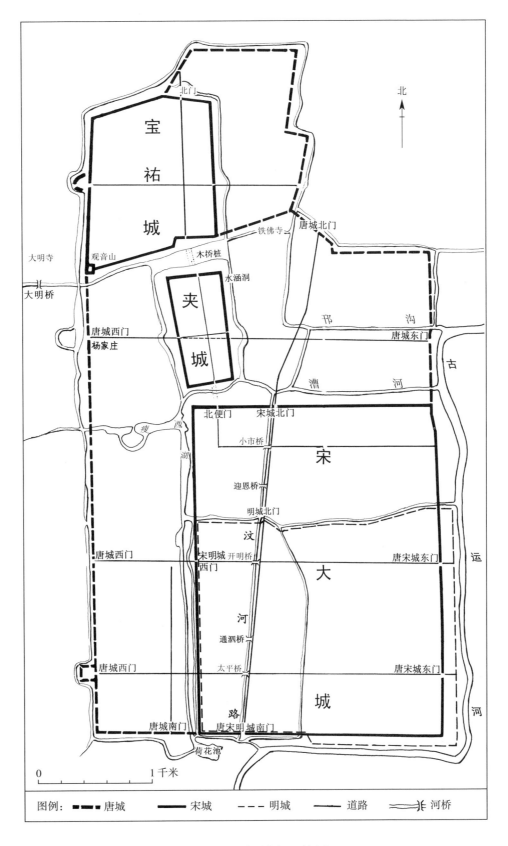

图三七　扬州宋三城图

四面险固"，可据以防守来犯之金兵，所以在蜀冈故城城址上修筑"堡寨城"或"堡城寨"，又名"堡城"，与宋大城南北对峙，在两城之间又筑夹城，至此，扬州形成宋三城，大大加强了防御能力[①]。南宋末年，蒙古兵灭掉金朝，挥兵南下，迫及江淮，两淮宣府使贾似道于宝祐二年（1254年）、三年修筑加固堡城，因此称"宝祐城"[②]。修筑的堡城寨，在崔与之撰《菊坡集·扬州重修城濠记》中云：城"周九里十六步"。与崔与之同时代的盛如梓，在《庶斋老学丛谈》中云："隋开皇初，方改为扬州，其城即今宝祐城，周三十六里，因吴王濞之都也"。这显然不是宝祐城，指的应是蜀冈上下的宋大城、宝祐城和夹城的总周长。以后的文献，皆记宝祐城周长一千七百丈，如《嘉靖惟扬志》卷十记宝祐城"周一千七百丈"。南宋早期修筑的堡寨城，南宋晚期修筑的宝祐城，实际是同一城的两种称谓。堡寨城周九里十六步，合三千二百五十六步，即一千六百二十八丈，与文献所载宝祐城周一千七百丈相近。

（二）宝祐城的勘探

宝祐城位于蜀冈之上，是在唐扬州子城西半城区内改筑而成。城内面积约1.6平方千米。考古钻探与试掘证实（见本书第二章），宝祐城的西、南、北三面城垣，都沿用了唐代子城城垣，城垣表面经修葺和包砖砌筑后，形成更加坚固的城垣。东城垣则为新筑。（见图三七）

宝祐城南城墙，西起观音山，向东偏北至董家庄东南，全长1300米，基本沿蜀冈边缘断崖修筑。经铲探，地表下即见黄黏土夯土城垣，被破坏的地方距地表深1.2~1.8米也能见到夯土城基，城基宽18米，由唐子城南门向东约250米，城墙北折与东城墙相接。

西城墙，南起观音山，向北笔直至西河湾村西北，全长1400米。西城墙保存较好，城基最宽处达28米。西城墙中部有一城门（见图版一〇，1），城门外还有圆形瓮城（见图版一〇，2），在瓮城夯筑城垣中，夹有南宋龙泉窑青釉荷花纹瓷碗片。从出土遗物看，与宝祐城修筑年代相一致。

北城墙，西起西河湾村西北，向东北延伸至李庄村北，然后北折数十米后，又折向东南至尹家庄东北，全长1100米。靠北城墙东段，即尹家庄之北有一北门，门址处呈豁口状（见图版一二，2），城门外有一圆形瓮城。

东城墙，是宝祐城新筑的，北起尹家庄东北，南至董家庄东南，全长1200米。东墙北段保存较好，高出地面4~5米，城基宽14米。东墙南段城垣保存很差，与地面持平，只有城门部位能看出月河遗迹。

城内钻探出"十"字形大街，与唐子城中的"十"字形大街相同，它们应为沿用关系。宝祐城的南北大街偏向城东，因为宝祐城沿用了唐子城西半城区，东半城区被截弃，重新筑起宝祐城东墙，原唐子城中心南北大街及南北两门，必然偏向宝祐城东侧。

三　宋夹城

南宋淳熙二年（1175年），知州郭棣为连接宋州城与堡城，在两城之间筑甬道，即夹城。

---

① 见王象之《舆地纪胜》卷三十七"扬州新旧城"。
② 见《宋史》本纪·理宗纪·宝祐三年二月条；盛如梓：《庶斋老学丛谈》卷下。

嘉定年间崔与之把土筑夹城改为包砖城①。《嘉靖惟扬志》所附《宋三城图》上，很形象地把夹城画在宋大城与宝祐城之间。经考古实测，宋大城距宝祐城 1200 米。崔与之在《扬州重修城濠记》中记宋大城距宝祐城"相距余二里，属以夹城，如蜂腰"，崔所记二里，若以宋制一尺 0.329 米计算，应合 1184.4 米，与考古实测距离接近。但《舆地纪胜》和《方舆纪要》记宋大城和宝祐城"相距三十里"，而《读史方舆纪要》却记"相距二十里"，清代学者刘文淇在《扬州水道记》中抄写前文记载，引证文献一错再错。夹城在南北护城河上用长桥，将三城连串在一起（见图三四）。2002 年在疏通夹城北濠时，挖出了长桥下的木桩基础。

夹城城址，位于蜀冈下童家套村，城墙高出附近地面 1~3 米，四周护城河宽阔，四面城墙（南墙已被破坏）隆起，呈土岗状。城门处为较宽的豁口形。经考古勘探，夹城平面为南北长、东西窄的长方形，城北略宽，方向北偏西 6 度。东城墙长约 900、西城墙长约 950、南城墙长约 380、北城墙长约 450 米，城周 2580 米，与《扬州重修城濠记》所载夹城城濠之周长"七百三十一丈"相近。夹城夯土城基宽 5.3 米，加上夯土墙外包砌的城砖，城墙宽 6 米余。在东城墙北端，发现一砖砌的水涵洞，砖被当地农民挖取破坏，涵洞已塌陷。从遗存城砖看，砖长 38、宽 18.5、厚 8 厘米，在砖的侧面有戳印的楷书体"武锋军"。

夹城有 4 座城门，门道宽 5、长 10.5 米，东西门外有瓮城遗迹。夹城北门外的护城河中有木桥桩遗迹，木桥桩南北长 47、东西宽 7 米（图版二七）。向北正对宝祐城南门。夹城内有"十"字形街，南北街宽约 8、东西街宽约 5 米。东西街经考古钻探，发现共有两层路土，下层路土应是唐罗城内的东西街道。考古勘探发现，夹城内砖瓦堆积极少，反映夹城内建筑很少，说明夹城只起甬道作用，不是居住的城。

第四节　唐代扬州罗城

唐代扬州有子城和罗城，子城在蜀冈上，罗城在蜀冈下。晚唐诗人杜牧有"街垂千步柳，霞映两重城"的诗句（见杜牧：《樊川集·扬州三首》），即描写蜀冈上下两城的形式。本节主要讲述蜀冈下的罗城。

一　文献记载唐代扬州城的规模

唐代扬州营造城池，在文献上有两次记载，一次为建中四年（783 年）十一月"淮南节度使陈少游，将兵讨李希烈，屯盱眙。闻朱泚作乱，归广陵，修堑垒，缮甲兵"②。"修堑垒"，无疑是指挖城濠和筑城墙。55 年后的开成三年（838 年），日本和尚圆仁到扬州记"扬府南北十一里，东西七里，周四十里"。这指的应是陈少游修的扬州城规模。另一次为晚唐乾符六年（879 年），时值黄巢起义，"高骈至淮南，缮完城垒"③。约两个世纪后的北宋著名科学家沈括

---

① 见王象之：《舆地纪胜》卷三十七"扬州新旧城条"，咸丰五年南海伍氏刊本。
② 见《资治通鉴》卷二百二十九，建中四年十一月条。
③ 见《旧唐书》卷一百八十二《高骈传》。

在《梦溪笔谈·补笔谈》中记："扬州在唐时最富盛。旧城南北十五里一百一十步，东西七里三十步。"记的应是唐末扬州城之规模。

晚唐人于邺在《扬州梦记》云："扬州胜地也，每重城向夕，倡楼之上，常有绛纱灯万数，辉罗耀列空中，九里三十步街中，珠翠填咽，邈若仙境。"他所描写的"每重城向夕"与杜牧的"霞映两重城"是一致的，"九里三十步街"应是城中的一条南北街，因城东西只有七里。九里三十步的南北长街约合现在4231.5米（按唐制一里三百步，一步五尺，一尺合0.31米计算），与我们实测罗城南北长4200米基本一致。推测圆仁所记"扬府南北十一里"可能指的是罗城南北长度，沈括所记"南北十五里一百一十步"则包括蜀冈上的子城，正如《雍正扬州府志》载："唐为扬州，城又加大，有大城又有子城，南北十五里一百一十步，东西七里三十步，盖联蜀冈上下以为城矣"。

二　罗城城墙、城门和水涵洞的勘探

上文已确定宋大城城址，宋大城即周小城，周小城是在唐罗城东南隅修筑，无疑宋大城也位于唐罗城的东南隅，宋大城只截弃唐罗城西部和北部，新筑西城墙和北城墙，而沿用唐罗城东城墙、东城门和南城墙、南城门[①]。唐罗城北城墙高出地面2米。西城墙北端即在观音山下，高出地面2~3米，长约50米，这给我们勘探西城墙提供了目标，顺城墙走向，沿西城濠遗迹（即今瘦西湖、蒿草河），钻探出埋在地下的罗城西城墙中段和南段。

（一）东城墙、城门和水门

1. 东城墙

北起东风砖瓦厂（即东北城角），向南顺城濠河迹，今称冷却河（图版二八，1；河道大部淤塞，变为一条污水沟），过邗沟（图版二八，2），经城北区的黄金坝，沿古运河西侧平行南下，过高桥（宋大城东北角）、便益门街（明代新城东北角），通过东关街，顺北河下至康山街（罗城东南角）止，即东城墙南北一线，全长4200米，城基宽约10米。

东城墙大部分在市区内，地面上已无痕迹，地下城基又遭现代房屋叠压破坏，给我们考古钻探带来很大困难。我们利用洛阳铲灵活捷便的特点，靠有经验的洛阳老探工的技巧，在4200米长的东墙上，探出十几处夯土城基（见表一），每处均探出50~200米城墙长度，从每个探点反映的情况看，东城墙北段（高桥—黄金坝—东风砖瓦厂）夯土城基保存较好。

在化工技校北墙外的高岗断崖上，还能看到夯土城墙基。南段夯土城基保存较差，夯土内含沙量逐渐增多，并夹杂有黑灰色软土。

东城墙基本为南北一条直线，但位于城门处的墙，略有小的曲折。如位于邗沟南岸至化工技校内的东门段，城墙偏西（向城内）约12米，呈弧线形；位于高桥南100米的麦粉厂北，至扬州粮食一库的这段城墙，稍向东偏10米；位于东关街以南，新古一巷地段的城墙，向东南直线偏斜，无明显转折，至人民医院后，城墙又笔直向南，到康山街拐角（图版二九，1）止。

---

① 前节谈到宋大城南门不在南城墙中心，而是大大偏向西侧，就是因为宋大城截弃了唐罗城西部向东缩建，原唐罗城中心之南门，经缩建后城门必然偏向西侧，因此造成宋大城南北大街也偏向西侧。

表一　唐罗城东城墙夯土钻探表

单位：米

探点位置	城墙夯土				备注
	距地表深	保存厚度	宽	土色	
1. 东风砖瓦厂内（罗城东北角）	0.3	1	11	黄黏土	距地表深1.4米见黄沙生土
2. 东风砖瓦厂南墙外	0.3	1.1	11	黄黏土	距地表深1.4米见黄沙生土
3. 黄金坝魏庄38号门前	0.4	0.5		黄褐土含沙	
4. 城北市供电局仓库东墙外	0.4	2.3	7.5	黄褐土含沙	
5. 邗沟南岸高岗	0.9	1.4		黄褐土含沙	距地表2~3米见黄沙生土
6. 化工技校东门内50米	0.4~0.5	1.2~1.4	8	黄褐土含沙	距地表2.5米见黄沙生土，其上有路土，为城门遗迹
7. 化工技校南食堂	1.1	1.4	9.5	黄褐土含沙	
8. 扬州制袋厂内（老虎山端）				黄褐土含沙	
9. 高桥南街47号墙边	1.2	1	9.5	黄褐土含沙	距地表深2.2米见黄沙生土
10. 麦粉厂西、幼儿园门前	1.2		8.3	黄褐花土	有东门址，被破坏
11. 便益门外街131号门前	0.5~1.3	0.7~1.5	10	黄褐花土	距地表深2米见黄沙生土
12. 便益门外、石狮一巷8号门前	0.7		13	黄褐花土	距地表深1.7米见黄沙生土
13. 商专校内共两个探点	0.9	0.8	11.5	黄褐花土	距地表深1.7米见黄沙生土
	1.3	1.1	11.5		距地表深2.4米见黄沙生土
14. 新古一巷北口	0.7米见平砖		10	黄褐花土	未探到生土，普遍发现砖、有门址遗迹
15. 扬州人民医院儿科住院楼南大门前	0.5~0.8	0.7~1	11	黄褐花土	距地表深1.5米见黄沙生土
16. 扬州230工厂内一车间北墙东	1.15	0.6~0.7	11	黄褐花土	距地表深1.5米见黄沙生土
17. 北河下90号住户西侧	0.9	1.5	11	黄褐花土	距地表深1.4米见生土。夯土点偏东，可能为瓮城墙点
18. 扬州军分区宿舍花园21号东大门内	0.5	0.4	残5	黄褐花土	距地表深0.9米见生土，夯土墙被破坏

2. 东城门

东城墙有4座城门，从北向南编为1~4号。1号城门位于城北区化工技校内（图三八）。门址在学校东大门内40米，门址地势高于学校东大门地面5米，门址东距古运河60余米。这段夯土城基距地表深0.4~0.5、宽8米，保存厚度1.4米。门址为一门三道形制，中间门道宽5米，两侧门道均宽4米，长皆8米。门道之间有2米厚的夯土隔墙。南侧门道及隔墙，压在学校内的水泥路面下。门道内探出两层路土，第1层路土距地表深0.8~0.9米，第2层路土深1.1、厚0.2米。从门道向西（城内），探出一条东西大街，街宽7.5米，钻探出1000余米长，向西与杨家庄西门相对（见图四）。

2~4号城门，位于市区内。现把2~4号城门的迹象分述如下：

2号城门位于高桥南500米的麦粉厂南面，距最北端的1号城门约1000米。从地貌上看，该处地势稍高，便益门外街至此向东呈圆弧形转个弯，与此相邻的古运河，至此也向东呈圆

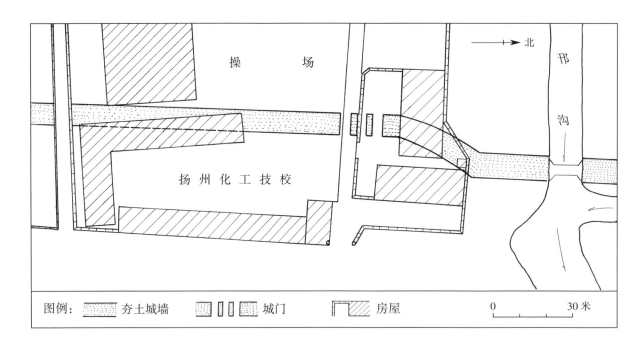

图三八　唐罗城1号东门钻探平面图

弧形弯曲，可能受当时瓮城影响。在它之南1000米处是3号城门，3号城门位于东关街新古一巷北口，在此处钻探到平砖（可能为铺地砖）和夯土，因建筑太密集，未探出城门形制。文献记载此地为古家巷，是宋代的东门故址，也是唐代的东门址。东关街到此，向东呈圆弧形转弯，其地貌与2号城门类似。2000年配合东关街东口的房屋拆迁改造，发掘出3号门址。4号城门位于缺口大街与北河下街交叉处的西侧，北距3号门址1000米。在门址东侧探到夯土城基，可能为瓮城城墙夯土。此处的道路和古运河，均向东圆弧弯曲，与2、3号门址地貌类似。在东城墙上的这四座城门，彼此间距、布局很有规律。

3. 东水门

东水门位于1号门址之北63米。门址无存，但邗沟河迹在，河水出城部位遗留一座砖桥（图版三〇，1、2）。东水门在文献上有记载，如唐开成三年（838年），日本和尚圆仁渡海到唐求法巡礼，踏上唐朝国土的第一站，即为扬州。他记述了从运河乘船，自禅智寺桥，西行三里，到扬州城的东郭水门。沈括在《补笔谈》中记："河流东出，有参佐桥（今开元寺前），次东水门……"圆仁和沈括所记的东水门，与我们勘探的东水门位置是一致的（下面探讨城内河道、二十四桥时，有详细陈述）。

（二）西城墙、城门和水门

1. 西城墙

北接观音山（子城西南角），向南笔直走向，经杨家庄、瘦西湖、双桥镇、扬州大学农学院，到南端的双桥毛巾厂止，全长4100米。西城墙不在市区内，因而地下城基保存较好，一般地表土下即见夯土城基。在观音山的蜀冈下，还保存一段西城墙，高出地面约2米，用黄土夯筑，夯层清晰。西墙外还能看见城濠，南段城濠今称蒿草河，北段城濠规划为瘦西湖。

2. 西城门

西城墙上有4座城门，从北向南顺序编为5～8号。其中5号和8号城门是考古钻探到的，6号和7号城门是依据有关资料复原的。

5号门在西城墙北端，位于今杨家庄西口，北距观音山约460米。5号门址东半部分，压在村中楼房下。经考古钻探，西门门道宽约5、门道长约22米。门道（城内部分）的南北两侧，可能有马道设置。门址南北连接夯土城墙，城墙宽约9米。（图三九）

2008年对5号城门进行了考古发掘，为一门一道形制，城门残长12、宽4.8米。夯土城墙外包砌有城砖，城门内口的南北两侧，设置有马道。内侧城门口有三次修筑痕迹，第一次城门口为平齐状，第二次城门口向外凸出墩台，第三次城墙加厚。城门修筑年代为中晚唐至五代。宋代，唐罗城西门被废弃。（图版三一，1、2）

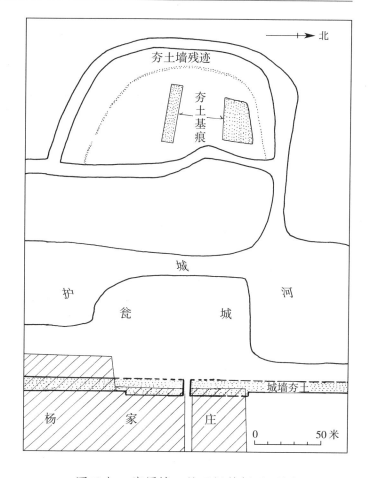

图三九 唐罗城5号西门钻探平面图

城门外的护城河呈"凸"字状，向外凸出70余米，推测门外有方形瓮城，瓮城以西还有一圈外凸的壕沟，范围较大，东西160余米，南北约180米，在壕沟内钻探出两块夯土台基，围绕壕沟内侧有夯筑城墙遗迹。外围壕沟可能是养马城。

8号门在西城墙南端，位于扬州大学农业学院西侧围墙下。北距5号门址3000米，南距西南城角500米。经铲探，8号门址为一门一道形制。门道宽5.7、长14米。门外有方形瓮城，瓮城东西宽147、南北长168米，瓮城门辟在西南角上，门道宽5、长9米。瓮城门与西门之间，铲探出一条宽10米的路土。从西门门道向东（城内）也铲探出一条宽5、长350余米的路土。瓮城外环绕护城河。西门门道已经考古发掘，瓮城内因有新村楼房建筑，未能发掘。（图四〇）

6号、7号城门未探明，城门位置是依据东西街道、城门与城门之间距离推测复原的（见图四）。6号城门在5号西门之南1000米处，位于念泗桥之东约300米的瘦西湖南岸。由6号门向正东，经莲性寺的白塔，横跨瘦西湖，过小市桥，顺梅岭街向东，过便益门外街，与麦粉厂之南的2号东门相对。7号西门在8号西门之北1000米处，位于双桥之东。安藤更生于1943～1945年到扬州作考古调查时，曾看到过7号西门遗址，当时这里是明清扬州西门外郊区农田，唐代罗城西墙还高出地面，城门处呈豁口状。如今这里已楼房林立，地面已无城迹。从双桥7

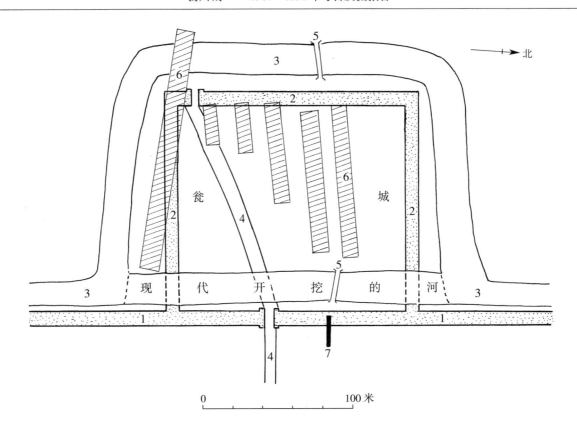

图四〇　唐罗城8号西门钻探平面图

1.西城墙　2.瓮城墙　3.护城河　4.路土　5.桥　6.房屋建筑　7.探沟 YLG3（注：1~4为考古钻探出的唐代遗迹，5、6为现代建筑）

号西门向东，经明代扬州西门，进入城内，穿西门街、开明桥、大东门街、彩衣街、东关街，到新古一巷，与3号东门相对。这是唐代扬州罗城内的一条主要东西大街（见图四）。

　　从东西城墙勘探出的8座城门，呈东西对称。只罗城最北端的1号东门为一门三道形制，其余城门皆一门一道形制。在相对应的城门之间，均考古钻探出东西街，从这些规律性的现象不难分析出，唐代扬州罗城是经过精心规划后统一施工修筑的，城的形制和街网布局，一直影响到宋明时代的扬州城。

　　3.西水门

　　西水门位于观音山之南约100米，水门已无存，但在水门位置的城墙下，考古铲探出一条宽约10米的河道，从地表往下全为黑灰色河泥，由水门进入城内的河道，顺蜀冈南缘向东，仍为一条河床。西水门在《旧唐书·杜亚传》和梁萧《扬州牧杜公亚通爱敬陂水门记》中有载：贞元四年（788年），节度使杜亚，以扬州官河（漕运河）填塞水浅，不能通舟，由蜀冈麓引勾城湖和爱敬陂水，截至城隅，作新水门，以益城内漕河水。新作的水门位置，沈括在《补笔谈》中有记载，他所记蜀冈下的浊河，从西向东经茶园桥、大明桥，入西水门进入城内，向东经九曲桥、下马桥、作坊桥后，自驿桥北河流东出（相当邗沟河道）经参佐桥，出东水门，与城外古运河相汇。由西水门到东水门的浊河，流经罗城北部的蜀冈下，这点又与圆仁在《入唐求法巡礼行记》所云的北江一致，与我们勘探的西水门、东水门及浊河走向也完全相符。

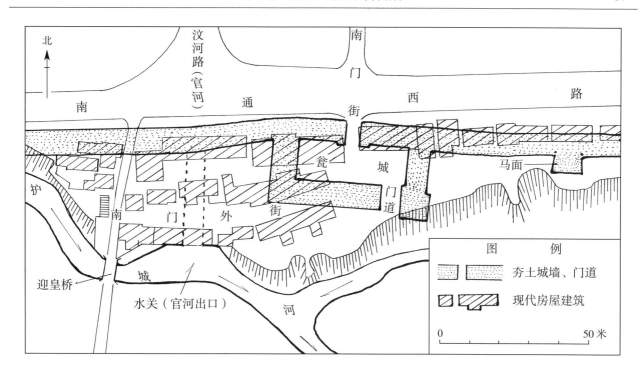

图四一　唐罗城 10 号南门钻探平面图

（三）南城墙、城门、水门和水涵洞

1. 南城墙

东起今康山街，向西沿古运河北岸，即顺南河下，过埂子街南口，到南通路，顺南通路西行，经大学路南口（原扫垢山），向西到毛巾二厂（原潘桥）止，全长 3100 米。南城墙外的古运河，从康山街的转弯起，向西流经南门，即向南转流，到瓜州后入长江。南门以西还残存一条很窄的城濠，向西到荷花池，经大学路南口，城濠向南曲折后，又折向西流至潘桥，然后北折，与西城濠（今称蒿草河）相接。地面上已看不见南城墙痕迹，只能看见上述城濠。经考古钻探，南城墙夯土均在地面以下 1 米，自荷花池以西，城墙夯土距地面深只有 0.2 ~ 0.5 米。城墙一般宽 9 米。夯土含沙量很多，土质不纯，夯筑的不太坚硬。

2. 南城门

南城墙上共探明 3 座城门，从西向东编为 9 号、10 号和 11 号门。三座南门皆为一门一道形制，外有瓮城。

10 号门是罗城正南门，门道长 10、宽 6 米。南门的东侧城墙已发掘一段，由城门向东 65 米处，有一马面，东西长 11、南北宽 6 米。门外有方形瓮城，东西长约 55、南北宽约 23 米。瓮城门辟在东南角，门道长 9、宽 6 米。瓮城东侧城墙南北长 24、宽 9 米。瓮城墙宽 8 ~ 9 米（图四一；见图版二二，1、2）。在城门、城墙和瓮城夯土墙外均包砌城砖，夯土由大量沙质土和少量黄黏土构筑。从发掘的地层和遗迹叠压关系看，唐代罗城南门起建在生土之上，时代最早，其上叠压着宋明时代的扬州城南门，从城门向北的南北街道，自唐代至今也基本叠压在一起。

9 号南门，东距 10 号中心南门 650 米。9 号门址距地表很浅，保存得很不完整。门道路面距地表深 0.5 米，门道宽 5 米。外有方形瓮城迹象，因护城河到此向南曲折，形成月河环绕的形象（见图四），与8号西门形制相同。从9号门道向北（城内）铲探出一条1100余米长的南北向路，路宽5～8米，路面距地表深约0.5～2米，路土面向北逐渐加深，至石塔路西口处残断。该路向北与子城南门相对。

11号南门，西距10号中心南门650米，位于城南中心小学校内（图四二）。城门宽5、门道长10米。门址两侧夯土城墙宽皆10米，夯土城墙距地表0.5～0.7、残存厚度1.7～1.9米，夯土由少量黄黏土和黄沙土筑成。城门南面西侧，探到黑色淤积泥，可能有河塘或河道。在门道的南北两侧，均探出两层路土面，第1层路面距地表很浅，厚0.3米，路面下有一层杂土，夹有大量砖瓦碎块；第2层路面距地表深2.3、厚0.15米，路面下为黄沙土。从门道向北的一条路土宽5米，这条南北路向北与12号北门相望。从门道向南的路土，延伸到校门外的南河下断掉，地面以下探到一层瓦砾和黑淤泥，深达4.7米尚未到底，应为城濠遗迹。

3. 南水门

位于10号中心南门西侧约40米，与明代南水关位置大体一致（见图四一；图版三二，1、2）。水门被压在民房建筑下，南侧还能看见官河出口，向南与城濠相汇，向北为官河。官河河道已被填平，改为汶河路，继续向北穿过明城范围后，于北门外街西侧，仍保留着官河河迹。

4. 水涵洞

位于9号南门西侧30米。这是一处砖木结构的涵洞，洞宽1.8、高2.2、残长12米。涵洞已经考古发掘，形制、结构见本书第四章第三节。

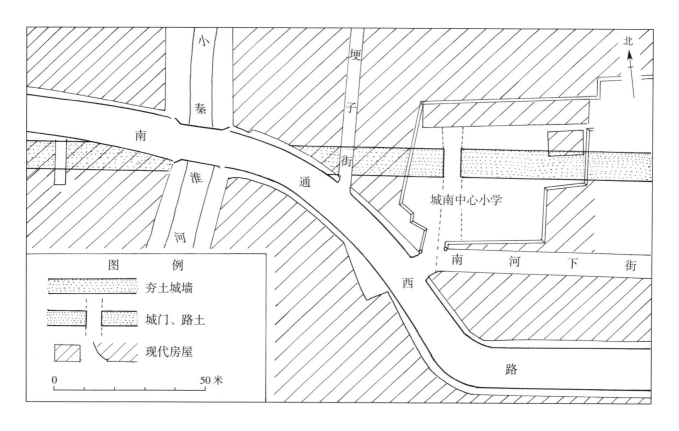

图四二　唐罗城11号南门钻探平面图

（四）北城墙和北门

1. 北城墙

东起东风砖瓦厂（罗城东北城角），向西约 900 米，然后北折 100 米至平山变电所，由此城墙向西北延伸 470 米（见图四），与子城东南角相接，全长 1470 米。北城墙东端一段夯土城垣已被东风砖瓦厂取土烧砖挖平，但城基仍遗存在地面以下。北城墙西段，一般高出地面 2 米左右，1995 年后，这段城墙也被铸造厂建厂房所破坏。北城墙基础宽约 11 米，夯土城垣由黄黏土及少量沙质土构筑。

2. 北门

位于槐扬公路东侧约 40 米，紧靠平山变电所（见图四）。这是北城墙的唯一城门，编为 12 号门。门的形制为一门一道，门道宽 6、长 12 米。门道内探到路土面，距地表深 0.3、路土厚 0.6 米。路面下有一层杂土，厚 0.6 米，杂土下即为黄沙生土。城门及城墙两侧均探到大量城砖，说明城壁是用砖垒砌的。从门道向南探出两条道路，东侧道路，向正南方向延伸，与 11 号南门相望，路面宽 6 米；西侧道路，向西南方向（顺槐扬公路西侧）延伸，路面宽 10 米，与北门外街相连。

三 罗城内街道、河道与二十四桥的勘探和研究

（一）街道

罗城内的主干大街，均在相对应的城门之间。共勘探出 3 条南北向和 4 条东西向大街（见图四）。南北向大街最东面的一条，是在 11 号南门与 12 号北门之间，北半段（12 号北门向南）探出 2400 米长的街道路面，向南进入今扬州市区，因建筑密集，无法钻探。南段路仅在 11 号门址以北探出很短一段街道路土面。北段道路从 12 号北门笔直向南经安家庄、卜杨到马家庄长 850 米处，与罗城最北面的东西大街相交。这段路土面距地表深 0.8、厚 0.2、宽 6～8 米，路面下即为生土层。由马家庄向南，基本顺国庆北路（今史可法路）西侧 100 米处，向南到史公祠院内。街道进入宋代扬州城范围后，路土面距地表逐渐加深，并分上下两层路土面，上层路土面距地表深 1.1、厚 0.2 米；下层路土面距地表深 2、厚 0.3 米。

从 12 号北门向南偏西，还探出一条斜路，自北门起向南顺槐扬公路，至螺丝弯桥后，继续向南偏西沿凤凰桥街、北门外街、汶河路，与南门（10 号中心南门）连通，全长 4400 余米。路土面宽 5～10、路土面距地表深 0.4～2 米。这条路进入扬州老城区后，探出地下有叠压在一起的三层路面，即隋唐、两宋和元明时代的路土面。通过发掘证实，这条斜路自隋唐始，即为古今扬州的中心南北街，地下埋藏着隋唐到明代的各种建筑遗迹和丰富的文化遗物。这条路是一条中心斜街，就是因为隋唐初期开凿的运河为北偏东斜行的，至中唐时运河已成为最繁忙的水陆运输线，运河两侧已形成一定规模的码头及商贸街区。建罗城时是以运河为中心规划城市，因此方整的罗城内，才会出现斜河斜街的现象，并成为以后扬州城的中心街道，如《嘉靖惟扬志》所绘《宋三城图》，就把宋大城南北主干中心街很形象地画成一条北偏东的斜街（见图三四），街旁的市河也是斜行的，明代扬州城的中心街也是如此。这条南北斜街，与两侧平行而整齐的东西街道，形成不协调的布局，这也是扬州唐城街道的特殊性。

唐罗城是否有中轴的南北主干街？我们从实测图的中心10号南门，向正北画出一条直线，直线北端正好对着蜀冈上子城南墙东段的相别桥（图版二九，2），这里有一豁口（有人考证这里为子城东侧南门），经钻探未找到城门遗迹，但从豁口向南，经桑树脚村，探出一条200余米长的南北向路，路土面距地表深1.5、厚0.2、路宽5米，向南被新建的工人新村住宅区破坏。我们将此路与中心10号南门连接，可复原一条中轴路。

罗城最西面的南北主干街，在9号南门与子城南门之间。从9号南门向北，顺今大学路南口至北口，探出1260余米长的道路（见图四），路土面距地表深1~2、宽5米，北段路面距地表较深。由子城南门向南探出长约850米的一段南北路，至童家套西与罗城最北面的东西主干路相交，由此向南被河道与瘦西湖隔断。

上述三条南北主干街，它们的东西间距为600余米，按此距离推算，11号南门之东，可能还有一条南北街，其位置当在今徐凝门之西，因这里建筑密集，无法钻探，因此这条南北街是推测画出。

罗城东西主干街共探出4条。最北面的一条街，位于1号东门和5号西门之间，全长3010、宽7~10米。由1号东门向西至马家庄的这段路，探出上下两层路土面，上层路土面距地表深0.9、厚0.2米；下层路土面距地表深1.2、厚0.3米。路北侧濒临邗沟、由马家庄向西的路，被南北向河渠打破。

罗城最南面的东西主干街，位于4号东门和8号西门之间，全长3120米。这条街西段和8号门址已经考古发掘，这段路有上下两层路土面，距地表深0.7~1、宽5米。向东进入宋明扬州城范围后，基本沿甘泉路、小东门、左卫街和缺口大街，与4号东门连通。以上这一南一北的东西主干街，经实测，南北相距3000米。

另外两条东西主干街，一条位于3号东门和7号西门之间，是横贯罗城中腰的主干大街。它西起双桥7号西门，向东经今西门街，跨过汶河路，顺大东门街、彩衣街、东关街至新古一巷北口的3号东门，全长3100米。另一条主干街在2号东门至6号西门之间，全长3080米。除最北面的东西街外，其余三条街都在今扬州市区内，和今日东西主干街基本重合，因此这些街道我们未全部钻探，只在相应的梅岭街、西门街、大东门街、东关街等街道下，探到地下路土遗迹。

（二）河道

唐代扬州城是以运河为中心规划的城市，先有运河，后筑罗城，所以河道与城址有密切关系。这方面沈括考证得最为详细，因为沈括于宋英宗治平年间（1064~1067年）曾在扬州为官，对扬州地理风貌非常熟悉。元祐三年（1088年），沈括退居润州后著有《梦溪笔谈》。他在《补笔谈》中云："扬州在唐时最为富盛，旧城南北十五里一百一十步，东西七里三十步。可记者有二十四桥。最西浊河茶园桥，次东大明桥（今大明寺前），入西水门有九曲桥（今建隆寺前），次东正当帅牙南门，有下马桥，又东作坊桥，桥东河转向南，有洗马桥，次南桥（见在今州城北门外），又南阿师桥，周家桥（今此处为城北门），小市桥（今存），广济桥（今存），新桥，开明桥（今存），顾家桥，通泗桥（今存），太平桥（今存），利园桥，出南水门有万岁桥（今存），青园桥。自驿桥北河流东出，有参佐桥（今开元寺前），次东水门（今有新桥，非

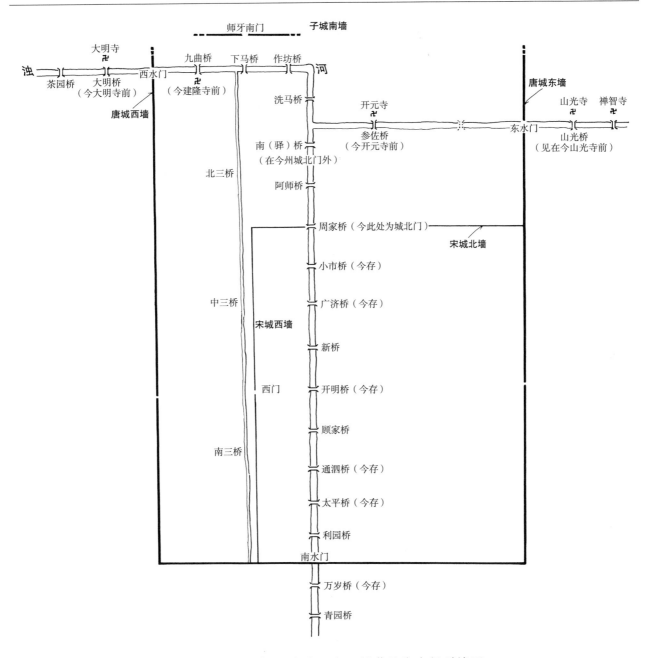

图四三　依沈括记述的二十四桥草绘唐宋扬州城图

古迹也），东出，有山光桥（见在今山光寺前）。又自衙门下马桥直南，有北三桥、中三桥、南三桥，号九桥，不通船，不在二十四桥之数，皆在今州城西门之外。"

　　根据沈括所记可画出一张唐代扬州城东水门、西水门和城内河道、二十四桥，以及宋代扬州城北门、西门和西门外河道上的北、中、南三桥等相对位置关系草图，可大致推测出唐代扬州罗城规模（图四三）。从沈括记述看，东西河道1条，南北河道2条，与我们勘查的罗城内河道相同。在河道上记有20多座桥，虽然南北河道南段今被填平，改为汶河路，但河道上的桥名仍流传至今。从现存河道流向和桥的位置，以及我们勘探出罗城内的主干大街关系看，与沈括所记完全一致。

下面从三条河道及桥位进行探讨。东西河道位于罗城北端，沿蜀冈南缘向东流。它西起茶园桥，经大明寺，入唐城西水门，进入唐城后，经九曲池（今观音山下），唐子城南门前，至作坊桥东（铁佛寺下），河转向南流与城内中心南北向河道交汇。自驿桥北，河转向东流，经开元寺前的参佐桥，到黄金坝流出唐城东水门，与城外运河相交汇。这条河道至今还保存着。《嘉靖惟扬志》画的《宋江都县图》上，把该河注为邗沟（传为春秋时开凿的运河），世代相传，今仍称"古邗沟"。记载这条河道的还有日本和尚圆仁，他在《入唐求法巡礼行记》中于开成三年（838年）七月二十五日入扬州城时记："未时到禅智桥东侧停留，桥北头有禅智寺……自桥西行三里，有扬州府……申时发去……申毕行东郭水门，酉时至城北江停留……廿六日晡时，下船，宿住于江南官店"。圆仁所记"到城北江停留"，"北江"应是邗沟，邗沟又称邗江，横贯罗城北部，因而圆仁称之为北江。"宿住于江南官店"即当时馆驿。从圆仁行船时辰、里程看，从禅智桥西行三里到东郭水门，用一个时辰，进东郭水门行到北江停留，宿住官店，也用一个时辰，推知官店距东水门也约三里。开元寺僧到官店慰问圆仁，圆仁到开元寺巡礼，可知开元寺距官店不会太远。沈括所记自驿桥北河流东出，有参佐桥（今开元寺前），次东水门……东出有山光桥（见在今山光寺前），再往东沈括未记，山光寺之东应为禅智寺。这里需要指出，沈括在记二十四桥时，有一座桥名漏记了，即"桥东河转向南，有洗马桥，次南桥"，按沈括记述的方位用语分析，如从北向南为"次南"，"又南"，然后下书桥名，而"次南桥"，应为"次南某桥"，这个漏记桥名应是"次南驿桥"，这样就容易理解了，"自驿桥北河流东出"，是沈括记完南北向河道后，又记一条东西向河道，即驿桥北的邗江。这样沈括所记与圆仁所记北江河道、东郭水门、官店（官店即馆驿，应在驿桥附近）及开元寺等相对位置就完全相同了。经考古勘探，找出东、西水门，确定了九曲桥、下马桥和驿桥的位置。

南北贯通的两条河道，一条是位于城中西侧、顺9号南门东侧北行而至子城南门的河。该河在宋代扬州城西门外（今称头道河，亦称保障河），河北段今已辟为瘦西湖。沈括记这条河位置："自衙门下马桥直南，有北三桥、中三桥、南三桥，号九桥，不通船……皆在今州城西门外。"《资治通鉴·僖宗纪·光启三年》记有在这条河上发生的战事。唐僖宗光启三年（887年），毕师铎攻打扬州，从罗城西南隅攻入城中，守军吕用之率众千人，节节阻击毕师铎，"力战三桥北"，毕的同盟军又从子城南门出兵夹击吕用之，吕败退，从参佐门出城北逃。从毕吕之战地点看，是在罗城内西侧，即北、中、南三桥一线，最后双方力战三桥北，这个地点应在子城南，距罗城的参佐门最近，所以吕用之才会出参佐门北逃。罗城只有一座北门，即12号门，这个门应就是参佐门。沈括记有参佐桥，桥在"驿桥北河流东出"的东西向邗沟上，桥北正对参佐门。从这些文献记载看，三桥北、子城南门、参佐门的相对位置是一致的，与我们实地勘查和考古钻探到的这些遗迹也是一致的。毕吕之战，毁坏了罗城西侧的一条南北主干街，所以修筑宋城时，截弃了罗城西南隅，这部分正好是沈括所记"自衙门下马桥直南，有北三桥、中三桥、南三桥，号九桥，不通船……皆在今州城西门外"的地域。

另一条南北向河道，位于罗城中心。自10号南门的水门起，向北偏东流向蜀冈子城东南城角下，与东西向的浊河交汇。这条是唐代罗城内的主河道，亦称漕运官河。至宋明时代改称市河。1950年市河河道被填平，改为汶河路，仍是今日扬州市的主干南北大街。《补笔谈》

记这条河道北起蜀冈下，向南流经洗马桥至利园桥十二座桥后，从南水门流出城外。原河道局部有些弯曲，如《嘉靖惟扬志》所画《宋大城图》上的市河较弯曲，明代《今扬州府城隍图》上所画市河南北很直，与今汶河路走向一致。这是后代疏通河道时局部裁弯取直，废弃唐代弯曲河道及桥的结果。在汶河路西侧基建施工时，曾挖出唐代河道与木桥基[①]。这条河道北段，即"桥东河转向南，有洗马桥，次南（驿）桥（见在今州城北门外），又南阿师桥，周家桥（今此处为城北门）"止，宋代建北门时，废弃周家桥，改为北水门，所以自南（驿）桥，向南至周家桥的这段河道被填平，河道自南（驿）桥北，向东向南屈曲迂回，与宋城北濠相通，然后又交汇在南北河道上。今看到的河道就是这种流向（见图四）。经考古钻探证实，自南桥向南至周家桥（即今螺丝弯桥向南至凤凰桥），地下确有一条南北连通的河道。这条南北漕运官河，是隋炀帝开凿的，《资治通鉴·隋纪·大业元年》："发淮南民十余万开邗沟，自山阳至扬子入江"。胡三省注曰："邗沟贯今扬州城中。"自隋唐始至明代的扬州城，皆以此河道为中心，两岸的街道旁建筑密集，遗物丰富。

在罗城东南侧的城外，还有一条漕运河道，今称古运河。因罗城内的漕运官河年久淤塞，两岸工商又"侵衢造宅"，运输能力下降，遂于晚唐宝历二年（826年），盐铁使王播在城外开新河，由南向东屈曲，取禅智寺东通旧官河，计长十九里[②]。这条河即今从南门直折向东，经城的东南角，直折向北，经黄金坝（罗城东水门），向东经禅智寺与旧官河相通的古运河河道。该河道至今仍为水路运输线。

上述所讲是唐扬州城的主要河道，其中纵贯城中心的河一直沿用到宋、明时期，并成为市河，河的两岸经千余年形成层层相叠的繁华历史街区，地下埋藏着丰厚的历史遗迹，是我们考古发掘的重点区域。

（三）二十四桥与街道关系

《补笔谈》记唐城内的桥多达25座，桥的设置与街道有关，考察桥的分布，是解决唐城街网布局的关键。这方面已有人进行了考证[③]。如纵贯罗城南北的中心河道上，从北向南有洗马桥、南（驿）桥、阿师桥、周家桥、小市桥、广济桥、新桥、开明桥、顾家桥、通泗桥、太平桥和利园桥十二座，文献明确指出周家桥为宋城北门，所以自小市桥以南的八座桥，为宋城内的桥。沈括当时仍能看到小市、广济、开明、通泗和太平五座桥，桥后皆注"今存"，新桥、顾家桥和利园桥已不存在，所以明嘉靖年修《惟扬志》时，在《宋大城图》的市河上，从北向南只画有小市、迎恩、开明、通泗和太平五座桥，与沈括所记"今存"桥数相同，只不过广济桥名，宋代更名为迎恩桥。不存在的三座桥，在"宋大城图"上皆留出了它们的位置，如迎恩至开明桥之间，开明至通泗桥之间，画的距离较大，这个空当间距内，应是新桥和顾家桥位。到明代扬州城，其规模相当宋城南缩一半的范围，截小市和迎恩两桥于城外，自开明桥以南属明城内，市河上沿用开明、通泗和太平三座桥，但《嘉靖惟扬志》的《今扬

①　扬州博物馆：《扬州唐代木桥清理简报》，《文物》1980年3期。
②　见《唐会要》卷八十七漕运条。
③　蒋忠义：《唐代扬州河道与二十四桥考》，《汉唐与边疆考古研究》第一辑，科学出版社，1994年。

州府城隍图》在市河上画有五座桥，表明在开明与通泗两桥之间补建一座文津桥，太平桥与南水门之间补建一座新桥，五座桥间距均等。在实测的《扬州城市图》上，相当宋明扬州城内的市河上，从北向南有小市桥、叶公桥、问月桥、开明桥、文津桥、通泗桥、太平桥和新桥八座，与沈括所记宋城内的八座桥数相同，说明自唐代始至今，桥数与桥位基本未变。现今在河道上仍保留唐代桥名的有：小市、开明、通泗和太平桥四座。更换桥名的有广济桥，宋代称迎恩桥，明代称叶公桥；唐代的新桥，清代补建后称问月桥；唐代的顾家桥，明代补建后称文津桥，市河被填后，其上建有阁，今称文昌阁；唐代利园桥，明代补建后称新桥。

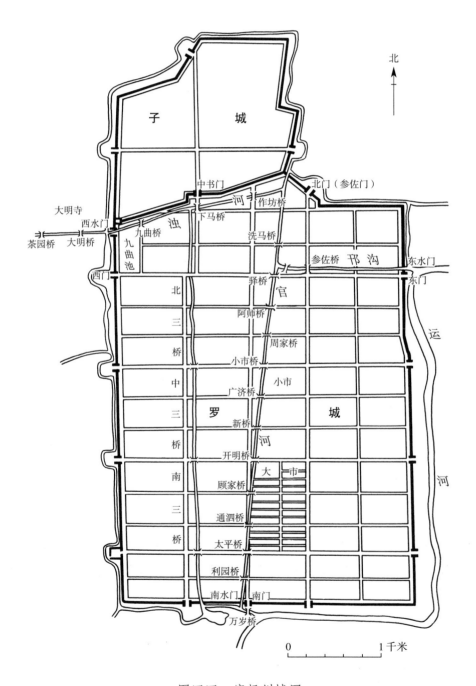

图四四　唐扬州城图

这些桥位确定后，我们在桥的东西两侧，用考古钻探法，皆探出了原有的东西向街道。唐城内四条东西主干街，分别通过驿桥、小市桥、开明桥和太平桥。上文已谈到东西主干街南北彼此间距1000米，其间又等距分布两座桥，表明在东西主干街之间，有两条平行的街道，它们南北间距为300多米。经实测，从蜀冈下的作坊桥以东、河转向南流的漕运官河上，桥与桥的间距分别为：350米为洗马桥——320米为驿桥——350米为阿师桥——320米为周家桥——330米为小市桥——330米为广济桥——330米为新桥——340米为开明桥——350米为顾家桥——350米为通泗桥——300米为太平桥——300米为利园桥——230米为南水门，这几段距离相加为4200米，正好与罗城南北长度相等，唐代扬州城的东西街网就是这样布局的。

四　罗城形制

罗城建在蜀冈下的平坦地带，形状规整，呈长方形，南北长4200、东西宽3120米。城墙用土夯筑，城门及城角包砌城砖，城墙一般厚9米。考古勘探出7座城门，从城池规模和地貌分析，罗城应有12座城门，即北门1座、东西门各4座和南门3座。除最北端的东门为一门三道，其余城门均为一门一道，城门外有方形瓮城设置，城墙外有护城濠。

城内有南北向路6条，东西路14条，其中南北干道3条，东西干道4条。道路宽5～10米，干道路较宽，并与城门相连通。全城街网如棋盘状。（图四四）罗城东西可分5坊，南北可分13坊，每坊长450～600、宽约300米。

城内纵贯2条南北向河道，城北有1条东西向河道，河道分别通向5座水门。河道皆为人工开凿的运河。

第四章 蜀冈下城墙的考古发掘

第一节 唐罗城城墙的发掘

在唐罗城四面城墙上共发掘7条探沟，编号为YLG1～YLG7（见图四），皆横剖在城墙上。通过发掘了解到，蜀冈下的城址最早修筑是在唐代。从文献记载看，五代末唐代罗城被烧毁之后，仅在唐罗城东南隅修筑了周小城，亦即北宋州城、南宋大城，所以宋代东城墙和南城墙是在唐代始筑的城墙基础上修葺的，宋代西城墙和北城墙则是在唐罗城内的地面上起建的，唐代罗城西墙和北墙被宋城截弃在城外，与宋城没有叠压关系。下面将四面城墙发掘概况分述如下。

一 北城墙和城墙下叠压的墓葬

北城墙发掘1条探沟，编号YLG4。南北长19、东西宽2.2米，面积41.8平方米，方向正南北。探沟位于北城墙中段，安家庄北。城墙部位的地面略高于两侧地平面。（图四五，C）

（一）地层堆积和出土遗物

以探沟东壁剖面为例，说明地层堆积与城墙结构（图四五，D）：

第1层：耕土层，灰黄色土。厚0.2米。此层下有清代小墓1座，出土"顺治通宝"、"康熙通宝"钱各一枚。

第2层：黄灰土，土质松。厚0.1～1.1米。

第3层：灰黄土夹大量砖瓦碎块，为城墙坍塌土，堆积在夯土城垣两侧。深0.2～1.3、厚0.2～1.5米。出土遗物有唐砖，皆残。砖的规格有宽14、厚3厘米的小砖，还有宽22.5、厚5厘米和宽23.5、厚7厘米的大砖。大砖上有少量戳印"东窑□□"、"□窑毕□"等铭文。还出土少量瓷片，有青釉、酱釉和黑釉，器形多为碗、钵和盘。复原越窑青釉碗1件，编号YLG4③：1，口径20.1、高6.4、足径9.8厘米。敞口，圆唇，弧腹，大圈足较矮。腹部饰六竖条瓜棱纹（图四五，A）。

第4层：城墙夯土，夹有黄沙土和碎砖瓦砾，土质坚硬，为夯土城墙。可分为4A、4B两层。4A层为黄灰土夹碎砖瓦砾，4B层为黄黏土。深0.2～1、厚0.5～1.3米。出土遗物很少，均为隋唐时期青瓷片。

第5层：青灰土，土质松。深1.5、厚0.3～0.6米。该层未见出土物。

5层下为生土。

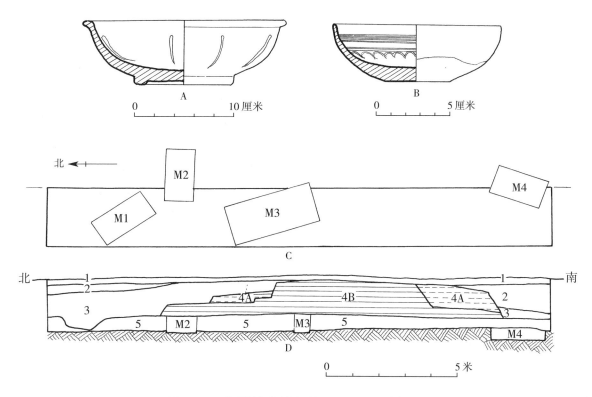

图四五　唐罗城北墙探沟 YLG4 平、剖面图

A. 越窑青釉碗 YLG4③：1　B. 洪州窑青釉钵 YLG4④B：3　C. 探沟底部唐墓分布图　D. 探沟东壁地层剖面图
1. 耕土层，灰黄色土　2. 黄灰色土　3. 城墙坍塌土，灰黄色土夹大量砖瓦碎块　4. 城墙夯土　4A. 黄灰色土夹碎砖瓦砾　4B. 黄色黏土　5. 青灰色土（5 层下为生土）

在探沟中发现 4 座小墓，均被压在城墙下，分别编为 YLG4M1 ~ M4，其中 M1、M2、M3 的墓口皆开在 4 层下，M4 墓口开在 5 层下（图四五，C）。夯筑城墙时，墓已被迁葬它处，仅 M1 遗有人骨架，墓中随葬器物大多未动，只墓上部被平整，所以墓坑深仅 0.25 ~ 0.7 米。

（二）城墙遗迹和出土遗物

上述第 4 层为夯土城墙，用黄黏土夯筑，土层坚硬。城垣分两次夯筑，第一次即 4B 层，是始建的夯筑城墙主体，平地起建，层层夯打，每层夯土厚 7 ~ 10 厘米，城基宽 13 米；第二次是在第一次夯筑的城墙基础上，于内外侧（即 4A 层）修补城墙，外（北）侧城壁内收 3 米，墙基部用黄黏土垫平，宽约 1.1 米，作为包砌城砖墙基，内侧用黄灰土夹碎砖瓦砾夯筑，宽约 2.5 米，第二次修筑的城墙基宽约 11 米。第一次修筑的城墙中，仅出 20 余片隋唐时期的青瓷片，多为宜兴窑、洪州窑和寿州窑产品，器形有直口折腹平底钵和碗等。复原 1 件洪州窑青釉钵，编号 YLG4④B：3，口径 11.2、高 3.7、底径 4 厘米。薄唇，弧腹，平底（图四五，B；图版三三，1），器物内壁饰划纹，器外施半釉。第二次夯筑的城墙中，出土 36 片青釉、黑釉和黄釉瓷片，器形有壶、直口折腹钵、玉璧底圈足碗和一枚铅质"开元通宝"钱，最晚遗物为晚唐时期。

（三）墓葬和随葬品

发掘的 4 座唐代小墓，墓室形制分两类：土坑墓和砖室墓。

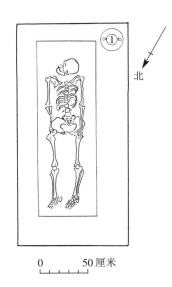

0 ————————— 50厘米

图四六　唐代土坑墓 M1 平面图
1.青釉双系罐

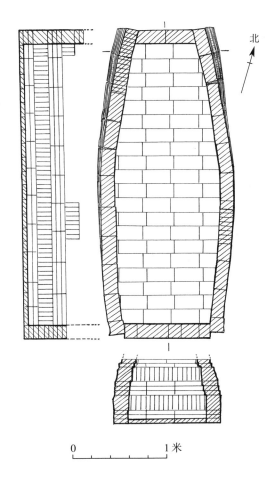

0 ————————— 1米

图四七　唐代船形砖室墓 M3 平、剖面图

1. 土坑墓

3座，皆长方形竖穴墓。M1墓坑长2.34、宽1.17、深（墓底距地表，下同）1.9米；M2长2、宽1.05、深2.2米；M4长2、宽1、深2.4米。三座墓仅保留墓底，上部墓坑在修筑城墙时被破坏掉，因此墓坑保存深度仅为0.25～0.65米。M2、M4人骨已迁葬，墓坑内仅有随葬遗物。M1墓坑中遗存有棺木灰，棺长1.95、宽0.63米，棺内有一具人骨，为仰身直肢，头向右侧歪斜，方向150度（图四六）。

2. 砖室墓

M3为砖室墓，平面呈船形。墓室长3.35、宽1～1.46、残高0.7、深2.1米。方向160度（图四七；图版三四，1）。

墓室砌在长方形竖穴墓坑中，坑长3.4、宽1.5米。墓室用长30、宽15、厚5厘米的灰砖垒砌，四壁及底均用单砖砌，墓室底用砖横向错缝平铺。四壁砌法相同，每面墙壁自墓底起建，先平铺对缝顺砌两层砖，其上用半块砖立砌，断头朝向墓室外，再上又平铺顺砌对缝砖三层，然后又用半块砖立砌，以这种方法交替向上层层垒砌墓壁，砖壁厚15厘米。墓壁向上垒砌时，每层都向内收缩，至墓上端达到券封墓顶，墓顶已被破坏。墓室内未见棺木、人骨，夯筑城墙时，该墓已迁葬。

3. 随葬器物

M1　随葬1件器物：

青釉双系罐　YLG4M1∶1，残口径8.2、腹径26、底径13、残高27.8厘米。灰胎，青灰釉，壁腹以下不施釉，内壁有拉坯时留下的轮旋痕，为宜兴窑产品。小口，圆肩，鼓腹，腹下部内收，平底，肩上有系耳，耳环残（图四八，1；图版三三，2）。出土在墓坑西南角。

M2　随葬3件器物：

青釉罐　1件。YLG4M2∶2，口径11.6、底径8.6、高21.2厘米。灰胎，青灰釉，腹下部无釉，内壁有轮旋痕，为宜兴窑产品。宽沿，侈口，圆弧腹，腹下部内收，平底（图四八，2；图版三三，3）。

青釉钵　1件。YLG4M2：1，口径17.3、底径9、高5.6厘米。灰紫胎，青灰釉，外壁施半釉，内底留有支块疤痕，为宜兴窑产品。直口，折腹，凹底（图四八，3；图版三三，4）。出土时，青釉钵扣在青釉罐上。

铁钱　1枚。YLG4M2：3，已残，锈蚀严重，字痕不清。

M3　随葬3件器物：

青釉盘　2件。均为宜兴窑产品，器形大致相同，直口，侈沿，斜腹，平底。底部有支块

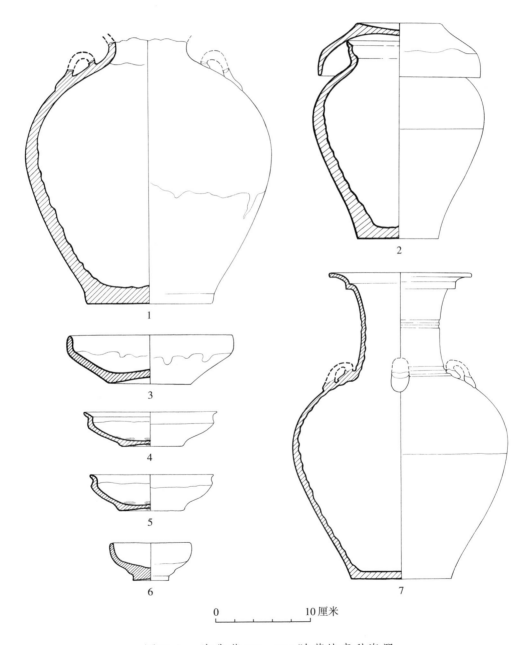

图四八　唐代墓M1～M4随葬的青釉瓷器

1. 双系罐YLG4M1：1　2. 罐YLG4M2：2　3. 钵YLG4M2：1　4、5. 盘YLG4M3：1、YLG4M3：2　6. 盏YLG4M3：3

7. 盘口四系壶YLG4M4：1

痕，均施半釉。YLG4M3：1，口径12.8、底径6.7、高3.8厘米。青灰胎，灰青釉，腹较深，平底内凹（图四八，4；图版三四，2）。YLG4M3：2，口径13.6、底径6.7、高3.4厘米。灰紫胎，灰青釉（图四八，5）。

青釉盏　1件。YLG4M3：3，口径8、底径3.8、高4厘米。灰胎，灰青釉，外壁半釉。直口，浅腹，饼足（图四八，6；图版三四，3）。

M4　随葬2件器物：

青釉盘口四系壶　1件。YLG4M4：1，口径15、底径11、高33.7厘米。灰胎，青褐釉，腹下部不施釉。盘口，高颈，圆溜肩，深腹，平底。颈中间饰弦纹，肩有四系耳（图四八，7；图版三四，4）。

铜钱　1枚。YLG4M4：2，直径2.2厘米，上有"开元通宝"四字。

二　东城墙

东城墙发掘1条探沟，编号YLG2，东西向，长16、宽2米。位于东风砖瓦厂南面的龙家山，北距罗城东北角约60米（见图四）。据调查访问，这里的夯筑城墙原来保存得相当好，后建的砖瓦厂取土烧砖瓦，陆续把东北城角及夯土城墙挖掉，如今这一带已看不见夯土城墙。

（一）地层堆积和出土遗物

以探沟南壁剖面为例，说明地层堆积（图四九）：

第1层：地表土，黄褐色。厚0.3～0.6米。出土遗物有现代瓷片，还有唐代城砖，砖都残碎，极少砖上有"常州吴"、"楚州□"等戳印的文字。

第2层：黄灰土，质松，为城墙坍塌土。分布在探沟东西两端。深0.3～0.6、厚0.25～0.5米。出土遗物有少量青瓷片和唐代城砖，一块砖上戳印"楚州砖张"，砖长38、宽19、厚5厘米。

第3层：黄灰黏土，夯筑，坚硬。为夯筑城墙。深0.3～0.6、厚0.6米。可分为3A、3B层。3A层为黄黏土，3B层为黄灰色黏土。出土遗物极少，仅有几片唐代青瓷片。

第4层：灰沙土，质松。深0.8～1、厚0.2～0.6米。出土物很少，有六朝至隋唐时期的青瓷片，多为施半釉的粗瓷碗钵残片。4层之下为黄沙生土。

（二）城墙遗迹

第3层为夯土城墙，上部已被破坏。城墙分两次夯筑：第一次（3B层）用黄灰色黏土平地起建，层层夯筑，每层夯土厚6～8厘米，城基宽9米；第二次（3A层）为加宽城基，即在原城墙基础的东西两侧，用黄黏土堆贴夯筑，加宽城基至12米，加宽城墙的两侧有宽1.5、深0.4米的基槽（为包砖壁基槽）。

三　西城墙

西城墙共发掘2条探沟，一条位于瘦西湖公园内"二十四桥"之北东岸（编号YLG7），另一条探沟在扬州大学农学院内（编号YLG3，长23、宽2米）（见图四）。罗城西墙自五代末即废弃，宋城东移，西墙一带已为荒地，所以地层堆积很简单，地表土以下即为夯筑城墙。现

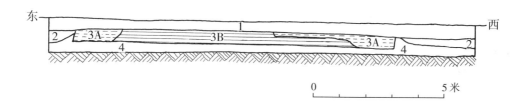

图四九　唐罗城东城墙北段探沟 YLG2 南壁地层剖面图

1.地表层，黄褐色土　2.城墙坍塌土，黄灰色土　3A.城墙夯土，黄色黏土　3B.城墙夯土，黄灰色黏土　4.灰沙土（4层下为生土）

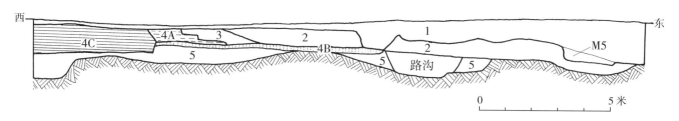

图五〇　唐罗城西城墙南段探沟 YLG3 北壁地层剖面图

1.地表层，灰黄色土　2.灰土　3.黄土（含沙）　4A.城墙夯土，黄土含沙　4B.路土层，灰黄色土　4C.城墙夯土，黄黏土　5.黄沙土（5层下为生土）

以 YLG3 北壁地层剖面为例说明如下（图五〇）：

（一）地层堆积

第1层：地表层，扰乱土，灰黄色，土质松。厚0.1～1.78米。探沟东部有近代和清代墓，墓中出土有"雍正通宝"、"乾隆通宝"铜钱各一枚。该层下发现一座元代小墓。

第2层：灰土，质松。深0.1～1.5、厚0.2～0.8米。该层出土一些唐宋瓷片和一枚"崇宁通宝"铜钱。

第3层：含沙性的黄土，质松。为城墙坍塌土。深0.1、厚0.5米。出土极少碎小的唐代青瓷片。

第4层：黄黏土，含沙。可分为三小层，4A层为黄土含沙，夯筑，坚硬，只分布在探沟西端；4B层，灰黄土，很薄，厚10～25厘米，为人踩踏的路土层，坚硬，分布在探沟中部偏西；4C层为黄黏土，夯筑，坚硬，分布在探沟西端。4A和4C层为城墙夯土，4B层为城内顺城路。

第5层：黄沙土，质松。深1.1～2.5、厚0.2～1米。出土遗物多为残碎瓷器片，可复原器物有钵、碗等。大多为宜兴窑产品。

钵　3件。YLG3⑤：2，口径13.8、底径5.8、高4.9厘米。灰紫胎，青灰釉，光亮，内外壁施半釉（图五一，1；图版三五，1）。YLG3⑤：4，口径17、底径8、高5.5厘米。器形、胎釉同上（图五一，2；图版三五，2）。YLG3⑤：1，口径23.2、底径9.8、高9.3厘米。灰胎，青釉光亮，器内外壁皆施半釉，无釉处呈土红色。厚唇，直口，斜弧腹内收，平底，内底上有8个支块痕（图五一，8；图版三五，3）。

碗　1件。YLG3⑤：7，口径19.2、底径11.8、高5厘米。土黄胎，青黄釉，器外壁半釉，

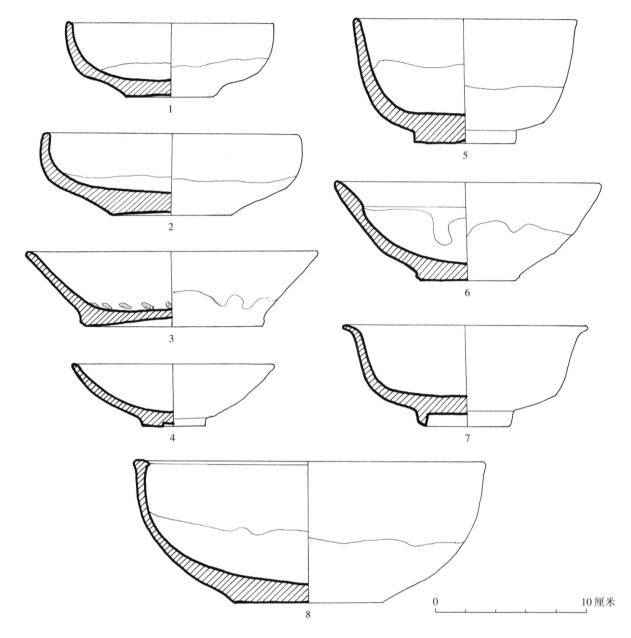

图五一　唐罗城西城墙南段探沟 YLG3 出土瓷器

1、2、8.青釉钵 YLG3⑤：2、YLG3⑤：4、YLG3⑤：1　3.青釉碗 YLG3⑤：7　4.青釉玉璧足碗 YLG3⑤：6　5.黄釉碗 YLG3⑤：5
6.青灰釉碗 YLG3④C：1　7.青黄釉碗 YLG3M5：1（其中 1～3、6、8 为宜兴窑，4 为长沙窑，5 为寿州窑，7 为龙泉窑）

有流釉痕，露胎处呈土红色。侈口，斜腹壁，浅腹，大平底，底内凹，内底有 11 个支块疤痕
（图五一，3；图版三五，4）。

　　长沙窑产品有青釉玉璧足碗 1 件。YLG3⑤：6，口径 13.6、足径 4.2、高 4.2 厘米。浅灰
胎，青釉泛黄，釉下施白色化妆土，器外壁施半釉（图五一，4）。

　　寿州窑黄釉碗 1 件。YLG3⑤：5，口径 14.6、足径 6.6、高 8.3 厘米。黄灰胎，含沙质粗，
胎厚重。黄釉，釉下施白色化妆土，器内外壁皆施半釉。直口，深腹，饼足，足心微凹（图
五一，5）。

（二）城墙和路

探沟中西部地表土之下即为夯筑城墙，城墙分两次夯筑：第一次夯筑城墙为4C层，直接在唐代文化堆积的第5层起筑，墙下挖有城基槽，深约0.4米，现露出宽4.5米（西端未到基槽边），用黄黏土层层夯筑，夯层厚7～17厘米，夯窝不明显。出土物少，只复原1件宜兴窑青釉碗。YLG3④C：1，口径17.4、底径6.8、高6.5厘米。灰胎，青灰釉，釉光亮，只在器口部内外施釉，有流釉痕，无釉处呈土红色。敞口，斜弧腹，平底（图五一，6；图版三五，5）。在城基东侧有宽8.5米的顺城路（即4B层），路东侧有一条宽3、深0.85米的路沟。路土中出土的皆为唐代遗物，大多是长沙窑青釉和彩釉瓷片，并出土"开元通宝"、"乾元重宝"铜钱和一枚"五铢"铜钱。第二次修筑城墙为4A层，叠压在第一次夯筑的城基（4C层）上，并向内（东）侧展宽2.7米，又压在东侧部分路土（4B层）上，东端露出的土路继续使用，所以东端路土较厚。第二次夯筑的城墙，土质坚硬，每层夯土厚11～15厘米，露出宽度7.3米，西端未到城墙边。夯土中出土物皆唐代碎瓷片。

（三）墓葬（YLG3M5）

开口于①层下。墓坑长2.8、宽1米，已被扰乱，人骨零乱。墓坑中随葬龙泉窑青釉碗1件。YLG3M5：1，口径16.1、高6.8、圈足径6厘米。白灰胎，青黄釉，外底无釉，有垫饼痕。敞口，弧腹，大平底，圈足。内底印有花纹（图五一，7；图版三五，6）。

四　南城墙中段

经考古发掘，罗城南墙的地层堆积分三种现象。其一，南墙西段，自荷花池（宋城西南角）向西900余米，至潘桥蒿草河转角处，只发现有唐代城墙，城墙上的地层堆积很简单，地表土以下即见夯土城墙。其二，南墙中段，自荷花池向东，顺南通路约1000米，至南城根路南口（即明旧城东南角），这段城墙分唐宋明三个时期，三代城墙呈下中上的叠压关系，比较复杂。其三，南墙东段，自南城根（即小秦淮河）南口向东，顺南河下街至康山街转角处，长约1300余米，这段城墙分唐宋时期，并有上下叠压关系。下面以南墙中段YLG1探沟和南墙东段YLG5探沟为例，说明南城墙的地层堆积情况。

（一）地层堆积

探沟YLG1，位于城南龙首关，东距小秦淮河（即明旧城东南角护城河）77米（见图四）。探沟南北长12.5、东西宽5米。探沟北端紧靠南通路，在南通路下压着的部分城墙遗迹未发掘。以探沟东壁说明地层堆积（图五二）：

第1层：表土层，黄灰色。厚0.3～1.3米。

第2层：明清时代南城濠，南面未到濠边。濠沟内填满灰黑土，近底部为黑色淤泥，深达4米未到濠底。濠沟内出土大量明清瓷片、砖瓦及石块等，沟边打破了唐代夯土城墙。

第3层：明代层，黄褐色土。深0.5～1.3、厚0.4～1米。其中3A层是明代夯筑城墙，墙南缘有1米厚包砖城壁。3B层为城墙坍塌土，黄灰色土。3B层出土有大量明代残碎城砖，还出土元代瓷片，多为景德镇窑、龙泉窑和磁州窑产品。

第4层：元代层，灰色土，表面经人踩踏形成坚硬的路土面。深1.5～1.9、厚0.3～0.8米。

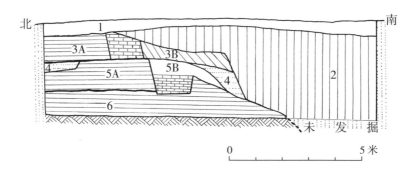

图五二　唐罗城南城墙中段探沟 YLG1 东壁地层剖面图

1.表土层，黄灰色土　2.灰黑土，明清时代南城濠内填土　3A.黄褐色土，明代夯筑城墙，外表有包砖　3B.黄灰色土，明代城墙坍塌土　4.灰色土，元代路土层　5A.黄灰色土，宋代城墙夯土，外表有包砖　5B.黄灰色土，宋代城墙坍塌土　6.黄褐色土，唐代城墙夯土

路土压在宋代城墙上。出土遗物以元代瓷片为主，还有少量宋代瓷片。瓷器产地有景德镇窑、龙泉窑、磁州窑和钧窑等。

第5层：宋代层，黄灰色土，夯筑城墙遗迹。深1.5～2.2、厚0.7～1.1米。5A层为夯筑城墙，5B层为城墙坍塌土。出土遗物大多为唐、五代瓷片，宋代瓷片较少。

第6层：唐代层，黄褐土，夯筑，坚硬。深2～3.9、厚1～1.6米。该层为唐代夯土城墙，墙南缘被明清城濠打破。出土物皆为唐代瓷片。

（二）城墙

1.唐代城墙

唐代城墙在探沟最底下，占满探沟北部，城墙南缘被明清城濠打破。城墙夯土分两种，基底为黄褐土，夯筑坚硬，夯层平整，其上为灰青土，土质纯，坚硬。挖掘出的城基南北宽9米，北面未到城边，压在今南通路下，未能发掘。夯土城基建在黄沙生土层上。

2.宋代城墙

宋代城墙叠压在唐代城基上。城墙用黄灰土层层夯筑，较坚硬，夯筑墙体南缘有包砖壁，厚约1.3米，包砖壁下有宽1.3、深0.6米的墙基槽，城墙砖都被挖取破坏。宋代城墙暴露出的部分南北宽5.5米，北侧未到城边，因压在南通路下，未发掘。

3.明代城墙

明代城墙叠压在宋代城墙上，墙体已向北移，在探沟中仅暴露出城墙南缘边，宽2.5米。夯土城墙南缘。包有1.2米厚的城壁砖。明代南城墙全部压在南通路下。明代夯土城墙用黄土和灰褐土相间夯筑，夯层厚7.5～12、夯窝径5～6厘米。

（三）出土遗物

1.唐代

在唐代夯筑城墙中，出土少量宜兴窑、越窑、寿州窑瓷器和三彩器碎片。

青釉钵　复原4件。其中3件为宜兴窑。YLG1⑥：2，口径16.4、底径9.2、高5.2厘米。灰紫胎，青黄釉，器内外壁施半釉。方唇，直口，折腹，大平底，底微内凹（图五三，1；图版三六，1）。YLG1⑥：3，口径14.4、底径8.6、高5厘米。器形、胎釉同上，仅方唇顶有一

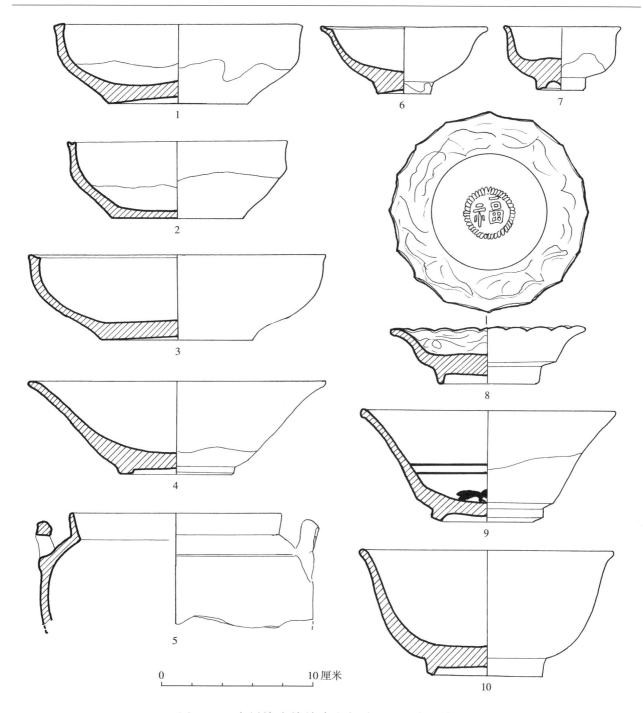

图五三　唐罗城南城墙中段探沟 YLG1 出土瓷器

1～3.宜兴窑青釉钵 YLG1⑥：2、YLG1⑥：3、YLG1⑥：1　4.越窑青釉碗 YLG1⑥：4　5.长沙窑青釉双系罐残片 YLG1⑥：5　6.景德镇湖田窑青白釉盏 YLG1④：2　7、10.龙泉窑青釉碗 YLG1④：1、YLG1④：5　8.龙泉窑青釉花口盘 YLG1④：4　9.磁州窑白釉黑花碗 YLG1④：3

　　周凹槽，大平底（图五三，2）。YLG1⑥：1，口径19.6、底径10、高5.7厘米。夹砂胎紫红色。斜方唇，直口，弧腹，大平底，底心微凹（图五三，3；图版三六，2）。

　　越窑青釉碗　1件。YLG1⑥：4，口径19.6、足径7.5、高6.2厘米。灰白胎，青黄釉，外壁施釉不及底，碗内底有支块痕。大敞口，斜腹，大平底，圈足较矮（图五三，4）。

长沙窑青釉双系罐残片　1件。YLG1⑥：5，口径14厘米。浅灰胎，青黄釉，釉下施化妆土。直口，矮领，鼓肩，直腹，肩部安一对圆角方形耳（图五三，5）。

2.宋代

在宋代夯土城墙内，出土许多宋代景德镇窑青白瓷，少量耀州窑和龙泉窑青瓷片，定窑的瓷片极少，器形以碗盘最多，未能复原出完整器物。

3.元代

在第4层元代路土中，出土许多元代瓷片，并复原6件瓷器。从瓷器烧造地点和器形分，有如下几种：

景德镇湖田窑青白釉盏　1件。YLG1④：2，口径11、足径3.6、高4.4厘米。白胎泛灰，白灰釉，圈足底无釉。薄圆唇，侈口，弧腹内收，饼足，足心内凹（图五三，6；图版三六，3）。

龙泉窑青釉碗　2件。YLG1④：1，小碗，口径7.7、足径3.2、高4.3厘米。白灰胎，青绿釉，器外壁半釉。薄唇，口稍侈，器底厚重，圈足外底心呈乳突状（图五三，7）。YLG1④：5，口径16.8、足径7.8、高8.3厘米。灰白胎，青黄釉，足底无釉。侈口，腹下部敦实，器底厚重，圈足（图五三，10）。

龙泉窑青釉花口盘　1件。YLG1④：4，口径13、足径6.8、高3.6厘米。灰白胎，青绿釉，足底无釉。圆唇，大侈口，口沿呈花瓣状，折壁，平底厚重，圈足。内壁刻划缠枝纹，内底戳印"福"字（图五三，8；图版三六，4）。

磁州窑白釉黑花碗　2件。YLG1④：3，口径17、足径7.4、高7.4厘米，黄白胎，白釉，釉下施白色化妆土，外壁半釉。圆唇，敞口，深弧腹，圈足。内壁用黑褐釉画两周弦纹，内底绘黑色花草纹（图五三，9；图版三六，5）。

五　南城墙东段

（一）地层堆积

南城墙东段共发掘2条探沟，一条位于南河下街北面的723所院内东侧，编号YLG5，发掘面积南北长13.5、东西宽2米。另一条在723所西侧，编号YLG6。两条探沟相距150米，地层堆积基本相同。

现以YLG5探沟西壁剖面为例，说明如下（图五四）：

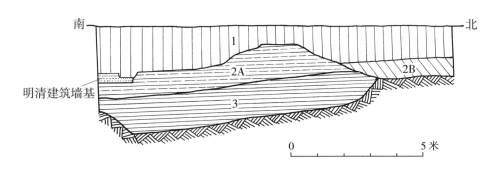

图五四　唐罗城南城墙东段探沟YLG5西壁地层剖面图

1.地表层和扰土，灰黄色土　2A.黄黏土层，宋代夯土城墙　2B.黄灰沙土层，宋代城墙坍塌土　3.黄褐色黏土层，唐代夯筑城墙

第1层：地表层与扰土，土色灰黄，夹杂大量碎砖瓦砾，并出土有明清碎瓷片。厚0.7～2米。探沟南端发掘出明清的建筑残墙基。

第2层：黄沙土，可分2A黄黏土层和2B黄灰沙土层。深1.7～2.8、厚0.6～1.4米。在2A层发现有宋代城砖。

第3层：黄褐黏土层，夯筑，坚硬。深3～4、厚0.5～1.4米。出土遗物极少，仅有23块青瓷片和唐代城砖。3层以下为黄沙生土。

（二）城墙遗迹

1. 唐代城墙

探沟中第3层的黄褐黏土，为唐代夯筑的城墙，它起建在黄沙生土层上。黄沙土质松软，为确保城墙基础的牢固，所以在夯筑前，先挖一城墙基槽，基槽南北宽约10.5（北端未到槽基口）、深1.4米，槽基壁呈坡状。所用黄褐黏土都是从蜀冈上采挖搬运过来，夯筑的城墙土比较坚硬，夯层不太明显。发掘1.5米深已出地下水，唐代城墙淹没于水中，这给发掘工作带来很大的困难。

2. 宋代城墙

在唐城墙之上的2A层，是宋代城墙，暴露部分南北宽10、厚0.6～1.3米。宋城墙全部用黄沙或灰沙土构成，土质较紧密，但看不出夯层。我们在发掘宋大城西门时，发现过包砖的城墙内全部填满沙土，此段城墙也应是这种结构。在此层两侧发掘出宋代城砖。北侧的2B层，应是宋代城墙的坍塌土。

（三）出土遗物

1. 唐代遗物

城砖　在城墙中发现一批铭文大砖，砖长38、宽19、厚5.5厘米。砖上皆戳印"鄂州西"铭文。

瓷器　共出土青瓷23片，复原3件宜兴窑器物：

钵　1件。YLG5③：3，口径18、底径9、高5.7厘米。灰红胎，含细沙，青黄釉，内外壁施半釉，底部有支块痕。圆唇，直口，浅斜腹，大平底，外底面内凹（图五五，1）。

碗　2件。YLG5③：2，口径18.5、底径9.8、高5.2厘米。灰胎，含细沙，灰青釉，釉面光亮，内壁满釉，外壁半釉，有流釉痕，内外底有支钉痕。敞口，斜直腹，大平底内凹（图五五，2）。YLG5③：1，口径18、足径8.3、高6.1厘米。胎釉同上。敞口，斜直腹，矮圈足，足底内凹（图五五，3）。

2. 宋代城砖

均为长方形，灰色。砖长33、宽16、厚4.5厘米。

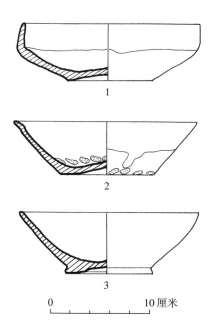

图五五　唐罗城南城墙东段探沟
YLG5出土瓷器

1.青黄釉钵YLG5③：3　2、3.灰青釉碗YLG5
③：2、YLG5③：1（均为宜兴窑）

第二节　唐罗城8号西门的发掘

8号西门位于罗城西城墙南段，即今扬州大学农学院内。该学院西院墙叠压于城门遗址上，院墙外即为蒿草河，蒿草河至城门处，河道向西曲凸呈月河状，应是城门外的瓮城护城河。瓮城范围内今已辟为双桥乡武唐村之新庄，成为市民居住的楼房区（见图四）。

1988年我们钻探罗城西墙时，为了解西城墙结构和年代等问题，曾于门址以北30米处发掘一条探沟，即YLG3。后在YLG3探沟以南，又钻探出8号西门遗址，从其地貌看，这是一处有城门和瓮城组合的完整遗址，而且地表土下即见夯土和门道，因而对其进行了考古发掘。西门钻探面积约4万平方米，发掘面积1000平方米。

一　地层堆积

以城门道南北向的横剖面为例，说明城门的地层堆积（图五六）：

第1层：地表层和扰土，灰黄色，土质疏松。厚1.2米。部分夯土城墙与现地表平，城门洞包砖壁，被后人挖砖掘成很深的扰沟状。出土有"康熙通宝"铜钱1枚，直径2.1厘米，钱背面有一"东"字和一满文字（图五七，1）。另出土有"开元通宝"铜钱7枚（直径2.55厘米）和2枚铅质钱；还发现戳印"官"字的砖瓦残块和青釉、白釉、酱釉和黑釉瓷片。该层下发现有现代墓1座、近代墓2座和元代小墓1座，所有墓都被扰乱，推测自元代之后，这里已为乱坟区。元代墓出土1件龙泉窑青釉印花碗，口径16、高6.8、足径5.9厘米。敞口，圆唇外侈，弧腹较深，平底，圈足。灰白胎，浅青釉，内底有印花（图五七，4）。此层下还发现有一建筑基槽。

第2层：灰土层。深0.7、厚0.25米。遗物以瓷片最多，有青釉、白釉、酱釉和三彩釉，器形有碗、盘、执壶、罐、盆和缸等生活用品，时代为晚唐至北宋时期。另外还出土一些建筑砖瓦，砖以长42、宽23、厚5.8～6厘米的大砖为多，莲瓣纹瓦当以莲瓣细瘦的较多，直径13.5厘米。

第3层：可分为3A和3B层。3B层为灰黄色土，深1.3、厚0.5米。土质致密坚硬，可分

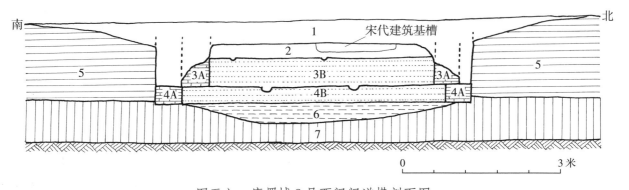

图五六　唐罗城8号西门门道横剖面图

1.地表层与扰土，灰黄色土　2.灰土层　3A.唐代晚期城门壁　3B.灰黄色土，为唐代晚期门道路土　4A.唐代早期城门壁　4B.灰褐色土，为唐代早期门道路土　5.黄黏土，为唐代夯筑城墙　6.灰色土，为唐代路土　7.青灰色土，为唐代文化层（7层下为生土）

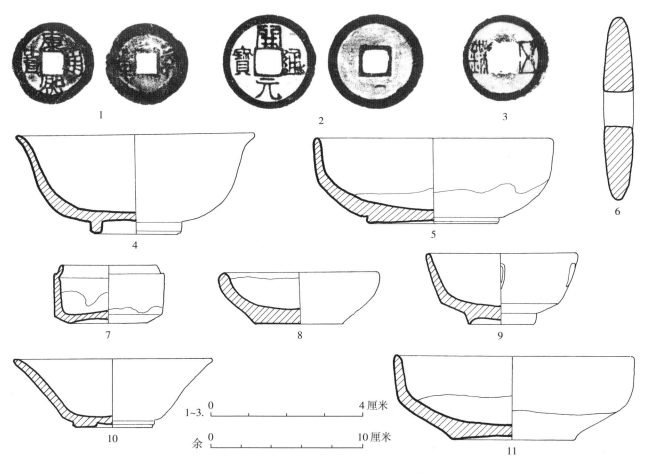

图五七 唐罗城8号西门出土遗物

1. "康熙通宝"铜钱 2. "开元通宝"铜钱 3. 隋"五铢"铜钱 4. 龙泉窑青釉印花碗 5. 宜兴窑青釉碗 YL8号门⑦：1 6. 石碾轮
7. 长沙窑青釉粉盒底 YL8号门⑦：5 8. 巩县窑青灰釉碟 YL8号门⑦：6 9. 越窑青釉碗 YL8号门⑦：3 10. 长沙窑青釉碗 YL8号门⑦：
4 11. 宜兴窑青釉钵 YL8号门⑦：2

细碎薄层，为典型的路土，是城门门道遗迹。路土两侧有包砖墙，即城门洞壁，编为3A层。门道路土和包砖墙分布在南北宽5.3、东西长10.3米范围内。出土遗物都是唐代的碎瓷片。

第4层：可分4A和4B层。4B层为灰褐色土，深1.6、厚0.3米。土质致密坚硬，可分薄层，是门道路土。路土两侧为4A层，是门道两侧包砖壁，其性质、形制与第3层相同，出土遗物也同于第3层。发现有一件完整石碾轮，直径12、当中圆孔径2.4、厚2.2厘米。轮边缘较薄，应是碾药或碾茶用（图五七，6）。

从第3层和第4层的上下叠压关系看，第3层门道是在第4层门道基础上修建的。出土遗物尽管相同，但建筑的城门道可分出先后关系。

第5层：含沙的黄黏土，是城墙夯土。深0～0.5、厚1～1.5米。土质硬，夯筑，每层夯土厚6～8、夯窝径5厘米。出土遗物很少，都为唐代碎瓷片。

第6层：灰色路土，被压在城门道下。深1.5～2、厚0.3米。

第7层：青灰土。深2.35、厚0.4～0.8米。为唐代文化层。

此层下为黄沙生土。

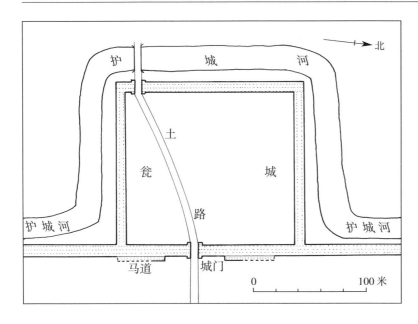

图五八 唐罗城8号西门和瓮城钻探平面图

二 城门平面布局

8号西门由主城门、马道、瓮城、瓮城门及环绕在城外的护城河组成，占地面积南北长约260、东西宽约190米，合49400平方米（图五八）。

主城门平面略呈方形，现仅存门道。主门道外有长方形瓮城，瓮城南北长168、东西宽145米。瓮城门开在瓮城的西南角上，与主门道不相对，主门道与瓮城门道之间有条土路相连。瓮城外有护城河环绕，河宽约20余米。主门道内口的南北两侧有马道设置，两侧马道距主门道均23米，马道宽2.5米。马道仅保存入口部位，向南北两侧延长部分已被破坏，马道长度不清。马道走向比较特殊，南侧马道由北向南登上城墙，北侧马道则由南向北登上城墙，从马道不能直接登上城楼。这种马道的设置，更利于士兵快速登上瓮城城墙，加强防守城门力量。8号门马道形式，与2008年发掘的5号西门马道形式完全相同。

我们仅对瓮城进行了考古钻探。瓮城南墙已被破坏，西墙和北墙保存较好，城墙基厚约9米。瓮城西南角和瓮城城门亦保存完好，瓮城门宽5米。瓮城范围现已辟为新庄居民区，楼房基本建满，护城河上还建有一座水泥桥。

三 城门和城墙建筑结构

（一）早期城门（图五九）

早期西门和城墙，起建在唐代文化层之上（图版三七，1）。城墙下挖有宽8.5、深0.4米的基槽，基槽内用黄黏土填满夯筑，作为城墙基础，其上夯筑底宽8.5米厚的城墙。门道宽5、长8.5米，门道两侧用砖砌有门洞壁，城门砖长30、宽15、厚4厘米，用黄泥砌墙。砖墙厚0.5、残高约1米。城砖砌法以平铺错缝，采用一顺一丁交替向上层层垒砌（图六〇）。门壁砖砌至门口时，均向两侧转折，把门口墙角包住1.7米长（图版三七，2）。

早期始建的城门结构简单，只起出入城池的通道作用，门道的门槛和门砧石均遭破坏，只有平整的门道土路面，路面上被常年出入的车辆碾压成较深的两道车辙沟，车辙间距1.6米，较深的沟中还铺垫有石块（图版三八，1、2），车辙沟中的土被碾压得特别坚硬。早期城门第一次修建，于城门口两侧增筑了方形墩台，墩台凸出城墙面2.5米，南侧墩台南北长3.7米，北侧墩台南北长3.2米。墩台外表包砌城砖，台心填土夯筑。经第一次修筑，改变了始建的城门脸形制，使城门更加坚固。

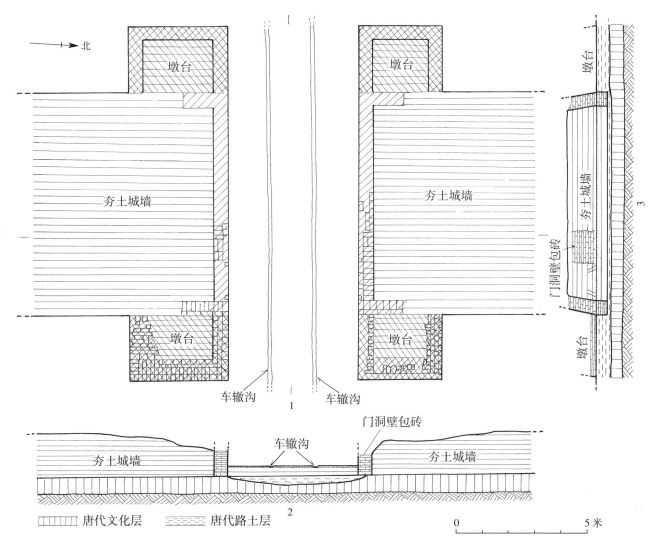

图五九　唐罗城8号西门早期城墙和城门平、剖面图
1.平面图　2.横剖面图　3.纵剖面图

（二）晚期城门（图六一）

晚期城门叠压在早期城门之上0.5米。晚期城门是在早期城门基础上重建的，重建后的城门门道宽4.3、长10.6米（图版三九，1）。晚期城门和城墙与早期城门和城墙，在形制和位

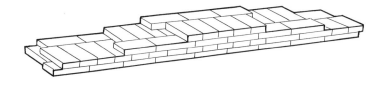

图六〇　唐罗城8号西门洞壁砖砌法

置上有所变动。晚期城墙和城门位置，总体上比早期城墙和城门平行向东移动约2米多，城墙依早期城墙东侧边缘向东展宽约2米，使城墙厚达9.8米，展宽的城墙下未挖槽基。城门洞南北两侧的包砖壁均向内缩建，南侧包砖壁向内缩进0.5米，北侧包砖壁向内缩进0.3米，包砖壁厚0.5米（见图五六、六一；见图版三七，2）。包砖壁砌至门道口时，均向两侧转折砌出2.7米长，把门道口转角用砖包起。门洞北侧一段包砖壁保存较好，长约3、高0.5米，砌法与早

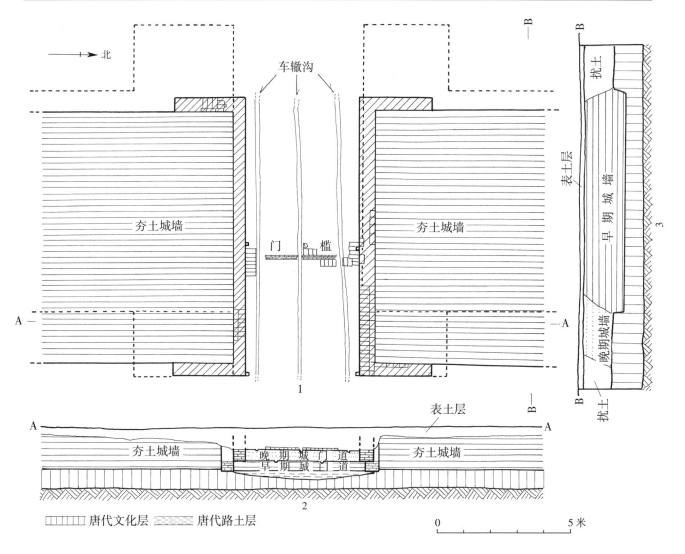

图六一　唐罗城 8 号西门晚期城墙和城门平、剖面图

1.平面图（图中虚线为早期门道范围）　2.门道横剖面图　3.城墙横剖面图

期包砖壁相同。城门道路土，是在早期门道上垫厚 0.55 米。晚期城门道的南北两侧壁面各遗存两个柱洞痕，柱洞直径 20 厘米，间距约 5 米，应是排叉柱遗痕，因晚期门道距地表太浅，包砖洞壁及排叉柱都被后人挖砖破坏（见图版三七，2）。门道中腰用砖砌出一条门槛，门槛残长 2.7、宽 0.15 米。门槛用三行立砖砌成，半截砖埋砌在路面下，门槛高出地面 10 厘米（图版三九，2）。门槛中间留有 15 厘米的缺口，可能是过车轮的通道。在门道路面上有车辙痕，共三条，一条位于中间，与缺口相连，两条分别在门槛两端。门槛砖上有两块戳印"罗城"两字，一块砖上戳印"常州"两字（图六二）。门槛两端的门砧石被破坏缺失，只发现一些平铺的残砖块。

　　在城门道路面上，发现有炭化的梁木，说明城门曾被大火烧过，这与文献记载五代末扬州城被人为放火烧毁相吻合。该城门五代末已废弃，北宋时于城门址上建有房屋，第 2 层的黄黏土基槽即是宋人留下的建筑痕迹。自元代之后，这里成为埋葬坟墓的荒郊之地。

四 出土遗物

早晚期的城墙、城门中的出土遗物基本相同，数量很少，共出215片碎瓷片，以青釉瓷片最多，还有黄釉、白釉、酱釉瓷片。在路土中出土两枚"开元通宝"钱，直径2.5厘米，其中一件背面有"月纹"（图五七，2）。还出土一枚隋代"五铢"铜钱，直径2.3厘米（图五七，3）。

复原6件器物。按窑口、釉色说明如下：

宜兴窑青釉碗 1件。YL8号门⑦：1，口径16、底径9、高5.6厘米。灰褐胎，青灰釉，内外壁皆半釉。直口，弧腹，近底部旋削一刀，似有矮足（图五七，5）。

宜兴窑青釉钵 1件。YL8号门⑦：2，口径16、底径8.4、高5.6厘米。青釉，内外壁半釉。直口，斜腹，平底内凹（图五七，11；图版四〇，1）。

越窑青釉碗 1件。YL8号门⑦：3，口径10、足径4.4、高4.7厘米。灰白胎，青釉，足底无釉。直口，折腹，圈足。腹壁饰短竖道瓜棱纹（图五七，9；图版四〇，2）。

长沙窑青釉碗 1件。YL8号门⑦：4，口径13、足径5.4、高4.5厘米。浅灰胎，青釉，足底无釉。敞口，斜腹，璧形足（图五七，10）。

长沙窑青釉粉盒底 1件。YL8号门⑦：5，口径6.2、底径5.2、高3.8厘米。灰胎，青釉，内外壁施釉皆不到底。子口，直腹，平底，外底面内凹（图五七，7）。

巩县窑青灰釉碟 1件。YL8号门⑦：6，口径10.4、底径5.8、高3.4厘米。黄白胎（图五七，8；图版四〇，3）。

0　　　　　5厘米

图六二　唐罗城8号西门门槛城砖上戳印的"罗城"铭文拓片

附 宋代建筑基槽（图六三）

在灰土层上发现一建筑基槽，槽内填有黄黏土，主要分布在8号西门门址及两侧夯筑城墙上。平面呈长方形，南北长约28、东西宽约18米，北端未到边。基槽残存深度仅15～20厘米。基槽分两种宽度，一种为南北向的长基槽，宽1.5～2米；另一种为东西向基槽，宽1.5米。基槽内用黄黏土和碎瓦砾分层夯筑。因基槽上部被破坏，房屋建筑形制不清。

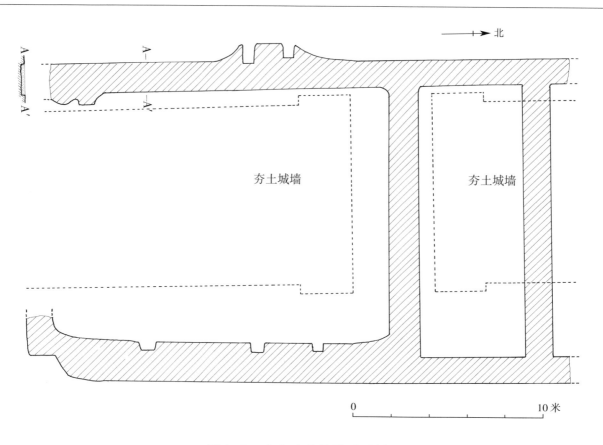

图六三　宋代建筑基槽平面图

（A–A′为基槽横剖图，虚线表示唐罗城8号西门平面）

第三节　唐罗城水涵洞的发掘

水涵洞（YLSH）位于扬州市大学路南口西侧，即唐罗城9号南门之西30米处（图六四）。

水涵洞是1993年扬州大学建综合大楼时发现的，综合大楼楼址正好选在唐罗城南城墙上。挖楼槽基坑时，基建部门首先挖到水涵洞券顶砖，开始认为是古墓，出于好奇，在未报告当地文物主管部门的情况下，基建部门自行挖掘，将发现的券顶砖打碎掀开，后发现许多横隔方木，木材全部被扒出，结果却一无所获，基坑边堆满了破碎的唐砖和木头。文物部门知道消息赶赴现场时，水涵洞已被破坏了三分之二，只残存涵洞基础部分。从基建坑北壁保存的水涵洞横切断面（图六五；图版四一，1）大体可以看出砖砌的涵洞洞壁、残存的券顶和中间的横隔方木。经抢救性发掘，及时保护住了这处重要的唐代水涵洞遗址。

一　地层堆积

第1层：耕土层，灰黄色。厚约0.3米。

第2层：扰乱层，浅灰色。厚1.8米，为后人挖取涵洞砖形成的破坏坑。其下发现有涵洞砖壁，距地表深约1、保存高度约1.7米。在涵洞砖壁靠近底部的地方发现有横隔方木，距地表深2、厚0.3米。

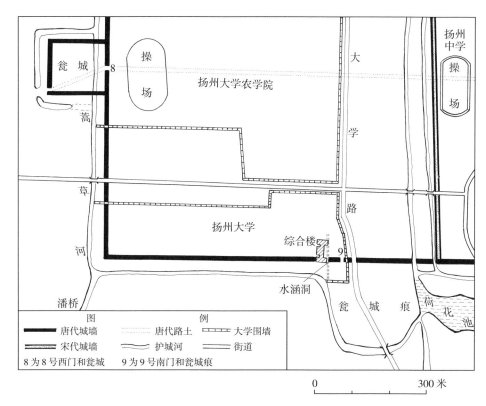

图六四　唐罗城西南角及唐代水涵洞位置图

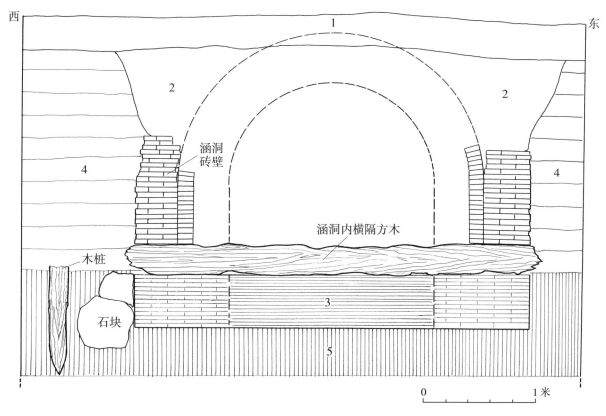

图六五　基坑北壁水涵洞断面与地层图

1.耕土层，灰黄色土　2.扰乱层，浅灰色　3.灰黑色淤泥　4.城墙夯土　5.灰色塘泥

第 3 层：灰黑色淤泥。深 2.3、厚 0.5 米。

第 4 层：城墙夯土。厚约 2 米，每层夯土厚约 20 厘米，用黄色杂土夯筑。

第 5 层：灰色塘泥。深 2.3～2.8 米，河塘很深，下部未发掘。在河塘中填有许多碎砖瓦，有的部位夯打木桩，并垫有大石块，作为涵洞的基础。在第 3～5 层中出土少量瓷片，主要为青瓷，有长沙窑、宜兴窑、越窑、寿州窑、定窑和巩县窑，器形有碗、盘、罐等，还有极少的三彩器物碎片和建筑构件等，皆为唐代遗物。

二　水涵洞形制

水涵洞修建在夯土城墙基下，呈长条隧道形，为正南北方向。从其东侧 8 号南门门道内的路土距地面深约 1 米判断，涵洞券顶应暴露在唐代的地面以上。唐代罗城废弃后，券顶被人为取砖破坏，仅保留很少券脚砖的痕迹。水涵洞南端已破坏，北端未到头（图版四一，2；图版四二，1）。

涵洞宽 1.8、高 2.2（复原）、南北残长 12 米（图六六）。从涵洞与城墙的关系看，两者应同时规划，从南门往西的一段城墙，要经过一处河塘，有意把低于地面以下的涵洞安置在河塘中，既减少挖土工作量，又不阻断河塘流水，只需加固涵洞基础。因此涵洞基础下填有很厚的碎砖瓦与塘泥的混杂土，较软的部位夯打木桩，洞壁下铺垫厚木板，在此基础上建筑水涵洞。但因塘泥较软，基础仍不坚，涵洞壁逐年下沉，尤其西侧洞壁下沉严重，致使洞壁错位歪斜。

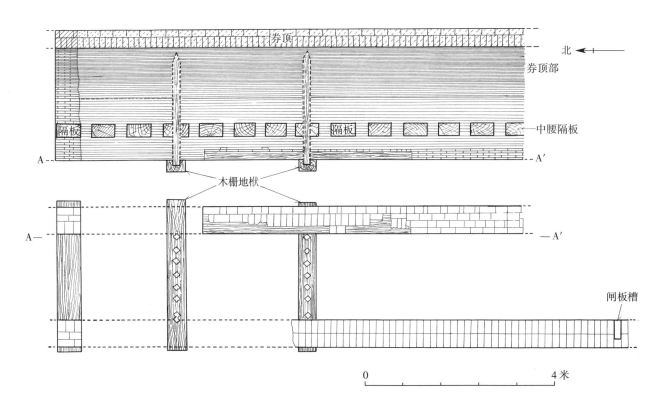

图六六　唐代水涵洞平、剖面图

涵洞壁用青色长方形砖（砖长
26、宽14、厚3.5厘米）垒砌，壁厚
0.54米。洞壁砖采用平铺错缝砌，即
用两排丁砖平铺一层，其上层改用
两顺一丁（图六七）砌，层层垒砌，
用黄土泥砌墙，砖缝宽约0.5厘米。洞
壁高1.3米。距涵洞底0.5米高的洞
壁中腰，平铺一层木板，木板架在两
侧洞壁上，每块木板皆长约350、宽
40～50、厚30厘米，木板之间有20
多厘米的空隙。涵洞顶用砖券砌，为
一券一伏，里券用条砖直立砌，外券
用条砖横立砌，券顶厚0.44、内半径
0.9米。

图六七　唐代水涵洞洞壁砖砌法

涵洞内有两层木栅栏，南北间隔
2.4米，木栅栏下有木地栿，地栿长
280～320、宽34、厚28厘米。地栿
压在洞壁下，地栿上面均凿有菱形方
卯眼7个，卯眼边长9、深8厘米。卯
眼间距约10厘米，只有西端的两个
卯眼间隔20厘米。北侧地栿西端上
多凿一菱形卯眼，或因计算错位所
致，两个卯眼紧连在一起（见图六

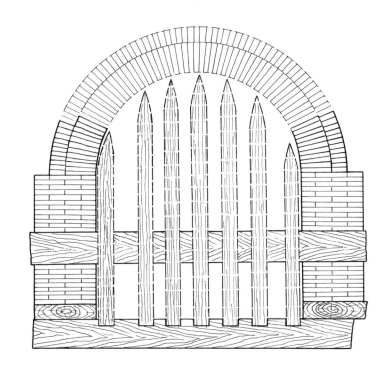

图六八　唐代水涵洞木栅棍与地栿部位横剖面复原示意图

六；图版四三，1）。菱形卯眼内插装有木栅棍，木栅棍已朽无，推测木栅棍应为长方形条木，
向上穿过中腰木板，上端与券顶齐。位于南边木栅栏的东西洞壁下，皆平铺一块木板，东壁
下木板长434、西壁下的木板长204厘米，皆宽60、厚18厘米，木板压在木栅栏的地栿上（图
六八；图版四二，2）。

涵洞外壁填放许多大石块和炉渣块以加固墙体，同时也起城墙夯土基础作用，涵洞建好
后，其上夯筑城墙。涵洞是排放城内生活污水及雨水用，是不可缺少的城建设施。涵洞向北
的城内，我们找到一条明沟与涵洞相连，向南通往城外护城河。这处涵洞保存较好，结构清
楚，可以复原（图六九）。为了防止不义之人由涵洞出入，涵洞内设置双层木栅栏，洞壁中腰
设置木板，留有空隙以便导水，但偷入者不能直立行走，种种障碍很难通过。另外，在洞的
南端墙壁上，残留一砖槽，宽15厘米，槽底距洞底21厘米（图版四三，2），在必要时可能有
闸板放入，槽底与洞底留有20厘米空隙，既可防人进入，又可控制城外水量回流。这种砖木
结构的水涵洞，在我国还是首次发现，也是唐代扬州城很有特色的一个设施。

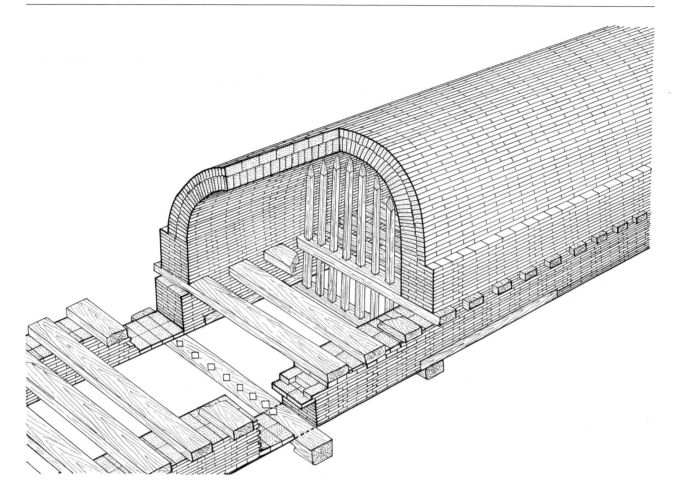

图六九　唐代水涵洞结构复原示意图

三　出土遗物

水涵洞内靠北端有极少的出土遗物，多残碎。共发现有木胎漆盒底2件，底径11.4～20厘米，胎厚0.5厘米。小盒底内髹红漆，外髹黑漆，大盒底内髹黑漆，外髹红漆，漆面光亮。瓷器只有宜兴窑烧制的青瓷钵。水涵洞下的河塘中及其附近出土遗物稍多，大部分为瓷片，以宜兴窑、长沙窑瓷片较多，还有寿州窑、越窑、定窑和巩县窑的瓷片。共复原9件器物。

白釉侈口碗　1件，定窑产品。YLSH[①]：1，口径14、高3.8、足径6.7厘米。斜浅腹，玉璧足。白胎，釉泽光亮，器底无釉（图七〇，1；图版四四，1）。

青釉钵　3件，宜兴窑产品。YLSH：3，口径15、高5.5、底径7.2厘米。圆唇稍敛，斜腹，平底微凹。灰胎，只口部施青黄釉，釉色泛灰。内外底有一周长条状支钉痕（图七〇，2）。YLSH：4，口径17、高5.5、底径9厘米。圆唇外侈，直口，斜腹，平底微凹。红灰胎，青灰釉，腹部以下无釉。内外底有6个长条状支钉痕（图七〇，3；图版四四，2）。

白釉深腹钵　1件，巩县窑产品。YLSH：5，口径16、高7、足径9.3厘米。厚唇，直腹，

---

① 此编号代表的并非水涵洞遗迹本身，而是此遗址点。

大底，矮圈足。腹底处有弦纹两周。黄白胎，厚重，胎上施白色化妆土，白釉无光泽，足底无釉（图七〇，4）。

　　青釉执壶　1件，长沙窑产品。YLSH：8，口径7、高16、足径8厘米。卷唇，直颈，圆肩，深腹，腹呈瓜棱状，圈足，平底内凹。肩部一侧安一流，另一侧安一弧形把。灰白胎，青灰釉，底无釉（图七〇，5）。

　　酱褐釉双系罐　1件，长沙窑产品。YLSH：6，口径9、高14.3、底径8.5厘米。圆唇外卷，矮直领，圆肩，深腹，平底内凹，底边外撇。肩部有对称环形系。黄白胎，外施酱褐釉，施釉不及底，内壁施青黄薄釉，并留有拉坯时的轮旋痕（图七〇，6；图版四四，3）。

　　青黄釉碗　1件，寿州窑产品。YLSH：2，口径15、高4.7、足径8.2厘米。圆唇，敞口，斜腹，玉璧足。黄白胎，胎体厚重较粗。内壁及外口唇施白色化妆土，有化妆土部位釉呈青黄色，其余部位釉呈青灰色，釉面有碎开片，足底无釉（图七〇，7；图版四四，4）。

　　青黄釉双系罐　1件，寿州窑产品。YLSH：7，口径14.4、高25.7、底径13厘米。厚圆唇，矮直领，溜肩，鼓腹，腹下部内收，平底微凹。黄色胎，胎内含沙，胎体粗重。口与上腹部施白色化妆土，其上施青黄釉。内壁有轮旋痕（图七〇，8）。

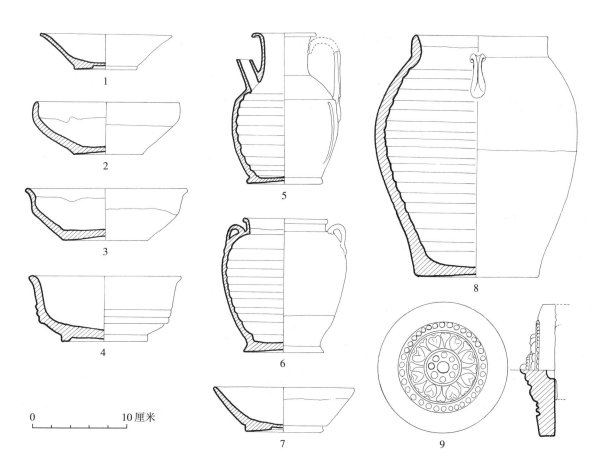

图七〇　水涵洞遗址出土遗物

1. 定窑白釉侈口碗 YLSH：1　2、3. 宜兴窑青釉钵 YLSH：3、YLSH：4　4. 巩县窑白釉深腹钵 YLSH：5　5. 长沙窑青釉执壶 YLSH：8
6. 长沙窑酱褐釉双系罐 YLSH：6　7. 寿州窑青黄釉碗 YLSH：2　8. 寿州窑青黄釉双系罐 YLSH：7　9. 莲花纹瓦当 YLSH：9

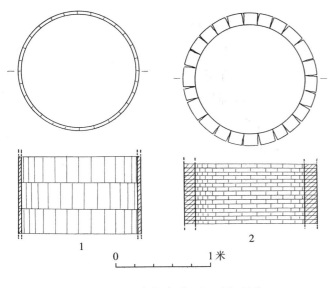

图七一　砖砌唐井平、剖面图

1. 弧形立砖竖直错缝券砌　2. 卧砖平铺错缝券砌

另发现莲花纹瓦当 1 件。YLSH：9，直径 14 厘米。泥质灰陶。宽廓边，中心为莲蓬纹外凸，外围 8 朵莲花瓣，最外层为连珠纹（图七〇，9）。

四　水涵洞附近的唐代水井

在涵洞的西北侧（大楼的基础坑内）共发现 5 口唐代水井，井口均被破坏。井皆圆筒形，直径 1 米左右。其中三口井顺井壁贴砌直立砖，两口井为平卧砖围砌井壁（图七一，1、2；图版四四，5、6）。周围无建筑遗迹，因大楼基建施工，未能清理唐井。这一带（罗城西南角）可能为农耕田地。

第四节　宋大城西城墙与明代旧城西北城角的发掘

宋大城西城墙中段，也即明代扬州旧城的西北角，正好位于今扬州师范学院附属中学（简称师院附中）校址的西北角。此处城墙与城角保存完好，夯筑城墙高出周围地面 2 米左右，是解剖城墙和了解明城和宋城关系的理想发掘点（见图四）。1990 年，我们对这个点进行了主动性考古发掘。发掘探沟（YSZG1）选在明代扬州城墙的西北城墙拐角上，探沟东西长 23.6、南北宽 5 米。

一　地层堆积

现以探沟北壁剖面为例，说明地层堆积情况（图七二）：

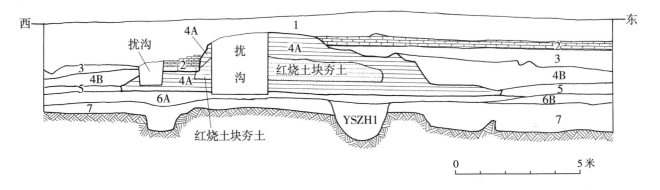

图七二　宋大城西城墙中段探沟 YSZG1 北壁地层剖面图

1. 扰乱层　2. 明代城墙基础层　3. 元代灰褐色土层　4A. 宋代城墙夯土层　4B. 宋代城墙坍塌土和环城路土层　5. 五代红烧土瓦砾层
6A. 晚唐路土层　6B. 晚唐浅灰色土层　7. 唐代青灰色土层

第1层：扰乱层。厚约0.5~3米。该层主要是20世纪50年代初期拆除明清城墙时遗留下来的残砖碎瓦堆积。除在探沟西部发现有"人防"扰乱坑外，其他部分均为清代以前的堆积和遗物。

第2层：明代城墙基础层。深0.75~1.25、厚0.3~0.5米。从发掘现象判断，明旧城的西城墙是利用宋大城西城垣的夯土层作为基础修筑的，而明代北城墙则是在元代地表上夯实新筑的，夯筑的城墙外皮基础，一般均采用青石板和旧城砖混合砌筑，其厚度一般在1.2米左右。

第3层：元代灰褐土层，土质较紧密。深1.4~2、厚0.15~0.5米。

第4层：分4A与4B两层。其中4A层为宋代城墙夯土层，分布在探沟的中部，夯土为南北走向。夯土上部已被破坏，深0.6~3米。4B层分布在夯土层的东西两侧，距地表深1.7~2、厚0.5~1.05米。西侧为黑灰瓦砾土，较紧密，内含瓷片极少；东侧土质坚硬，在黑灰瓦砾土中夹有较多石灰杂质。4B层可能为环城道路土，在西部黑灰层之上有一层厚0.1~0.2米的纯黄沙土，可能为城墙坍塌土。该层出土各类瓷片94片，器形以碗、盏为主，主要为宋代遗物，也发现有少量宋以前的瓷片。

第5层：五代红烧土瓦砾层，主要分布在夯土层东西两侧。深2.5~2.6、厚0.45~0.5米。土质较疏松，内包含物较少，仅清理出各类瓷片137片，器形有碗、钵、盘、盏、壶、罐等，为晚唐、五代遗物。

第6层：分6A与6B两层。6A层为晚唐路土层，路土层次清晰，深2.9~3.2、厚0.3~0.4米，土质坚硬，呈灰黑色，内含较多碎砖瓦砾。整个路面东西宽约18米，为南北向道路。据勘探资料可知，该路向北与子城南门遗址相望。路土中共清理出各类瓷片495片，虽然这些瓷片破碎严重，但其窑口、器形仍可辨别，时代均为晚唐时期。6B层位于路东侧，厚0.4~0.5米，浅灰土，土质较疏松。出土物有各类瓷片403片，器形有碗、钵、罐、壶、盂等，均为晚唐时期遗物。此层下开口有灰坑一个（YSZH1）。

第7层：青灰土。深3.2~3.5、厚0.3~0.5米，土质较疏松，东部堆积厚达1.2米左右。在青灰土中发现部分红烧土堆积，并有手工业作坊遗物，如冶炼坩埚和铜渣等。出土遗物较丰富，有瓷片1545片，器形有碗、钵、罐、盂、盏、枕、盒等。从地层叠压关系和出土遗物分析，7层为中晚唐时期。此层下开口有灰坑一个（YSZH2）。

二　城墙遗迹

（一）宋大城西城墙

从YSZG1探沟发掘出的宋明城墙平面位置和上下叠压关系分析，宋代城墙直接建在唐代地面上，唐代地面呈灰黑色，土质较坚硬。在发掘过程中看到，在筑宋城之前，这里为唐、五代时期扬州罗城内地面，其上堆积大片红烧瓦砾，宋代修筑城墙时，就地取土，把大量烧土块和瓦砾堆积等建筑垃圾填筑在城墙中心部位，所以夯土墙中间有一层厚约1、宽约7.5米的烧土瓦砾，其周围用黏土、黑土夹瓦砾一层层交替夯筑。现保存的宋代夯筑城墙，高约3米，夯筑城基东西宽约15.2、上部残宽7.5米。能看出14层夯土，每层夯土厚0.2~0.5米。经考古发掘，此处城基宽15米，因探沟正好挖在城墙和马面上，实际城基宽约7.9米，马面东西

宽 7.1、南北长约 9.1 米。（图七三）

（二）明代旧城西北城角

这里的明代城墙，正好是明旧城西北城角位置。明旧城西墙是在宋城西城垣基础上修筑的，明旧城西北城角正好叠压在宋城西墙和马面之上，由此向东转折的明代北城墙，是在元代地面上起建的，从发掘和勘探资料分析，明城城基宽约 8.6 米，明城西北角南北长约 14.5、东西宽 11.4 米，内侧马道宽约 3 米。（见图七二、七三）

三　唐代灰坑

共发现灰坑两座，编号为 YSZH1、YSZH2。

YSZH1　压在晚唐路土 6A 层之下，打破第 7 层和生土层。坑口距地表深 3.4 米，坑内填黑色土，疏松，内含草木灰。灰坑近似长圆形，坑口最大直径南北长 3.2、东西宽 2.85、深 1.5 米。（图七四）

YSZH2　位于探沟的东部南壁下，开口于第 7 层下，灰坑下部打破黄沙生土层。坑口距地表深 3.9 米。灰坑呈椭圆形，直径 1.05、深 1 米左右，坑底略呈锅底形。坑内填满草木灰和部分红烧土以及冶炼的铜渣等。出土物有陶片 38 片，器形主要为灰陶盆；瓷片 339 片，器形有碗、钵、盘、罐、壶、盂、枕、盏等，均为青瓷，未发现白瓷。另外，还出土有坩埚等。

四　出土遗物

（一）宋元瓷器

在宋代夯土城墙中，出土瓷器残片 375 片，有景德镇窑、龙泉窑、吉州窑、磁州窑、钧窑和定窑等。因瓷片太破碎，无法复原。

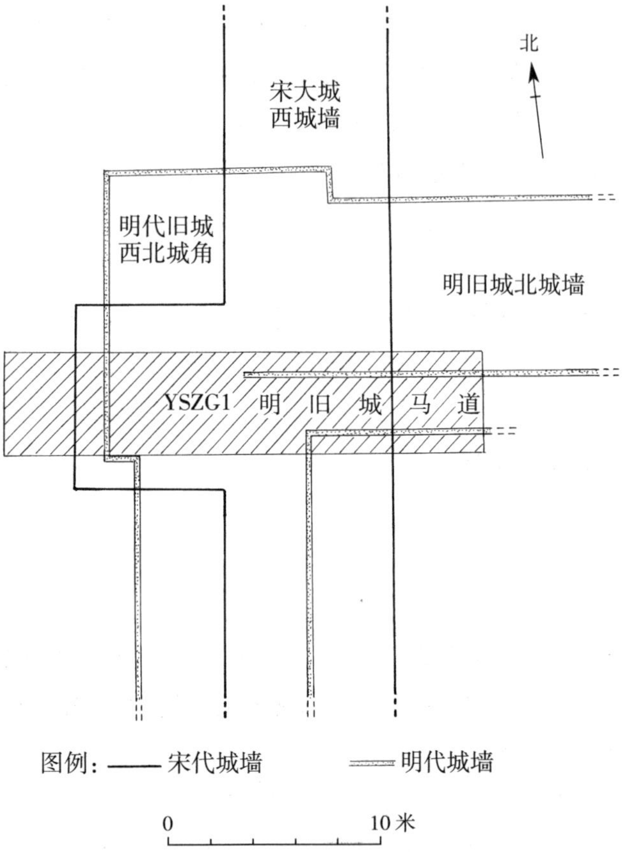

图七三　宋大城西城墙与明代旧城西北角
上下叠压平面图

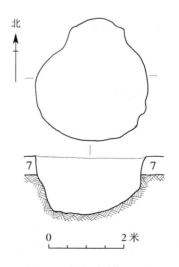

图七四　唐代灰坑 YSZH1
平、剖面图

在第 3 层中出土宋元瓷片 1279 片，有景德镇窑、龙泉窑和磁州窑，器形以碗、盘为主。复原出不同釉色的 9 件碗、盘，现按窑口分述如下：

景德镇窑

芒口盘 1 件。YSZG1③：3，口径 11.3、足径 4.2、高 3 厘米。白胎，白釉。芒口，口部包银箔，大部分脱落。斜折腹，圈足（图七五，1；图版四五，1）。

侈口碗 2 件。YSZG1③：5，口径 11.6、足径 4.1、高 4.4 厘米。青白釉，釉色白中泛青，有开片。白胎，胎质较疏松，有杂质，圆唇，弧腹，饼足（图七五，2；图版四五，2）。YSZG1

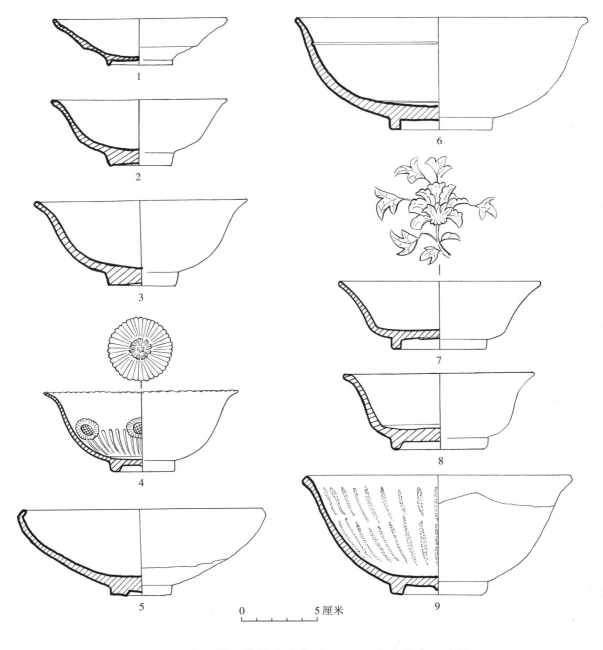

图七五 宋大城西城墙中段探沟 YSZG1 出土的宋元瓷器

1. 芒口盘 YSZG1③：3 2、3. 侈口碗 YSZG1③：5、YSZG1③：4 4. 花口碗 YSZG1③：1 5. 敛口碗 YSZG1③：7 6. 敞口碗 YSZG1③：6 7、8. 侈口碗 YSZG1③：8、YSZG1③：2 9. 敞口碗 YSZG1③：9（1~5 为景德镇窑，6~8 为龙泉窑，9 为磁州窑）

③：4，口径14、足径4.6、高5.6厘米。胎釉同上，釉面较白，有开片，器表有褐色斑点。圆唇，弧腹，饼足，足底内凹。外壁有轮旋痕迹（图七五，3；图版四五，3）。

花口碗　1件。YSZG1③：1，口径12.6、足径4.2、高5.4厘米。青白釉，釉色白中微泛青，故称卵白釉。白胎，胎壁较薄，质地细腻致密。敞口，口沿呈花瓣形，弧腹，圈足。内壁模印菊花五朵及菊瓣纹，底心印菊花（图七五，4；图版四五，4）。

敛口碗　1件。YSZG1③：7，口径16、足径4.8、高5.7厘米。灰白胎，胎内有细黑杂质，有气孔，乳白色釉，釉面光泽，外釉不及底。弧腹，宽圈足，足底较粗糙（图七五，5；图版四五，5）。

龙泉窑

敞口碗　1件。YSZG1③：6，口径19.4、足径6.8、高7.5厘米。青灰胎，有细小颗粒。釉色青中泛绿，釉面有淡灰褐色斑点块。施满釉，足底无釉。圆唇，弧腹，圈足。碗内腹及底部各有一道弦纹（图七五，6；图版四六，1）。

侈口碗　2件。YSZG1③：8，口径13.6、足径6.4、高4.3厘米。灰白胎，夹有石英颗粒，胎质较致密。釉色青中泛绿，釉面光泽，玻璃感较强。圆唇，折弧腹，矮圈足，足底内有涩圈，呈窑红色，露胎处呈淡红色。碗内心印一束牡丹花（图七五，7；图版四六，2）。YSZG1③：2，口径12.6、足径6.4、高5.1厘米。灰白胎，胎质较粗。青灰釉，有气泡。圆唇，斜折腹微弧，圈足，足边圆钝，碗底较厚重。外底心无釉处呈浅褐色（图七五，8）。

磁州窑

敞口碗　1件。YSZG1③：9，口径17.8、足径6.8、高8.2厘米。灰白色胎，胎质内有颗粒和气孔。黑酱釉，釉色酱中泛红，釉面光亮，有气泡，外釉不及底。口沿较厚，弧腹，圈足。碗内壁有竖形条纹铁锈斑纹（图七五，9；图版四六，3）。

（二）唐代瓷器

出土遗物包括唐代灰坑H1，以及第5、6层中出土的各类陶瓷片计4621片，其中瓷片4052片，陶片263片，釉陶片306片。陶器和釉陶器均未能复原，大多为泥质灰陶，夹砂陶极少。器形较大，有盆、罐、壶、瓮等。

瓷片出土数量最多，其中有青瓷3792片，白瓷242片，绿釉彩瓷18片，按窑口可分为越窑、宜兴窑、寿州窑、洪州窑、长沙窑、巩县窑、定窑和邢窑。

越窑

瓷片184片，器形有碗、盘、钵、壶、罐、盒、器盖等。釉色可分为青中泛黄、青中泛绿、青中泛褐三种，施釉均匀，釉色较纯正，很少出现流釉现象，釉面多光滑润泽。胎有灰白胎、浅灰胎、淡褐胎三种，胎质一般都很细腻致密，胎壁厚薄均匀，造型规整。共复原7件器物。

敛口碗　1件。青釉，釉面发光。浅灰胎，胎壁较薄。圆唇，弧腹，玉璧足。YSZH1：8，口径13.4、通高5.5、足径3.8厘米（图七六，1）。

敞口碗　3件。青釉，釉面莹润，有细开片。灰白胎，胎质细腻坚硬，胎壁较薄，造型规整。圆唇，斜直壁，内底近平，玉璧足，底足边有支钉痕五至七个。YSZH1：1，口径13.2、

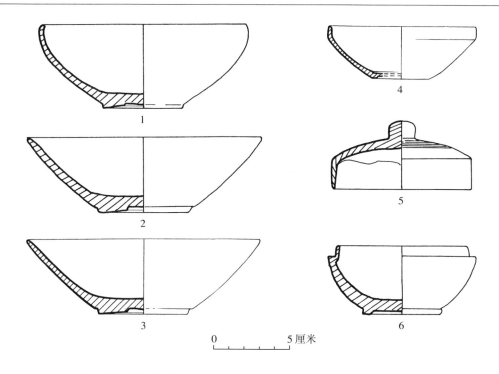

图七六 宋大城西城墙中段探沟 YSZG1 和灰坑 YSZH1 出土的唐代越窑青釉瓷器
1. 敛口碗 YSZH1：8　2、3. 敞口碗 YSZH1：40、YSZG1⑥B：5　4. 直口钵 YSZG1⑥A：4　5. 盒盖 YSZH1：
29　6. 盒底 YSZH1：3

通高4.9、足径5.8厘米。YSZH1：40，口径15.5、通高5、足径6厘米（图七六，2）。YSZG1
⑥B：5，口径15.4、通高5.1、足径6厘米（图七六，3）。

　　直口钵　1件。YSZG1⑥A：4，口径10、高3.6、足径3.8厘米。器形较小（图七六，4）。

　　盒　2件。YSZH1：29，为盒盖，盖径9.2、通高4.5厘米。青釉，釉面光亮，釉色青中
泛绿，有细开片。灰白胎，胎质细腻致密，胎壁较薄。直壁，弧顶，圆钮，盖顶有七道浅刻
细弦纹（图七六，5；图版四七，1）。YSZH1：3，为盒底，口径8.6、沿径10、通高4.6、底
径5.2厘米。青釉略泛灰，施釉均匀，釉面光洁，有细微开片。浅灰胎，胎较细腻。子口，沿
面有粘接痕迹，斜腹，腹微鼓，圈足，底有刮釉痕（图七六，6；图版四七，2）。

宜兴窑

　　出土瓷片1504片，器形主要有碗、钵、盘、罐、壶等，以碗、钵、盘数量最多。多数器
形胎壁不规整，胎质较粗糙，气孔较多。胎色有青灰和灰褐两种，灰褐胎质地较致密坚硬。施
釉不均匀，多施半釉，往往都出现流釉现象，釉色有青中泛灰白、青中泛灰褐和酱褐色几种，
有的釉面深浅不一，并有白色和褐色斑点。器底内外都有5～13个支钉疤痕。

　　盘口双系壶　1件。YSZH1：19，口径7.4、腹径12.6、通高16、底径8.9厘米。酱褐釉，
釉面无光泽，外釉不及底，有流釉现象。灰胎，内含细砂，胎质较坚硬。盘口，细直颈较短，
圆肩，圆腹，平底内收（图七七，1；图版四七，4）。

　　双耳执壶　1件。YSZH1：20，口径9、腹径18.4、通高27.3、底径11厘米。酱褐釉，釉
面光亮，有流釉现象。灰红胎，胎内夹细砂，胎质坚硬。小口，厚圆唇，直颈，溜肩，长圆

图七七　宋大城西城墙中段灰坑 YSZH1 出土的唐代宜兴窑、寿州窑瓷器

1.酱褐釉盘口双系壶 YSZH1∶19　2.酱褐釉双耳执壶 YSZH1∶20　3、4.黄釉碗 YSZH1∶7、YSZH1∶9　5.黄釉枕 YSZH1∶36　6.青灰釉双系罐 YSZH1∶18（1、2、6为宜兴窑，3~5为寿州窑）

深腹，平底内凹，肩部双耳对称，短流，把手扁圆（图七七，2；图版四七，5）。

　　双系罐　1件。YSZH1∶18，口径19.2、通高16.2、底径10.8厘米。青灰釉，釉面光亮略呈褐色。灰褐胎，胎较致密。侈口，圆唇，直颈，折短肩，直腹弧收，大平底，底部内凹，腹底分明，短肩处有对称双系。近底部旋刻一道弦纹，肩腹部施不规则褐彩（图七七，6；图版四七，3）。

　　寿州窑

　　瓷片共 370 片，器形有碗、盏、罐、壶、枕、钵等。寿州窑瓷胎粗糙，内含较多杂质颗粒，器胎较疏松，有气孔，整个胎体厚重，胎色多白中泛黄，也有灰白胎和黄褐色胎。胎外均施一层较厚的白色化妆土，施釉不均，多施一层釉，釉面较光润，有裂纹开片，碗、钵、盏外腹壁一般施半釉，器内底往往出现有支钉痕迹。釉色以黄为主，有蕉黄、蜡黄和褐黄等。器物外表釉色浓淡不一，多出现深浅不一斑点。

碗　2件。YSZH1：7，口径12.7、通高4.5、足径6.1厘米。黄釉，釉面略泛褐色，外施半釉。黄褐胎，胎质较粗糙。敞口，圆唇，斜腹，饼足底，外底内凹（图七七，3；图版四八，1）。YSZH1：9，口径12.5、通高5.7、足径6.4厘米。器形同上，器体厚重（图七七，4）。

枕　1件。YSZH1：36，面长16、宽11、通高8.2厘米。黄釉，釉面光润。淡黄胎，胎质较疏松，有细砂料和气孔，四壁及枕面施釉，底部无釉，无釉处露有白色化妆土。枕面上饰有褐色蜂纹（图七七，5；图版四八，2）。

长沙窑

瓷片共1614片，器形有碗、盘、盏、钵、盂、壶、罐和盒等。釉色有青灰釉、淡黄釉、酱褐釉、绿釉等。施釉一般比较均匀，釉面光润发亮，有细开片，有的器物底部出现流釉现象。一般釉下都施化妆土。大量出现釉下彩，突破了当时青瓷的单一色彩。胎质较纯净，疏松，有气孔。胎色有青灰、淡黄和黄褐几种，可能是火候高低不均所致。胎壁一般较薄，有少量厚胎，厚胎器物多见于碗类。器物的底中部都有刮削痕。器表装饰手法非常丰富，花纹图案主要有贴花、画花和点花三种形式，贴花主要在器物系部和流部之下，图案以叶脉纹为主，点画纹多见于器物的口沿、肩部、腹部、盖顶、碗钵的内底上，有的用单色褐彩点画而成，有的则用褐绿色两彩交错点绘成圆珠纹和变形菱纹等。共复原30件器物。

盘　4件。可分折腹盘、斜腹盘和花口盘三种。

折腹盘　2件。YSZH1：32，口径13.5、高2.6、足径5.3厘米。青黄釉，青灰胎，胎壁较薄，胎质致密。敞口，圆唇，浅腹，大平底，玉璧足。器表施有白色化妆土，只在口沿部分四个侧向蘸釉，无釉处（盘心和外腹底）呈菱形。修坯粗糙，留有轮旋和刮削痕（图七八，1；图版四八，3）。YSZG1④：26，口径16、高3.8、足径5.3厘米。器形与釉装饰同上（图七八，3）。

斜腹盘　1件。YSZH1：33，口径14.2、高3.8、足径4.8厘米。青黄釉，器形、胎质和蘸釉法同YSZH1：32（图七八，2；图版四八，4）。

花口盘　1件。YSZH1：2，口径13.2、高3.1、底径5.6厘米。青黄釉，淡灰胎，器壁较薄，胎质细腻而致密。口呈四瓣荷叶形，薄圆唇，口沿外敞，斜腹内收，平底（图七八，5）。

碗　6件。可分直口碗和敞口碗。

直口碗　2件。YSZH1：30，口径19.8、高8.2、足径7厘米。青黄釉，灰黄胎，胎质粗松，有气孔，施釉不匀，釉面有细开片，外壁施釉不及底，有流釉现象。圆唇，斜弧腹，玉璧足，足部较厚重，挖足较深（图七八，4；图版四九，1）。YSZH1：39，口径12.4、高4、足径4.5厘米。淡黄釉，青灰胎，胎壁薄，胎质较粗，颗粒较多，有气孔，外施半釉，釉面较厚，有流釉现象。造型不规整，直口略内敛，斜腹，内底较平，玉璧足（图七八，7；图版四九，2）。

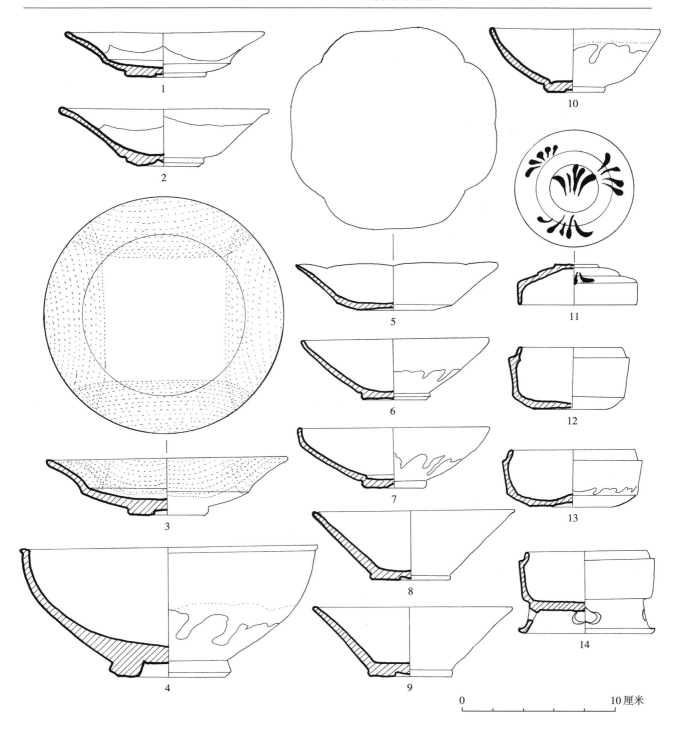

图七八　宋大城西城墙中段探沟 YSZG1 和灰坑 YSZH1 出土的唐代长沙窑青釉瓷盘、碗和粉盒

1、3. 折腹盘 YSZH1：32、YSZG1④：26　2. 斜腹盘 YSZH1：33　4、7. 直口碗 YSZH1：30、YSZH1：39　5. 花口盘 YSZH1：2　6、8~10. 敞口碗 YSZH1：35、YSZH1：37、YSZH1：1、YSZH1：34　11. 粉盒盖 YSZH1：23　12~14. 粉盒底 YSZH1：24、YSZH1：25、YSZH1：11

　　敞口碗　4件。YSZH1：35，口径12.2、高4.1、足径4.4厘米。青釉，色泛黄，灰黄胎，外施半釉，釉面不均，流釉严重。圆唇，斜腹微弧，饼足（图七八，6；图版四九，3）。YSZH1：37，口径13.2、高4.6、足径5.4厘米。青黄釉，青灰胎，胎质较粗，有气孔，外施半釉，流

釉严重。圆唇，深撇腹，玉璧足（图七八，8；图版四九，4）。YSZH1：1，口径13.1、高4.6、足径5.6厘米。胎外施化妆土，青黄釉，釉泽光亮，有开片，器底与足无釉。大口，斜直腹，玉璧足（图七八，9）。YSZH1：34，口径11.6、高4.2、足径4.2厘米。青黄釉，青灰胎，胎质较粗松，有气孔，外施半釉，釉面不均。弧腹，玉璧足，足底不规整（图七八，10；图版四九，5）。

粉盒　4件。

盒盖　1件。YSZH1：23，盖径7.8、高2.7厘米。青釉，釉面略泛黄褐色，黄褐胎，胎质较疏松。外施满釉，釉面较光亮，内壁无釉。整个器形较规整。直口，直壁，弧形顶，外顶部较平。盖面饰有褐色花草纹四组（图七八，11；图版五〇，1）。

盒底　3件。YSZH1：24，口径6.8、通高4.1、底径4.9厘米。器表施黄釉，有细开片，子口和底部无釉。淡黄胎，胎内含杂质较多，有气孔。子口，直壁，底部折成平底（图七八，12）。YSZH1：25，口径8.2、通高3.7、底径5.4厘米。青黄釉，釉面细开片，子口与底部及内壁无釉。浅灰胎，胎质较细腻。子口，直壁，底部折成平底（图七八，13；图版五〇，2）。YSZH1：11，口径7.9、高5.4、足径9厘米。青黄釉，圈足无釉，外壁施釉不及底，内釉不均匀。灰黄胎，胎质较粗松，有气孔。子口，直壁，高圈足外撇，足壁有四个桃形镂孔（图七八，14）。

盂　2件。YSZH1：13，口径17.5、高10.5、底径12.1厘米。黄釉，釉面光亮略泛灰，有细小开片，内外施釉，外釉不及底。淡黄胎，胎内夹有细砂杂质，外壁与内口壁施有白色化妆土。大口，口沿外侈，短颈，鼓肩，腹下收成平底，饼足。外肩腹点饰三组褐彩草叶纹（图七九，1；图版五〇，3）。YSZH1：4，口径15.9、高7、底径9.4厘米。青黄釉，釉面较光亮，玻璃感较强，有细密开片，施釉较均匀，外釉不及底，有流釉现象。灰黄胎，胎质较致密，气孔较少。内外壁有轮旋痕。敛口，小折沿，弧腹，平底，底部略内凹，近底部刮削一周似圈足。内口及腹底点饰一组褐彩草叶纹（图七九，2；图版五〇，4）。

执壶　4件。YSZH1：6，盘口壶，残。底径7.8、残高13厘米。青黄釉，釉面光亮，腹底部无釉。灰黄胎，胎质较粗，有细砂杂质。盘口，短颈，溜肩，筒形腹，大平底，双耳，短流呈八角形，口与肩部置有把。把手和流部施褐彩（图七九，3）。YSZH1：14，喇叭口壶。口残。腹径12.5、底径9.8、复原高22.5厘米。青黄釉，釉面较光亮，有细开片。灰白胎略泛黄，胎质较疏松，有细砂杂质。喇叭口，鼓肩，瓜棱腹，平底内凹，八角形流较长，扁条形把（图七九，4；图版五一，1）。直口壶2件，造型相同。YSZH1：22、28，口径分别为7.6、8厘米，腹径15.4、15.6厘米，底径12.2、12.4厘米，高23.4、23.6厘米。青黄釉，釉面均匀光亮，有细开片。灰红胎，胎质较疏松，有气孔。直口，圆唇，直颈，溜肩，瓜棱腹，平底，双耳，八角形流，流较长，扁把。流部下贴饰双鱼纹（图七九，5；图版五一，2、3）。

敛口钵　2件。器形相同。YSZH1：5，口径20.5、高11.8、底径9.2厘米（图七九，6）。YSZH1：15，口径22、高13.5、底径7.6厘米。青黄釉，釉面较光亮，有细开片，外施半釉，无釉处有一层白色化妆土。灰黄胎，胎质较疏松，有气孔。敛口，圆唇，弧腹，腹下收成小平底，平底内凹。整个造型略呈扁球形（图版五〇，5）。

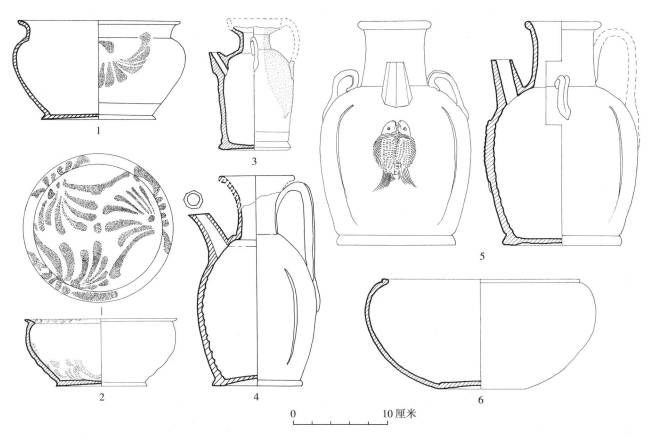

0　　　　　　　　　　10厘米

图七九　宋大城西城墙中段灰坑 YSZH1 出土的唐代长沙窑盂、执壶和钵

1、2.盂 YSZH1：13、YSZH1：4　3.盘口执壶 YSZH1：6　4.喇叭口执壶 YSZH1：14　5.直口执壶 YSZH1：22　6.敛口钵 YSZH1：5

　　双系罐　7件。YSZH1：10，口径15.4、腹径25.8、底径19.5、高32厘米。青黄釉，釉面光洁，玻璃感较强。淡黄胎，胎较薄，胎质较疏松，有细颗粒。直口，圆唇，高颈，溜肩，筒形腹，底内收，桥形双系。系下饰变形兽面纹，肩腹点褐、蓝彩，花纹图案以连珠纹和菱形纹为主，纹饰的装饰手法以点绘为主，花纹疏中有密，整个花纹显得自然朴实，美观大方，色彩鲜艳（图八〇，2；图版五二，1）。YSZH1：12，口径15.5、腹径22、底径17.5、高19.8厘米。该器物与上器相比，造型显得矮胖，纹饰图案单调（图八〇，1；图版五二，2）。YSZH1：27，口径12.2、腹径15.4、底径12、高11.5厘米。青釉，釉面光亮，外釉不及底。釉下施化妆土。灰黄胎，胎较致密。直口微敞，圆唇，短直颈，溜肩，鼓腹，平底，双系对称（图八〇，3；图版五三，1）。YSZH1：26，口径14、腹径16.6、底径13.8、高19.3厘米。土黄色釉，釉面较光亮，有细开片，外腹下及底部无釉。浅灰胎，胎内含有细沙。直口，圆唇，口沿略外敞，溜肩，筒形瓜棱腹，平底，双系对称。系下饰变形兽面纹（图八〇，4；图版五三，2）。YSZH1：16，口径12.8、腹径15.6、底径12、高11.6厘米。黄釉，釉面略泛灰，光亮。浅灰胎，胎质较细腻，内含有细沙粒。直口，圆唇，口沿略外敞，短直颈，溜肩，鼓腹，腹部有四条瓜棱，平底，双系对称（图八〇，5；图版五三，3）。YSZH1：17，口径13.8、腹径16、底径14.5、高18.8厘米。黄釉，釉面光洁发亮，有细开片，外施釉不及底，有流釉现象。

图八〇　宋大城西城墙中段灰坑 YSZH1 出土的唐代长沙窑瓷罐

1、2.青黄釉双系罐 YSZH1：12、YSZH1：10　3.青釉双系罐 YSZH1：27　4.土黄色釉双系罐 YSZH1：26　5、6.黄釉双系罐 YSZH1：16、YSZH1：17　7.青黄釉罐 YSZH1：31　8.酱褐釉双系罐 YSZH1：21

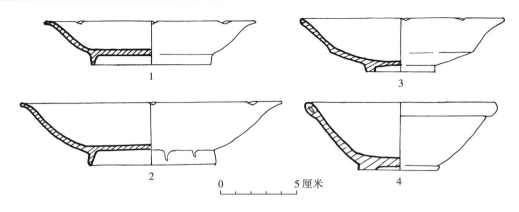

图八一　宋大城西城墙中段探沟YSZG1出土的唐代定窑白釉瓷盘、碗

1~3.葵口盘YSZG1⑤:2、YSZG1⑤:4、YSZG1⑤:3　4.唇口碗YSZG1⑥A:1

薄胎，胎质较疏松，有气孔。直口，圆唇，口沿略敞，溜肩，筒形腹，平底，双系。系下点饰三朵梅花（图八〇，6；图版五四，1）。YSZH1:21，口径14.6、腹径20.6、底径17.4、高29.6厘米。酱褐釉，施釉均匀，釉面光亮。浅灰胎，胎质较致密。直口，圆唇，口沿略外敞，溜肩，筒形瓜棱腹，平底内收，双系。系下饰变形兽面纹（图八〇，8；图版五四，2）。

罐　1件。YSZH1:31，口径7.8、腹径9.2、底径6.7、高11.3厘米。青黄釉，有细开片，外釉不及底。灰黄胎。口沿略外卷，短颈，溜肩，筒形腹，平底内收（图八〇，7；图版五四，3）。

定窑

瓷片69片，均为白釉、白胎，造型规整，胎质细腻致密，胎壁厚薄均匀，施釉均匀，釉面光洁莹润，光泽度较强，有细密开片，釉色往往出现白中泛青。有的厚唇碗卷唇中心有一小孔，器底有玉璧足、环形足和圈足三种。共复原5件。

葵口盘　4件。YSZG1⑤:2，口径14、足径7.9、高2.9厘米。白釉，釉面较光亮，有细开片，足底无釉。白胎，胎质较薄，细腻致密，胎色白中略泛灰青。敞口，口沿略外卷，浅腹，平底，圈足。口沿削成五缺的葵口状（图八一，1）。YSZG1⑤:4，口径17.3、足径8.4、高4.2厘米。白胎，胎壁较薄，胎质细腻坚硬，白釉略泛牙黄色，釉层较薄，透明度较强。器形同上，圈足较高，底部轮旋痕明显（图八一，2）。YSZG1⑤:3，口径13.5、足径4.6、高3.5厘米。青灰釉，灰白胎，釉面光亮。胎质较细腻致密。敞口，圆唇，折腹，底较平，圈足（图八一，3）。

唇口碗　1件。YSZG1⑥A:1，口径12.6、足径5.2、高4.5厘米。白胎，胎质较疏松，有气孔。白釉，釉面光洁，透明度较强，釉下施化妆土。敞口，厚圆唇，深斜腹，玉璧足（图八一，4）。

第五节　宋大城西门遗址的发掘

1995年11月至1996年4月，为配合扬州旧城西门街改造工程，对宋大城西门遗址进行了考古发掘，发掘面积约3000平方米（图版五五，1、2）。之后，由扬州城考古队编写的《扬州宋大城西门发掘报告》于1999年发表在《考古学报》第4期上。这次编写《扬州城——1987～1998年考古发掘报告》也将《扬州宋大城西门发掘报告》收录其中，内容做适当的调整补充。

一　地层堆积

施工挖掘的东西向下水沟之南壁正好横切在宋大城西墙与瓮城上，以此剖面，说明宋大城西门和瓮城的地层堆积情况和遗迹叠压关系。（图八二）

第1层：地表和现代铺设的路面。厚0.2～0.3米。

第2层：明清文化层。深0.5～1.7、厚0.4～1.5米。靠西端壕沟处，地层很深，未到底。可分为2A和2B层。2A层为灰土夹碎砖瓦砾，经夯打，土质硬，厚0.3～1米，是明代西城墙和瓮城墙，夯土墙外包砌的城砖被现代人挖取，所以形成四处扰坑。2B层为灰黑土，土质较松散，厚0.8米，土层中出土有青花瓷片。

第3层：元代文化层。深1.5、厚0.25～0.5米。灰色土，较硬。出土遗物多为元代瓷片和少量宋代瓷片。

第4层：南宋文化层。深1.8～2.1、厚0.2～2米。可分为三小层。4A层为夯筑的南宋主体西城墙，用灰土夹砖瓦碎块层层夯实，坚硬，厚0.4～0.7米。4B层为南宋瓮城西墙，用灰土和黑色黏土层层夯筑，土质硬，厚0.5～2米，每层夯土厚约15厘米。4C层为砖铺路和路面下的垫土，垫土为灰土和黄沙等杂土，厚0.2～0.6米，中间路段（瓮城内）较厚。出土遗物有宋代瓷片、城砖和铜钱。

第5层：北宋文化层。深2.1～2.9、厚0.35～2.8米。可分为三小层。5A层是北宋主体西城墙及包砌的城砖，深2、厚0.3～1、东西宽15米，在砖砌城墙中发现一枚"崇宁通宝"铜钱。5B层为北宋瓮城西城墙，残存夯土厚2、东西宽7～10米，墙体用灰土夹碎砖瓦砾层层

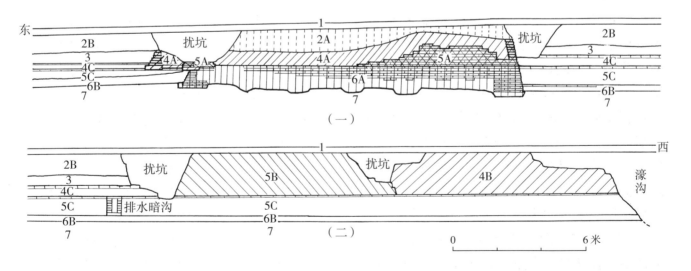

图八二　宋大城西门和瓮城东西向地层剖面图

1.地表和现代路面　2.明清文化层（2A.明代夯土城墙，灰色土夹碎砖瓦砾　2B.灰黑色土）3.元代文化层，灰色土　4.南宋文化层（4A.南宋城墙　4B.南宋瓮城墙　4C.南宋砖铺路）5.北宋文化层（5A.北宋城墙　5B.北宋瓮城西城墙　5C.北宋砖铺路）6.五代文化层（6A.五代城墙　6B.五代路面）7.唐代文化层

夯筑，夯筑墙体外表包砌城砖，但城砖都被后人挖取，留下很深的扰坑。5C 层为砖铺路和路下的垫土，垫土是用灰土、红烧土渣和碎砖瓦砾铺垫的路基，厚 0.8 米，瓮城内铺垫的较厚，在垫土中还发现一砖砌排水暗沟。

第 6 层：五代文化层。深 2.5～3.2、厚 0.25～0.8 米。可分为两小层。6A 层为五代时主体西城墙，保存厚 0.3～0.8、东西宽 15 米。城墙基用黄黏土铺垫，其上用红烧土渣、灰黑土和黄土层层夯筑，土质坚硬，夯筑的城墙两侧用城砖包砌。出土遗物多为晚唐、五代瓷片，城砖皆为唐代罗城旧砖，许多砖上戳印"官"、"罗城"和"罗城官砖"等铭文。6B 层为五代路面，用红烧土渣和黄黏土铺垫，厚约 0.3 米，靠城门处有铺地砖痕迹。

第 7 层：唐代文化层。深约 3 米。为灰土及灰褐色路土，土质坚硬。这层路土应该是唐代罗城内东西街道的路面遗迹。因受工程发掘面积所限，又要保护上面的西门遗迹，故该层未发掘。

二　遗迹

（一）五代时期的城墙、马面、城门和道路（图八三）

1. 城墙

发掘的西城墙南北长约 60 余米，方向 5 度。城墙基宽 15、残高 0.3～2.8 米。城墙营造方法是：城墙下先铺垫一层厚 0.3 米的黄黏土，经夯实作为基础，其上用灰土、红烧土渣和碎砖瓦砾层层夯筑，每层夯土厚薄不均，灰土夯层厚 15～40 厘米，夯筑质量差，夯窝不明显；红烧土渣和碎砖瓦砾的夯层，厚 6～16 厘米。夯土城墙两侧用砖包砌，包砖城壁厚约 1 米，包砖城壁下有宽 1.5、深 0.3 米的墙基槽（图八四）。槽内铺垫一层 16 厘米厚的黄黏土。城砖有大小两种，大砖长 42、宽 24、厚 5.5 厘米，小砖长 39、宽 19、厚 5 厘米。

2. 马面

发掘两座马面，分置于城门的南北两侧，间距 32.2 米。北侧马面南北长 15.8、东西宽（凸出城墙）9.6 米；南侧马面南北长 15.4、东西宽 9.3 米。马面与城墙连为一体，应是同时修建的。北侧马面破坏严重，仅存基础部分，周边包砖已被后人挖完取走，但坑壁上仍保留有一层层砖墙印痕。包砖基槽保存较好，槽宽 1.24、深 0.3 米。槽底用红烧土渣和碎砖瓦铺垫，夯打得很坚硬。南侧马面保存较好，除南侧城壁砖被破坏外，其余两面砖墙残高 0.6～1.7 米。马面营造方法与城墙同，如南侧马面墙体用灰土夹烧土和碎砖瓦夯筑，夯筑的墙体外表包砌城砖，以西壁砖墙保存较好，高近 2 米（图版五六，1）。城壁砖砌法较规律，每层用四排砖砌筑，如第一层外侧平铺一排丁砖，中间平铺两排顺砖，内侧又平铺一排丁砖，在与夯筑墙体交界空隙处，多用半头碎砖填砌，这样包砌的砖墙厚达 1 米余。第一层砌好后，第二层砖则改为外侧平铺错缝砌一排顺砖，中间平铺一排丁砖，内侧平铺两排顺砖，这样交错向上垒砌。城墙面似"露齿龇"做法，由下至上形成收分，每高 1 米，墙面内收 0.2 米（见图八二）。城砖大小有三种，表面用的城砖较大，长 41、宽 23、厚 5.5 和长 40.5、宽 21、厚 5 厘米；墙体内用的城砖较小，长 39.5、宽 19、厚 5 或 5.5 厘米。砖墙用细腻的黄土泥作黏合剂，砖缝约 1 厘米。

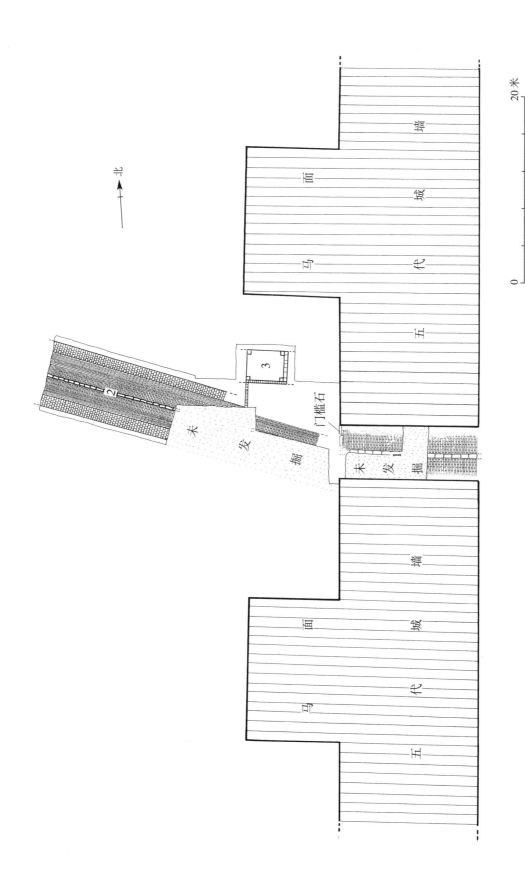

图八三　五代时期（周小城）和北宋早期西门平面图
1. 北宋西门门道　2. 北宋城门外的砖铺露道　3. 北宋房屋建筑遗迹

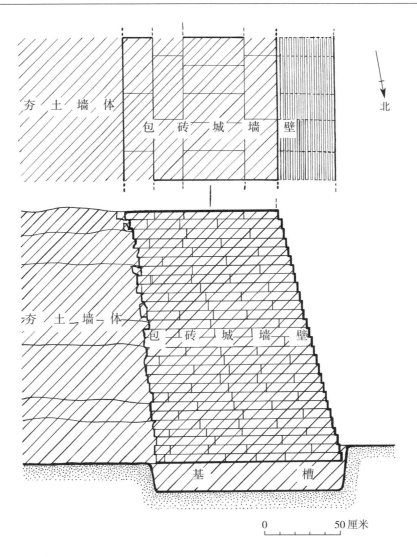

图八四　城墙结构图

3. 城门与道路

五代西门被压在北宋和南宋时期的西门下，因此未全面发掘，只在门口作局部解剖发掘。

五代西门门道长15、宽5.7米，方向275度。在西门口局部发掘的剖面上，清晰看到五代时期、北宋时期以及南宋时期的露道，上下叠压在一起（图八五；图版五六，2）。出城后的道路，可能是向西北斜行，因北宋早期砖铺露道叠压在它上面。

城门处所用城砖较大，长42、宽24、厚5.5厘米。门口铺地砖长41.5、宽22、厚5.5厘米。在马面及城壁砖上，发现不少带有铭文，按内容有"官"字砖、"罗城砖"、地名砖和人名砖等。

（二）北宋早、晚期的西门和瓮城

北宋初期扬州城的西门是继承五代时期的西门，沿用时间长达150年。北宋晚期，金兵南侵，为加强扬州的防御，在西门外围筑一座瓮城，使西门布局由早期的"凹"字形平面变为晚期的"凸"字形平面。下面将早、晚两期西门形制说明如下。

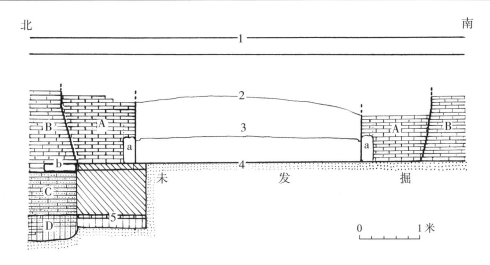

图八五　五代、北宋、南宋、明代西门口叠压立面图

1. 地表和现今路面　2. 明代城门路面　3. 南宋城门路面　4. 北宋城门路面　5. 五代城门路面　A. 南宋城门洞壁　a. 南宋城门口角石
B. 北宋城门洞壁　b. 北宋城门口土衬石　C. 五代城门洞壁　D. 城墙包砖基槽

1. 北宋早期西门

北宋早期西门平面形状呈"凹"字形（见图八三），与五代时期修筑的西门基本相同，只是抬高了西门地面。

（1）城门

城门门道东西长 15、南北宽 5.7 米，方向 275 度。城门地面在原五代城门地面基础上垫高 0.6～0.7 米。城门洞壁和门口前脸做过改建，如门洞壁的墙基下垫有土衬石，石宽 0.6、厚 0.22 米（图版五七，1、2）。门洞北壁保存较好，残长 6.6、残高 1.2、厚 1 米（图版五八，1、2）。壁面用整砖平铺错缝砌，采用顺丁砖相隔办法砌墙，墙内多用半头砖平铺填砌，厚达 1 米的砖墙内不见任何空隙及柱洞痕，这是值得注意的现象。另一点较特殊的是，洞壁墙的下部，自下而上有收分，即由墙基向上垒砌高 0.96 米，壁面内收 0.26 米，至此高度再向上砌，则垒成直立壁面（见图八五，B）。这种结构设置是为通过车辆时车辇不会刮碰墙壁。砌墙用细腻的黄土泥作黏合剂，砖缝宽约 1 厘米，城砖大小有长 33、宽 16、厚 5.5 厘米，长 33.5、宽 16、厚 4 或 4.5 厘米三种规格。门道地面用砖铺砌，采用侧立砖错缝横铺（图版五九，1、2）。路中心用条石竖直平铺，石条宽 0.3～0.6、长 0.7～1、厚 0.1 米。门道西部的石条较宽较短，门道东部的石条较长较窄。门道中心部位未发掘，形制不清。城门口西界边缘置有门槛石，宽 0.14、厚 0.1 米，白色石，质细，槛石侧立横埋在门口地面下 0.1 米，现存两块门槛石，每块长约 0.5 米。门道地面长年经出入行人的踩踏和车轮的碾压，路面砖多已破碎，并遗留下凹沟形车辙痕（见图版五九，1），可看出车轨宽约 1.3 米。发掘清理路面时，发现数枚铜钱，有"天圣元宝"、"景德元宝"、"皇宋通宝"和"至道元宝"。

（2）露道

出西城门有一条向西北斜行的砖铺露道，残长 31.93、路面宽 3.5 米，方向 289 度（见图八三）。该露道被现在施工的下水沟打破，仅保存部分砖铺路面。露道东端隔石门槛与西门道相接，向西通护城濠。露道由路面、排水沟和便道组成，宽达7米。

露道营造方法是：首先铺好路基。路基是在五代地面上铺垫厚约0.7米的夯土，最下面一层为黄褐土夹红烧土渣，厚0.1米；其上铺夯一层黄土，厚0.1米；黄土上又用黄褐土夹红烧土渣平铺，厚约0.25米；最后用黄沙土平整，厚约0.25米。在铺好的路基上铺砌路面砖。路面的做法是：先在路基中心用宽30、厚10、长50～80厘米的石条，竖直平铺出露道中心石，中心石两侧对称铺砌路面砖、排水沟和便道。每侧结构尺寸是：路面砖用特制的楔形砖，采用侧立错缝横铺，宽1.15米，外侧边缘用立砖砌出双线道，道外又用立砖对齐横铺，铺砌好的路面呈拱形，路中心高出路两侧边缘约0.1米。拱形路面宽3.5米。在路面两侧设置有宽0.15、深约0.1米的排水明沟。沟是用立砖砌筑的，沟底用三排竖砖，沟外沿用二至五排立砖砌成阶梯形牙棱状。排水沟外侧又用砖平铺错缝砌出1.4米宽的行人便道。（图八六）路面砖为楔形，大小可分为：上长33、下长30、上宽5、下宽4、厚10或8厘米。水沟砖和线道砖为长方形，砖的大小有长29、宽14.5、厚5厘米，长32、宽12、厚6厘米，长36、宽16、厚4厘米和长37、宽17、厚7厘米四种规格。便道砖较小，长28、宽16、厚5厘米。

（3）房屋和暗沟

西门外6米远的露道北侧发现有房屋建筑遗迹，现仅存柱础石和房前的铺地砖（见图八三）。础石呈方形，边长0.4、厚0.1米。房屋东西面阔3.4、南北进深2.5米。房前用长30、宽15、厚5厘米的长方形砖平铺一排，东侧用边长30厘米的方砖平铺一排，铺砖底下即为排水暗沟。暗沟由房前通过，至西侧础石前南折，从西门外砖铺露道下穿过。暗沟用砖砌筑，两壁用砖平铺错缝砌，壁厚0.2米，沟口用整砖覆盖，沟宽0.26、深0.24～0.62米，沟底呈东高西低和北高南低状，水是从东北向西南排流的。从遗迹现象和地层叠压关系看，房屋、暗沟和道路是同时规划和建筑的。房屋可能是看守城门的值更室，从种种迹象看，房屋面阔不只一间，可能为三开间，因要保护南宋西门的总体平面布局，房屋开间和暗沟走向未能全面清理发掘。

2. 北宋晚期西门和瓮城

北宋晚期的西门没有变化，最大变化是在西门外围筑一座瓮城（图版六〇，1）。建瓮城时把西门外早期露道废弃，并被压在瓮城下，重新在瓮城内外铺设露道。

修建的瓮城是借用西门外南北两个马面，向西延伸围筑而成（图八七）。瓮城的南北两侧城墙之厚应与马面取齐，但筑瓮城城墙时，有意识

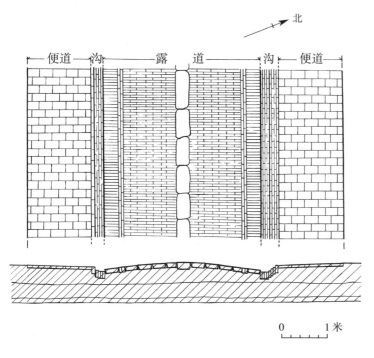

0　　　　　1米

图八六　北宋砖铺露道形制

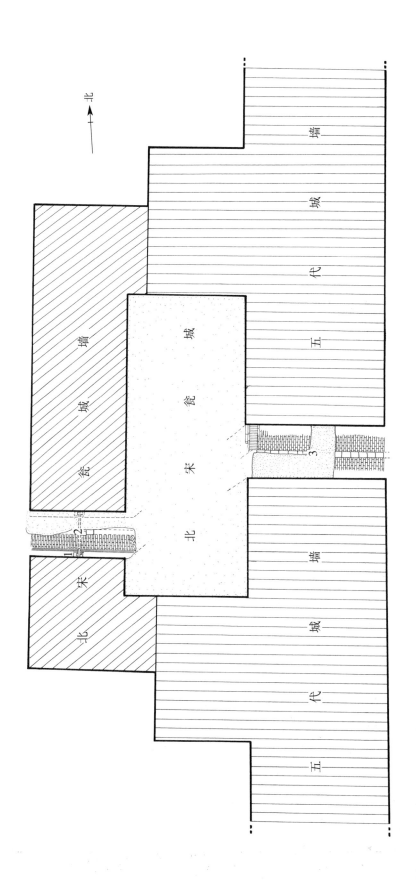

图八七　北宋晚期西门及瓮城平面图

1. 门砧石　2. 北宋瓮城门砖铺道及石条　3. 北宋城门砖铺道及石条

只借用马面面阔的一半，以马面内侧墙取直，向西延伸围筑。因此，瓮城外侧平面形成"凸"字形，内侧瓮城平面呈长方形。这种"凸"字形瓮城更有利于防守。瓮城外侧南北长49.8、东西宽23米。瓮城内南北长32.2、东西宽12.6米。围筑的瓮城南城墙厚7.5、北城墙厚9.4、西城墙厚10米。瓮城城墙营造方法与西门主体城墙相同，亦是夯土墙体，外侧包砌1米厚的城砖。从瓮城城墙结构看，夯筑的墙心体用土很杂，夯筑质量很差，有的城心内填有大量沙性土，分不出夯层。包砌的城砖壁却很整齐，但大部分城砖已被后人挖取，破坏严重（图版六〇，2）。保存较好的城壁位于瓮城外侧西南角一段（图版六〇，3）。该段城墙自瓮城门向南长12.4米，然后直角转向东，与南侧马面相接（转向东的墙，仅存西端2.25米长）。砖墙厚0.5~0.7、残高0.5~1.35米。城墙外皮均用整砖平铺错缝砌，墙内用半头砖砌，用细腻黄泥作黏合剂。垒砌的城墙面自下而上有收分，每砌高1米，内收0.16米。城砖尺寸以长40、宽19.5、厚5.5和长38、宽19、厚5厘米两种规格较多，还有少量长42、宽24、厚5.5厘米的较大城砖。

　　瓮城门辟在西南隅，不与西门相对，这是常见的瓮城形制。瓮城门与西门结构相同，但城门道略小。瓮城门道长10、宽4.7米，方向275度。城门洞壁用砖垒砌（图版六一，1），厚0.96米，在砖砌的洞壁墙内，不见任何木柱痕，城门应是砖券的拱形门洞。

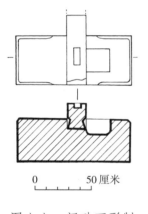

图八八　门砧石形制

　　门道内铺地砖做法与西门门道基本相同。路中心用宽0.4米的条石平铺，中心石两侧用特制的楔形砖侧立横铺路面。楔形砖尺寸为上长32.5、下长29.5、上宽10、下宽7、厚5厘米。两侧路边缘用侧立砖四排封沿。门道中腰的南侧洞壁处置放有石门砧（图八八；图版六一，2、3）。门砧呈长方形，长103、宽43、厚39厘米。门砧横腰处凿有贯通的门限槽，宽16、深9厘米。在槽旁里（东）侧，凿一方形卯眼，即门臼（有的称"海窝"），长21、宽19、深9厘米。出土时门限槽内还放置一段长方形石门槛，门槛呈倒"凸"字形，残长55、上宽15.5、下宽15、厚23厘米。门槛上面一端（靠门砧的门臼旁）凿一扁方形卯眼，长15、宽4、深4厘米，可能是安装立颊柱之用。门砧为白色石，质较细，表面凿磨平整，四面倒棱规整。经仔细观察，表面遗有未磨掉的模糊字迹，原来该砧是用废弃的石碑改制而成。门砧被压在南宋城门洞壁之下，因而未全部揭露，只作局部了解，北侧对称的门砧石已被破坏。

　　由西门至瓮城门的露道全部压在南宋瓮城内砖铺地面以下，从露道走向看，与南宋瓮城内的露道相同（图版六二）。在瓮城内靠南侧城壁下发现一段2米长的排水暗沟，暗沟顺沿五代马面向西用砖砌筑，沟宽14、深16厘米，沟底用平砖顺铺，沟壁用砖平铺错缝砌成。暗沟向西通向瓮城门道，这条沟应是排泄瓮城内雨水而设置的。沟内淤土已满，在淤土中出土一枚"元符通宝"钱。在瓮城内出土一些瓷片，部分瓷碗底墨书"西门"二字。

　　在城砖上发现许多带字的铭文砖，皆印在砖的端面（宽头）上，阳文，楷书，内容多是州名，少量为人名。修筑瓮城时，用了一些唐代罗城旧砖，砖上戳印有"罗城官砖"。

（三）南宋时期的西门和瓮城

南宋时期，扬州处于江北边境防御重镇，先后和金、元交战，战略地位十分重要。从发掘出的宋大城西门看，加厚加固城墙、改造城门和瓮城等防御工程很多，充分反映出南宋扬州城已变成军事防御的重要城市。

1. 西城墙的加固和西门的改造

西城墙加固的办法是在原城墙的内侧紧贴城壁向东加厚城墙1.5米，由原来城墙厚15米加到厚16.5米（图八九），城门道也随之加长。为有利于防守，对城门也进行加固和缩小，在原5.7米宽的城门洞内，顺贴南北两侧洞壁，每侧又加砌1米厚的洞壁，由原来5.7米宽的门洞缩小到3.7米宽。加厚洞壁的东西两端不与原城门口取齐，而是向内收缩一段，西端内缩1.5米（见图版五七，1），东端内缩1.2米。缩进去的城门口墙角，东端砌成垂直形（见图版五八，2），西端砌成斜面，与城墙收分相同。门洞内墙壁砌成直立墙面。从城门洞壁剖面看，北宋、南宋相贴的墙壁之间有一条竖直接缝，界线十分清楚（见图版五八，1）。西端的城门口两侧各置一半圆形条状角石（见图版五七，2），宽20、厚14、残长45厘米。角石圆面朝外，下端埋入地下0.4米。角石是起保护城门口墙角的作用，以免被出入车辆等碰撞坏。

加厚洞壁的砌筑方法是，首先挖1米宽的墙基槽（槽底打破了北宋门道的铺地砖），西半段约9.7米长的墙基用侧立砖铺砌，东半段5.3米长的墙基用宽0.45、厚0.18米的条石铺底（图九○）。两段墙基用材不同，可能与先后两侧加固有关，门道中间部位未发掘，其情况不清。洞壁墙的表面皆用整砖采用"一顺一丁"、"二顺一丁"或"一顺二丁"方法砌筑，墙内多用半头砖平铺填实，使墙体厚达1米。南宋砌墙改用石灰膏为黏合剂，这比北宋和五代时期用黄泥作为黏合剂有很大进步。灰色城砖，白色砖缝，使砌筑的城墙更加坚固和美观。从厚达1米的门洞墙体看，城门应是用砖券砌的拱形门。

门道路面在北宋路面基础上垫高0.5米，表面铺砖，其形制与瓮城内露道基本相同。门道内砖铺路面残存中间一小块，路面两侧顺洞壁砌有砖构排水沟，沟宽0.15、深0.1米。门道中腰残存一条砖筑门槛，宽0.1米，用砖立砌，半截埋入地下。门槛两端已残，因而未发现门砧石痕迹。

2. 瓮城的加固

从发掘遗迹现象看，南宋瓮城先经一次较小工程的加固城墙，到晚期又经一次较大工程的改造城门和修建城墙。先期的较小工程是在北宋瓮城内，顺西侧城墙壁，紧贴墙面又新砌筑一道砖墙（见图版六○，1），厚约0.75米。瓮城外侧被破坏的城壁，南宋经加固修补，修补所用城砖长37、宽17.5、厚7厘米，城砖端面有的戳印"殿"或"殿司"铭文。后期较大的工程是把瓮城城墙普遍加厚。如瓮城内侧北墙向内拓宽6.9米，使北墙由原来厚9.4米增至16.3米；西墙和南墙在原砖墙外，紧贴壁面又砌筑0.45米厚的砖城墙。这样瓮城内空间面积由原来南北长32.2、东西宽12.6米缩小到南北长25.4、东西宽11.7米（见图八九）。变化最大的是瓮城西墙，在原西墙外侧加宽10米，使新旧西墙合为一体，厚达21.4米。新加筑的瓮城西墙外侧保存着砖石混合铺砌的城墙基（图版六三，1），宽1、残高0.2米。在城砖和石条上粘满白灰膏痕。城基内保存着夯土城墙，残高0.85米，用灰土加碎砖瓦夯筑，夯层厚约

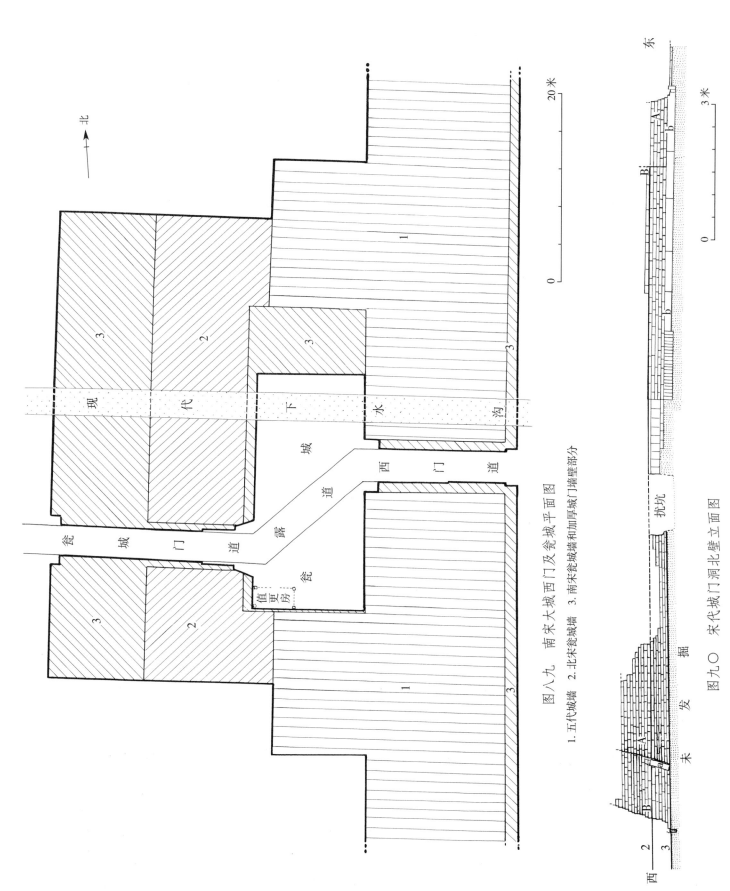

图八九 南宋大城西门及瓮城平面图

1. 五代城墙 2. 北末瓮城墙 3. 南末瓮城墙和加厚城门墙壁部分

图九〇 宋代城门洞北壁立面图

2. 南末路面 3. 北末路面 A. 南末墙壁面 B. 北末墙壁面 a. 南末城门口角石 b. 南末墙壁下的土衬石

0.2～0.3 米。

3. 瓮城门的改造

瓮城门改造工程较大，随着西城墙的加厚，门道由原来的 10 米长增至 18.3 米，城门由原来 4.7 米宽缩小到 3.1～3.8 米，缩小办法与西门相同，即在城门洞内加厚城门洞壁。缩小的瓮城门西口不与城墙取齐，而是内缩 1 米，其形制与西门口相同。瓮城门东（内）口，则改建成喇叭口形（图九一；见图版六二），外宽 6、内宽 4.7 米，然后内折 0.9 米，使瓮城东口宽 3.8 米，向西长 3.5 米后，每侧洞壁又内折约 0.4 米，最后门宽 3.1 米，直达西端瓮城门口。

4. 瓮城内露道和房屋建筑

改造后的瓮城地面，在北宋路面基础上普遍垫高 0.4 米。经解剖可看见，共垫四层土，最下面为黄褐土夹白灰渣，其上为黄黏土、灰沙土和黄沙土，最后再在上面用青砖墁地。瓮城内全部用长方形城砖平铺错缝顺砌（见图九一；图版六三，2）。由西门至瓮城门有条向西南斜行的露道，长约 14 米，露道向西转，通过瓮城门，长约 26.6 米残断。这条露道保存很好，可能与南宋时期战事频繁有关，因此，出入城门的行人和车辆较少，路面磨损程度轻，表面平整，对缝严密，线道笔直，似新铺砌的样子（图版六三，3）。露道营造方法是，首先把露道宽 3.3 米的位置定好，于中心用侧立砖对齐横铺一纵排，两侧用砖砌出单线道，形成露道中心线，宽 0.4 米；中心线两侧对称铺砌路面砖，路面砖为特制的长条形，采用错缝横铺，每侧宽约 1 米，外沿砌出单线道，线道外又用侧立砖对齐横铺一纵排，最后在路外缘用双线道封沿。铺砌的路面略呈拱形（图九二）。露道两侧设有排水明沟，宽 0.3、深 0.05 米。沟底用平砖顺铺，外侧沟边用平砖斜侧砌，明沟专为排瓮城内雨水之用。

在瓮城内西南隅有房屋建筑遗迹，现仅存三块柱础石。础石为扁方形，边长 0.4、厚 0.15 米。这是一座单开间房子，东西面阔 4.7、南北进深 2.3 米。该建筑简陋，可能是看守瓮城的值更室（见图八九）。

宋大城西门及瓮城所用城砖种类最多，铭文砖数量也多，内容丰富。从这个侧面反映出南宋时期修筑城池，加强城防，是扬州常年备战的大事。官府摊派各地烧造城砖，支援扬州修城，在砖的铭文中均有注明。

（四）宋代排水沟

排水沟（编号 YXG1）位于西门遗址内以东 22 米，是城内一条南北向的排水沟。该沟也是在西门街拓宽施工中发现的，它被现代下水管道拦腰切断。从地层剖面看，排水沟上口距地表深 1.5 米，沟口压在两宋露道下，沟底打破晚唐、五代层。该沟是北宋时始建，南宋沿用，元代废弃。

我们只发掘 4 米长的一段水沟，其结构为砖筑排水沟（图九三；图版六四，2）。沟口宽 1.3、底宽 0.85、深 1.34 米，为口大底小状。沟底用长方形青砖平铺错缝砌（每排 5 块砖），两侧沟壁用砖平铺错缝顺砌，壁厚 0.5 米，局部厚达 0.9 米。沟口砖大部分被破坏，沟口西侧仅保留一段用砖铺墁成的露道残迹。东侧沟壁中有一长方形暗沟眼，宽 30、高 42 厘米，沟眼底距排水沟底 40 厘米。沟所用的砖皆晚唐、五代旧砖，大小有长 42、宽 23、厚 6 厘米和长 41、宽 22、厚 5.5 厘米两种。砌墙用黄泥作黏合剂。

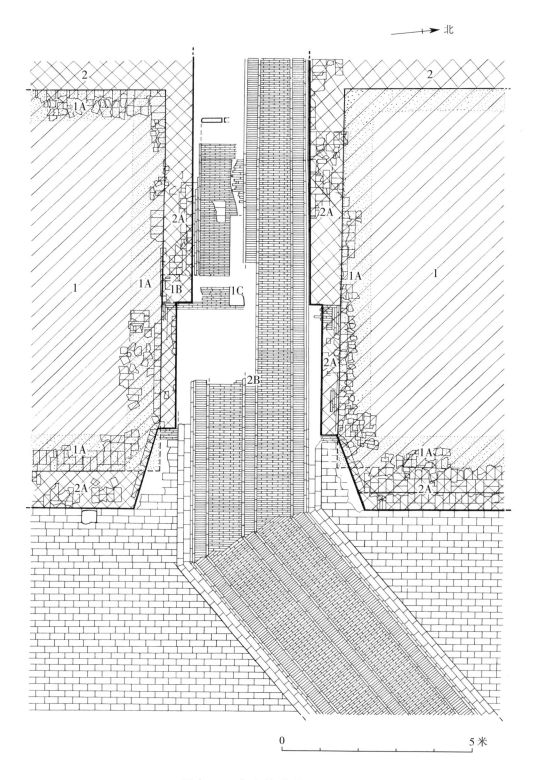

→ 北

0　　　　　　　　　　5 米

图九一　宋大城瓮城平面图

1. 北宋夯土城墙（1A. 北宋城壁包砖　1B. 北宋门砧石　1C. 北宋门道铺砖）　2. 南宋加厚的瓮城西墙部分
（2A. 南宋加厚瓮城壁包砖　2B. 南宋门道铺砖）

发掘时排水沟内填满了土,出土一些遗物。沟底有淤泥,并出土少量宋代瓷片和两枚石弹。石弹直径20～30厘米,应是宋代守城用的石炮弹。沟中及沟口以上出土大量宋元时期的陶瓷碎片,其中景德镇窑、龙泉窑、磁州窑的瓷片较多。

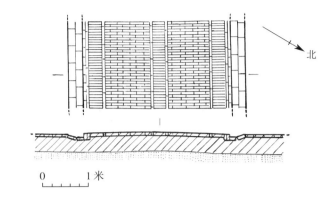

图九二 南宋砖铺露道形制

三 出土遗物

(一)五代时期遗物

1. 瓷器

在6A和6B地层中出土的一些瓷片,多为晚唐、五代时期,分别属于南方烧制的青釉瓷和北方烧制的白釉瓷(表二)。复原7件,分别介绍如下。

定窑碗 3件。器形相同,均为大敞口,圆唇外卷,斜腹,璧形足。YXM⑥A:139,口径11.4、足径4.6、高3.6厘米(图九四,1)。YXM⑥A:138,口径12.4、足径4.4、高3.4厘米。圆唇较宽,中有孔隙(图九四,2)。YXM⑥A:143,口径15、足径6.9、高4.7厘米。白胎,白釉,圈足底无釉(图九四,5;图版六六,1)。

长沙窑碗 1件。YXM⑥A:140,口径12.2、足径4.2、高4.3厘米。圆唇,斜弧腹,璧形足。黄白胎,胎表施白色化妆土,其上施青黄釉,外壁半釉(图九四,3)。

寿州窑碗 1件。YXM⑥A:141,口径13.6、足径6.6、高5.6厘米。直口,圆唇,圆弧腹,饼足。黄红胎泛灰,胎质粗含沙。器表施白色化妆土,其上施黄釉,外壁施釉不到底(图九四,4)。

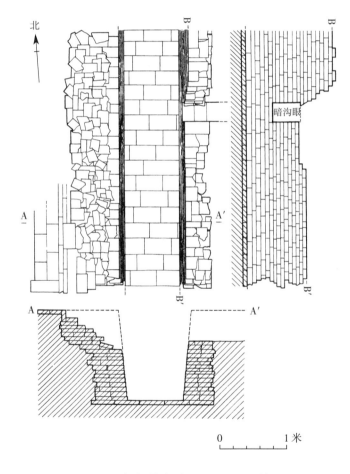

图九三 宋代排水沟YXG1平、剖面图

越窑碗 1件。YXM⑥A:142,口径20.4、足径10、高6.6厘米。大敞口,圆唇外侈,弧腹,大圈足,足较矮而宽厚。外腹施压四竖道凹棱纹。灰黑胎,周身施青釉泛灰。内外底(圈足边)有长粒状支钉痕(图九四,6)。

定窑盘 1件。YXM⑥A:137,口径15.8、足径8.8、高4.2厘米。敞口,尖唇外侈,大平底,圈足较高。葵口。白胎,白釉(图九四,7)。

表二　宋大城西门遗址五代地层（6A、6B）出土瓷片统计表

窑系	器形														合计	釉色						胎色				花纹技法			
	碗	盘	钵	罐	壶	盂	盒	盆	杯	盏	熏	枕	器柄	腹片		青	黄	白	灰白	黑	酱	灰黑	灰	白	黄白	刻划	釉彩	彩绘	模印
长沙窑	171	4	1	14	39	6	4	3	1	2	1			1	247	236		2			9						3	4	2
宜兴窑	101		4	22	2		4								133	132					1								
越窑	51	3		2	12		3	1						3	75	75													
寿州窑	58									4				1	63		63									1			1
定窑	58	1	1			1	4		1						66			66						66					
巩县窑	9		3		2									3	17			17							17				
巩县窑三彩				3	1		2					2	3		11								11						
其他	9				3			7						1	20		2	7			11								
合计	457	8	9	38	62	11	8	17	1	2	1	6	1	11	632	443	65	90		2	21			77	17	1	3	4	3

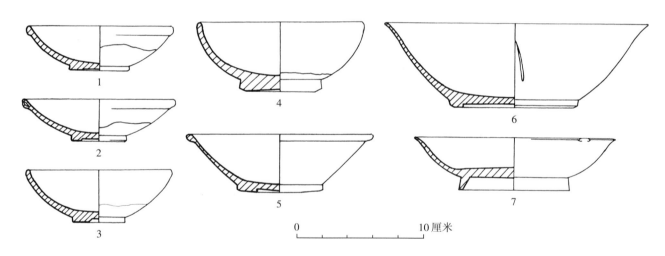

0　　　　　　10厘米

图九四　西门遗址出土的晚唐、五代瓷器

1、2、5.白釉碗YXM⑥A：139、YXM⑥A：138、YXM⑥A：143　3.青黄釉碗YXM⑥A：140　4.黄釉碗YXM⑥A：141　6.青釉碗YXM⑥A：142　7.白釉盘YXM⑥A：137（1、2、5、7为定窑，3为长沙窑，4为寿州窑，6为越窑）

2.城砖

五代建城仓促，城砖多拆用唐代罗城旧砖。带铭文的砖发现不少，铭文皆印在砖宽的端面上，竖行，阳文。有少量砖在正面印"罗城"，端面上印"江州范"、"王饶州官东"。经统计，铭文内容可分为官砖、地名（州）砖和人名砖（表三；图九五；图版六六，2～4）。

（二）北宋地层出土遗物

1.瓷器

因瓷片出土在城墙夯土5A、5B和道路垫土5C层中，所以瓷片很碎。以景德镇窑系的青白瓷片最多，还有一些越窑、临汝窑和耀州窑的青瓷片，以及定窑的白瓷片等（表四）。从近2000片瓷片中复原45件器物。下面按窑系分别介绍。

表三　宋大城西门遗址出土的晚唐城砖统计表

砖铭内容	铭刻方法	位置	形式	城砖出土位置	插图编号
饶州□古，官	"饶州□古"为模印，"官"为后戳印，"官"下面压一模印字，已看不清	砖的端面	竖行	南侧马面西城壁	图九五，1
官	戳印，阳文	砖的端面		南侧马面西城壁	图九五，2
官	模印，阳文	砖的端面		南侧马面西城壁	图九五，3
官砖	模印，阳文	砖的端面	竖行	南侧马面西城壁	图九五，4
罗城砖	模印，阳文，反字	砖的端面	竖行	南侧马面西城壁	图九五，5
罗城官砖	模印，阳文	砖的端面	竖行	南侧马面西城壁	图九五，6
楚州	模印，阳文	砖的端面	竖行	南侧马面西城壁	图九五，7
和州许	模印，阳文	砖的端面	竖行	南侧马面西城壁	图九五，8
洪州古	模印，阳文	砖的端面	竖行	南侧马面西城壁	图九五，9
洪州西卜	模印，阳文	砖的端面	竖行	南侧马面西城壁	图九五，10
江州古	模印，阳文，反字	砖的端面	竖行	南侧马面西城壁	图九五，11
亳?州	模印，阳文	砖的端面	竖行	南侧马面西城壁	图九五，12
汤标砖	模印，阳文	砖的端面	竖行	南侧马面西城壁	图九五，13
郭进	模印，阳文	砖的端面	竖行	南侧马面西城壁	图九五，14
罗城	模印，阳文	砖的端面	竖行	南侧马面西城壁	图九五，15
□□官	模印，阳文	砖的端面	竖行	南侧马面西城壁	图九五，16
罗城官砖	模印，阳文	砖的端面	竖行	南侧马面西城壁	图九五，17
吴璠罗城砖	模印，阳文	砖的端面	竖行	南侧马面西城壁	图九五，18
刘□罗城官砖	模印，阳文		竖行	南侧马面西城壁	图九五，19
罗城，王饶州官东	"罗城"模印砖的正面，砖端模印"王饶州官东"，阳文		竖行	南侧马面西城壁	图九五，20
罗城，江州范	"罗城"模印砖的正面，"江州范"模印砖的端面		竖行	南侧马面西城壁	图九五，21
西窑章郁	模印，阳文	砖正面	竖行	南侧马面西城壁	图九五，22

注：模糊不清的字，旁边打"?"号，缺字或无法隶定的字用"□"，下同。

表四　宋大城西门遗址北宋地层（5A、5B、5C）出土瓷片统计表

窑系	器形											合计	釉色						胎色			花纹技法		
	碗	钵	罐	壶	盘	盏	盒	盖	杯	枕	腹片		青白	青	青黄	白	灰白	黑	白	灰白	灰	刻划	划	模印
景德镇窑	1096		6	5	2	4	2	2	2	1	320	1440	685		755				1440			6	2	
越窑	38			2		2	5				10	57		57							57			
吉州窑	46			4		2					18	70				70			70					
临汝窑	6					2					3	11		11						11				
耀州窑	1										1	2	2							2				1
定窑	14					2					2	16				16			16				2	3
其他窑口	33	1	1				1				366	402			402					402				
合计	1234	1	7	11	2	10	8	2	2	1	720	1998	685	70	1157	16	70		1456	485	57	6	4	4

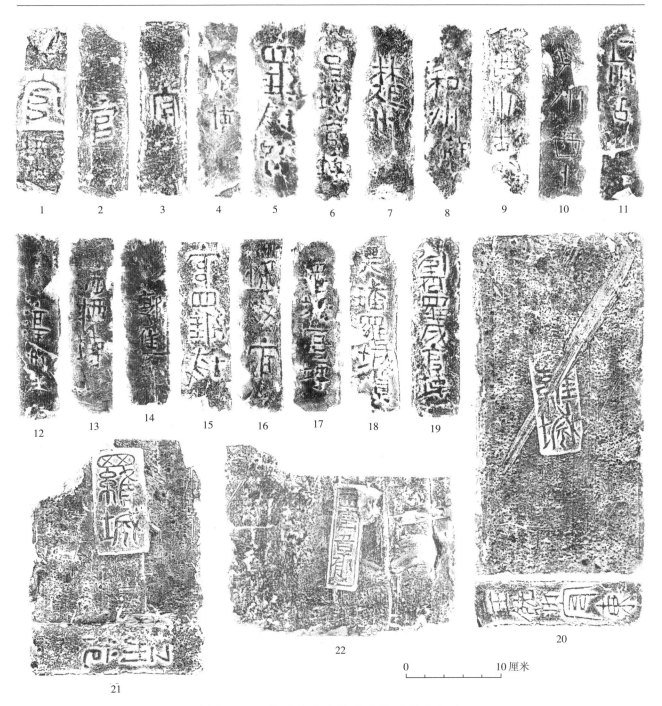

图九五　西门遗址出土的晚唐城砖铭文拓片

1."饶州□古"、"官"　2、3."官"　4."官砖"　5."罗城砖"　6."罗城官砖"　7."楚州"　8."和州许"　9."洪州古"　10."洪州西卜"　11."江州古"　12."亳? 州"　13."汤标砖"　14."郭进"　15."罗城"　16."□□官"　17."罗城官砖"　18."吴璠罗城砖"　19."刘□罗城官砖"　20."罗城，王饶州官东"　21."罗城，江州范"　22."西窑章郁"

景德镇窑系　很多繁昌窑烧制的青白瓷也归入该窑系介绍。

碗　复原 36 件。

斗笠碗　2 件。YXM⑤C：113，口径 11.6、足径 3.9、高 4.5 厘米。圆唇，敞口，斜直腹，矮圈足。内壁刻划枝叶菊瓣纹（图九六，1）。YXM⑤A：96，口径 12.8、足径 3.7、高 6.6 厘米。尖唇外侈，敞口，斜弧壁，圈足较高，厚底。外壁竖划单弧线状折扇纹，内壁刻划三婴儿戏水图（图九六，2）。两器皆白胎，施青白釉，外底心无釉。上述两件为湖田窑产品。

折扇纹碗　2件。YXM⑤A：98，口径12、足径4.6、高5.4厘米。薄圆唇，侈口，斜弧腹，圈足较高，厚底。内口下施一周线纹，外壁划单弧线状折扇纹。白胎，青白釉。足根无釉（图九六，3；图版六七，1）。为湖田窑产品。

唇口碗　27件。多为繁昌窑烧制。YXM⑤C：108，口径15.6、足径6.7、高5.4厘米。尖唇，外卷，敞口，斜弧腹，内底弧凹，外底平，矮圈足，足边较厚，呈斜面。白胎，青白釉泛黄，外壁釉不到底（图九六，4；图版六七，2）。YXM⑤C：106，口径16.2、足径5.8、高7.1厘米。敞口，宽圆唇，弧腹，圈足较高，厚底。白胎，青白釉泛黄，釉层较薄，下腹及底足无釉。外底面墨书"楼竹"二字（图九六，5；图九七，8；图版六七，3）。YXM⑤B：3，口径11.6、足径4.4、高5.6厘米（图九六，6）。YXM⑤B：2，口径12.3、足径4.2、高4.8厘米。敞口，窄圆唇，凹沿面，弧腹，圈足较高，厚底。灰白胎，青白釉，外腹下部无釉。修坯时不精，留有刀削痕（图版六七，4）。

在北宋瓮城城墙基础中出土此种碗多件，外底大多墨书"西门"、"尉下"、"坊"、"都"等文字（图九七；图版六七，5、6）。

直口碗　2件。YXM⑤C：117，口径16.6、足径7.4、高6.7厘米。圆唇，敞直口，深弧腹，大平底，圈足径大而高。白胎，青白釉泛黄，圈足无釉（图九六，7）。

侈口碗　1件。YXM⑤C：115，口径13、足径5.6、高4.2厘米。圆唇，敞口，斜弧腹，矮圈足，足外边斜削。白胎，青白釉泛黄，外底圈足无釉（图九六，8）。

敞口碗　2件。YXM⑤C：109，口径16.5、底径5、高5.5厘米。尖唇，大敞口，内底圆凹，腹壁薄，底厚重，饼足。灰白胎，青白釉泛灰，外壁半釉（图九六，9；图版六八，1）。

盏　3件。皆白胎，青白釉，釉薄而光泽，底部皆无釉。YXM⑤C：111，口径13.5、底径4.3、高3.4厘米。尖唇，大敞口，斜弧腹，平底内凹。内下腹壁一周线纹，外腹壁遗有五刀修坯痕（图九六，10；图版六八，2）。YXM⑤C：112，口径15.7、底径5.6、高4.5厘米。薄圆唇，大敞口，斜腹，平底。内壁一周线纹，外壁饰仰莲瓣（图九六，11）。

鸟食罐　1件。YXM⑤A：100，口径3.3、底径1.7、高1.5厘米。尖唇，直口，直腹，平底略凹。腹下部有修坯痕，口沿一侧有横形小贯耳。白胎，青白釉，釉光泽，腹下部无釉（图九六，12）。

粉盒底　1件。YXM⑤A：86，口径6.9、底径6.9、高2.4厘米。直立子口，直腹壁，腹作六瓣形，大平底。外底划写模糊的文字。白胎，青白釉，子口部及底部无釉（图九六，13；图版六八，3）。

盘　1件。YXM⑤A：93，口径16.4、足径6.2、高3.8厘米。尖唇，敞口，斜弧腹，腹壁浅直，大平底，矮圈足，足边薄窄。盘底刻划龙纹，周边用篦齿划水波纹。白胎，胎质细腻，青白釉，光亮滋润，足与外底心无釉（图九六，14）。

临汝窑　盏，1件。YXM⑤A：91，口径12.7、足长4.7、高4.8厘米。敞口，厚唇，斜腹，平底，圈足。烧结度不好，胎质松，呈浅灰黄色。青黄釉，外壁半釉（图九六，15）。

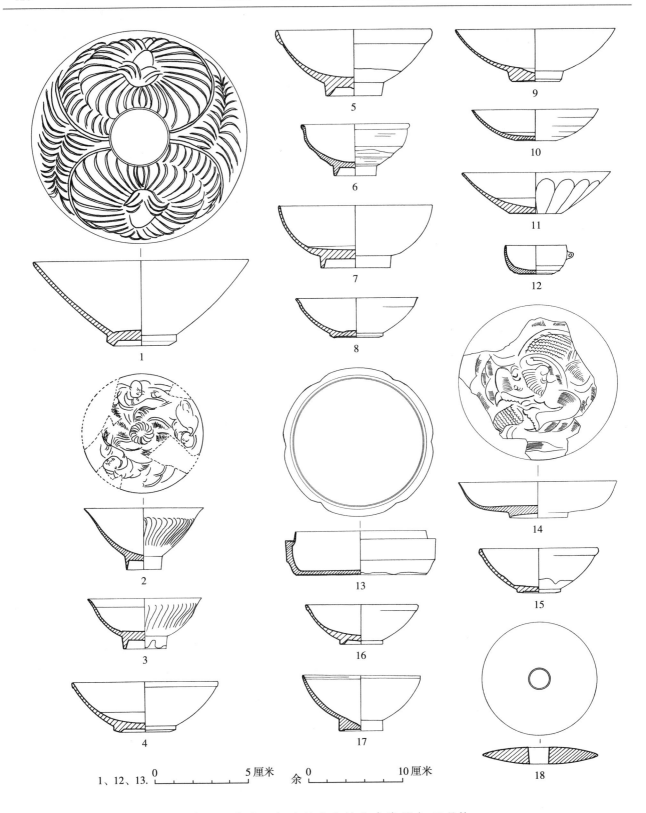

图九六　北宋西门遗址出土的北宋瓷器与石碾轮

1、2.斗笠碗 YXM⑤C：113、YXM⑤A：96　3.折扇纹碗 YXM⑤A：98　4～6.唇口碗 YXM⑤C：108、YXM⑤C：106、YXM⑤B：
3　7.直口碗 YXM⑤C：117　8.侈口碗 YXM⑤C：115　9.敞口碗 YXM⑤C：109　10、11.盏 YXM⑤C：111、YXM⑤C：112　12.鸟
食罐 YXM⑤A：100　13.粉盒底 YXM⑤A：86　14.盘 YXM⑤A：93　15.盏 YXM⑤A：91　16.盏 YXM⑤A：92　17.盏 YXM⑤B：
1　18.石碾轮 YXM⑤A：119（1～14为景德镇窑系青白釉，15为临汝窑青黄釉，16为越窑青釉，17为吉州窑黑釉）

越窑　盏，1件。YXM⑤A：92，口径12、足径4.6、高4.3厘米。器形同临汝窑盏，圈足外撇。灰胎，质细腻，青釉，薄而均匀，足底无釉。底有支钉痕（图九六，16）。

吉州窑　盏，1件。YXM⑤B：1，口径12.6、足径4.6、高6厘米。薄圆唇，敞口，斜弧腹较深，内底下凹，外底平，挖足浅。灰白胎，口边施白釉，周身施黑釉，足底无釉（图九六，17）。

2. 石器

碾轮　1件。YXM⑤A：119，直径12、厚1.8厘米。用灰褐色石磨制成，表面光滑。中心有平面钻孔，孔径2.2厘米（图九六，18）。

3. 铜钱

出土铜钱30枚，除一枚为唐钱"开元通宝"（图九八，1）外，余皆北宋钱币。最早为太宗的"太平通宝"纪年钱，最晚

图九七　西门遗址出土的北宋宽唇碗底的墨书文字

1～3."西门"　4."□"　5."尉下"　6."坊"　7."都"　8."楼竹"　9."那"　10."鄪坊"

为徽宗的"政和通宝"钱。太宗钱币有"太平通宝"，是宋代第一种年号钱；"至道元宝"为太宗手书，开创宋代"御书钱"的先例（图九八，2～4）。真宗钱币有"咸平元宝"、"景德元宝"、"祥符元宝"和"天禧通宝"（图九八，5～8）。仁宗钱币有"天圣元宝"、"皇宋通宝"、"至和元宝"、"嘉祐通宝"和"嘉祐元宝"（图九八，9～16）。神宗钱币有"熙宁重宝"、"熙宁元宝"和"元丰通宝"（图九八，17～22、24）。哲宗钱币有"元祐通宝"和"圣宋元宝"（图九八，23、25、26）。徽宗钱币有"崇宁通宝"和"政和通宝"（图九八，27～30；图版六八，4～6）。

4. 铭文砖

北宋城墙发现的铭文砖，除一块"庐州"砖出于城门洞北壁西段外，其他铭文砖集中于北宋瓮城西墙外壁的西南拐角。这段城墙保存较好，在城墙表面发现不少铭文砖。铭文砖大小有：长39、宽18.5、厚4.5厘米，长40、宽19、厚5厘米，长41、宽19、厚5厘米和长42、宽19、厚5厘米等几种，以长40～41、宽19、厚5厘米的砖最多。铭文皆印在砖宽的端面上，阳文，竖行。铭文内容大多为地（州）名、窑名和人名等（图九九），具体情况见铭文砖统计表（表五）。

（三）南宋地层出土遗物

1. 瓷器

在城墙夯土和道路垫土中出土的瓷片很碎，复原器物极少。从瓷片看，除晚唐、五代和

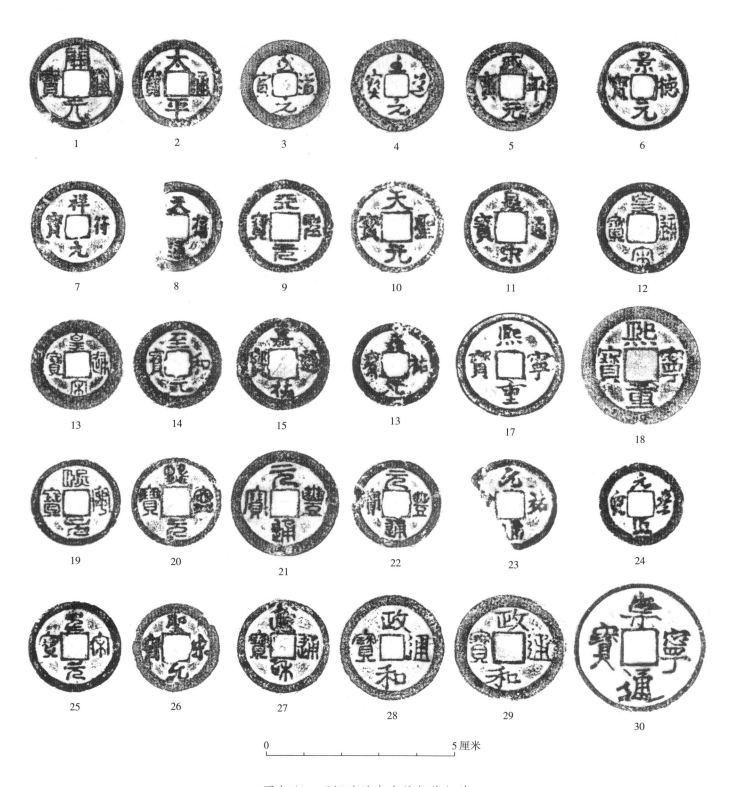

图九八　西门遗址出土的铜钱拓片

1. "开元通宝"钱　2. "太平通宝"钱　3、4. "至道元宝"钱　5. 咸平元宝"钱　6. "景德元宝"钱　7. "祥符元宝"钱　8. "天禧通宝"钱 9、10. "天圣元宝"钱　11～13. "皇宋通宝"钱　14. "至和元宝"钱　15. "嘉祐通宝"钱　16. "嘉祐元宝"钱　17、18. "熙宁重宝"钱 19、20. "熙宁元宝"钱　21、22、24. "元丰通宝"钱　23. "元祐通宝"钱　25、26. "圣宋元宝"钱　27. "政和通宝"钱　27～29. "政和通宝"钱　30. "崇宁通宝"钱（1为唐钱，余皆北宋钱币）

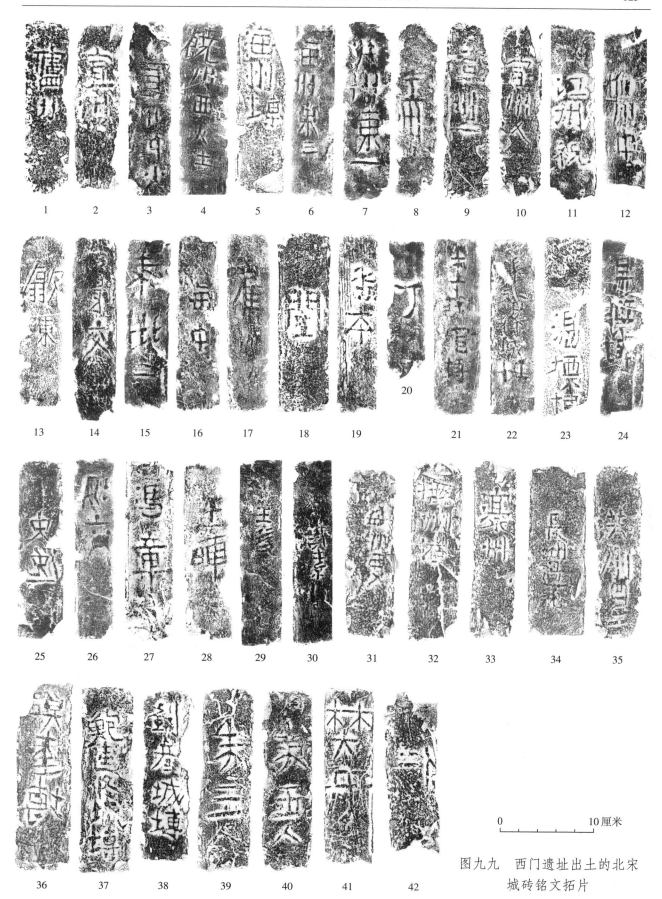

图九九　西门遗址出土的北宋
城砖铭文拓片

表五　宋大城西门遗址出土的北宋城砖统计表

砖铭内容	铭刻方法	位置	形式	城砖出土位置	插图编号
庐州	模印，阳文	砖端面	竖行	西门洞北壁西段	图九九，1
宣州	模印，阳文	砖端面	竖行	瓮城外侧西墙、南墙	图九九，2
宣州中火	模印，阳文	砖端面	竖行	瓮城外侧西墙、南墙	图九九，3
饶州西火土	模印，阳文	砖端面	竖行	瓮城外侧西墙、南墙	图九九，4
海州砖	模印，阳文	砖端面	竖行	瓮城外侧西墙、南墙	图九九，5
海州东三	模印，阳文	砖端面	竖行	瓮城外侧西墙、南墙	图九九，6
洪州东一	模印，阳文	砖端面	竖行	瓮城外侧西墙、南墙	图九九，7
江州	模印，阳文	砖端面	竖行	瓮城外侧西墙、南墙	图九九，8
宣州	模印，阳文	砖端面	竖行	瓮城外侧西墙、南墙	图九九，9
宣州人	模印，阳文	砖端面	竖行	瓮城外侧西墙、南墙	图九九，10
江州祝	模印，阳文	砖端面	竖行	瓮城外侧西墙、南墙	图九九，11
明？州中	模印，阳文	砖端面	竖行	瓮城外侧西墙、南墙	图九九，12
歙东	模印，阳文	砖端面	竖行	瓮城外侧西墙、南墙	图九九，13
歙交	模印，阳文	砖端面	竖行	瓮城外侧西墙、南墙	图九九，14
泰州二	模印，阳文，反字	砖端面	竖行	瓮城外侧西墙、南墙	图九九，15
海？中	模印，阳文	砖端面	竖行	瓮城外侧西墙、南墙	图九九，16
雇□	模印，阳文	砖端面	竖行	瓮城外侧西墙、南墙	图九九，17
闰	模印，阳文	砖端面	竖行	瓮城外侧西墙、南墙	图九九，18
□本	模印，阳文	砖端面	竖行	瓮城外侧西墙、南墙	图九九，19
丁	模印，阳文	砖端面	竖行	瓮城外侧西墙、南墙	图九九，20
□□官砖	模印，阳文	砖端面	竖行	瓮城外侧西墙、南墙	图九九，21
张裕作城砖	模印，阳文	砖端面	竖行	瓮城外侧西墙、南墙	图九九，22
汤标砖	模印，阳文	砖端面	竖行	瓮城外侧西墙、南墙	图九九，23
汤标砖	模印，阳文	砖端面	竖行	瓮城外侧西墙、南墙	图九九，24
史逸	模印，阳文，反字	砖端面	竖行	瓮城外侧西墙、南墙	图九九，25
汤六	模印，阳文，反字	砖端面	竖行	瓮城外侧西墙、南墙	图九九，26
冯章	模印，阳文	砖端面	竖行	瓮城外侧西墙、南墙	图九九，27
王晖	模印，阳文	砖端面	竖行	瓮城外侧西墙、南墙	图九九，28
王阳？	模印，阳文	砖端面	竖行	瓮城外侧西墙、南墙	图九九，29
许素	模印，阳文	砖端面	竖行	瓮城外侧西墙、南墙	图九九，30
海州西人	模印，阳文	砖端面	竖行	瓮城外侧西墙、南墙	图九九，31
抚州砖	模印，阳文	砖端面	竖行	瓮城外侧西墙、南墙	图九九，32
濠州	模印，阳文	砖端面	竖行	瓮城外侧西墙、南墙	图九九，33
长州过饶	模印，阳文	砖端面	竖行	瓮城外侧西墙、南墙	图九九，34
洪州西二	模印，阳文	砖端面	竖行	瓮城外侧西墙、南墙	图九九，35
包奎砖	模印，阳文，反字	砖端面	竖行	瓮城外侧西墙、南墙	图九九，36
包奎修城砖	模印，阳文	砖端面	竖行	瓮城外侧西墙、南墙	图九九，37
刘彦城砖	模印，阳文	砖端面	竖行	瓮城外侧西墙、南墙	图九九，38
朱三人	模印，阳文	砖端面	竖行	瓮城外侧西墙、南墙	图九九，39
朱五人	模印，阳文	砖端面	竖行	瓮城外侧西墙、南墙	图九九，40
樊□	模印，阳文	砖端面	竖行	瓮城外侧西墙、南墙	图九九，41
仁	模印，阳文，反字	砖端面	竖行	瓮城外侧西墙、南墙	图九九，42

表六　宋大城西门遗址南宋地层（4A、4B、4C）出土瓷片统计表

窑系	器形												合计	釉色					胎色			花纹技法		
	碗	钵	罐	壶	盘	盂	盒	盏	盆	枕	腹片	其他		青白	青	白	黑	酱	白	灰白	黄白	刻划	模印	绘画
景德镇窑	1017		6	2	7	1	7		1		204		1245	1245					1245			11		
吉州窑		1	7	1	1			105		5	18		138			6	105	9		138				6
龙泉窑	18										4		22	22						22				
临汝窑	10										1		11	11						11		2		
磁州窑						1							1			1					1			
其他窑系												139	139	17	43	41	19	19	48	43	48	21		6
合计	1045	1	13	3	8	2	7	105	1	5	227	139	1556	1252	76	48	124	28	1293	214	49	37	2	12

北宋瓷片外，南宋时期的瓷片数量不多，大部分为景德镇窑系的青白瓷，其次是吉州窑、龙泉窑和临汝窑的瓷片。经统计，瓷片数量、烧造窑口及器形种类列如表六。

复原2件器物。

龙泉窑碗　1件。YXM④A：67，口径14.4、足径4.2、高6.2厘米。圆唇，敞口，斜弧腹，平底较厚，圈足。灰白胎，青釉泛灰，足底无釉。内壁划草叶篦点纹，外腹壁划斜条纹（图一〇〇，1）。

景德镇窑碟　1件。YXM④A：68，口径9.5、底径3.7、高1.8厘米。圆唇，大敞口，浅腹，平底。白胎，青白釉，釉面光亮，底部无釉。盘内有一周线纹（图一〇〇，2）。

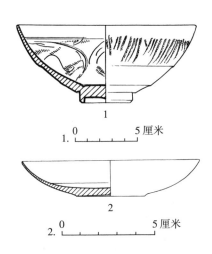

图一〇〇　西门遗址出土的南宋瓷器
1.龙泉窑青釉碗YXM④A：67　2.景德镇窑青白釉碟YXM④A：68

2. 铜钱

出土铜钱10枚，有唐代"开元通宝"1枚；北宋"咸平元宝"、"天圣元宝"各1枚，"皇宋通宝"2枚，"嘉祐元宝"1枚，"圣宋元宝"2枚，"崇宁通宝"1枚；南宋铜钱仅出1枚"嘉定通宝"，为宁宗时期钱，字迹模糊。

3. 铭文砖

南宋时期修筑、加固城墙和城门的工程较多，延续时间较长，因此城砖大小规格不一，砖上印刻的铭文内容也多。铭文砖主要砌在西门道东端洞壁上、瓮城城墙和瓮城内砖铺地面上（图一〇一、一〇二；图版六九、七〇）。铭文内容、城砖大小等，列表说明如表七。

（四）元代地层出土遗物

1. 瓷器

大量瓷片出土在宋代路面以上的第3层，另外西门东侧的排水沟废弃后的填土中也出有一

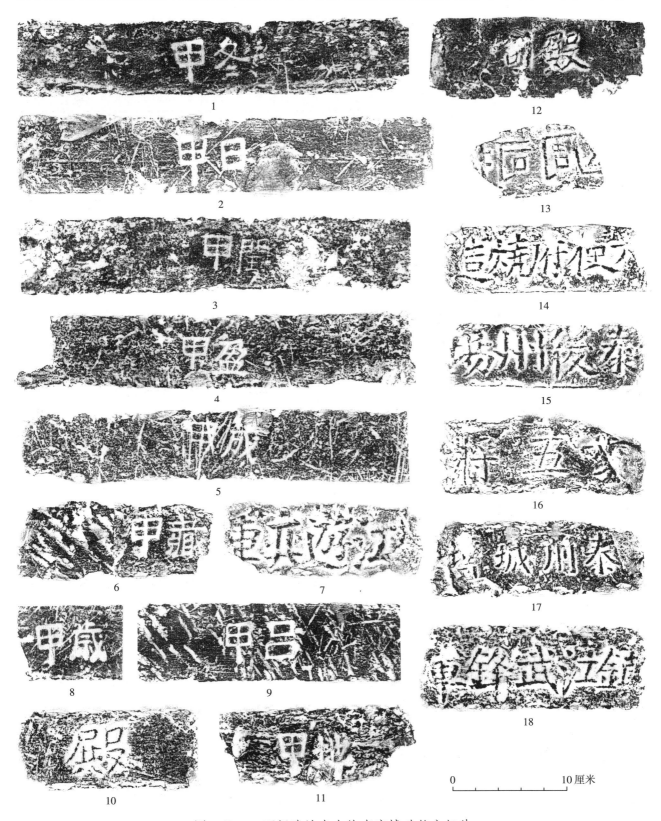

图一〇一　西门遗址出土的南宋城砖铭文拓片

1. "冬甲"　2. "日甲"　3. "闰甲"　4. "盈甲"　5. "成甲"　6. "藏甲"　7. "江遊奕军"　8. "岁甲"　9. "吕甲"　10. "殿"　11. "地甲"　12. "殿司"　13. "□司周□"　14. "大使府烧造"　15. "扬州后泰"　16. "□（步）五将"　17. "泰州城砖"　18. "镇江武锋军"

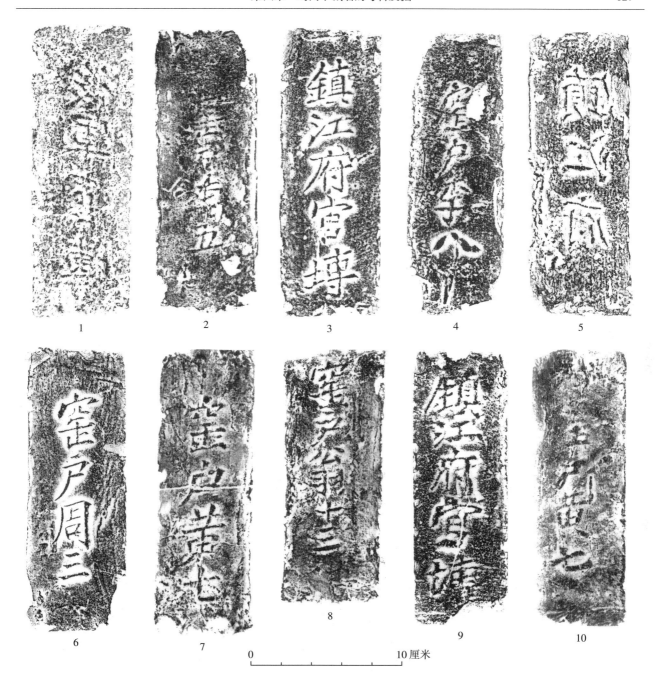

图一〇二 西门遗址出土的南宋城砖铭文拓片

1. "后军官砖"（反字） 2. "窑户李五" 3. "镇江府官砖" 4. "窑户李八" 5. "镇江府"（反字） 6. "镇江府官砖" 7. "窑户黄七" 8. "窑户翁十三" 9. "镇江府官砖" 10. "窑户黄七"

些元代瓷片。经统计，这些瓷片分属六个窑系，其数量和器形种类等见表八。

可复原的瓷器60余件。

景德镇窑系 共复原29件。

碗 25件。可分为：

折腹碗 4件。其中有2件为芒口。YXM③：12，口径12.2、足径4.1、高4.5厘米。尖

表七　宋大城西门遗址出土的南宋城砖统计表

出土位置	砖尺寸 长×宽×厚（厘米）	砖铭	铭刻方式	铭文形式	插图编号
西门东段洞壁砖	37.5 × 18.5 × 6.7	冬甲	刻写，阴文	砖侧，横行	图一〇一，1
	36.5 × 18.5 × 7	日甲	刻写，阴文	砖侧，横行	图一〇一，2
	37.3 × 17.8 × 6.5	闰甲	刻写，阴文	砖侧，横行	图一〇一，3
	37 × 18.5 × 7	盈甲	刻写，阴文	砖侧，横行	图一〇一，4；图版六九，1
	37.5 × 17.8 × 6.5	成甲	刻写，阴文	砖侧，横行	图一〇一，5；图版六九，2
	残 × 17.5 × 6.5	藏甲	刻写，阴文	砖侧，横行	图一〇一，6；图版六九，3
瓮城北墙砖	残砖	江遊奕军	模印，阳文	砖侧，横行	图一〇一，7
西门东段洞壁砖	37.5 × 19 × 7	吕甲	刻写，阴文	砖侧，横行	图一〇一，9；图版六九，4
	残砖 × 6.5	地甲	刻写，阴文	砖侧，横行	图一〇一，11；图版六九，5
	残 × 18 × 6.6	岁甲	刻写，阴文	砖侧，横行	图一〇一，8
	37.5 × 19 × 7	殿	模印，阳文	砖侧	图一〇一，10；图版六九，6
瓮城墙	残砖	□司周□	模印，阳文		图一〇一，13
瓮城内墙砖	残 × 17 × 5.8	大使府烧造	模印，阳文	砖侧，横行	图一〇一，14；图版六九，7
	36.5 × 17.5 × 7	扬州后泰	模印，阳文	砖侧，横行	图一〇一，15；图版七〇，1、2
	残 × 17.5 × 6.5	□（步）五将	模印，阳文	砖侧，横行	图一〇一，16；图版六九，8
	残砖	泰州城砖	模印，阳文	断头	图一〇一，17；图版七〇，3
	残砖	镇江武锋军	模印，阳文	砖侧	图一〇一，18；图版七〇，4
	残 × 19 × 7.5	殿司	模印，阳文	砖侧，横行	图一〇一，12
	37.5 × 19.5 × 7	后军官砖	模印，阳文，反字	砖侧，横行	图一〇二，1
	37 × 18.5 × 6.6	窑户李五	模印，阳文	砖侧，横行	图一〇二，2
瓮城内墙直立砖一排	37 × 18.5 × 6.6	镇江府官砖	模印，阳文	砖侧，横行	图一〇二，3；图版七〇，5、6
	37 × 18.5 × 6.6	窑户李八	模印，阳文	砖侧，横行	图一〇二，4
	37 × 19.5 × 7	镇江府	模印，阳文，反字	砖侧，横行	图一〇二，5；图版七〇，7
	37 × 19.5 × 7	镇江府官砖	模印，阳文	砖侧，横行	图一〇二，6
	37 × 19.5 × 7	窑户黄七	模印，阳文	砖侧，横行	图一〇二，7
	残砖	窑户翁十三	模印，阳文	砖侧，横行	图一〇二，8
		镇江府官砖	模印，阳文	砖侧，横行	图一〇二，9
		窑户黄七	模印，阳文	砖侧，横行	图一〇二，10
瓮城内铺地砖	39 × 18 × 6.3				
	38.5 × 18 × 6				
	37.5 × 17.7 × 6				
	37 × 17 × 5.5				
露道砖	29 × 8.5 × 5.5				
	27.6 × 8.3 × 5				
	28 × 8.5 × 5				
	27.3 × 8.3 × 5.3				
露道旁排水明沟砖	36.5 × 17 × 5.8				
	36 × 18 × 5.5				
	37 × 17 × 5				

表八　宋大城西门遗址元代地层（3层）出土瓷片统计表

窑系	器形															合计	釉色						胎色				花纹技法						
	碗	钵	盘	盆	罐	壶	瓶	碟	洗	盂	盒	盏	炉	杯	腹片		青白	枢府釉	米黄	青灰	白	青	青黄	天青	黑	白	黄白	灰白	灰	刻划	划	印	彩绘
景德镇窑	3230		17		22	8				2	4	3	7	2	163	3458	1059	1014	132	253						3458				104	35	69	
龙泉窑	801		14	2			1	5	15	3		1	6		51	899						616	183					899		113	89	18	
磁州窑	622	19	11	22											29	703					659				44		703						154
吉州窑	78				4	1						2			5	90			36						54			90					
钧窑	27														41	68								68					27				
临汝窑	6														1	7						7						7				4	
合计	4764	19	42	24	26	9	1	5	15	5	4	6	13	2	290	5225	1059	1014	168	253	659	623	183	68	98	3458	703	996	27	217	124	91	154

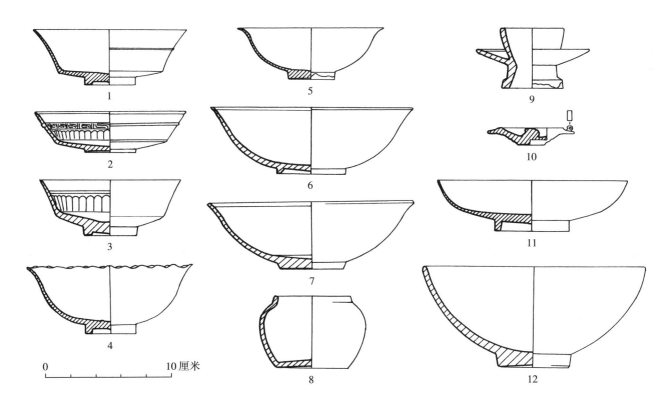

0　　　　　　　　10厘米

图一○三　西门遗址元代层出土的景德镇窑系瓷器

1～3.折腹碗YXM③：12、YXM③：30、YXM③：33　4.花口碗YXM③：1　5.侈口碗YXM③：8　6、7.方唇芒口碗YXM③：40、YXM③：39　8.罐YXM③：38　9.盏托YXM③：36　10.壶盖YXM③：37　11.盘YXM③：13　12.敞口碗YXM③：41（1、4、7、11为枢府釉，12为青灰釉，余皆青白釉）

圆唇，敞口，折腹，圈足。内壁印花，模糊不清，外壁有弦纹。白胎，细腻，枢府（卵白）釉（图一○三，1）。YXM③：30，口径12、足径4、高3.2厘米。器形同上，腹较浅，芒口。内壁印勾连雷纹、菊瓣纹，内底印有模糊不清的花卉，外壁有两周凸弦纹（图一○三，2）。YXM③：33，口径11.3、足径4.3、高4.5厘米。器形同上，足底较厚。内壁印菊瓣纹。青白釉，足底无釉（图一〇三，3）。

花口碗　6件。YXM③：1，口径13.2、足径4.1、高5.5厘米。敞口外侈，斜腹，圈足。白胎，枢府釉，外足底无釉。内壁有印花，模糊不清（图一〇三，4；图版七一，1）。

侈口碗　4件。YXM③：8，口径11.6、足径3.7、高4厘米。薄唇外侈，斜弧腹，饼足。腹壁薄，底厚。灰白胎，质细腻，青白釉，外足底无釉。内壁印有菊瓣纹（图一〇三，5）。

敞口碗　2件。YXM③：41，口径19、足径5.8、高8.1厘米。圆唇，敞口，弧腹较深，饼足，足底微凹。青灰釉，灰白胎（图一〇三，12）。

方唇芒口碗　9件。皆芒口。6件为圈足碗，3件为饼足碗。YXM③：40，口径16.7、足径5.4、高5.6厘米。方唇，敞口，弧腹，矮圈足，外底心有乳凸状。白胎，青白釉（图一〇三，6；图版七一，2）。YXM③：39，口径16.5、足径5.1、高5.4厘米。器形同上，饼足。白胎，枢府釉（图一〇三，7）。

盘　1件。YXM③：13，口径15.2、足径6、高4.1厘米。薄圆唇，侈口较直，浅弧腹，圈足。内壁印花，模糊不清。白胎，枢府釉，外足底无釉（图一〇三，11）。

罐　1件。YXM③：38，口径6、底径5.8、高5.8厘米。方唇，直口领，圆肩腹，大平底，外底内凹，留有8枚支钉痕。灰白胎，青白釉，外底边无釉（图一〇三，8）。

盏托　1件。YXM③：36，口径5.1、足径5.1、高4.9厘米。直口微敞，束腰，围腰呈托盘状，圈足较高。白胎，青白釉，圈足底边无釉（图一〇三，9；图版七一，3）。

壶盖　1件。YXM③：37，口径7、高1.4厘米。折沿边，浅碟形，内底突出一捏柄，沿边安一圆筒横贯耳，应为执壶盖。白胎，青白釉，盖底无釉（图一〇三，10；图版七一，4）。

龙泉窑　共复原24件瓷器。

碗　18件。可分为：

卧足碗　1件。YXM③：4，口径11.6、足径4.2、高3.8厘米。圆唇，敞口，斜腹下收成卧足。灰白胎，粉青釉，釉均匀光亮，釉较厚，足底无釉，有垫饼痕（图一〇四，1）。

敞口内弧腹碗　1件。YXM③：17，口径12.2、足径6.4、高3.9厘米。圆唇，大敞口，内弧腹较浅，大圈足。内底有模糊不清的花纹。灰白胎，豆青釉，釉厚，有光泽，外底无釉（图一〇四，2）。

敞口碗　3件。YXM③：16，口径10、足径2.2、高4.1厘米。圆唇，弧腹，小圈足，外底有乳凸状。外壁饰莲瓣纹。灰白胎，豆青釉，釉较厚，外足底无釉（图一〇四，3；图版七二，1）。YXG1：10，口径16、足径6.1、高7.1厘米。圆唇，斜弧腹，圈足，足边有刮削痕。内底模印双鱼纹。灰白胎，灰青釉，光亮，釉面有开片，足底无釉（图一〇四，9）。

唇口碗　1件。YXM③：5，口径16.4、足径5.8、高6.6厘米。圆唇，唇下有凹弦纹，敞口，腹较弧。内底印鱼藻纹，外腹下有两周弦纹。灰白胎细腻，青釉光亮，外足无釉（图一〇四，5；图版七二，2）。

侈口碗　12件。YXM③：7，口径16.5、足径6.3、高6.8厘米。器形同上，胎壁较薄。内壁有篦划纹，外壁口下有五周线纹，其上间隔划四短线，类似音乐符号五线谱，下腹划宽莲瓣纹（图一〇四，6；图版七二，3）。YXM③：25，口径14、足径5.4、高6厘米。弧腹，

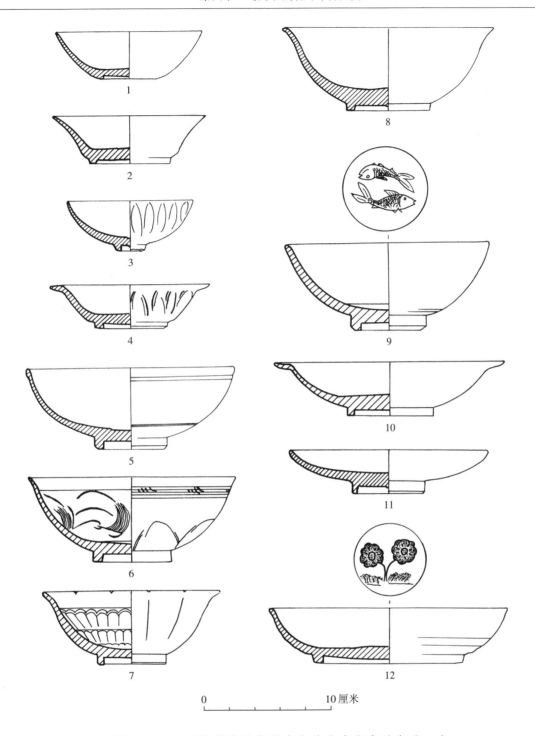

图一〇四　西门遗址元代层出土的龙泉窑青釉瓷碗、盘

1. 卧足碗 YXM③：4　2. 敞口内弧腹碗 YXM③：17　3、9. 敞口碗 YXM③：16、YXG1：10　4、10. 折沿盘 YXM③：6、YXM③：3
5. 唇口碗 YXM③：5　6~8. 侈口碗 YXM③：7、YXM③：25、YXG1：2　11. 浅腹盘 YXM③：18　12. 直口盘 YXM③：22（1 为粉青釉，2、3 为豆青釉，9 为灰青釉，余皆青釉）

圈足。内壁印两层菊瓣纹，外壁有花瓣状竖条纹（图一〇四，7；图版七二，4）。YXG1：2，口径 16.9、足径 6.7、高 6.6 厘米。圆唇稍外侈，弧腹，圈足。内底模印花卉，外底有垫饼痕。灰白胎，青釉，釉厚而光亮，外底无釉（图一〇四，8；图版七二，5）。

盘　6件。可分为：

折沿盘　2件。YXM③：3，口径18.6、足径7、高4.4厘米。敞口，斜腹较浅，厚底，内底稍凸鼓，圈足。灰白胎，青釉（图一〇四，10）。YXM③：6，口径12.8、足径5.6、高3.5厘米。器形同上。内底有残缺的印纹，外腹壁饰划莲瓣纹（图一〇四，4）。

浅腹盘　3件。YXM③：18，口径16、足径5.6、高3.5厘米。圆唇，大敞口，盘腹很浅，底厚重，圈足。灰白胎，青釉，釉厚，外底无釉（图一〇四，11）。

直口盘　1件。YXM③：22，口径19.2、足径12、高4.5厘米。圆唇，弧腹，大底，底面微凸，圈足。灰白胎，青釉，外底有涩圈痕。内底模印花卉（图一〇四，12；图版七二，6）。

磁州窑　共复原9件瓷器。

碗　7件。可分为：

侈口碗　5件。YXG1：1，口径17、足径6.5、高6.8厘米。圆唇外侈，弧腹，圈足。红褐胎，质粗，胎表施白色化妆土，施白釉，釉光亮，外壁半釉。内壁施两周褐色弦纹，内底用褐色釉书写一"王"字（图一〇五，1；图版七三，1）。YXM③：2，口径19.7、足径7.5、高6.8厘米。器形同上，内底书一"束"字（图版七三，2）。此式碗内底，有的用黑釉或酱釉

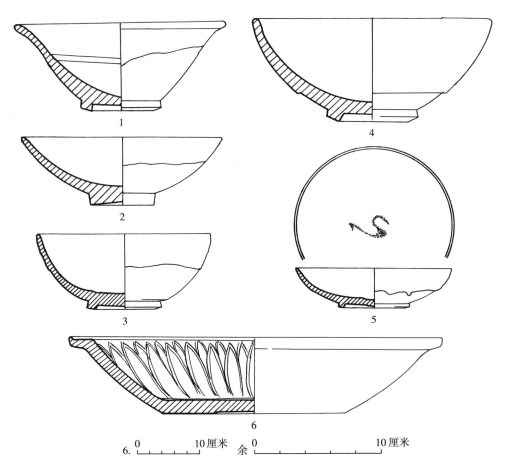

图一〇五　西门遗址元代层出土的磁州窑、钧窑瓷器

1. 白釉侈口碗 YXG1：1　2. 酱褐釉敞口碗 YXG1：4　3. 白釉敞口碗 YXM③：15　4. 淡蓝釉碗 YXM③：29　5. 白釉盘 YXM③：11　6. 白釉盆 YXM③：27（4为钧窑，余为磁州窑）

书写 "壬" 字或简单花叶纹。

敞口碗　2件。YXG1：4，口径15.8、足径5.2、高5.5厘米。圆唇，斜腹，饼足，足底微凹。灰白胎，酱褐釉，外壁半釉，内底有垫圈痕（图一〇五，2）。YXM③：15，口径13.9、足径6、高6.1厘米。圆唇，圆腹，圈足。黄白胎，胎表施化妆土，白釉，外壁半釉（图一〇五，3）。

盘　1件。YXM③：11，口径12.4、足径5.7、高3.2厘米。圆唇，敞口，浅弧腹，圈足。黄白胎，胎表施白色化妆土，施白釉，外壁半釉，有流釉现象。内底心绘简单褐彩，并有三个支钉痕（图一〇五，5）。

盆　1件。YXM③：27，口径59.2、底径22.2、高12厘米。折沿，敞口，浅斜腹，大平底，外底心微圆凹。红褐胎，质粗，胎表施化妆土，施白釉，外底无釉。内壁用黑褐彩绘莲瓣纹，内底绘鱼藻纹（图一〇五，6）。

钧窑　复原1件瓷器。

碗　1件。YXM③：29，口径19.1、足径7.2、高8.3厘米。圆唇，敞口，弧腹较深，圈足。灰胎，质粗而厚，施淡蓝釉，有紫色窑变，外壁施釉不到底（图一〇五，4）。

2. 其他

陶球　1件。YXM③：23，直径3.2厘米。灰胎，坚硬。

铁球　1件。YXM③：21，直径10.7厘米。表面锈蚀严重。

铜钱　2枚。皆北宋钱，一枚 "崇宁通宝"，一枚 "熙宁重宝"。

四　小结

扬州宋大城西门的发掘，从遗迹叠压关系看，实际发掘了五代、北宋、南宋和明代四个时期的西门遗迹，解决了五代之后扬州城的修建年代、继承和演变关系等问题。这一考古发现印证和弥补了历史文献之不足，这是收获之一。从发掘的宋代西门结构看，为砖构券顶城门，说明北宋晚期已出现券顶式城门，这是我国由木构过梁式方形城门向砖构券顶式城门转变的最早实物证据，也是这次发掘的最大收获。根据遗迹和建筑构件可复原出宋大城西门和瓮城的外观（图版六五）。

第五章　蜀冈下城址内遗址的考古发掘

第一节　文化宫遗址

文化宫遗址位于扬州市中心区（见图四），即汶河路与文昌路十字交叉的文昌阁东南。1990年，为配合旧城改造，由中国社会科学院考古研究所、南京博物院、扬州市文化局组成联合考古队（扬州城考古队），首次对扬州城进行了较大规模的基建考古发掘。因为是首次，工作起来难度相当大。配合基建考古，首先要经市政府批准，工程主管部门同意，施工单位认可，才能进入工地勘查；其次，工程部门提出时间限制，在所限时间内必须完成考古发掘。所需考古经费工程部门不出资，考古队自行解决。在这种困难的条件下，我们坚持要配合基建考古，因为文昌阁所处地点，是唐宋明清扬州城的中心区，地下文物丰富，是探求扬州历史文化的最好地段。经过多次努力，才与文化宫单位达成协议，同意我们配合工程，对其进行发掘。中途因基建与考古矛盾，不得不通过国家文物局派副局长到扬州，与主管城建、文化的市长协调工作矛盾，因此而停工三次，考古工作也只好分为三阶段进行：第一阶段开探沟发掘出部分唐代建筑台基和铺地砖；第二阶段扩方发掘出完整的一座台基建筑；第三阶段扩方发掘台基前的踏道和天井院。在种种困难条件下，考古队只好采取遗弃明清文化堆积，争取时间，确保唐代文化遗迹的发掘，并加班加点，挑灯夜战，加快考古发掘速度。通过努力工作，发掘出一座较完整的唐代台基建筑后，即请有关市政领导参观，争取他们的支持。计划再扩大发掘面积，把与台基配套的厢房建筑揭露出来。但最后因已不给发掘时间，考古经费已用完，只好给基建部门让路而结束此次考古发掘工作。

一　地层堆积

文化宫遗址编号为YW，发掘面积约400平方米。现以探沟（YWG4）东壁剖面说明其地层堆积（图一〇六）：

第1层：地表及建筑垃圾堆积，厚约1～2米。地表为拆除民居旧宅后的灰杂土及瓦砾层，虽经平整，但地沟、渗井和墙基仍保存在地表以下，1层也包括明清时的建筑垃圾，在1层下发现有规整的长方形小坑，内有散乱遗骸。地层中出土大量青花瓷片和"雍正通宝"、"乾隆通宝"等铜钱，以及日本"宽永通宝"铜钱（图一〇七）。

第2层：灰黑土，土质松。深0.7～1.9、厚0.1～0.6米。此层下开口有1个灰坑（编号YWH1）、1座圆形炉膛底以及黄黏土磉墩，它们都打破了第3层和第4层的建筑台基。出土遗

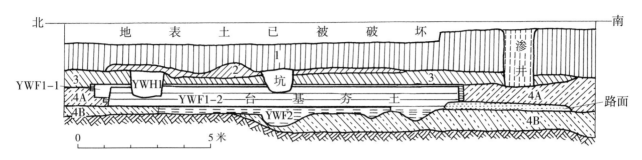

图一〇六　文化宫遗址探沟 YWG4 东壁地层剖面图

1. 地表与建筑垃圾，灰杂土及砖瓦砾块　2. 灰黑色土　3. 红烧土、灰黑土夹瓦砾　4A. 灰黄色土和 YWF1-1、YWF1-2 建筑台基　4B. 青灰色土和 YWF2 建筑台基

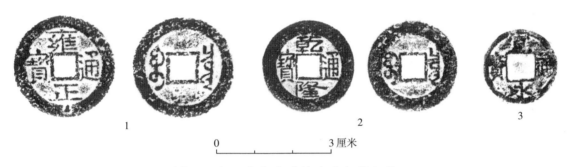

图一〇七　文化宫遗址出土铜钱拓片

1. "雍正通宝"钱　2. "乾隆通宝"钱　3. 日本"宽永通宝"钱

物绝大部分都为宋代瓷片。

　　第 3 层：红烧土块和灰黑土夹瓦砾层。深 1.5 ~ 2.1、厚 0.2 ~ 0.7 米。这层土显然是被大火烧毁的建筑经平整后的堆积层。大片烧土层的出现，与五代末扬州城遭大火烧毁的文献记载相吻合。此层出土遗物大多为晚唐、五代时期。

　　第 4 层：灰土层。深 2.7 ~ 4、厚 1.7 ~ 2.5 米。从出土遗物看为唐代文化层，是我们发掘的重点地层。以土质土色不同，可分 4A 层和 4B 层。4A 层为灰土或灰黄土。夯筑，土质坚硬，为夯土台基。台基面距地表深 1.5 ~ 2 米（南面地表高出 0.5 米，实际台基表面距地表深是一样的），厚 0.8 ~ 1 米。遗留部分砖铺地面，有上下两层，证明台基上的房屋有先后两次建筑。上层房屋建筑编号为 YWF1-1，下层房屋建筑编号为 YWF1-2。在 4A 层中发现与房屋建筑有密切关系的磉墩数十个，皆用黄黏土夯筑，磉墩呈方形，部分磉墩还有打破和叠压关系。4A 层中出土遗物很丰富，主要为瓷器碎片，有青釉、白釉、酱釉、黑釉和彩绘釉等，还出土少量三彩器片和青花瓷片。另外，还出土很少的玻璃器片和波斯陶蓝釉器片等。从器形分析多为中晚唐时期，如大量的玉璧形圈足碗、瓜棱执壶、刻划花纹的碗盘等器物。

　　4B 层为青灰土，土质含沙。深 3.3 ~ 3.8、厚 0.3 ~ 0.9 米。本层表面有 0.4 米厚的夯筑台面，台面中有黄黏土磉墩，应是房屋建筑遗迹，编号 YWF2。在该层中还发现有瓦砾坑，房屋建筑的南面有一条东西向路面，宽 4.7、厚 0.2 米。此层出土遗物与 4A 层区别很大，瓷器片都为青釉粗瓷，器形简单，品种极少以青瓷钵为主；陶器中大口深腹缸最多。从器形看为唐代早期遗物。

二　遗迹

（一）唐代早期房屋 YWF2（图一〇八）

YWF2起建在生土与青灰土层之上。房屋仅存夯筑很矮的台基、一个磉墩和部分残垣断壁。

残存的台基为长方形，东西长约12.2、南北宽约9.5米，台基高约0.4米。台基用青灰土（含沙土）夯筑，每层夯土厚约10厘米。台面被破坏得很不平整，仅在房址东南部发现一个方形磉墩，边长约0.6、厚0.2米，用黄黏土夯筑，其上的础石无存。

从台基长宽、台面遗存的墙基和磉墩位置分析，台面上应建有面阔三间、进深两间的房屋。当心间面阔4.6米，东西两侧次间面阔皆3.5米。南面一间房屋进深3.6米，北面一间房屋进深4.65米。当心间与两侧次间保存部分残墙基，墙宽皆15厘米，用单砖顺砌。屋内地面已被毁坏。房前用长32、宽15、厚5厘米的砖，平铺成"人"字形席纹地面，宽0.8米。

YWF2房屋门向南，方向184度。在门前发现一层路面，宽4.7米，路土厚20厘米。房屋后面的东西两角放置许多水缸，西北角有4只水缸，半截埋在地面下（图版七四，1），东北角有3只水缸，2个灰陶罐。出土时缸内有许多骨料，缸外地面上亦堆放许多骨料，骨料有切割锯痕，多为水牛骨和水牛角（图版七四，2）。从上述现象推测，YWF2房屋可能为前店后厂

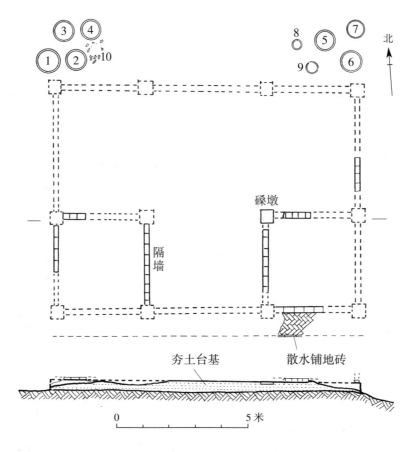

图一〇八　文化宫遗址唐代早期房址 YWF2 平、剖面图

1. 陶缸　2～7. 釉陶缸　8、9. 灰陶罐　10. 骨料

式的制骨器作坊兼住宅遗址。

（二）唐代晚期房屋——YWF1-2、YWF1-1

唐代晚期房屋有先后两次建筑，后期建筑的房屋是在先期房屋的基础上重建的，所以两者台基大小、房屋开间布局相差不多。先期房屋编号为YWF1-2，后期房屋编号为YWF1-1。

1. YWF1-2（图一〇九）

YWF1-2房屋叠压在唐代早期房屋YWF2之上（见图一〇六）。YWF1-2是由夯土台基、

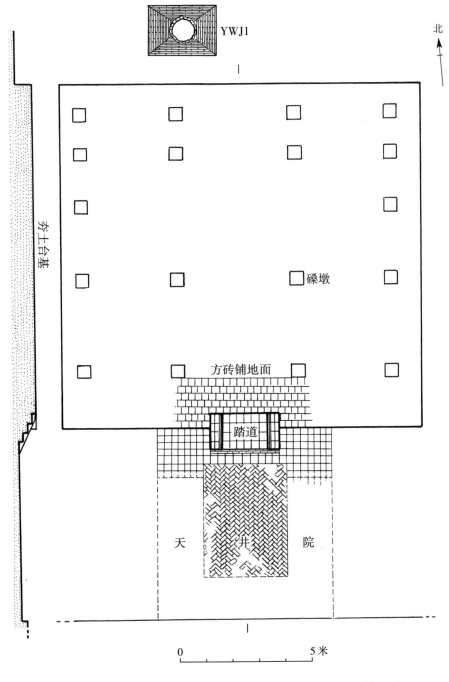

图一〇九　文化宫遗址唐代晚期房址YWF1-2平、剖面图

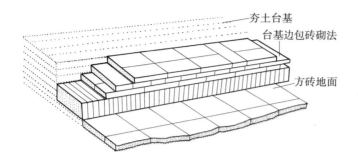

图一一〇　文化宫遗址唐代晚期房址 YWF1-2
台基结构示意图

台面上建的房屋、屋前踏道、天井院及屋后水井等部分组成。

夯土台基　台基呈长方形，东西13.5、南北13米，台基高0.65米（图版七四，3）。台基用灰土或灰黄土夯筑，每层夯土厚约12厘米，夯窝不太明显，夯土不太坚硬。夯筑台基四周用长31、宽15、厚4厘米的灰砖包边围砌，包砖壁厚31厘米。包砖壁的基底用立砖砌，其上用砖平铺错缝顺砌一层，再上改用丁砖砌，这样交替垒成台基壁，用黄泥砌墙勾缝，台基面用方砖铺地（图一一〇）。台基南侧中间留有卧壁踏道位置，部分踏道伸入台基内，造成南侧台边呈"凹"口状。台面残存少量铺地方砖。

房屋　台基上建有面阔三间、进深两间及有后廊设置的房屋，方向184度。房屋墙壁及木柱下的础石皆被破坏，仅存础石下的方形磉墩。从磉墩分布看，从东向西有4排磉墩，最东一排和最西一排，每排皆5个磉墩，当中二三排，每排皆4个磉墩，这些磉墩即为柱础位置。磉墩的做法是在夯筑好的台基面上向下挖一边长约0.5米的方坑，深0.45米，坑内用黄黏土层层夯筑填满，每层夯土厚约10厘米，磉墩土比台基土夯筑得更坚硬，使木柱基础更加牢固。三间北房总面阔11.8米（以磉墩中心点计算，下同），其中当心间面阔4.6米，东西两侧次间面阔皆3.6米。房屋总进深9.8米，其中南面一间进深3.55米，中间一间进深较大4.75米，东西两侧山墙上多加了一个柱石。后面一间为后廊，进深仅1.5米。

踏道　当心间前有一踏道，东西宽2.64、高0.6米。共有3级台阶，每级台阶高15、宽33厘米，两侧幅子（垂带）长1.4米。踏道用长方砖砌成，大部分砖已被破坏，仅保存第一、二级台阶和部分幅子砖（图一一一；图版七五，1）。根据砖砌结构，可以复原出踏道形式（图一一二）。

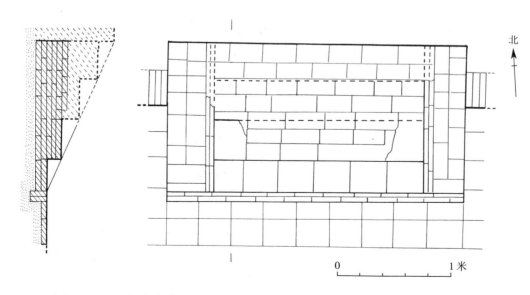

北

0　　　　　1米

图一一一　文化宫遗址唐代晚期房址 YWF1-2 卧壁踏道平、剖面图

踏道最上（北端）一级台阶，砌筑在台基南侧台边内 0.55 米，使南侧台边形成一凹口。台阶是用长方形砖从地面向上垒砌，台阶面用大方砖平铺，每阶平铺 5 块半。两侧幅子用长方砖砌成斜坡状，与地面形成 25 度夹角，采用平铺错缝顺砌，内中夹砌一些丁砖，靠内侧（台阶一面）用立砖砌出双线道。台阶前端（最下一层）也用立砖砌出双线道，挡住幅子斜砖，使其不能向前移动。

天井院　屋前有一长 7.2、宽 6.7 米的天井院，院中心用长 32、宽 15、厚

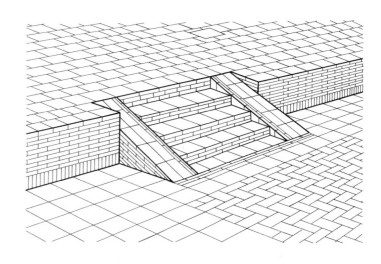

图一一二　文化宫遗址唐代晚期房址 YWF1-2 卧壁踏道复原图

4 厘米的长方砖平铺出长 4.3、宽 3.2 米的"人"字形席纹地面，围绕席纹地面，用方砖对缝平铺出光平规整的地面，使小小的天井地面有所变化，达到美观效果。天井院东西及南侧，还有些建筑遗迹未发掘，布局不清。

水井　在台基后（北）面有一口水井（见图版七八，1），编号 YWJ1。井口已被破坏（可能有井圈），现存井口直径 0.8 米，围绕井口用砖砌出方形井台，长 2.5、宽 1.9 米，井台采用对角线，用立砖层层砌出，井口处略高。从井口向下的水井周壁，用砖平铺围券，水井未发掘到底。井是唐代所建，但其中出土的遗物大部分为北宋时期，以精美的青白釉瓷片居多，还有一卷锈蚀的铁铠甲。从出土文物分析，水井一直沿用到北宋。

2. YWF1-1

YWF1-1 由夯土台基、房屋、门前斜坡墁道、天井院和水井等组成（图一一三；图版七六）。

夯土台基　台基为正方形，边长 14.1、高 0.4 米。台基是由灰土和灰黄土夯筑，夯层厚约 12 厘米，夯窝不明显，夯土不太坚硬。夯筑台基四周用长 32、宽 15、厚 4 厘米的青灰砖包边围砌，包砖壁砌法与 YWF1-2 相同。靠四周台基下的地面，用丁砖平铺一周。

房屋　台基上建有面阔三间、进深四间的房屋（包括前廊和后廊屋），方向 184 度。房屋础石绝大部分被破坏，仅后廊屋础石遗存较多。被破坏的础石下都遗有磉墩结构，从磉墩排列看，从东向西共有 4 排，每排 5 个，排列非常整齐。从础石（磉墩）中心测量，房屋东西总面阔 12.1 米，其中当心间面阔 4.7 米，东西两侧次间面阔皆 3.7 米；房屋南北总进深 13.1 米，其中从南向北数第 1 间（即前廊）进深 2.2 米，第 2 间 3.4 米，第 3 间 4.7 米，第 4 间（即后廊屋）2.8 米。

房屋墙壁仅遗留有后廊屋的檐墙、东山墙和很少的房屋隔墙（图版七七，1~3）。檐墙和山墙都是在 YWF1-2 台基包砖壁基础上垒砌的，以后廊屋檐墙基础保存较完整，墙基是用丁立砖顺台基包砖壁向上垒砌，墙厚 0.31 米（图版七八，1）。隔间墙都是在夯筑台基面上起筑，如后檐屋隔墙，仅存墙基一层，墙厚 0.3 米，为平铺错缝顺砌。

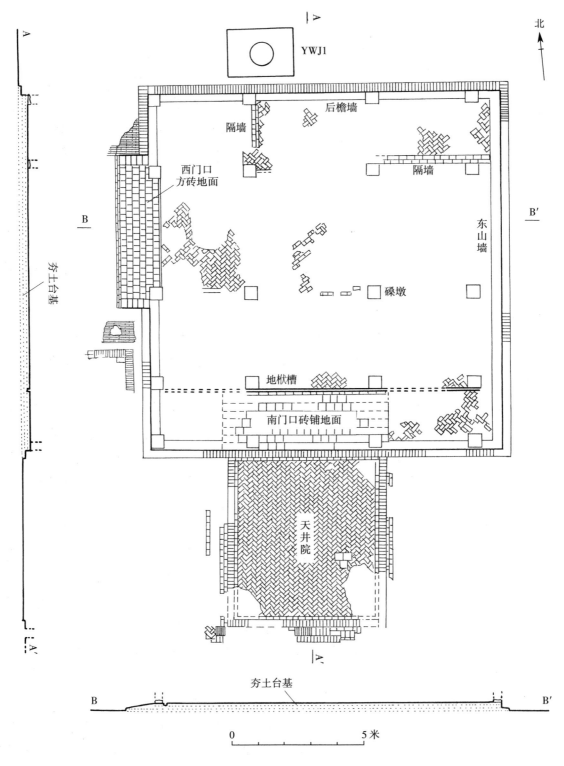

图一一三　文化宫遗址唐代晚期房址 YWF1-1 平、剖面图

　　铺地砖与屋门　屋内铺地砖遗存得很少，从砖铺地面看，室内均采用长方砖平铺成"人"字形席纹地面（图版七八，2）。在南门口处用边长 25 厘米的方砖平铺地面。南门口采用东西成行，南北错缝，平铺出一条东西长 6.4、南北宽 3.2 米的方砖地面。在方砖地面北边缘，即

当心间两侧的磉墩（础石位置）之间，有一条地栿槽，宽6、深8厘米，地栿槽北即屋内"人"字形席纹砖地面。位于当心间的南门，应是木质格子门形式，格子门下的木门槛已腐朽，只遗存一条地栿槽痕。

西门口的方砖地面　与南门口铺置的办法基本相同，因门口朝西，铺砖采用南北成行，东西错缝，地面稍呈东高西低的斜面状，因此前（西）边用立砖砌出双线道，南北两侧用长方砖砌出边框。这条方砖地面南北长5.8、东西宽1.6米。方砖边长30厘米。从位置分析，西门可能是后开的一座门，它处于房屋西侧，进深的第3间。两磉墩（础石）之间也有南北通长地栿槽，槽宽6、深8厘米，无疑也是格子门下的木地栿痕（图版七八，3）。

天井院　位于当心间的台基南面，略呈方形，南北长6.5、东西宽6米，院内全部用长方砖平铺成"人"字形席纹地面，四面用长方形条砖平铺出规整的边框。在天井院的东、西、南三面还有建筑遗迹，因未发掘，其建筑形式和布局不清。

水井　在台基后（北）面有一口井（见图版七八，1），即YWF1-2房屋后的水井（YWJ1），此房屋继续使用。从水井中的出土遗物分析，此井一直沿用到北宋。

在YWF1-1台基的东北面和西南面已发现砖铺地面等建筑残迹（见图版七八，2）。在唐代晚期这里的建筑很密集，无疑是唐代扬州城的中心区。因受配合基建工程的制约，发掘经费的不足，未能展开大规模的考古发掘，丰富的地下遗迹和遗物，只能被基建工程毁掉。

3. YWF1-2与YWF1-1房屋建筑的叠压关系

YWF1-1房屋是在YWF1-2房屋基础上重建的，它们的台基大小和磉墩位置略有变化，总体看来YWF1-1建筑面积略大于YWF1-2。（图一一四）

从台基大小看，两者台基东西南三边变化不大，只有北面台边，YWF1-1在YWF1-2基础上向北扩出0.5米，使YWF1-1台基成为正方形。除此之外，YWF1-1的地面比YWF1-2的地面垫高0.3米，因此YWF1-2台基前的踏道已被填平，天井院也被埋在YWF1-1的地面下。台基后面的水井井台也被抬高，重新用砖砌筑井口和井台。

YWF1-1与YWF1-2的房屋，都是面阔三间，但YWF1-1房屋开间稍微增大，并新增了前廊，后廊则向北推移。这些不一样的布局，是从磉墩位置的变化看出来的。如YWF1-1和YWF1-2的磉墩，从东向西都为4排，但每排磉墩数量和磉墩间距有了变化，YWF1-1四排磉墩的前（南）后（北）两端磉墩紧靠台基边缘，都超出了YWF1-2房屋范围，YWF1-1多出一行前廊磉墩，使每排磉墩成为5个。这表明YWF1-1增加了前廊，后廊向北扩大，出现与YWF1-2房屋稍为不同的布局。房屋面阔增大，可从四排磉墩间距看出，YWF1-1从东数第1排磉墩，即比YWF1-2第1排磉墩稍向东偏，两者的第2排磉墩均在南北一条直线上，第3、4排磉墩则出现YWF1-1磉墩偏向在YWF1-2磉墩的西北侧。这样就形成先后两座房屋的磉墩，有上下叠压和打破关系。如YWF1-1第3排（从东向西数）第4个（从南向北数）、第4排第4个磉墩与YWF1-2第3排第3个、第4排第4个磉墩就有叠压打破关系（图一一五；图版七五，2、3）。另外，YWF1-1磉墩均呈方形，边长1.08、深约0.7米，比YWF1-2磉墩大些。磉墩做法完全一致：即在夯筑好的台基面上，按房屋开间确定木柱和磉墩位置，由台面向下挖出磉墩坑位，然后用黄黏土层层填土夯筑，每层厚约10厘米，填平后安放础石。我们

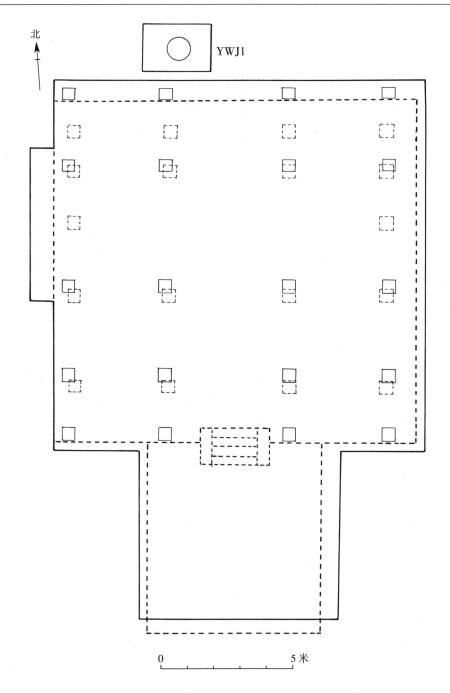

图一一四　文化宫遗址唐代晚期房址 YWF1-1 与 YWF1-2 平面叠压关系图
（虚线为 YWF1-2 平面，实线为 YWF1-1 平面）

在 YWF1-1 第 3 排第 4 个础石下的磉墩内，发现埋有一长沙窑青釉双耳罐（图版七五，4）。在磉墩底部还发现有磉墩，可能该台基还有一次建筑遗迹，因未详细解剖，具体情况不明。

（三）宋代炉

发现的炉仅保留有炉膛底部。开口于第 2 层下。炉底打破了唐代晚期建筑。底呈圆形，直径 1.6、残深 0.4 米。围绕炉底周边，多用半块砖砌成炉壁，厚 0.3、残高 0.1～0.25 米。炉底南侧遗存一炉门（或通风口），宽约 0.3 米（图一一六）。炉底周围被火烧过，但温度并不高，

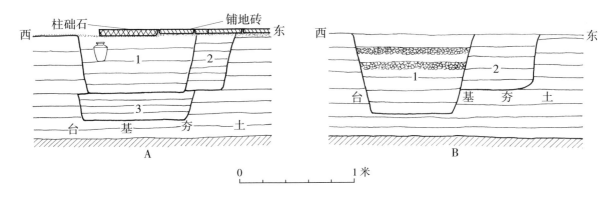

图一一五　文化宫遗址唐代晚期房址磉墩叠压、打破关系图

A：1. YWF1-1 第 3 排第 4 个磉磴　2. YWF1-2 第 3 排第 3 个磉磴　3. 黄黏土磉磴
B：1. YWF1-1 第 4 排第 4 个磉磴　2. YWF1-2 第 4 排第 4 个磉磴

主要火力应在上面的火膛中。此炉规模较大，主要结构的火膛和火口都无存，炉的用途、性质不明。

（四）宋代灰坑

灰坑编号 YWH1，开口于第 2 层下，坑底打破唐代晚期建筑。灰坑平面呈长条形，东西长 6.1、南北宽 1.15～1.45、深 0.9 米，从其形状看，应是一条小灰沟（图一一七）。坑内填满灰黑土以及一些草木灰和螺丝壳，土质松散。

坑内出土遗物较多，主要有陶瓷器碎片，从瓷片釉色、器形分析，以景德镇窑的青白釉瓷片最多，另外还有龙泉窑的青釉瓷和建窑或吉州窑的黑釉瓷。陶器有少量泥质灰陶，器形有盆、罐、灯和弹丸等。铜钱有北宋铜钱 44 枚，唐代铜钱 4 枚。

三　出土遗物

（一）唐代早期遗物

共出土各类遗物 808 件，多出土在 4B 层中（少量在 YWF2 地基中）。分生活用具、生产工具、货币和建筑材料等。

1. 生活用具

（1）瓷器

瓷器都为碎片，总共出土 549 片，按窑口可分宜兴窑、洪州窑和寿州窑等，其中宜兴窑瓷片出土数量最多，占 68.4%，其他窑口较少；器形有碗、盘、碟、壶、缸、盆等。完整器物 6 件，复原器物 11 件。现分述如下。

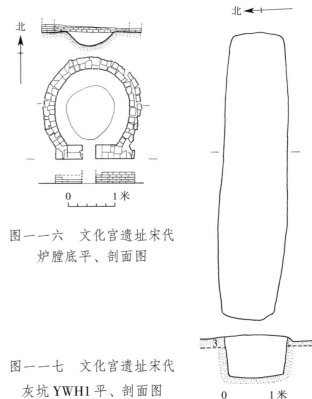

图一一六　文化宫遗址宋代
炉膛底平、剖面图

图一一七　文化宫遗址宋代
灰坑 YWH1 平、剖面图

宜兴窑

共出土宜兴窑瓷片376片。器形以碗、钵为主，还有盘、碟、壶、罐等。胎质较粗，胎分灰、土黄、紫色几种。釉色多呈青色，也有青黄釉、酱黄釉，器物外壁都施半截釉。花纹装饰少，少量器物的外壁施褐彩。装烧多为旺火叠烧，碗、盘内外底都留有支钉块状痕。完整器物2件，复原器物5件。

侈口碗　1件。YWG4④B：3，口径15、高6.2、足径7.5厘米。斜直壁微弧，饼足，底内凹。青灰胎，深青釉泛黄，内外壁均施半截釉，釉面光亮。内外底有支钉块状痕（图一一八，1；图版七九，1）。

直口碗　1件，完整。YWF2：2，口径14.2、高6.8、足径8.7厘米。圆弧腹，饼足内凹。灰胎，青釉，釉内有气泡，光亮。内外壁施釉不到底，无釉处呈窑红色。修坯时斜削足端外沿，内外底有支钉块状痕（图一一八，2；图版七九，2）。

敛口碗　1件。YWG4④B：4，口径8.4、高4.3、底径4厘米。尖圆唇，弧腹，平底。土黄胎，青釉，釉层开片，光亮。外壁施釉不到底，有流釉痕（图一一八，5；图版七九，3）。

壶　1件。YWG4④B：7，口径10、高23、最大腹径19.5、底径9.8厘米。侈口，矮直颈，丰肩，鼓腹丰满，饼足内凹。流与执把均残，肩部有对称双系。灰胎，青釉，釉面有开片，内壁满釉，外壁施釉近底，露胎处呈窑红色。肩部施深青釉斑纹。内壁有轮旋痕（图一一八，3）。

折腹钵　1件。完整。YWG4④B：16，口径13.6、高4.2、底径6.1厘米。直口微敛，弧折腹，平底内凹。紫胎，青釉略泛灰绿色，釉较混浊，光泽感不强。内外壁施釉均不到底。内外底有支钉块状痕（图一一八，4；图版七九，4）。

器盖　1件。YWG4④B：5，盖径10.8、残高3.8厘米。子口，斜盖面，平顶，弧形纽，残。灰胎，外壁施青釉，釉面有细开片，光亮，内壁无釉呈窑红色（图一一八，6；图版七九，5）。

四系罐　1件。YWF2：6，口径9.7、高20.6、最大腹径17.6、底径8.7厘米。敞口斜平沿，束颈，溜肩，鼓腹，平底内凹，肩置四横系。土红胎，青釉，釉面有细开片，光亮。内壁满釉，外壁施半截釉，无釉处胎呈窑红色。腹上部点竹叶状褐彩纹，内壁有轮旋痕（图一一八，7；图版七九，6）。

寿州窑

共出土瓷器和碎片49件。器形多为碗、罐等。胎质粗，器壁厚重，腹壁较深，具有初唐时期的特征。釉色分青釉和黄釉两种，釉质不纯，透明度较差。内壁施满釉，外壁施半截釉，胎釉结合不牢，有剥釉现象。施釉前胎上施一层乳白色的化妆土，以增加瓷器的亮度。碗、盘内底有三个细圆点支钉痕。出土完整器物3件，复原器物1件。

变形碗　1件，完整。YWG4④B：13，口径16～19.5、高6.5～8、足径7.4厘米。口呈椭圆状。敞口唇沿，弧腹，饼足内凹。土黄色粗胎，内含沙粒，黄釉，外壁施半截釉，釉面有白色斑点。胎上施浅黄色化妆土（图一一九，1；图版八〇，1）。

侈口碗　1件，完整。YWF2：10，口径10.3、高5.7、足径5.1厘米。弧腹，饼足内凹。

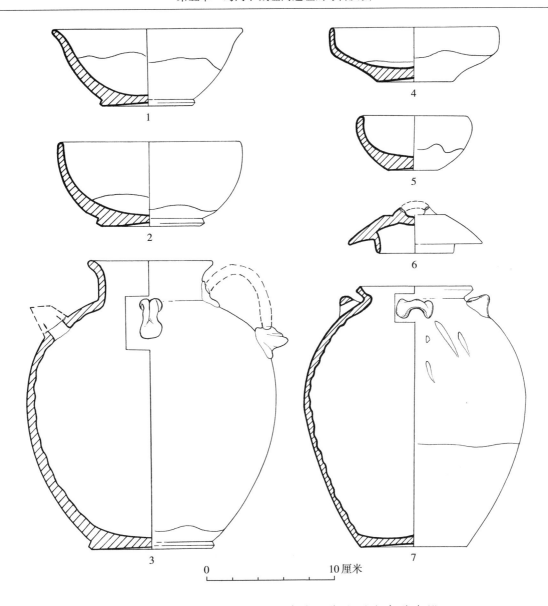

图一一八　文化宫遗址出土唐代早期宜兴窑青釉瓷器

1. 侈口碗 YWG4④B：3　2. 直口碗 YWF2：2　3. 壶 YWG4④B：7　4. 折腹钵 YWG4④B：16　5. 敛口碗 YWG4④B：4　6. 器盖 YWG4④B：5　7. 四系罐 YWF2：6

灰黑胎，粗糙且有杂质，青釉，外壁施釉不到底，无釉处胎呈窑红色，有剥釉现象。胎外施一层化妆土（图一一九，2；图版八〇，2）。

敞口碗　2件，其中1件完整。YWG4④B：14，口径17.2、高6.8、足径8.4厘米。唇口，弧腹，饼足。土黄胎，有杂质，黄釉，外壁施釉不到底，有流釉痕，内底釉呈蓝色，釉面大部分已脱落。胎施化妆土。足面有切削痕（图一一九，3；图版八〇，3）。

洪州窑

共出土瓷器和碎片54件。器形有碗、盘、罐、钵等。胎质较细，多呈灰、灰黑、紫色。釉多为青、黄釉，内外壁施半截釉，光泽感不强。施釉前胎上施一层白色化妆土。复原器物2件。

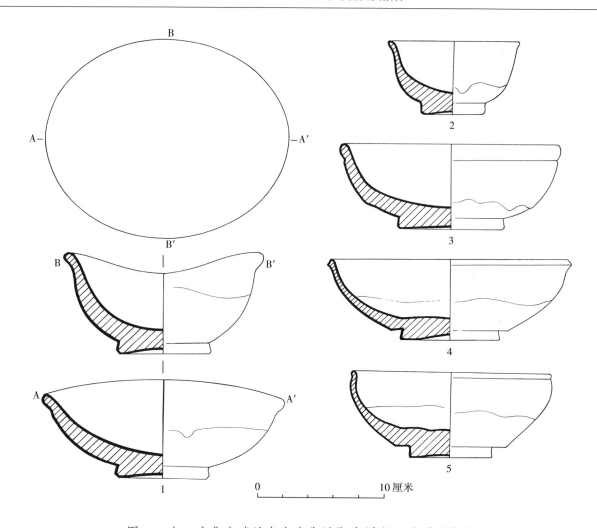

图一一九　文化官遗址出土唐代早期寿州窑、洪州窑瓷器

1.黄釉变形碗 YWG4④B：13　2.青釉侈口碗 YWF2：10　3.黄釉敞口碗 YWG4④B：14　4.青黄釉敞口碗 YWG4④B：11　5.青釉敞口碗 YWF2：15（1～3为寿州窑，4、5为洪州窑）

　　敞口碗　2件。YWG4④B：11，口径19、高6.5、足径7.8厘米。尖唇沿，弧腹，饼足内凹。青灰胎，较粗，青黄釉，内外壁施半截釉，无釉处胎呈窑红色（图一一九，4）。YWF2：15，口径15.8、高6.8、足径6.4厘米。弧腹，饼足。灰黑胎，青釉略泛灰白色，内外壁均施半截釉，釉面有缩釉点。腹下端有一刀斜状旋削面，口沿下有凹槽一圈（图一一九，5；图版八〇，4）。

未定窑口

　　共出土68件，窑口产地不清。器形分碗、盘、罐、钵几种。胎较细，疏松，分黄白、土黄胎色。釉为青色、淡黄色两种，釉面厚薄不均，有一定的光泽度。器形不匀称，口底比例失调，制作粗糙。纹饰少见，在内腹往往有凹弦纹一周，内底有较大的支钉块状痕。复原器物有1件。

　　敞口碗　1件。YWF2：1，口径19、高5.5、足径5.6厘米。斜壁，腹下弧状内收，小饼足。土黄胎，青釉，釉薄，外壁施半截釉，有流釉痕。内壁有凹弦一道。内底有6个圆形支钉痕（图一二〇，1；图版八〇，5）。

（2）陶器

出土灰陶器皿6件，器形可分钵、罐、盆几种。完整器物1件，复原器物1件。

钵　1件。YWF2：8，口径19.5、高7.8、底径6.4厘米。敞口厚沿，深腹，平底。灰陶胎，疏松。做工粗糙（图一二〇，2）。

大口杯　1件，完整。YWG4④B：9，口径12、高10.3、底径7厘米。侈口，厚唇沿，直壁深腹，平底略内凹。灰陶胎。内外壁有轮旋痕（图一二〇，3）。

（3）骨器

共出土250件，皆为经加工后未成形的边角料及牛角（见图版七四，2），有明显的锯、磨痕迹，边角料多呈楔形。

2. 生产工具

砺石　1件，残。YWG4④B：19，长条形，长32、宽8、厚10厘米。紫色砂石，石质较细，中部有磨砺刀具的凹槽痕。

3. 货币

铜钱4枚，均为"开元通宝"，其中一枚背面有一月牙纹（图一二〇，4）。

4. 建筑材料

多为散碎的板瓦、筒瓦及大量灰砖，有少量瓦当，均为莲花纹。其中一件瓦当残存一半，直径14.8厘米。灰陶质，模制（图一二〇，5）。

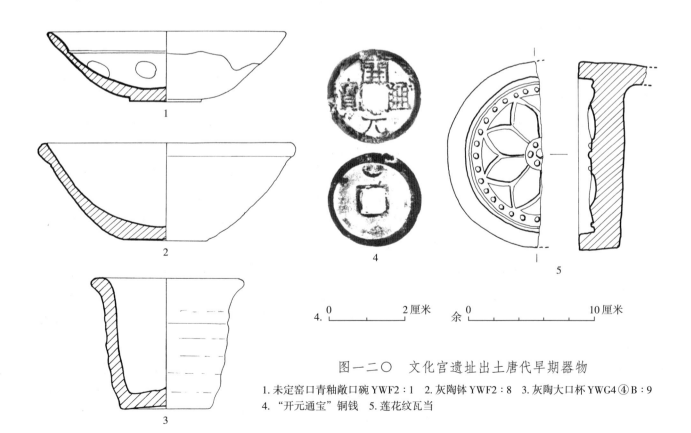

图一二〇　文化宫遗址出土唐代早期器物

1. 未定窑口青釉敞口碗 YWF2：1　2. 灰陶钵 YWF2：8　3. 灰陶大口杯 YWG4④B：9
4. "开元通宝"铜钱　5. 莲花纹瓦当

（二）唐代晚期遗物

均出土于 4A 层（包括 YWF1-1 和 YWF1-2 的台基中），大部分为瓷器碎片。按用途不同，分述如下。

1. 生活用具

（1）瓷器

共出土各种不同种类的瓷片 18802 片，器形主要有碗、盘、碟、杯、钵、盂、盆、罐、壶、灯盏、瓮和砚。瓷器产地有越窑、宜兴窑、长沙窑、洪州窑、寿州窑、定窑（含邢窑）、巩县窑以及其他未定窑口。其中长沙窑瓷片出土数量最多，占 36%。宜兴窑次之，占 32.7%，其他窑口也有一定的数量出土。完整器形 14 件，复原器物 260 件。按瓷器窑口分别例举如下。

越窑

共出土 1196 片，占总数的 6.3%。器形以碗、盘为主，还有钵、壶、罐、盒、砚等。胎色有灰、灰白及土黄色几种，胎质细腻、坚致。釉呈青色，或青中泛灰，或青中泛黄，或青中闪绿，釉色淡雅纯正，釉层较薄且均匀，少量釉内含有气泡。器物基本通体施釉，光泽感较强。造型规整、匀称，线条流畅。器物装饰多以刻划花纹为主，也有印花、镂空装饰。装饰最多的为碗、盘。口沿、外腹壁往往五处凹进，宛如一朵盛开的荷花。装烧方法可分为两种：一种可能为明火叠烧，在器物内外底往往都留有较多的三角形或长方形的支钉块状痕迹，釉色灰青，较暗；另一种为匣钵装烧，往往在器物的外底留有 4～7 枚圆形或椭圆形支钉痕迹。完整器物 3 件，复原器物 47 件，共 50 件。

敞口弧腹碗　7 件。YWF1：76，口径 12.4、高 5.4、足径 6.2 厘米。口微敛，玉璧底足（图一二一，1；图版八一，1）。YWF1：47，口径 14、高 4.7、足径 6.2 厘米。腹较浅，玉璧底足。灰白胎，青釉（图一二一，2；图版八一，2）。YWF1：46，口径 14.6、高 5.3、足径 6.8 厘米。口微敛，唇沿略直，玉璧底足。灰白胎，青釉，釉面有开片，通体施釉，足底面刮釉露胎处呈窑红色。外底面有 7 个支钉痕（图一二一，3）。

敞口斜直腹碗　7 件。YWF1：263，口径 16.8、高 5.5、足径 6 厘米。腹较深，玉璧底足。灰白胎，胎较薄，青釉泛绿色，通体施釉，足底面刮釉。底留有 8 个支钉痕，足内有一个半圆形的洞，内有石灰痕（图一二一，4；图版八一，3）。YWF1：44，口径 14.6、高 4、足径 6.5 厘米。浅腹，玉璧底足，足较矮。灰白胎，青釉，釉内有气泡，通体施釉，足面刮釉处呈窑红色。外底面有 7 个支钉痕（图一二一，10；图版八一，4）。YWF1：45，口径 15.3、高 4.8、足径 6 厘米。胎釉及器形同上（图版八一，5）。

侈口碗　3 件。YWG4④A：53，口径 20.5、高 5.7、足径 10 厘米。器形较大，腹内刻荷花荷叶纹。器底有 12 个支块痕（图一二一，14；图版八二，2）。YWG4④A：191，口径 14.3、高 4.2、足径 7 厘米。器形、釉色同上。器壁较厚，圈足很矮，无纹饰（图一二一，5；图版八二，1）。

葵口碗　7 件。YWG4④A：55，口径 11.6、高 5.6、足径 6.6 厘米。浅腹，圈足较高，足墙外撇呈"八"字状。土黄胎，青黄釉，通体施釉，有细小开片，足端刮釉，露胎处呈窑红色。圈足与器身有明显的接痕，足面有 7 个支钉痕。内底划有荷叶纹（图一二一，6；图版八三，1）。YWF1：54，口径12、高5、足径5.8厘米。敞口，深腹，圈足。浅青灰胎，通体施青釉，足端刮釉，露胎处呈窑红色，釉内有气泡。口沿、外壁五处凹进，形如荷花状。内底划简单花纹。足面有9个支钉痕（图一二一，7；图版八三，2）。YWG4④A：49，口径18、高7、足径8.8厘米。腹下底弧折成大平底，圈足较高呈外撇状（图一二一，11；图版八三，3）。YWG4④A：51，口径16、高5、足径6.8厘米。侈口，斜弧腹，圈足外撇。灰白胎，青釉，足底面刮釉，露胎处呈窑红色。四瓣状葵口，内腹底刻划荷花纹（图一二一，12）。YWG4④A：50，口径16.6、高6.6、足径9.2厘米。侈口，斜弧腹，广平底，浅圈足。浅灰胎，通体施青釉，足底面一周无釉。五瓣状葵口，腹壁也对应有五道凹痕，如荷花状。外底有旋削痕，内外底面有11个支钉块状痕（图一二一，13；图版八三，4）。

　　直口碗　2件。YWF1：57，口径10.4、高5.2、足径6.2厘米。圈足，挖足较浅。浅灰胎，

0　　　　　　　　10厘米

图一二一　文化宫遗址出土唐代晚期越窑青釉瓷碗

1~3.敞口弧腹碗 YWF1：76、YWF1：47、YWF1：46　4、10.敞口斜直腹碗 YWF1：263、YWF1：44　5、14.侈口碗 YWG4④A：191、YWG4④A：53　6、7、11~13.葵口碗 YWG4④A：55、YWF1：54、YWG4④A：49、YWG4④A：51、YWG4④A：50　8、9.直口碗 YWF1：57、YWF1：56

青釉，通体施釉，足底刮釉露胎处呈窑红色。外腹壁五处凹进呈瓜棱状（图一二一，8）。YWF1：56，口径9.6、高5.2、足径5.3厘米。深腹，圈足。土黄胎，青黄釉，釉面有开片，足端无釉呈窑红色，并残留有4个支钉痕。外腹壁四处凹进呈瓜棱状（图一二一，9；图版八三，5）。

　　葵口盘　2件。YWF1：70，口径14.4、高3.7、足径5.6厘米。斜弧腹内收，圈足，内底下塌。灰胎，青釉泛灰色，内外壁施釉，釉较薄，足无釉，无釉处呈窑红色。内外腹壁下部有凹弦纹1周，口腹部压印6道竖条纹，内底留有11个支钉痕，足底面有10个细条形支钉痕（图一二二，1；图版八四，1）。YWG4④A：65，口径14.5、高3.5、足径6.2厘米。唇沿四处凹进呈葵口。斜直壁微弧内收，圈足。土黄胎，青釉泛黄，釉内有气泡和细开片，通体施釉，足底面刮釉露胎处呈窑红色。足面有7个支钉痕（图一二二，2；图版八四，2）。

　　折沿盘　9件。YWG4④A：69，口径15.6、高3.6、足径7厘米。弧腹，圈足。土黄胎，

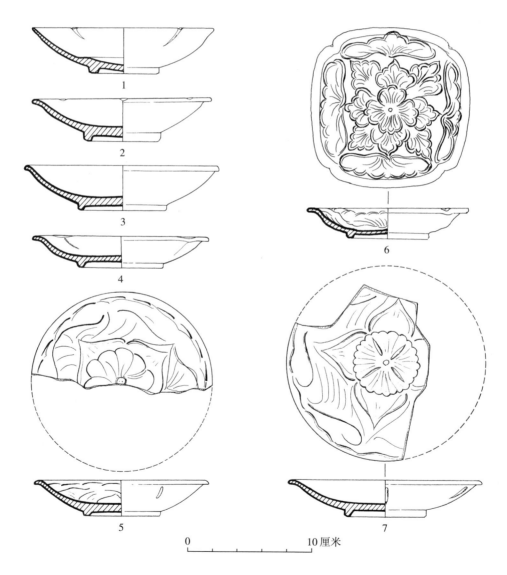

图一二二　文化宫遗址出土唐代晚期越窑青釉瓷盘

1、2.葵口盘YWF1：70、YWG4④A：65　　3、5、7.折沿盘YWG4④A：69、YWF1：63、YWF1：208　4、6.委角方盘YWG4④A：62、YWG4④A：61

青黄釉，釉面有细开片。内底有3个细圆点支钉痕（图一二二，3）。YWF1：63，口径14、高2.9、足径6厘米。灰白胎，通体施青釉，足底面刮釉处呈窑红色。内腹底刻划荷花纹，外壁刻4竖道瓜棱状纹饰（图一二二，5；图版八四，3）。YWF1：208，口径15.3、高3、底径6.4厘米。内壁刻划荷花纹，外壁刻瓜棱状纹（图一二二，7；图版八四，4）。

委角方盘　3件。YWG4④A：62，口边宽14、高2.6、足径6.7厘米。敞口外折，斜弧腹，圈足。浅灰胎，通体施青釉，足面刮釉处呈窑红色，釉料不纯，有少量细黑斑点。盘口转角处弧状凹进，足面已有磨痕（图一二二，4；图版八五，1）。YWG4④A：61，口边宽12.8、高2.3、足径6.9厘米。土黄胎，通体施青釉。盘内刻划对称荷叶以及荷花纹（图一二二，6；图版八五，2）。

粉盒盖　2件。YWG4④A：33，口径11.2、高3.1厘米。直口，弧形壁，平顶。土黄胎，青黄釉，口沿刮釉处呈窑红色（图一二三，1）。YWG4④A：74，口径9.4、高2.6厘米。直口，弧形顶。灰胎，通体施青釉，口边刮釉，并留有支块痕。顶边沿有凹弦纹1周（图一二三，2；图版八五，3）。

粉盒底　2件。YWG4④A：75，口径11.4、高4.9、底径5厘米。子口，上腹直壁，下腹折向内收，平凹底。灰胎，通体施青釉，口沿刮釉处呈窑红色。外底有5个支钉痕（图一二三，3；图版八五，4）。YWG4④A：73，口径8.8、高3、底径4厘米。土黄胎，青釉泛黄。外底有4个支钉痕。

器盖　3件，1件完整。YWG4④A：71，口径5.8、盖肩部径8.8、高3.5厘米。子口，弧形顶，圆冒式纽。灰胎，通体施青釉。口沿残留有3个支钉痕（图一二三，4；图版八六，1）。YWG4④A：72，口径17.2、高7厘米。直口微敛，弧肩，平顶内凹，桃形纽。土黄胎，通体施青黄釉，较光亮，釉面有细开片，口沿刮釉处呈有窑红色。肩部划四朵对称荷花纹，顶部划四片三角状花纹。口沿留有22个支钉痕（图一二三，5；图版八六，2）。YWG4④A：79，口径23.8、高9.6、圈足形纽径10.1厘米。敛口平沿，弧形顶。浅灰胎，通体施青釉，釉面有开片，口沿刮釉露胎处呈窑红色。盖边有凹弦纹1周，圈足纽内有旋削痕迹。口沿残留有20个

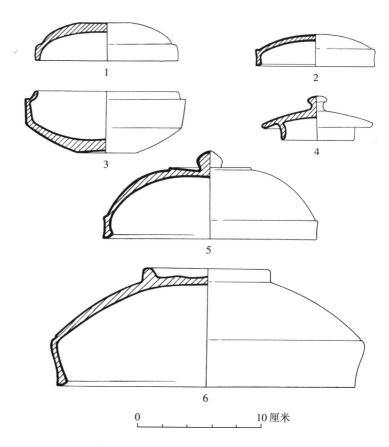

图一二三　文化宫遗址出土唐代晚期越窑青釉瓷粉盒和器盖

1、2.粉盒盖 YWG4④A：33、YWG4④A：74　3.粉盒底 YWG4④A：75
4～6.器盖 YWG4④A：71、YWG4④A：72、YWG4④A：79

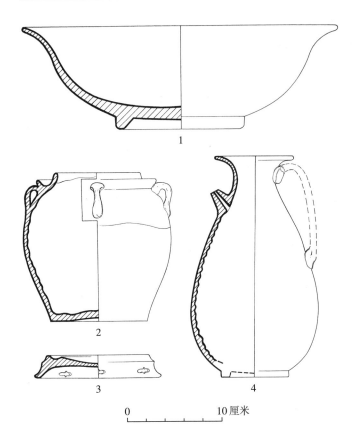

图一二四　文化宫遗址出土唐代晚期越窑青釉瓷器

1. 盆 YWG4④A：58　2. 复口四系罐 YWG4④A：78　3. 砚 YWF1：77
4. 执壶 YWF1：80

支钉痕（图一二三，6；图版八六，3）。

盆　1件。YWG4④A：58，口径34、高11、足径13.6厘米。敞口外侈，弧腹，圈足。灰白胎，通体施青釉，足端刮釉处呈窑红色。足面有13个支钉块状痕（图一二四，1；图版八七，1）。

复口四系罐　1件。YWG4④A：78，内口径9、外口径12.6、高15.6、最大腹径15.5、底径10.2厘米。外口外敞，内口微敛，鼓腹较深，平底内凹，口沿下置四竖系。灰白胎，仅外壁施半截青釉，釉层薄，较光亮。内腹有轮旋痕（图一二四，2；图版八七，2）。

执壶　1件。YWF1：80，口径8.6、高约23.5、最大腹径13.8、复原足径7.4厘米。敞口外侈，束颈，橄榄形腹，底残缺。颈下部置八角形短流，对面置扁条形执把。土黄胎，通体施青釉，内壁有轮旋痕（图一二四，4；图版八七，3）。

砚　1件。YWF1：77，口径10.6、高2.4、底径13.4厘米。砚面圆形内凹，外缘有半弧状下凹的蓄水槽。圈足，足高且外撇。灰胎，砚面无釉，其余皆施青釉。在圈足上有壶门形镂空，足面残留2个支钉痕（图一二四，3）。

宜兴窑

共出土6159片，占总数的32.7%。器形有碗、盘、钵、盆、罐、灯盏、炉、瓮等。胎质较为细腻，但夹有少量的细粒杂质，较坚致，胎有灰、土黄、灰黑、紫色等几种。釉色以青釉为主，有青中闪灰，也有青中泛黄，也有部分酱釉。外壁多施半截釉或釉不及底，釉面欠均匀，多有流釉痕。造型较为规整，做工粗糙。装饰少见，只在一些器物的口沿或外表点褐彩斑纹。装烧方法多为明火叠烧，在器物的内外底都留有较大的支钉痕。完整器物仅出土3件，复原器物42件。

直口折腹钵　9件。YWF1：235，口径16.8、高5.6、底径7.8厘米。灰胎，青釉，釉面局部泛白色斑，欠光亮。外壁饰6竖道褐彩斑纹。内外底均有5个支钉痕（图一二五，1；图版八八，1）。YWF1：211，完整器物。口径8.7、高4.1、底径4.6厘米。黑釉，外壁半釉。器形同上。YWF1：181，口径14.4、高5.4、底径8.2厘米。灰胎，内外壁施半截酱釉（图一二五，2；图版八八，2）。YWG4④A：186，口径12.8、高4.5、底径6.4厘米。弧折腹，平底内凹。灰胎，内外壁施半截青釉。内外底残留有3个支钉痕（图一二五，3）。YWF1：269，口

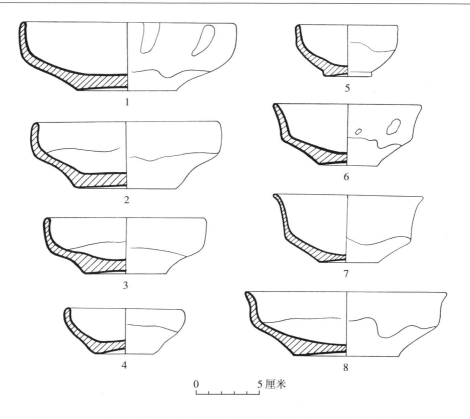

图一二五　文化宫遗址出土唐代晚期宜兴窑青（酱）釉瓷钵、碗

1～4. 直口折腹钵 YWF1：235、YWF1：181、YWG4④A：186、YWF1：269　5. 直口碗 YWF1：49
6～8. 侈口折腹钵 YWG4④A：150、YWG4④A：59、YWF1：217（2为酱釉，余皆青釉）

径9、高3.7、底径4.6厘米。鼓腹，平底内凹。灰胎，内壁满施青釉，外壁施小半截釉，釉汁浑浊，欠光亮。制作粗糙（图一二五，4）。

侈口折腹钵　4件。YWG4④A：150，口径12、高4.9、底径4.8厘米。尖唇，平凹底。灰胎，内外壁均施半截青釉，釉内有气泡，无釉处胎呈窑红色。在外壁点圆形褐彩斑纹（图一二五，6；图版八八，3）。YWG4④A：59，口径12、高4.5、底径4.6厘米。灰胎，青黄釉（图一二五，7；图版八八，4）。YWF1：217，口径16.2、高5.2、底径8.6厘米。灰胎，青釉，光泽感不强，釉面局部呈锈斑状，有流釉现象（图一二五，8；图版八八，5）。

侈口碗　2件。YWG4④A：193，口径20.3、高6.1、底径10厘米。斜腹，饼足底内凹。灰胎，外壁施半截青釉，釉内有气泡，无釉处呈窑红色。内外底各有9个圆形支钉痕（图一二六，1；图版八九，1）。YWF1：156，口径12.4、高4.7、底径5.4厘米。斜弧腹，大平底微内凹。灰胎，青釉（图一二六，2）。

唇口碗　1件。YWG4④A：230，口径15.2、高5、底径7厘米。敞口，弧腹，饼足内凹。灰胎，内壁满施青釉，外壁施釉不及底，釉面有细开片，光泽感不强。斜削足外沿（图一二六，3；图版八九，2）。

敞口碗　3件。YWF1：157，口径16、高4.7、底径6.6厘米。口沿下微鼓，器壁增厚（图一二六，4；图版八九，3）。YWF1：158，口径17、高4.3、底径5厘米。尖唇，弧腹，平凹

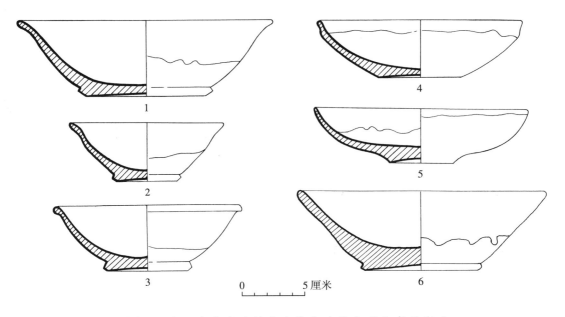

图一二六　　文化宫遗址出土唐代晚期宜兴窑青釉瓷碗

1、2. 侈口碗 YWG4④A：193、YWF1：156　3. 唇口碗 YWG4④A：230　4～6. 敞口碗 YWF1：157、YWF1：158、YWG4④A：155

底。灰胎，内壁施半截青釉，外壁仅口沿有釉，釉面有细开片。内外底均有4个支钉痕（图一二六，5）。YWG4④A：155，口径19.7、高6.3、底径9.4厘米。敞口，圆唇，斜直腹，饼足内凹。厚灰胎，青釉，釉面有灰白色斑，外壁施半截釉。斜削足端外沿。内外底有5个支钉痕（图一二六，6；图版八九，4）。

　　直口碗　1件。YWF1：49，口径8、高4、底径3.8厘米。饼足底内凹，斜削足之外沿（图一二五，5；图版八九，5）。

　　敞口碟　1件。YWF1：165，口径11、高3.3、底径6.4厘米。斜壁微弧，平底。灰胎，内壁施酱釉，外壁施半截釉，积釉处呈黑色，无釉处胎呈窑红色（图一二七，1）。

　　敞口折腹盘　1件。YWG4④A：160，口径12.9、高3.5、底径6厘米。饼足内凹。灰胎，内壁满施青釉，外壁釉不到底，无釉处胎呈窑红色，釉面有开片。口沿有3处点褐彩斑纹。内外底均有4个支钉痕（图一二七，2；图版九〇，1）。

　　敞口弧腹盘　1件。YWG4④A：49，口径14、高4、底径8厘米。浅腹，饼足内凹。青灰胎，内外壁施半截青釉，无釉处胎呈窑红色。内腹壁用褐色点绘4个圆点，内外底各有8个支块痕（图一二七，3）。

　　直口浅腹盘　3件。YWG4④A：171，口径16、高3.2、底径8厘米。平底内凹，斜削足外沿。灰胎，内外壁施半截釉，有流釉现象。内外底均有7个支钉痕（图一二七，4）。YWG4④A：182，口径16.4、高3.4、底径6.3厘米。圆唇，平底内凹。灰胎，外壁施半截青釉，无釉处胎呈窑红色。内外底有6个支钉痕（图一二七，5；图版九〇，2）。

　　灯盏　2件。YWG4④A：162，口径11.7、高4.4、底径5厘米。敞口尖唇，弧腹，平底内凹，内壁置一半圆形环。灰胎，内壁满施青黄釉，外壁施小半截釉，釉面有细小开片。做工粗糙（图一二七，7；图版九〇，3）。YWG4④A：258，口径9.8、高3.8、底径5.5厘米。

敞口圆唇，斜腹，小饼足，内壁置椭圆形环。灰胎，青黄釉，釉质差，不光亮（图一二七，8；图版九〇，4）。

水盂　1件。YWF1：163，口径5.8、高4.6、最大腹径8、底径2.8厘米。敛口尖唇，鼓腹，小饼足内凹。灰胎较粗，内壁满施青釉，外壁施半截釉，釉层薄，釉面有细开片（图一二七，9；图版九〇，5）。

器盖　1件。YWG4④A：189，口径13.3、高3.4、圆顶径4.6厘米。敞口，弧面，平顶微内凹。灰胎，外表满施青釉，内侧局部有釉，有流釉痕，无釉处呈窑红色（图一二七，6；图版九一，1）。

粉盒盖　1件。YWF1：167，口径8、高2.2厘米。直口微敛，弧形顶，顶中部有乳丁形纽。土红胎，外壁施青黄釉，釉内有气泡。顶外缘有凹弦纹1周（图一二七，10；图版九一，2）。

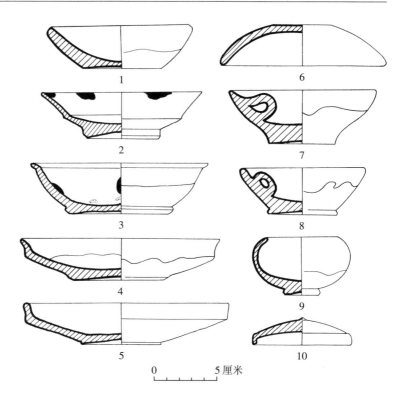

图一二七　文化宫遗址出土唐代晚期宜兴窑青（酱）釉瓷器

1. 敞口碟YWF1：165　2. 敞口折腹盘YWG4④A：160　3. 敞口弧腹盘YWG4④A：49　4、5. 直口浅腹盘YWG4④A：171、YWG4④A：182　6. 器盖YWG4④A：189　7、8. 灯盏YWG4④A：162、YWG4④A：258　9. 水盂YWF1：163　10. 粉盒盖YWF1：167（1为酱釉，7、8、10为青黄釉，余皆青釉）

执壶　1件。YWG4④A：172，口径6.2、高12、最大腹径10.5、底径7.8厘米。敞口唇沿，短直颈，鼓腹，饼足内凹，肩部置八角短流，对面置扁条形执把，两侧附双系。灰胎，青釉，釉面有细开片，内壁施釉至颈部，外壁施釉不及底。内壁有轮旋痕（图一二八，1；图版九一，3）。

盘口执壶　1件。YWF1：188，口径8.4、高16.6、最大腹径11.6、底径6.4厘米。盘口，束颈，溜肩，鼓腹，平底内凹，肩部置圆形短流，对面置扁条执把，两侧附双系。紫红胎，酱釉，釉面有细开片，内侧施釉仅至颈部，外壁施釉不到底。肩部划弦纹1周，其下压印4竖条瓜棱状纹饰，内壁有轮旋痕（图一二八，2；图版九一，4）。

敛口四系罐　1件。YWF1：174，口径11.5、高26、最大腹径21.3、底径11.6厘米。唇口，肩部溜垂，鼓腹，下腹斜直内收，平底内凹，肩部附四横系。灰胎较粗，青釉，开片。外壁施半截釉，内壁有轮旋痕（图一二八，3；图版九二，1）。

侈口四系罐　1件。YWF1：179，口径15.5、高31.7、最大腹径29.7、底径15.8厘米。丰肩，鼓腹，平底微内凹，肩部附四横系。灰胎有杂质，青釉，釉面有开片，内壁满施釉，外壁施釉不到底，无釉处胎呈窑红色。口沿下划"玩好"字样，内壁有轮旋痕（图一二八，4；图版九二，2）。

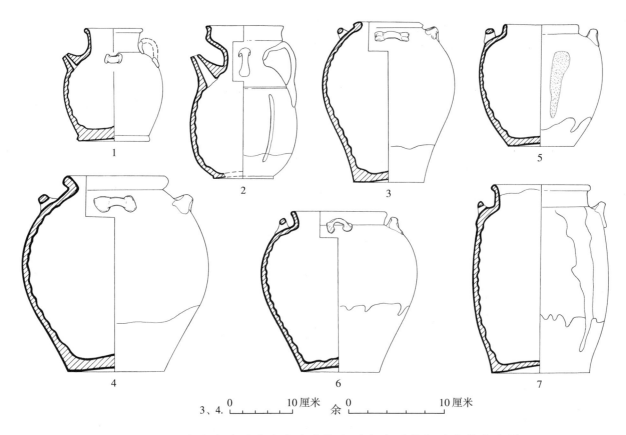

图一二八　文化宫遗址出土唐代晚期宜兴窑青（酱）釉瓷执壶和罐

1. 执壶YWG4④A：172　2. 盘口执壶YWF1：188　3. 敛口四系罐YWF1：174　4. 侈口四系罐YWF1：179　5. 直口双系罐YWF1：178　6. 敞口四系罐YWF1：169　7. 唇口双系罐YWG4④A：177（2为酱釉，余皆青釉）

敞口四系罐　1件，完整。YWF1：169，口径9.8、高17.4、最大腹径16.5、底径8.4厘米。溜肩，鼓腹，平底内凹，肩部置四个横系。灰胎，青釉泛黄，釉面开片，外壁施半截釉，内壁仅口沿有釉，无釉处胎呈窑红色。内侧有轮旋痕（图一二八，6；图版九二，3）。

直口四系罐　2件。YWG4④A：185，口径8.5、高18.3、最大腹径14.4、底径6.7厘米。弧肩，鼓腹，平底（系复原），肩部置四系。灰胎，外壁施半截青釉，内壁仅口沿施釉。内外壁有轮旋痕。

直口双系罐　1件。YWF1：178，口径8、高13.2、最大腹径13、底径6.9厘米。溜肩，鼓腹，平底内凹，肩附双横系。灰胎较细，青釉，釉内有气泡，外壁施釉不到底，内壁仅口沿施釉，有流釉现象，无釉处胎呈窑红色。腹部饰褐彩斑纹，内壁有轮旋痕（图一二八，5）。

唇口双系罐　1件。YWG4④A：177，口径10.2、高20.3、最大腹径14.3、底径10.5厘米。直颈，短肩，筒状腹，平底内凹，肩部附双系。灰黑胎，青釉，欠光亮，外壁施半截釉，内壁仅口沿局部施釉，有流釉痕。腹部有大块褐彩斑纹，内壁有轮旋痕（图一二八，7；图版九二，4）。

盆　1件。YWF1：164，口径24、高10、底径8.7厘米。尖沿，口微敛，弧腹，平底内凹。土红色胎，内外壁施半截青黄釉，釉面细开片，露胎处呈窑红色（图一二九，1；图版九三，1）。

钵盂　1件。YWG4④A：37，口径19、高13、最大腹径23.5、底径9.5厘米。敛口唇沿，弧肩，鼓腹，平底内凹。灰黑胎，内壁满施酱釉，外壁施釉不到底，无釉处胎呈紫红色。肩部有13个支钉痕（图一二九，4；图版九三，2）。

釉陶瓮　1件。YWF1：272，口径19、高54、最大腹径58.5、底径15厘米。直口微外侈，丰肩，鼓腹，小平底，肩附四个横系。灰胎，胎内夹少量细白沙，内壁满施青釉，外壁施釉不到底，较光亮（图一二九，2）。

釉陶缸　1件。YWF1：180，口径46.8、高21.4、底径14.2厘米。口微敛，厚唇沿，弧曲腹，平底微内凹。夹砂灰胎，青釉，局部釉脱落，内外壁施釉不到底。制作较为粗糙（图一二九，5）。

多足砚　1件。YWF1：166，口径27.6、残高5.1厘米。砚面圆形内凹，边缘有半弧形水槽，砚盘底边缘附多足，经复原约26个。紫灰胎，坚硬，含沙粒，青釉泛灰色，足与水槽间施釉。砚池中心有研磨痕，底面有切割后留下的类似树木年轮纹痕（图一二九，3；图版九三，3）。

长沙窑

长沙窑瓷器和碎片出土数量最多，共有6775片，点总数的36%。器形种类有碗、盘、钵盂、壶、罐、粉盒、灯盏等。胎质较粗，较为疏松，火候一般，胎色有灰、黄灰、土红胎。釉色丰富，单色釉分青釉、酱釉、（乳）白釉、黑釉和绿釉，青釉多泛灰、泛黄色，还有彩绘釉，

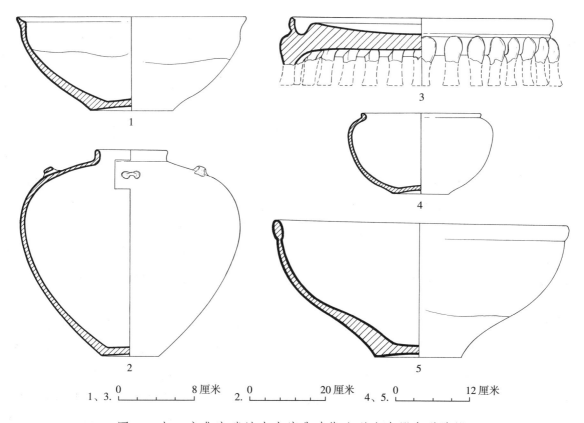

图一二九　文化宫遗址出土唐代晚期宜兴窑瓷器和釉陶器

1.青黄釉盆 YWF1：164　2.釉陶瓮 YWF1：272　3.多足砚 YWF1：166　4.酱釉钵盂 YWG4④A：37　5.釉陶缸 YWF1：180

如黄地褐彩、绿彩、褐绿彩以及（灰）白地绿彩等，釉面有细密开片，晶莹透亮。器物外壁施釉基本不到底，也有少量制作精细的器物通体施釉。釉下大多施乳白或浅黄色化妆土。一般器物内底无釉，如碗、盘内底心留有较浅的叠烧痕迹。装饰纹样丰富多彩，绘画是长沙窑的重要装饰手法，有的在器物的腹部、底部绘以图案，也有的在器物口、嘴、把、耳等处绘以褐彩半圆形或圆形斑纹，还有模印贴花、印花、刻花、堆花等纹样，纹饰以花卉居多，也有花鸟、鹿兽（图版九四，1）、昆虫、人物和云纹等。完整器物3件，复原器物74件。

葵口碗　1件。YWF1：30，口径24.3、高9、足径10厘米。斜直壁，稍内凹，窄圈足。土黄胎，胎体较薄，通体施黄釉，足面刮釉。口沿五处凹进，从器形特征看，应是唐末五代时期流行的薄胎大碗（图一三○，1；图版九四，2）。

敞口弧腹碗　11件。YWF1：51，完整。口径13.8、高5.2、足径4.8厘米。圆唇，玉璧底足。灰胎，青釉，有细开片，外壁施釉不到底，釉下大部分施化妆土，无化妆土处釉呈深青色，有流釉痕。腹下部向内斜削一刀，挖足粗糙（图一三○，2；图版九四，3）。YWG4④A：34，口径14、高5.2、足径5.2厘米。器形同上（图一三○，3）。YWF1：21，口径12.5、高5、足径5.3厘米。圈足挖足较浅。灰胎较细，乳浊灰白釉，釉面较厚，釉面有开片，外壁施釉不到底。内壁施6组褐绿彩纹（图一三○，4；图版九四，4）。YWG4④A：29，口径16.8、高6.6、足径6.4厘米。灰黄胎，青黄釉（图一三○，5）。

敞口厚唇碗　1件。YWG4④A：36，口径20、高6、足径6.8厘米。玉璧足。灰黄胎，青黄釉（图一三○，10）。

敞口唇沿碗　4件。YWF1：1，口径18.6、高7、足径6.8厘米。弧腹，玉璧底足，挖足过肩。灰胎，青釉，釉面有细开片。施化妆土，外壁施大半截釉，有褐斑彩点（图一三○，11；图版九五，1）。YWG4④A：253，口径18.8、高6.5、足径6.7厘米。土黄胎，青黄釉。器形同上（图版九五，2）。

侈口斜直腹碗　7件。YWF1：4，口径13、高4、足径5厘米。内外壁施半釉（图一三○，6；图版九五，3）。YWF1：5，口径14.4、高4.9、足径5.4厘米。尖唇，玉璧形底，窄圈足。灰胎细腻，胎较薄，青黄釉，内外壁满釉（图一三○，7；图版九五，4）。YWF1：245，完整。口径14.3、高5.2、足径5.5厘米。玉璧底足。土黄胎，施化妆土，通体施青黄釉，有流釉痕，釉面有开片，足面刮釉露胎（图一三○，8；图版九五，5）。YWF1：3，口径20、高6.2、足径7.4厘米。唇外撇，玉璧足。红胎夹少量细沙粒，青黄釉，釉面有开片，外壁施釉不到底，釉下施化妆土，无釉处胎呈窑红色。口沿面有浅凹槽1周。腹足底部斜削一刀（图一三○，9；图版九五，6）。

侈口薄唇碗　5件。YWF1：27，口径15.8、高5.6、足径6.8厘米。弧腹，圈足，挖足较浅。土黄胎较细，青釉泛黄，有细开片，外壁施大半截釉，釉下施化妆土。口沿绘对称的半圆形褐彩斑，内腹底绘褐绿彩缠枝花卉纹（图一三一，1；图版九六，1）。YWF1：33，器物略变形。口径14.8～15.3、高5～5.5、足径6厘米。器形同上。口周4处点褐绿彩纹，内腹底彩绘缠枝花卉纹，外壁刻4道瓜棱状纹饰（图一三一，2；图版九六，2）。YWF1：2，口径19.6、高7.3、足径7.4厘米。弧腹，玉璧底足。灰胎，施化妆土，青釉泛黄，有细开片，外壁施半

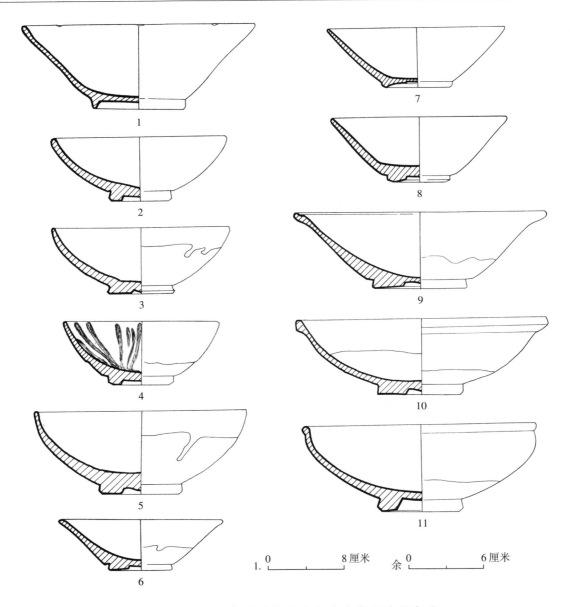

图一三〇　文化宫遗址出土唐代晚期长沙窑瓷碗

1. 葵口碗 YWF1：30　2～5. 敞口弧腹碗 YWF1：51、YWG4④A：34、YWF1：21、YWG4④A：29　6～9. 侈口斜直腹碗 YWF1：
4、YWF1：5、YWF1：245、YWF1：3　10. 敞口厚唇碗 YWG4④A：36　11. 敞口唇沿碗 YWF1：1（1 为黄釉，2、3 为青釉，
4 为灰白釉，余皆青黄釉）

截釉。外腹刻瓜棱状纹饰（图一三一，3）。

　　侈口折腹碗　1件。YWF1：266，口径10.6、高4.7、足径4.2厘米。弧折腹，饼足内凹。土黄胎，内壁满施青黄釉，外壁只口部施釉，釉欠光亮，无釉处胎呈窑红色，底部釉粘有窑渣（图一三一，4；图版九六，3）。

　　折腹盘　8件。YWG4④A：15，口径15、高3.4、足径5厘米。玉璧底足。灰胎，青黄釉，细开片，内外壁施釉（图一三二，1）。YWF1：11，口径15.6、高3.9、足径5.2厘米。敞口，玉璧底足。灰胎，青釉泛黄，有细开片，施釉采用蘸釉法，口腹部蘸釉四次，内外壁底心无釉处呈菱形。内壁满施化妆土，外壁仅口沿有化妆土（图一三二，2；图版九七，1）。YWF1：

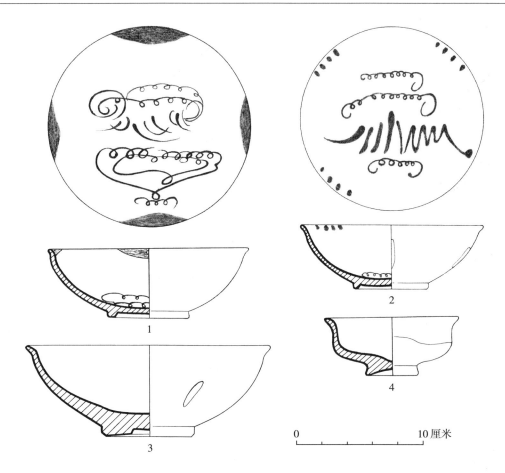

图一三一　文化宫遗址出土唐代晚期长沙窑青黄釉瓷碗

1～3.侈口薄唇碗 YWF1：27、YWF1：33、YWF1：2　4.侈口折腹碗 YWF1：266

18，口径 12.6、高 3.7、足径 4.4 厘米。浅圈足，足内底心外凸。土黄胎，青黄釉，细开片，通体施釉，足面刮釉。在内腹底部用褐彩绘枝叶纹（图一三二，3；图版九七，2）。YWF1：15，口径 15.2、高 3.9、足径 5.4 厘米。器形同上。盘内底无釉，用褐彩单线勾画出一枝花卉（图版九七，3）。

　　花口盘　1件。YWG4④A：145，口径 12、高 3、足径 4.6 厘米。敞口外侈，弧腹，圈足。浅黄胎，乳白釉，有开片，圈足底无釉，施白色化妆土。内壁用乳白、绿色彩绘荷筋纹（图一三二，4；图版九七，4）。

　　灯盏　4件。YWF1：10，口径 11.2、高 3.7、底径 4 厘米。敞口圆唇，弧腹，饼足，内腹底粘附一半圆形环。土黄胎，青釉，酱彩，釉面有开片，外壁施釉不到底。足面有切割痕（图一三三，1；图版九八，1）。YWG4④A：262，口径 11.2、高 4.1、底径 3.3 厘米。灰胎，表面有化妆土，施青釉，釉内有气泡和细开片。

　　双耳水盂　1件。YWF1：255，口径 9、复原高 6.5、复原足径 6 厘米。敛口，微鼓腹，饼足，口沿下有对称穿孔。土黄胎，黄釉，釉面有细开片，外壁施釉不及底，釉下施化妆土。耳部模印枝叶和连珠纹，枝叶粘贴于穿孔外侧，其上施褐彩（图一三三，2；图版九八，2）。

　　枕　1件。YWG4④A：44，面长 15、底长 12、端宽 11、中间宽 9、高 8～9 厘米。枕平

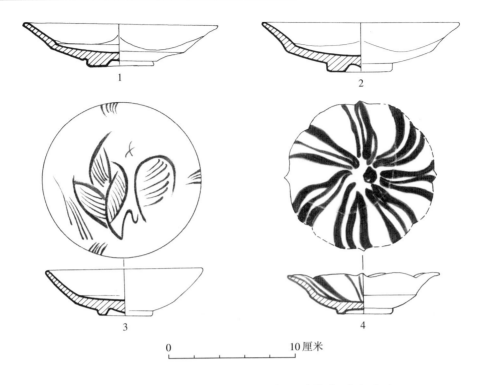

图一三二　文化宫遗址出土唐代晚期长沙窑瓷盘

1~3.青黄釉折腹盘 YWG4④A：15、YWF1：11、YWF1：18　4.乳白釉花口盘 YWG4④A：145

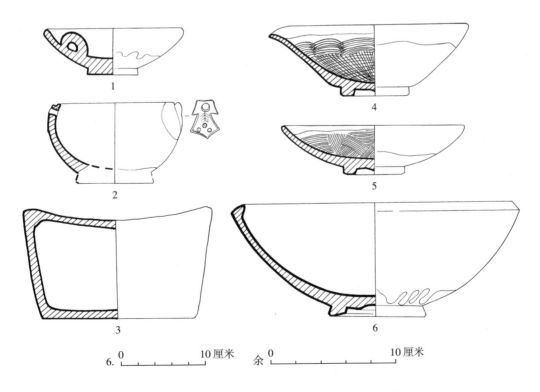

图一三三　文化宫遗址出土唐代晚期长沙窑瓷器

1.青釉灯盏 YWF1：10　2.黄釉双耳水盂 YWF1：255　3.青灰釉枕 YWG4④A：44　4.酱釉碾碗 YWF1：9
5.青釉碾碗 YWF1：13　6.黄釉盆 YWF1：31

面略呈束腰形。灰胎，含细沙，胎外施化妆土，青灰釉，釉面厚薄不匀，枕底无釉（图一三三，3）。

碾碗　2件。YWF1：9，口径15.2、高5.6、足径5.6厘米。敞口，带流，弧腹，玉环底足。土黄胎，酱釉，仅口沿施釉。口沿捏压出半圆形流，内腹底划碾齿纹道（图一三三，4；图版九九，1）。YWF1：13，口径14.5、高4、足径5厘米。敞口，弧腹较浅，玉环底足。灰胎，青釉，施褐彩，内壁仅口沿施釉，外壁施半截釉，有开片。内腹底划碾齿纹道（图一三三，5；图版九九，2）。

盆　1件。YWF1：31，口径34.5、高14、足径11.3厘米。尖唇沿，口内敛，斜弧腹，圈足。灰胎，胎外施化妆土，黄釉，有细开片，内壁施满釉，外壁施釉不到底，有流釉痕（图一三三，6；图版九九，3）。

粉盒　1套。YWF1：34，为盒盖。口径11、高3厘米。直口，平顶微拱。土黄胎，青釉，外壁施满釉，内侧局部施釉，釉面有细开片。釉下施化妆土，顶部釉下彩绘一朵菊花纹。另一件YWF1：17，为盒底。口径11、高4、底径9厘米。子口，平底，胎釉同盒盖。上述盖与底可扣合在一起（图一三四，1、2；图版一〇〇，1）。

粉盒盖　4件。YWF1：204，口径8.7、残高3.9、顶径3厘米。直口，平顶，中部有两层坡状斜收面。灰胎，青釉，外壁施满釉，内壁仅顶部有釉，外壁釉下施化妆土（图一三四，3；图版一〇〇，2）。YWG4④A：16，口径9.7、高3.7厘米。土黄胎，黄釉。在平顶面上书写绿彩"彰"字（图版一〇〇，3）。

熏炉盖　4件。YWF1：35，口径10、残高3.3厘米。直口，隆顶，顶侧镂熏孔。灰胎，青釉，有开片。顶部施褐彩（图一三四，4；图版九八，3）。

钵盂　6件。YWF1：20，口径22、高12.2、最大腹径27、底径9.9厘米。敛口宽唇沿，鼓腹，小平底略内凹。灰白胎，青黄釉，细开片。内腹壁满施釉，外壁施大半截釉，有流釉现象。口沿下有凹弦纹1周，内底有3个细圆点支钉痕（图一三四，5；图版一〇一，1）。YWF1：234，口径19.5、高12、底径8厘米。器形同上。青釉，外壁半釉（图版一〇一，2）。

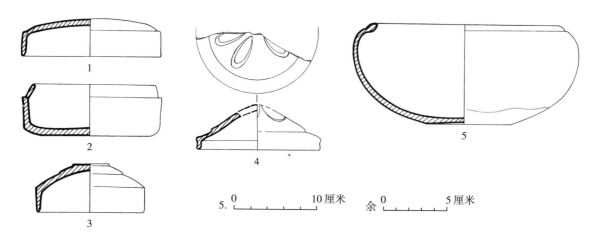

图一三四　文化宫遗址出土唐代晚期长沙窑青釉瓷器

1、2.粉盒 YWF1：34、YWF1：17　3.粉盒盖 YWF1：204　4.熏炉盖 YWF1：35　5.钵盂 YWF1：20

大执壶　5件。YWF1:26，口径约8、复原高19.2、最大腹径15.4、底径约9.8厘米。唇口，直颈，溜肩，鼓腹，饼足，肩部附八角短流、双系及扁条形执把。灰胎，酱釉，釉面有开片，外壁施釉不到底。双系和流下模印贴花，系下为枝叶葡萄、鸟和蜜蜂纹，流下为枝叶葡萄纹。口颈部残缺（图一三五，1；图版一〇二，1）。YWF1:184，口径7.4、高约20.2、最大腹径17、复原足径约13.4厘米。侈口，直颈，丰肩，鼓腹，饼足，肩部置八角短流，颈腹部置执把，附双系。土黄胎，青黄釉，外壁施釉不到底，内侧口颈部施釉。釉下施化妆土，系下部模印贴花叶，一侧系下为枝叶葡萄纹，另一侧残缺。在壶流、双系下施3块圆形褐彩斑纹。内腹壁有轮旋痕。下腹及底残缺系复原（图一三五，2；图版一〇二，2）。YWF1:23，口径6.6、复原高17.3、最大腹径13.1、底径8.7厘米。圆肩，鼓腹，饼足，肩部置八角形流、

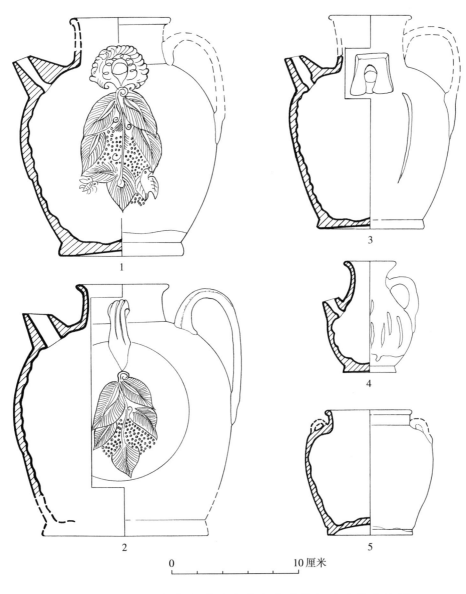

图一三五　文化宫遗址出土唐代晚期长沙窑执壶和罐

1. 酱釉贴花大执壶 YWF1:26　2. 青黄釉贴花大执壶 YWF1:184　3. 酱釉瓜棱腹大执壶 YWF1:23　4. 青釉黄绿彩小执壶 YWF1:24
5. 青黄釉双系罐 YWG4④A:35

扁方桥形耳和扁条形执把。灰胎，酱釉，釉面有细开片，外壁施釉不到底。腹部压印瓜棱纹。口颈及把系复原（图一三五，3；图版一〇二，3）。

小执壶　2件。YWF1：24，口径4.1、高9、最大腹径6.8、底径4.2厘米。敞口，束颈，鼓腹，饼足，颈部置圆形短流，相对一侧置扁圆形执把。灰胎，青釉，细开片，外壁施釉不到底，内侧口颈部有釉。腹部点黄绿彩。内壁有轮旋痕。口沿缺失，复原（图一三五，4；图版一〇二，4）。在建筑工地采集1件小执壶，器形、大小同上（图版一〇二，5）。

罐　7件。YWG4④A：35，口径6.8、高10、最大腹径10.4、底径6.8厘米，为小型罐。直口唇沿，短直颈，溜肩，鼓腹，饼足内凹，肩附双系。灰胎，青黄釉（图一三五，5；图版一〇三，1）。YWF1：210，口径9.5、高17.4、底径11厘米。直口，短颈，垂肩，筒形腹，平底内凹，肩部置四个桥形系。青灰胎，青黄釉（图一三六，1；图版一〇三，2）。YWF1：40，口径10.8、高16.7、足径13.6厘米。唇沿外卷，矮领，鼓肩，筒形腹，饼足内凹，肩部置桥形双系。灰胎，青黄釉，外壁施釉不到底，釉面有细开片。系下划有弦纹1周。系为模制，呈三角形鬼脸状，其上有2组梅花点纹。器内壁有轮旋痕（图一三六，2）。YWG4④A：22，口径14.7、高19.8、底径17.3厘米。器形同YWF1：40，筒形腹更加墩粗。肩部双耳模印贴花纹，从耳正面看似鞍形垫座，下有垂带垫，周边饰泡钉状连珠，内饰花草纹，上方座饰卷云纹，耳长7.4、宽5厘米。腹上部模印贴花，为双鸟葡萄叶纹（图一三六，3；图版一〇三，3）。YWG4④A：215，口径9、高15.8、底径8.5厘米。圆唇外侈，束颈，筒形深腹，平底内凹。灰胎，酱釉，外壁施半釉，内壁只口领部施釉（图一三六，4；图版一〇四，1）。YWF1：25，口径8.6、高14.5、底径8.5厘米。卷口平沿，直颈，筒形腹，饼足内凹。肩部置竖条形双系。青黄釉，外腹下有流釉痕。腹部压印4竖条瓜棱状纹。此罐出土于唐代晚期建筑的磉墩内（图一三六，5；图版一〇四，2）。YWF1：212，口径9.3、高18.8、最大腹径13.6、底径8.8厘米。直口，短颈，垂肩，筒形腹，平底内凹，肩部置双系。青灰胎，施青釉，釉光泽不强，外壁施半釉，内壁仅口颈部有釉。内腹壁有轮旋痕（图一三六，6；图版一〇四，3）。

洪州窑

共出土537片，占总数的2.9%。器形有碗、钵、灯盏、鸟食杯、壶等。胎质分瓷胎和缸瓦胎，胎色有灰、灰白、灰黑及紫色等。釉色以青釉和黄褐釉为主，青釉略泛白色，器物外壁施釉不到底，上釉前施一层灰白色化妆土，使釉色更为明亮。器形拉坯规整、匀称，多数器物腹下部有一道规整的斜形旋削面。装饰花纹技法有戳印和刻划。出土完整器物1件，复原器物16件。

敛口钵　4件。YWF1：95，口径12、高4.4、底径4厘米。平底内凹。灰黑胎，施化妆土，青黄釉，内外壁施半截釉。唇口下有1周凹纹（图一三七，1；图版一〇五，1）。YWF1：96，口径10.8、高4.4、底径4厘米。弧腹，平底。灰胎，黄褐釉，釉面有开片，外壁施大半截釉。内壁划很密的弦纹与"火焰"纹（图一三七，2；图版一〇五，2）。YWF1：186，口径12.4、高4.3、底径4厘米。器形同上。内底印有6朵小花（图版一〇五，3）。

直口碗　3件。YWF1：94，口径9、高3.8、足径5.1厘米。直口微侈，上腹较直，下腹弧状内收，饼足。紫胎，黄褐釉，开片，内壁口沿有釉，外壁施釉不及底。器形规整（图一

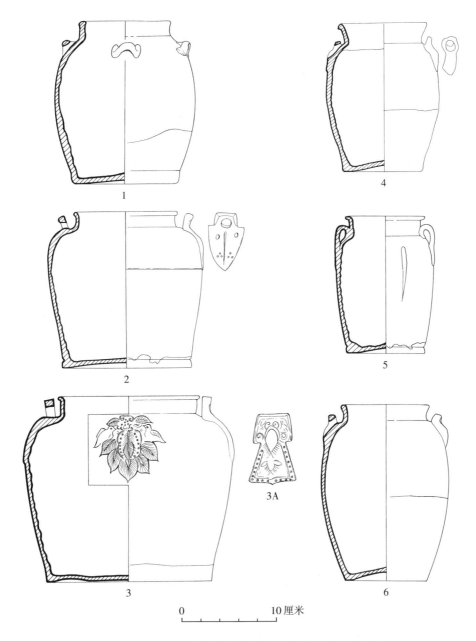

图一三六 文化宫遗址出土唐代晚期长沙窑瓷罐

1. YWF1：210 2. YWF1：40 3. YWG4④A：22 4. YWG4④A：215 5. YWF1：25 6. YWF1：212
（4为酱釉，6为青釉，余皆青黄釉）

三七，5；图版一〇六，1）。YWF1：49，口径8.1、高4.2、足径3.8厘米。弧腹，饼足。灰胎，青釉，釉面较为浑浊，外壁施半截釉，釉下施化妆土，露胎处呈窑红色。YWF1：267，口径8.2、高5、足径4.4厘米。紫色缸胎，外壁施半截黄釉，釉下施化妆土。腹下端有1道旋削面。

侈口碗 4件。YWF1：98，口径10、高5、足径4厘米。灰胎，青釉泛灰白色。围绕腹外壁划重圈纹（图一三七，6）。YWF1：100，口径14.2、高7.8、足径7.8厘米。腹较直，饼足内凹。紫胎，青黄釉，光亮，釉面有开片，内外壁施釉不及底，釉下施化妆土。腹底部有

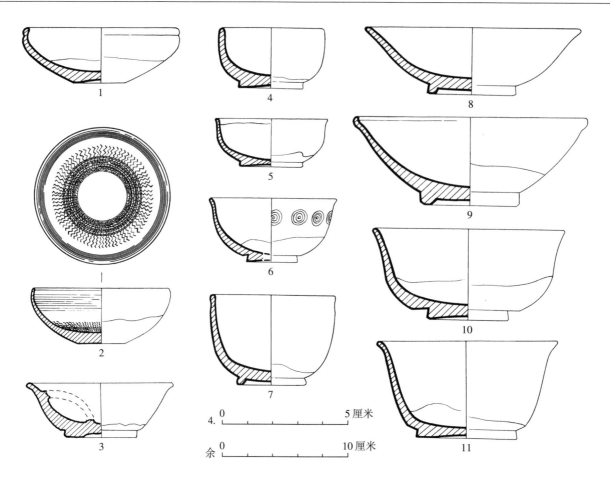

图一三七　文化宫遗址出土唐代晚期洪州窑瓷器

1、2.敛口钵 YWF1：95、YWF1：96　3.灯盏 YWF1：142　4.鸟食杯 YWF1：90　5.直口碗 YWF1：94　6、10、11.侈口碗 YWF1：98、YWF1：183、YWF1：100　7.直口杯 YWF1：194　8、9.敞口碗 YWF1：187、YWF1：97（2、3、5、8为黄褐釉，4、7为黄釉，余皆青黄釉）

1道旋削面（图一三七，11；图版一〇六，2）。YWF1：183，口径15、高7.2、足径6.3厘米。器形及胎釉同上（图一三七，10；图版一〇六，3）。YWF1：93，口径14.4、高9.4、足径6.8厘米。灰胎，青黄釉，外壁施大半截釉。外壁划3道弦纹。

敞口碗　3件。YWF1：187，口径16.8、高5.3、足径7厘米。弧腹，圈足。紫色缸胎，细腻，黄褐色釉，内外壁施釉，足内无釉。釉下施化妆土（图一三七，8；图版一〇六，4）。YWF1：97，口径18.2、高7.1、足径7.6厘米。圆唇内勾，斜腹微弧，圈足，挖足较浅。紫色缸胎，深青黄釉，内外壁施半截釉，无光泽。釉下施化妆土。口沿内侧有凹槽1周（图一三七，9；图版一〇六，5）。YWF1：268，口径19、高6.7、足径8.2厘米。弧腹，圈足，足墙外撇。内外壁施半截釉。

灯盏　1件。YWF1：142，口径11.6、高4.3、足径5.8厘米。敞口微侈，斜弧腹，饼足内凹，内壁附弧形环。紫胎，黄褐釉，釉面有开片，内外壁施釉不及底。腹下有1道旋削面（图一三七，3）。

鸟食杯　1件，完整器物。YWF1：90，口径4.1、高2.4、足径3.2厘米。直口，弧腹，饼足。紫胎，黄釉，无光泽感，内壁口沿有釉，外壁施大半截釉，胎下施化妆土（图一三七，4；图版一〇五，4）。

直口杯　1件。YWF1:194，口径10、高7.2、足径5.4厘米。直口，直腹较深，圈足微外撇。紫色胎，黄釉，光泽感不强，内壁口沿有釉，外壁施大半截釉，施化妆土。口沿外壁下有凹槽1周。腹下端有1道旋削面（图一三七，7；图版一〇六，6）。

寿州窑

出土瓷器碎片755片，占总数的4%。器形有碗、盘、罐、壶、水盂、枕、碾钵、盒等，尤以碗出土数量最多，还有大形器如坛、缸等。器物胎质粗糙，有杂质与气孔，但较坚致。胎呈土黄、灰白、浅红及少量黑色等。黄釉为该窑口瓷器的主色调，也有少量的青釉和茶叶末釉，釉层较厚，有细开片，光泽感较强。胎表均施一层化妆土，釉面显得晶莹光润。有些釉与化妆土结合不牢，有剥釉现象。因胎体厚重，器形略显粗笨，碗、盘内留有3个细圆点支钉痕。出土完整器物1件，复原器物9件。

敞口碗　2件。YWF1:206，口径13.1、高4.8、足径7.5厘米。弧腹，饼足底。土黄胎，黄釉，釉面有开片。外壁施大半截釉，胎表施化妆土（图一三八，1；图版一〇七，1）。YWF1:

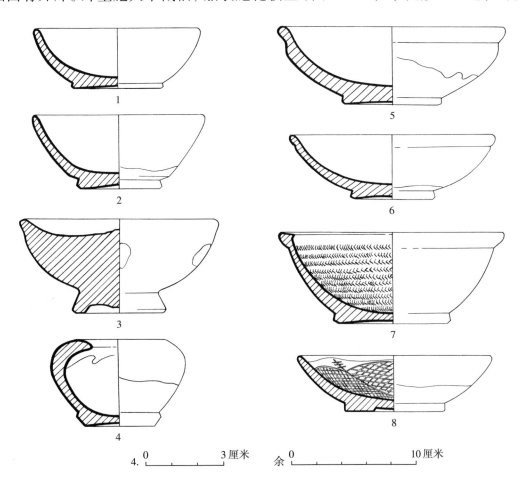

　　　　　4. └─0────3厘米┘　余 └─0──────10厘米┘

图一三八　文化宫遗址出土唐代晚期寿州窑瓷器

1、2.敞口碗 YWF1:206、YWF1:207　3.碗形器 YWF1:21　4.鸟食罐 YWF1:83　5、6.唇口碗 YWF1:232、YWF1:257　7.碾碗 YWF1:216　8.碾碗 YWF1:13（3无釉，7为黑褐釉，余皆黄釉）

207，口径13.3、高5.8、足径6.8厘米。器形同上（图一三八，2；图版一○七，2）。

唇口碗　4件。YWF1：232，完整器物。口径17.8、高6.3、足径7.9厘米。弧腹，饼足。土黄色胎，黄釉，较光亮，釉面有开片，内壁满釉，外壁半釉，有流釉痕，局部无釉处胎呈窑红色。口沿外有弧状凹槽1周，内底有3个圆点支钉痕（图一三八，5；图版一○七，3）。YWF1：257，口径16.2、高5、足径6.8厘米。器形同上（图一三八，6；图版一○七，4）。

碗形器　1件。YWF1：21，口径7.8、高3.8、足径3.6厘米。敞口，弧腹，圈足，足外撇。黄白胎较细，无釉，在胎部四处及圈足内施黄釉斑纹。器物内壁旋削很浅，且有旋削痕（图一三八，3）。

鸟食罐　1件。YWF1：83，口径2.2、高3.4、足径3.6厘米。敛口，尖唇，鼓腹，饼足。浅红胎，黄釉，釉面无光泽，外壁施半截釉，内壁仅口沿以下局部有釉。足外沿旋削一圈（图一三八，4；图版一○七，5）。

碾碗　2件。YWF1：216，口径18.1、高7.4、足径9.5厘米。敛口，唇沿，斜弧腹，饼足。土黄胎较细，外壁施黑褐釉，釉薄，欠光亮。内腹壁划很密的箭齿状磨纹（图一三八，7；图版一○八，1）。YWF1：13，口径15.4、高4.4、足径8厘米。敞口，圆唇，弧腹，玉璧足。土黄胎较粗，黄釉，外壁施半截釉，内壁仅口蘸有釉，内腹底无釉处胎呈窑红色。在内壁划交错状碾齿纹（图一三八，8；图版一○八，2）。

定（邢）窑

出土定窑瓷片1726件。器形有碗、盘、盒、盏、托、壶、罐、钵、瓶、杯、执壶等。胎土白且细腻，瓷化程度高。釉呈透明的白色，少部分白釉中略闪灰、闪黄色。釉泽白润，釉水凝聚处多呈青绿色，釉面极少有细开片。施釉一般采用蘸釉法，器物外壁的腹下至底部都不施釉，极少部分器物通体施釉。器形规整，变化较少。器物上花纹装饰，往往在碗、盘口部挖出四五处小凹口，形成花口状，腹部压成竖条状瓜棱纹，或在腹部内侧模印出筋；也有少量的模印花纹。在器物足部发现少量的粘沙现象。出土完整器物1件，复原器物46件。

敞口碗　5件。YWF1：174，口径14.2、高3.4、足径7.2厘米。斜直腹，矮圈足，器底薄，玉璧足。白胎，白釉（图一三九，1）。YWF1：111，口径13、高4.3、足径6.5厘米。弧腹，玉璧足。白胎，白釉，釉泽光亮，内外壁皆施釉，足内无釉（图一三九，2；图版一○九，1）。YWG4④A：229，口径12.6、高3.7、足径6.6厘米。器形和胎釉同上（图一三九，3）。YWF1：270，口径11.8、高4.8、足径5.6厘米（图一三九，4；图版一○九，2）。YWG4④A：222，口径11.4、高4.6、足径5.4厘米。弧腹，圈足。白胎，白釉，釉内充满气泡，釉面滋润光亮，通体施釉，足端刮釉。内腹、底交接处有凹槽1圈。足粘沙粒（图一三九，5；图版一○九，3）。

唇口碗　5件。YWF1：120，口径13.9、高4.3、足径6.9厘米。弧腹，玉璧足。白胎，白釉微泛灰色，釉面有细开片，外壁施釉不到底（图一三九，6；图版一○九，4）。YWF1：86，口径12.6、高4.4、足径5.3厘米。斜腹，圈足。白胎，白釉，釉内充满气泡，釉面光亮，通体施釉，足面刮釉。斜削足外沿，足有粘沙痕（图一三九，7；图版一○九，5）。

侈口碗　10件。YWF1：113，口径10.4、高2.9、足径4厘米。玉璧足。白胎，白釉，外

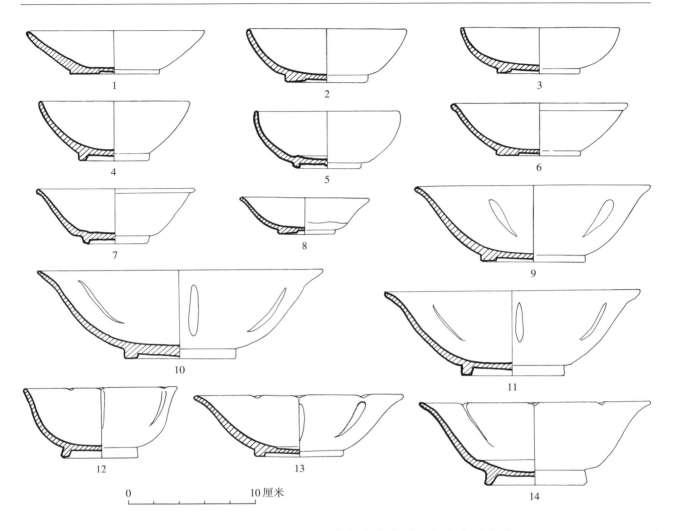

图一三九　文化宫遗址出土唐代晚期定（邢）窑白釉瓷碗

1～5. 敞口碗 YWF1∶174、YWF1∶111、YWG4④A∶229、YWF1∶270、YWG4④A∶222　6、7. 唇口碗 YWF1∶120、YWF1∶86　8～11. 侈口碗 YWF1∶113、YWG4④A∶88、YWG4④A∶238、YWG4④A∶19　12～14. 葵口碗 YWF1∶87、YWG4④A∶228、YWG4④A∶85

壁施大半截釉（图一三九，8）。YWG4④A∶219，口径19.7、高6.1、足径8.8厘米。宽圈足，挖足浅。外壁刻6竖条瓜棱状纹（图版一一〇，1）。YWG4④A∶88，口径18.6、高6、足径8.4厘米。器形同上（图一三九，9）。YWG4④A∶238，口径22.5、高7.1、足径8.8厘米（图一三九，10；图版一一〇，2）。YWG4④A∶19，口径20.2、高6.8、足径8.2厘米（图一三九，11）。

葵口碗　3件。YWF1∶87，口径12.2、高5.5、足径6.2厘米。五瓣葵口，腹部出筋与葵口相对。白胎，白釉（图一三九，12；图版一一〇，3）。YWG4④A∶228，口径16.6、高5、足径7厘米。器形同上，但圈足矮（图一三八，13）。YWG4④A∶85，口径18.6、高6.6、足径8.3厘米。斜弧腹，圈足。白胎，白釉，釉内充满气泡，釉泽光亮，内外壁施釉，足内无釉。口沿五处凹进，与内腹模印出筋相对（图一三九，14；图版一一〇，4）。

折腹盘　12件。YWG4④A∶89，口径19.8、高4、足径7.6厘米。葵口外侈，大平底，圈足。白胎，白釉，釉泽光亮，通体施釉，足面刮釉露胎。口沿五处凹进，与内腹壁模印出筋相对（图一四○，1；图版一一一，1）。YWF1：225，口径20.5、高4、足径8厘米。器形同上（图一四○，2；图版一一一，2）。YWF1：202，口径15.3、高3.8、足径6.5厘米。口沿五处凹进，与内腹壁模印五道出筋相对（图一四○，3；图版一一一，3）。YWF1：227，口径15.1、高4.3、足径7.7厘米。口沿五处凹进呈葵口，外侈，内底下凹，圈足。白胎，白釉，釉内有气泡，釉泽光亮，内外壁施釉，釉聚处泛水绿色（图一四○，4；图版一一一，4）。YWF1：103，口径30.3、高6、足径10.5厘米。斜侈口，内底下凹。灰白胎，白釉泛灰色，釉泽不光亮，内外壁施釉，有流釉痕，足内无釉。足端外沿被斜削（图一四○，5；图版一一一，5）。YWG4④A：131，口径15、高4、足径6厘米。器形同YWF1：227（图版一一一，6）。YWG4④A：130，器形同上，圈足内有垫砂痕。

斜腹盘　3件。YWF1：102，口径23.8、高5、足径9.6厘米。大敞口，尖沿，宽圈足，挖足浅。灰白胎，白釉，内外壁施釉，釉内有气泡，釉面光亮。口沿五处凹进，与内壁模印出筋相对。斜削足端外沿（图一四○，6；图版一一二，1）。YWF1：110，口径15.6、高3.8、足径7.8厘米。葵口，窄圈足，足微外撇。白胎，白釉，釉内有气泡，釉泽光亮，内外壁施釉，足内无釉。口沿五处凹进，足有粘沙痕（图一四○，7；图版一一二，2）。YWF1：90，口径14.6、高2.3、足径6.7厘米。器形同上，造型小巧（图一四○，8；图版一一二，3）。

委角方盘　1件。YWF1：104，口边长12.4、高2.6、足边长6.3厘米。敞口，斜直壁，圈足。盘边呈弧状，四角凹进呈委角。白胎，白釉泛灰色，釉面较光亮，通体施釉。四角腹部压印弧状出筋，四边内壁各模印飞鸟两只，内底模印双线柿蒂纹及连线旋涡纹组合。足有粘

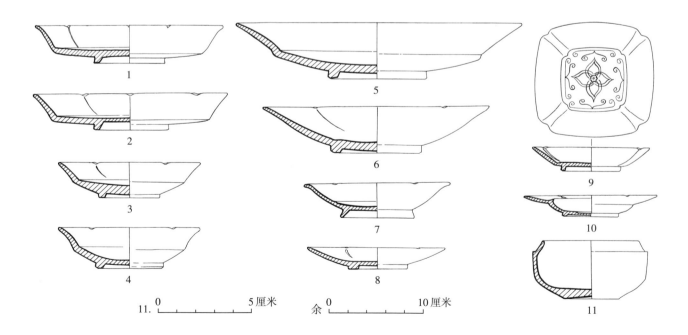

图一四○　文化宫遗址出土唐代晚期定（邢）窑白釉瓷盘、盏托和粉盒

1～5.折腹盘 YWG4④A：89、YWF1：225、YWF1：202、YWF1：227、YWF1：103　6～8.斜腹盘 YWF1：102、YWF1：110、YWF1：90　9.委角方盘 YWF1：104　10.盏托 YWF1：101　11.粉盒底 YWF1：112

沙痕（图一四〇，9；图版一一二，4）。

盏托　1件。YWF1：101，口径14、高2.3、足径5.8厘米（复原）。盘状，坦口，浅腹，托口呈凸起状，矮圈足。白胎，白釉，聚釉处泛青绿色，釉层内有气泡，釉面光亮，内外壁施釉。口沿四处凹进，与模印出筋相对。足系复原（图一四〇，10；图版一一二，5）。

粉盒底　2件。YWF1：112，完整器物。口径5.1、高3.1、最大腹径6.2、底径3.1厘米。子口敛沿，直壁，下腹弧状内收，平底。灰白胎，白釉泛灰色，釉内有气泡，釉面光亮，外腹壁满釉，内壁部分施釉，底无釉（图一四〇，11；图版一一三，1）。

瓶　1件。YWF1：107，口径8.5、高26.2、最大腹径18.5、底径9厘米。小口，唇沿外卷，直颈，丰肩，弧腹较深，上部略鼓，卧足平底。白胎，白釉闪灰色，釉泽光亮，釉内有气泡，内壁大部分施釉，外壁满釉，足内无釉。内腹壁有轮旋痕（图一四一，1；图版一一四，1）。

钵　2件。YWF1：91，口径11.5、高5.7、足径6厘米。白胎，白釉闪灰色，外壁施釉至足。唇边捏成波浪状花瓣纹（图一四一，2；图版一一三，2）。YWF1：185，口径14、高8.5、足径7.7厘米。敛口，宽唇沿，弧腹，圈足。白胎，白釉，釉泽光亮，外壁施大半截釉。腹下端有一道旋削面，斜削足端外沿（图一四一，3；图版一一三，3）。

菱花形杯　1件。YWG4④A：200，最大口径16、中间最小口径8.6、高4.8、足最大径6.9、最小径4厘米。上视呈椭圆形，敞口，斜直壁，椭圆形圈足。白胎，白釉微闪灰，光亮，通体施釉，足端刮釉。口部四曲呈花瓣状，腹部有弧线凸棱。内底模印连珠纹与鱼纹组合（图一四一，4；图版一一三，4）。

执壶　1件。YWF1：108，口径8.4、高21、最大腹径12.8、底径7.8厘米。喇叭口，束颈，圆肩，弧形深腹，平底内凹。肩部置圆形短流，残，对面置弯曲把柄。白胎，白釉，釉泽光亮，釉厚处泛青，外壁施釉至足，内壁局部有釉。把柄由三股瓷泥捏成，上部塑成束花状，把手下端类似铆钉状。内腹壁有轮旋痕（图一四一，5；图版一一四，2）。

巩县窑

共出土陶瓷器碎片1310片。器形最多的为各种碗、盘类，还有碟、钵、盒、壶、罐、枕、唾盂、炉以及少量的雕塑瓷等。瓷胎较为细腻，多为白胎，也有灰白、牙白色胎。以白釉为主，还有黑釉和多彩釉。釉面有细密

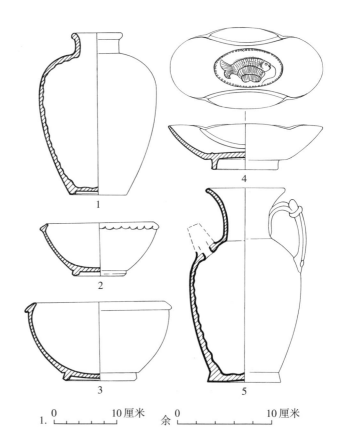

图一四一　文化宫遗址出土唐代晚期定（邢）窑白釉瓷器

1.瓶 YWF1：107　2、3.钵 YWF1：91、YWF1：185　4.菱花形杯 YWG4④A：200　5.执壶 YWF1：108

开片，光亮。器内壁满釉，外壁施釉不及底，也有少量通体施釉的，施釉前在胎体上均施白色化妆土。常见在碗、盘的口沿上削成四或五处凹口，与内腹压印出的竖直筋相对应。白瓷绘蓝彩，即青花瓷，为巩县窑首创，在碗、盘、罐、枕上或点或绘（图版一一五，1~4），图案淡雅。绞胎和绞釉贴花是唐代陶瓷业新工艺，花纹类似木纹机理。三彩陶器，也是该窑陶瓷装饰的重要品种。巩县窑的装烧工艺，一般采用支烧，所以器物的内底上，往往留有3个细圆点的支钉痕。出土完整器物2件，复原器物38件。

葵口碗　3件。YWF1：115、220，两器大小、形制相同。口径14、高3.7、足径7.2厘米。浅腹，玉璧足。口沿五处凹进（图一四二，1；图版一一六，1、2）。YWF1：116，口径15.4、高3.7、足径7.9厘米。浅腹，玉璧足。灰白胎，牙白釉，有开片，通体施釉，足面无釉，施化妆土。口沿有五处凹口，并与腹部竖直的出筋相对（图一四二，2；图版一一六，3）。

敞口碗　2件。YWG4④A：121，口径18、高4.6、足径9.2厘米。斜弧腹，玉环形足。浅黄胎，通体施白釉，圈足与外底无釉（图版一一六，4）。YWG4④A：114，口径14.1、高4.3、足径7.3厘米。浅腹，玉璧足。浅土黄胎，牙白釉，有细密开片，外壁施釉至足，足内

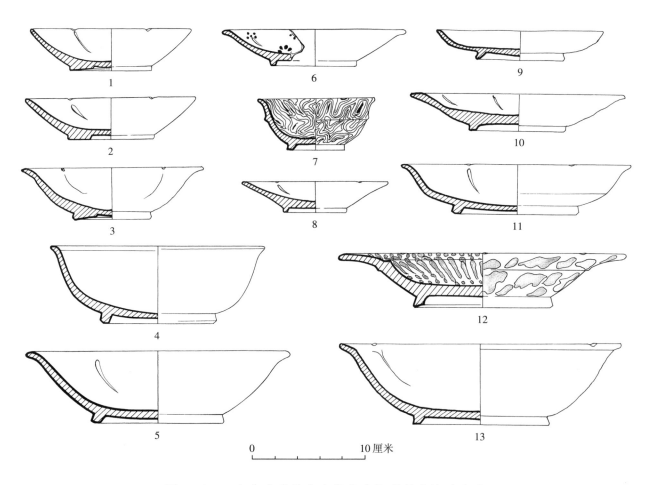

图一四二　文化宫遗址出土唐代晚期巩县窑瓷碗和盘

1、2.葵口碗 YWF1：115（220）、YWF1：116　3~5、7、13.侈口碗 YWF1：117、YWF1：123、YWF1：118、YWG4④A：124、YWG4④A：119　6.青花盘 YWF1：132　8、10、11.侈口盘 YWF1：129、YWF1：127、YWF1：128　9.敞口盘 YWF1：137　12.宽折沿盘 YWF1：139（4为黑釉，7为黄釉，余为白釉或牙白釉）

无釉，施化妆土（图版一一六，5）。

侈口碗　8件。YWF1：117，口径16.2、高4.6、足径7厘米。弧腹，玉璧足。口沿四处凹口呈葵口，与腹壁压印出筋相对（图一四二，3；图版一一七，1）。YWF1：123，口径18.8、高6.6、足径10.2厘米。黄白胎，内壁施白釉，外壁施黑釉，口沿、圈足内无釉，施化妆土（图一四二，4；图版一一七，2）。YWF1：118，口径23.3、高6.5、足径11.8厘米。斜弧腹，大底，圈足。浅黄白胎，牙白釉，有开片，釉面光亮，通体施釉，足面无釉。内腹壁压印出筋。斜削足端外沿（图一四二，5；图版一一七，3）。YWG4④A：119，口径24.6、高7、足径12厘米。葵口外侈，弧腹，圈足。胎釉同上（图一四二，13）。YWG4④A：124，口径10.4、高4.4、足径5.3厘米。弧腹，圈足。黄白胎，较粗，黄釉，光亮，外壁施釉至足，露胎处呈窑红色，未施化妆土。绞胎，纹理呈黑褐色。外腹中部有凸棱1圈（图一四二，7；图版一一七，4）。

青花盘　2件。皆复原。YWF1：132，复原口径16.2、高3.2、足径7.6厘米。黄白胎，较细，牙白釉，釉面有开片，釉泽光亮，通体施釉，足面刮釉。施化妆土，内壁釉下绘青花，为点彩梅花瓣纹。腹壁压印4道出筋（图一四二，6；图版一一五，5）。YWF1：143，与上相同（图版一一五，6）。

侈口盘　6件。YWF1：129，完整器物。口径13、高2.8、足径6厘米。葵口外侈，浅腹，矮圈足。黄胎，胎表施化妆土，牙白釉，釉泽欠光亮，外壁施釉至足，足内无釉。口沿三处凹口，与腹壁压印出筋相对（图一四二，8；图版一一七，5）。YWF1：127，口径18.8、高3.2、足径8.4厘米。浅腹，平底，圈足。通体施白釉，有细开片，釉泽光亮。内壁压印出筋（图一四二，10）。YWF1：128，口径20.2、高4.5、足径12厘米。尖沿，折腹，广底，矮圈足。白胎，牙白釉，通体施釉，圈足刮釉。口沿四处凹进，与腹壁压印出筋相对（图一四二，11；图版一一七，6）。

敞口盘　1件。YWF1：137，口径14.6、高3.6、足径7.8厘米。浅腹，圈足外撇。黄白胎，胎上施化妆土，白釉，釉面有开片，釉泽光亮，通体施釉，足无釉。釉下施绿彩斑纹（图一四二，9）。

宽折沿盘　2件。YWF1：139，口径25、高4.8、足径12.2厘米。平口，弧沿外折，浅腹，圈足，沿与腹相接处有凸棱一圈，挖足过肩。红陶胎，施化妆土，白釉，有细密开片，釉泽光亮，通体施釉，足面无釉，也未施化妆土。内壁点绿彩，外壁点绿彩斑纹，内底划弦纹。斜削足端内沿（图一四二，12；图版一一八）。YWF1：236，与上述绿彩大盘相同。

唾盂　1件。YWF1：147，口径10.2、高6、底径4.6厘米。斜直口，束颈，扁圆腹，平凹底。灰白胎，白釉，光亮，有开片，通体施釉，底面无釉，施化妆土（图一四三，1；图版一一九，1）。

粉盒　1套，完整。YWF1：144，口径4.6、高3、底径2.7厘米。由盒盖、底组成。盒盖，直口，弧状顶，略扁。盒底，子口，直壁下弧状内收，平底。白胎泛黄，较粗。盖底外壁施黑釉，外底无釉，釉泽漆黑光亮。盒内底与内顶盖施白釉（图一四三，2；图版一一九，2）。

盒盖　1件。YWF1：133，口径17.2、高3.5厘米。直口，折平顶。黄白胎，施化妆土，

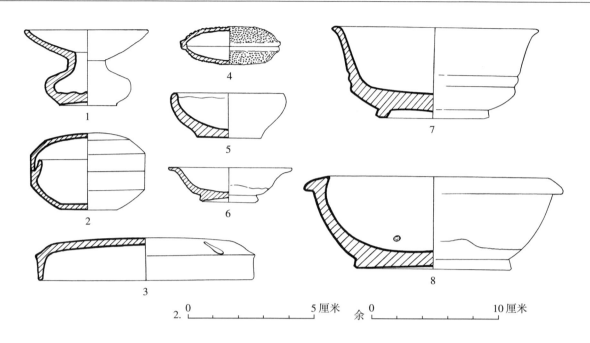

图一四三　文化宫遗址出土唐代晚期巩县窑瓷器

1. 白釉唾盂 YWF1∶147　2. 黑釉粉盒 YWF1∶144　3. 牙白釉盒盖 YWF1∶133　4. 白釉搓具 YWF1∶109　5. 黑釉敞口碟 YWF1∶141
6. 绿釉侈口碟 YWF1∶136　7. 白釉侈口钵 YWF1∶122　8. 白釉宽沿钵 YWF1∶170

外壁施牙白釉，内顶部有釉，釉面光亮，有开片。盖顶边沿压印瓜棱状纹饰（图一四三，3；图版一一九，3）。

　　敞口碟　1件。YWF1∶141，口径9、高3.6、底径5.1厘米。圆唇，弧腹，平底。灰白胎，黑釉，光泽感不强，内腹底施釉，口、外壁无釉（图一四三，5；图版一一九，4）。

　　侈口碟　2件。YWF1∶136，口径10、高2.7、足径4.6厘米。斜弧腹，饼足内凹。黄白陶胎，胎表施化妆土，施绿釉，光亮，有开片，外壁施釉不到底（图一四三，6；图版一一九，5）。

　　侈口钵　1件。YWF1∶122，口径16.2、高7.4、足径8.9厘米。折腹，大底，圈足。黄白胎，白釉较光亮，有细开片，内外壁满施釉，足内无釉，胎上施化妆土。腹底处有凹弦纹两道，内底有3个圆点支钉痕（图一四三，7；图版一二〇，1）。

　　宽沿钵　1件。YWF1∶170，口径17.2、高7.3、足径12.4厘米。厚唇折沿，弧腹，饼足。白胎较粗，有杂质，白釉微闪黄色，釉面光亮，有开片，外壁施釉不及底，无釉处胎呈浅窑红色。内底有3个支钉痕（图一四三，8；图版一二〇，2）。

　　皮囊壶　1件。YWF1∶134，高22.6、流嘴径2.4、最大腹径15.2、足径10.3厘米。壶上部呈扁形，于中间有提梁带鋬，提梁一侧有圆形管状流，壶下部饱满，浅圈足。壶身两侧及流下部有线纹凸棱，形如皮囊缝合线痕。黄白胎，较粗，施白色化妆土，牙白釉，光亮，有细开片，外壁施釉不到底。提梁两侧模印三角状毡子纹，类似马背上的障泥巾络。壶为模制，内侧中段有横接痕，基本完整（图一四四；图版一二一）。

　　搓具　1件。YWF1∶109，口径8.1、复原高度3厘米。圆饼状，剖面呈椭圆形，空心。白瓷胎，较细，器表施透明白釉，釉薄。表面有细密的锥刺纹（图一四三，4；图版一一九，6）。

三彩提梁罐　2件。YWF1：138，口径2.6、高3.7、底径1.7厘米。敛口唇沿，鼓腹，平底，口上附提梁（残）。淡红色陶胎，三彩釉，外壁仅施半截釉，有细开片（图一四五，1）。

黄釉乌龟　1件。YWG4④A：243，完整器物。身长3、头长1.2、宽2厘米。作伸颈爬行状。白陶胎，龟身施黄釉，腹部和足无釉。龟背模印菱形纹（图一四五，2；图版一二〇，3）。

绿釉绞胎枕　1件。YWG4④A：218，枕长18.9、宽13.3、高9.2厘米。圆角长方形，中间略低。淡红色陶胎，除底面无釉外，其余都施绿釉。绞胎纹路为灰褐色，顶部及四侧均为木纹肌理。枕一侧有一个细圆孔（图一四五，3；图版一二〇，5）。

三彩炉　1件。YWG4④A：1，口径11.4、高8厘米（复原）。直口，宽折沿，直壁，平底，炉底围附五足（复原）。淡红色陶胎，施黄、绿、白三彩，釉面光亮，有细开片，口沿外壁施釉，内壁无釉。外壁有2道凹弦纹（图一四五，4；图版一二〇，4）。

绿彩大盆　1件。YWF1：140，口径33.2、高9、足径14.5厘米。侈口折沿，弧腹，饼足内凹。黄白胎，胎表施化妆土，白釉绿彩，内壁彩绘呈块斑状，外壁施绿彩至腹下部（图一四五，5；图版一二二，1）。

黄堡镇窑

20世纪90年代初，对黄堡镇窑认识不清，把这类蘸釉五次的黑釉瓷盘等都归入长沙窑中。随着对黄堡镇窑的认识，感觉唐代黄堡镇窑烧制的瓷器已销售到扬州，但数量较少，只复原1件黑釉盘。YWG4④A：84，口径13.8、高3.3、足径6.6厘米。敞口略外侈，弧腹，饼足内凹。黄灰胎，较粗，有杂质，黑釉。口沿腹部蘸釉五次，无釉处呈五边形。胎上施化妆土。旋削足端外沿（图一四

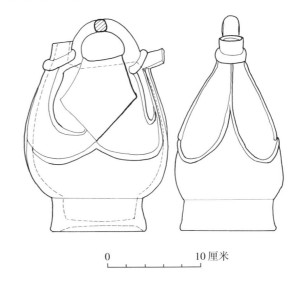

图一四四　文化宫遗址出土唐代晚期巩县窑白釉瓷皮囊壶YWF1：134

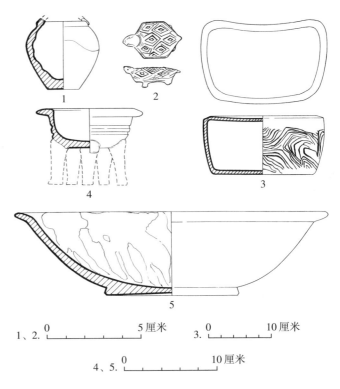

图一四五　文化宫遗址出土唐代晚期巩县窑瓷器和三彩器

1.三彩提梁罐YWF1：138　2.黄釉乌龟YWG4④A：243　3.绿釉绞胎枕YWG4④A：218　4.三彩炉YWG4④A：1　5.绿彩大盆YWF1：140

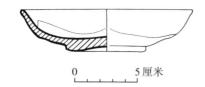

图一四六　文化宫遗址出土唐代晚期黄堡镇
窑黑釉盘 YWG4④A：84

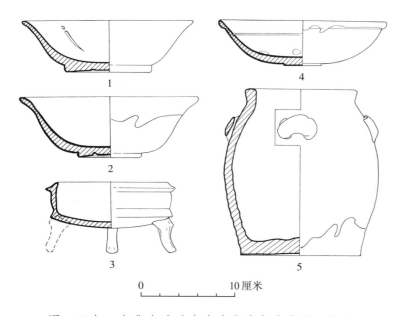

图一四七　文化宫遗址出土唐代晚期未定窑口瓷器

1.侈口碗 YWF1：53　2.侈口碗 YWG4④A：231　3.釉陶三足炉 YWG4④A：
146　4.唇口碗 YWG4④A：203　5.四系罐 YWG4④A：175（2、3为黄釉，余
皆青釉）

六；图版一二二，2）。

未定窑口

出土一些与上述各窑不同的瓷片，共复原5件器物。

侈口碗　1件。YWF1：53，口径18、高5、足径9.1厘米。弧腹，玉璧足。灰黑胎，较粗，通体施青釉，釉较厚而光亮，有开片。底部有3个支钉痕。内腹压印出筋（图一四七，1；图版一二三，1）。YWG4④A：231，口径19、高6.6、足径7厘米。弧腹，玉璧足。白胎，疏松，淡黄釉，内壁满釉，外壁小半截釉，釉薄且有流釉痕。斜削足端外沿（图一四七，2）。

三足炉　1件。YWG4④A：146，口径11.6、高7.6厘米。敛口，唇沿，直壁，弧形底，置三足。浅黄色陶胎，黄釉，外壁施釉，内壁仅口沿处有釉，釉面有开片，光亮。腹下端有1圈凹槽（图一四七，3）。

唇口碗　1件。YWG4④A：203，口径18.1、高4.7、足径4厘米。唇沿，弧腹，小饼足。黄白胎较细，青釉，内壁满釉，外壁仅口沿有釉，釉面厚薄不匀，光泽感不强。内腹有1道凹弦纹，内底有5个较大的圆形支钉痕（图一四七，4；图版一二三，2）。

四系罐　1件，完整器物。YWG4④A：175，口径12、高17.8、最大腹径16.5、底径13厘米。直口平沿，垂肩，筒形腹，平底，肩部附四横系。浅黄胎，疏松，青釉光亮，釉面有开片，内壁满釉，外壁挂釉不到底，有流釉痕，无釉露胎处呈窑红色。内腹有轮旋痕（图一四七，5；图版一二三，3）。

波斯釉陶器

共出土波斯釉陶器151件，都为碎片。器形有壶、罐两种，胎体厚重，质地疏松，胎色多呈淡黄色。釉以绿色为主，或淡绿、翠绿、墨绿、蓝绿等，釉厚，多在3～5毫米之间，釉层混浊不透明，胎釉结合不好有剥落现象。通体施釉，有流釉痕（图版一二四，1）。纹饰采用堆贴、刻画等技法，有凹凸弦纹、瓦垄纹、波浪纹、梅花点纹和连珠纹等。器物口沿有支钉痕，或为覆烧，或为对口烧。根据器形介绍3件较大残片。

壶　1件。YWG4④A：标本，口径8、残高6、执把宽4厘米。敛口，厚唇沿，直颈，置对称宽执把。浅黄胎，蓝绿釉，有细开片，光泽度不强。颈部划凹弦纹数道。口沿残留支钉痕。

罐　1件。YWG4④A：标本，口径7.4、残高7.2厘米。敛口，唇沿，短直颈，丰肩，置环形双系。浅黄胎，墨绿釉，釉厚，有细开片。肩部饰短斜直纹1圈及刻划花纹。口沿有倒流釉的3个乳丁，且残留1个宽支钉痕。双系孔不通，俗为"盲系"。

器底　1件。YWG4④A：标本，底径14.4、残高15、腹胎厚1.7厘米。斜直壁，宽圈足。浅黄胎，外壁施绿釉，内壁施较薄的黄釉，均无光泽。有轮旋痕。

（2）陶器

出土陶器片133片，有灰陶和红陶，均为泥质陶。可辨认的器形有盆、炉、灯、罐、壶、缸、模、弹丸等。出土完整器物1件，复原器物3件。

罐　1件，完整。YWF1：176，灰陶胎。口径11.3、高13、最大腹径14.4、底径8.7厘米。唇沿外侈，垂肩，鼓腹，平底。肩部钻两洞为系眼（图一四八，1；图版一二四，2）。

盆　1件。YWG4④A：241，灰陶胎，较细腻。口径27、高10、底径19厘米。敞口，宽唇沿，斜直壁微弧，平凹底（图一四八，2；图版一二四，3）。

双鱼纹印模　1件。YWG4④A：259，灰陶胎。残长6.7、宽9.9、厚1.8厘米。并排双鱼纹内凹，有凸出外边廓（图一四八，3）。

灯座　1件。YWG4③：28，灰陶胎。口径7.8、高26.4、底径11.8厘米。座上部为碗形，底为盘状，中部用圆柱连接，中空（图一四八，4；图版一二四，4）。

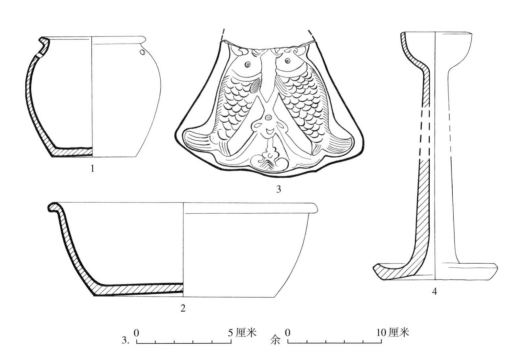

图一四八　文化官遗址出土唐代晚期陶器

1. 罐 YWF1：176　2. 盆 YWG4④A：241　3. 双鱼纹印模 YWG4④A：259　4. 灯座 YWG4③：28

（3）玻璃器

在房屋内的砖铺地面上，发现成堆的玻璃器碎片计200余片，经统计面积大于2平方厘米的残片约190片。所有残片表面均呈现出风化状，类似云母状成片剥落，并显有虹彩现象，玻璃表面发暗。玻璃残片都是透明的，玻璃颜色有绿色、深蓝色、黄色、黄绿色及无色透明（图版一二五，1）。其中绿色玻璃残片153片，占总数的80.5%，玻璃厚度1～1.5毫米，大部分玻璃体内可看见较多气泡和结石，只有少数体内无明显气泡；淡绿色玻璃残片15片，占总数的7.9%，玻璃质量与上面相同，但胎壁更薄，厚度0.3～0.9毫米，极易破碎，这些薄壁玻璃，从其弧度看，应是吹制器皿的腹部；黄绿色玻璃残片8片，占总数的4.2%，玻璃质量好，体内不见气泡，腹片弧度小，可能是小型器残片；无色透明玻璃7片，占总数的3.7%，这种玻璃质量最好，体内看不到气泡和结石，与现代玻璃相差不多；深蓝色玻璃4片，占总数的2.1%，胎壁厚度2～3毫米，经透光观察，颜色呈亮蓝，这种深蓝色玻璃的质量，比绿色玻璃质量要好一些，比无色透明玻璃质量差一些；黄色玻璃3片，占总数的1.6%，玻璃质量一般，从其厚度和形状看，可能为瓶或杯的凹底部。

以上玻璃碎片未能复原出完整器，从残片看可能有鼓腹水瓶、香料瓶、胆形瓶、杯、碗和盘等。

划纹玻璃　7片。花纹线条极细，类似针叶状（图一四九，1、2）。

刻花玻璃　2小片。为无色透明玻璃片，因残片太小，花纹主题不清，但纹路较深（图一四九，3；图版一二五，2）。

鼓腹瓶　1件。YWF1-2：1，腹残高18、腹径24、颈残高约10、口径9.2、底径13.4厘米，腹壁厚1～1.3毫米。小口，长颈，扁圆腹，底部内凹，凹面较深，呈弧状。外底面有粘贴圆形金属杆的痕迹（图一四九，4、11；图版一二五，3）。

碗、盘　口部残片，浅绿色。碗口径约16厘米，敞口，圆唇外卷（图一四九，7）。盘口最大径约21厘米，口径也呈圆唇外折卷（图一四九，5；图版一二五，4）。

直筒杯　有口沿和底部残片，大体器形为口唇稍敛，直腹壁，平底，唇部内卷（图一四九，6）；底部较厚，遗有加工时铁杆顶底痕迹。浅绿色。

香料瓶底　2片，YWF1-2：2，底径约6.6厘米，绿玻璃；YWF1-2：3，底径3厘米，黄玻璃。底部形状与鼓腹水瓶基本相同，但尺寸明显小于鼓腹水瓶，香料瓶高约10厘米，腹壁较厚2～3毫米（图一四九，9、10；图版一二五，5）。

瓶口　浅绿色玻璃残片，口径约1.5厘米，口沿微侈，小口直颈。

胆形瓶　4片深蓝色玻璃残片，其形可能与暖水瓶胆相似，细颈，腹部呈橄榄形，圜底。

从以上玻璃残片中选出绿色和浅绿色玻璃各1片，送交中国建筑材料研究院玻璃陶瓷测试中心进行化学成分分析，其结果如下表：

成分　样品	SiO_2	Al_2O_3	Fe_2O_3	CaO	MgO	K_2O	Na_2O	MnO	Cl
绿色透明玻璃	64.95	2.51	0.49	5.09	6.44	2.61	15.62	1.72	0.54
淡绿透明玻璃	67.74	2.17	0.71	5.22	5.72	3.58	13.68	0.58	

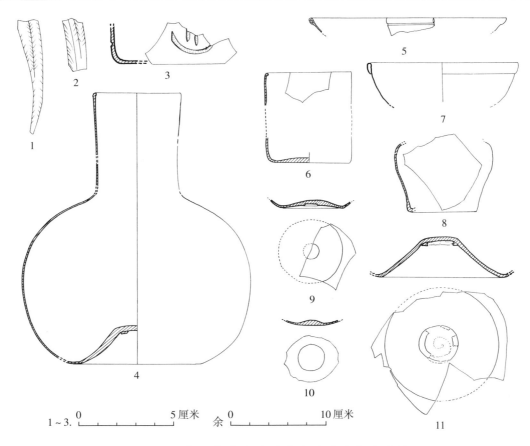

图一四九 文化官遗址出土唐代晚期玻璃器

1、2.划纹玻璃 3.刻花玻璃 4、11.鼓腹瓶YWF1-2：1 5.盘口部残片 6.直筒杯 7.碗口部残片 8.瓶残片 9、10.香料瓶底YWF1-2：2、YWF1-2：3

从上分析表明，这两片玻璃均为伊斯兰玻璃中最常见的钠钙玻璃。

（4）骨器

共清理出土骨器12件，大部分用牛骨、水牛角制作，极少用鹿角和兽类獠牙制作，多为半成品的骨梳、骨篦和裁割下来的边角骨料等。

鹿角器 1件。YWG4④A：300，残长15.5、口径2.1、圆孔径0.6厘米。鹿角中空，一端钻有圆孔，灰白色，有磨损痕迹（图版一二六，1）。

（5）铁器

出土各类铁器37件。大部分铁器锈蚀在一起，器形不清，能看出有20枚铁钉，如楔形。

（6）铜器

出土残铜器40件。多锈蚀不清，可辨器物有铜钉3枚和铜钩1件。

（7）石器

石刻板 1件。YWG4④A：302，残长7.8、厚0.2、宽4厘米。用细线刻划荷花莲蓬纹（图一五〇，1）。

2.生产工具

共清理出生产工具15件。其中砺石4件，石碾轮9件，石臼1件，陶纺轮1件。

石碾轮、碾槽　9件。其中YWG4④A：256为一套，碾轮外径12、内径3.3、最厚处2.4厘米，碾槽长42、宽10、高6、槽深4厘米。碾轮呈扁圆饼形，中心有圆孔。碾槽呈长条船形，槽截面为"V"字形。灰瓷胎，质粗。素面（图一五〇，3；图版一二六，2）。

石臼　1件。YWG4③：27，口径21.6、高13、底径10.6厘米。敞口，弧腹，平底内凹，口沿带宽流。深紫色石料，器表有勒石痕迹（图一五〇，4；图版一二六，3）。

陶纺轮　1件。完整器。YWG4④A：265，泥质灰陶。外径6.8、内径0.9、厚0.9厘米。圆饼状，中心有圆孔，用瓦片磨制而成（图一五〇，2）。

砺石　4件。皆残缺，分粗、细两种，有较深的凹槽状磨砺痕。

3. 货币

（1）铜钱

共出土114枚铜钱，皆圆形方孔钱，锈蚀不清者32件。

"开元通宝"钱　78枚。其中1枚外径2.5、穿径0.85厘米，青铜质，宽廓边，背面有"月纹"；剪边"开元通宝"钱1枚，外径2.2、穿径0.85厘米，黄铜质，窄廓边，背面有"月纹"。

"乾元重宝"钱　2枚。其中1枚外径2.3、穿径0.85厘米，背面有"月纹"；另1枚外径2、穿径1.05厘米。

"五（铢）"钱　1枚。外径2、穿径0.85厘米。

（2）金块（F1-2：10）

共3块。一块呈方形，边长1.9、厚0.5厘米；一块呈圆角方形，边长2.2~2.3厘米，厚0.7厘米；最小一块是切割下的散碎小块，长1.7、宽1.1、厚0.7厘米。三块总重73克（图版一二六，4）。

4. 建筑材料

建筑材料主要为瓦当、筒瓦、板瓦、铺地砖、柱础石等，完整的极少，碎砖瓦比较多，现选其完整者分别说明如下：

长方条砖　灰色，有三种规格：一种为长36、宽18、厚5厘米，一种为长30、宽15、厚4厘米，另一种为长26、宽13、厚3厘米。以第三种规格使用最多。

方砖　灰色。尺寸均为长32、宽32、厚5厘米。有的正面模印菱形格纹。

板瓦　灰色。长33.5、宽头24、窄头18、厚1.3厘米。四分瓦，平面略呈梯形，瓦面中部弧状隆起，内壁印布纹，模制（图版一二七，1）。

筒瓦　灰色。长31、宽14、厚1.9、榫头长4厘米。直筒状，内壁印布纹（图版一二七，2）。

瓦当　9件。YWG4④A：401，直径14.7、厚2.4厘米。泥质灰陶。廓边较宽，纹饰内凹，中心为莲蓬纹，外围8朵莲花瓣，丰满，最外为连珠纹，模制（图一五一，1；图版一二七，3）。YWG4④A：402，直径13、厚1.5厘米。宽廓边，纹饰外凸，中心为莲蓬纹共9点，外围莲瓣纹和连珠纹（图一五一，2；图版一二七，4）。YWG4④A：403，直径14.2、厚2.4厘米。泥质灰陶。廓边特宽，中心为莲蓬纹，共7点，其他纹饰与上同（图一五一，3；图版一二七，5）。

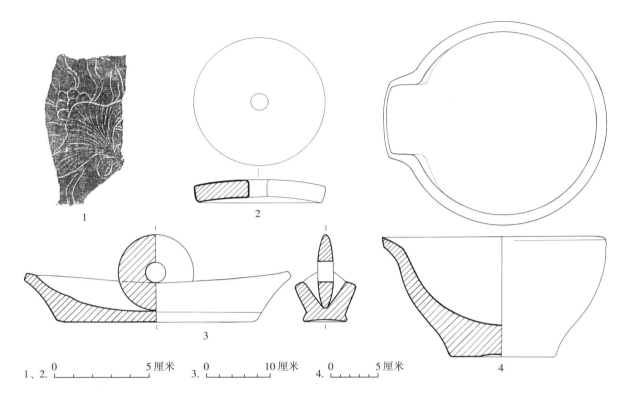

1、2.　0 └──┴──┴──┴──┘ 5厘米　　3.　0 └──┴──┴──┴──┘ 10厘米　　4.　0 └──┴──┴──┘ 5厘米

图一五〇　文化宫遗址出土唐代晚期石器和陶器

1. 石刻板纹饰拓片 YWG4④A：302　2. 陶纺轮 YWG4④A：265　3. 石碾轮、碾槽 YWG4④A：256　4. 石臼 YWG4③：27

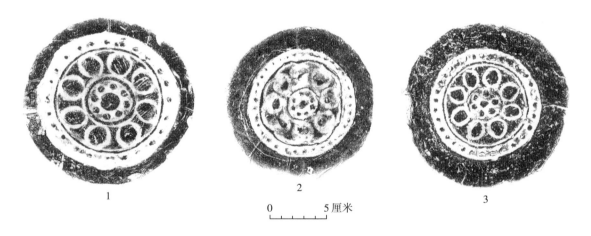

0 └──┴──┴──┴──┘ 5厘米

图一五一　文化宫遗址出土唐代晚期莲花纹瓦当拓片

1. YWG4④A：401　2. YWG4④A：402　3. YWG4④A：403

（三）宋代遗物

宋代遗物主要出土于第2层、灰坑（YWH1）以及水井（YWJ1）内，有各类遗物（包括瓷片）5766件。现按用途、质地介绍如下。

1. 生活用具

（1）瓷器

出土各类瓷器和瓷片5518件，主要器形有碗、盘、碟、盏、盏托、盒、壶、罐、枕、炉等，还有少量的雕塑瓷。这批产品出自景德镇湖田窑、繁昌窑、龙泉窑、吉州窑、定窑、磁州窑、耀州窑、临汝窑、越窑等，其中景德镇窑系出土瓷器占总量的50.3%，宜兴窑、龙泉窑、吉州窑次之，分别占15.6%、5.7%、3.57%。现按窑口分别说明如下：

景德镇窑系

共出土景德镇窑系的各类瓷片2777片。器形主要有碗、盘、碟、盒、壶、罐、炉、瓶、枕等，其中碗类器最多。胎质细腻，较坚致，器壁较薄，有的能透光。胎色以白色为主，少量灰白胎。釉呈透明的青白色，也有部分黑釉瓷。有些器物的青白釉因釉汁不纯或烧成气氛差异，使釉色白中闪灰、黄等色。精品瓷器施釉均匀，釉面晶莹滋润，有细开片，玻璃质感强。一般器物均内外壁施釉。粗瓷器往往外壁施半截釉。花纹装饰手法主要为刻花、划花、印花等，也有少量产品点绘褐彩斑纹。装烧方法有仰烧、覆烧、叠烧三类。仰烧器多采用垫饼和垫圈支烧，器外底留有黑褐斑点痕；覆烧器口沿削釉露胎，俗称"芒口瓷"；涩圈叠烧往往在器皿内腹底刮釉一圈露胎，数件重叠装烧。这批瓷器绝大部分为景德镇湖田窑产品，亦有部分是青白瓷系统的繁昌窑等附近窑口产品，一同归于景德镇窑系。完整器物2件，复原器物58件。

侈口碗　21件。YWH1：23，口径16.3、高6.3、足径6厘米。弧腹，高圈足，足边较薄。青灰釉，外壁施釉不到底。内底有弦纹，并粘有少量窑渣，制作工艺粗糙（图一五二，1；图版一二八，1）。YWG4②：40，口径16.6、高7、足径6厘米。器形同上。灰白胎，灰白釉闪

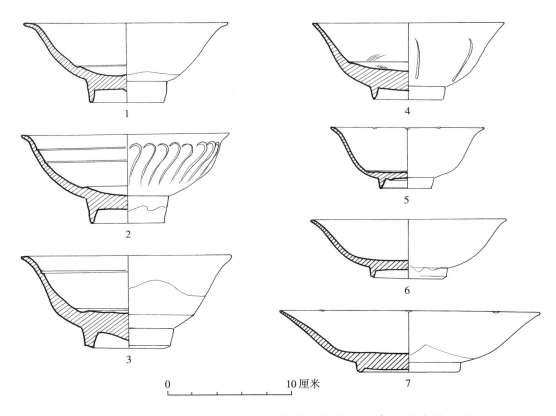

图一五二　文化宫遗址出土宋代景德镇湖田窑青白釉瓷侈口碗

1～7. YWH1：23、YWG4②：40、YWH1：52、YWJ1：7、YWH1：4、YWH1：39、YWG4②：33

青色，外壁施釉到足墙中部。内腹有弦纹1周，外腹刻莲瓣纹（图一五二，2）。YWH1∶52，口径16.8、高7.5、足径6.9厘米。器形同上，器底厚重。浅灰釉，无光泽，外壁施半釉（图一五二，3；图版一二八，2）。YWJ1∶7，口径15.4、高6.2、足径5.4厘米。弧腹，窄圈足，底胎厚。白胎细腻，青白釉略闪灰色。外腹壁划短直线纹，内壁弦纹下划篦线纹（图一五二，4；图版一二八，3）。YWH1∶4，口径12.2、高5、足径4.2厘米。尖唇沿，窄圈足。白胎，胎较薄，青白釉，足内无釉。口沿六处凹进呈葵口。足内外底面有凹槽一周，且有垫饼痕（图一五二，5；图版一二八，4）。YWH1∶45，口径11.5、高4.5、足径4厘米。侈口宽沿，窄圈足，内底较平（图版一二八，5）。YWH1∶1，口径20.4、高7.6、足径6厘米（图版一二八，6）。YWH1∶39，口径15.4、高4.3、足径6.2厘米。弧腹，圈足。灰白胎，青白釉略闪黄色，外壁施釉到足，有流釉现象（图一五二，6；图版一二九，1）。YWG4②∶33，口径20.6、高4.8、足径8.2厘米。六出葵口，尖沿，折腹，窄圈足。器底较厚，有蘸釉痕（图一五二，7）。YWH1∶26，口径16.6、高6.2、足径5.2厘米。内壁刻曲线纹，内填篦线纹。内底有圆形小平面，外底有垫饼痕（图一五三，1；图版一二九，2）。YWH1∶44，口径18.4、高6.5、足径5.8厘米。内壁刻划花纹，内填篦线纹。内底较平坦，足内外缘有凹槽一周（图一五三，2；图版一二九，3）。YWH1∶78，口径18.7、高5.6、足径5.6厘米。白胎细腻，青白釉，有开片，内外壁施釉，足内无釉。内壁刻划缠枝莲花纹，较为精致（图一五三，3；图版一二九，4）。YWJ1∶1，口径19、高7、底径6厘米。葵口，挖足浅，圈足尖窄。内壁有刻划纹和篦纹（图一五三，4）。YWH1∶65，口径18.8、高5.7、底径5.4厘米。圈足尖窄，足底心外凸。白胎，青白釉。内壁刻划荷花纹，内填篦线纹。口沿复原呈六瓣葵口状（图一五三，5；图版一二九，5）。YWJ1∶8，口径20.6、高5、足径5.4厘米。六出葵口，尖沿，折腹，窄圈足。白胎，内外壁施青白釉，足内无釉，釉内有气泡。内壁刻划三束莲花纹。内底有垫饼痕（图一五三，6；图版一三〇，1）。YWH1∶54，口径14、高3.7、足径4.1厘米。尖唇，四出葵口，窄圈足，挖足浅。白胎，内外壁施青白釉，足内无釉。内壁刻划花纹，内填划篦线纹。足有垫饼痕（图一五三，7；图版一三〇，2）。YWJ1∶6，口径17.2、高6.6、足径5.5厘米。六缺葵口。灰白胎，白釉泛灰。制作粗，应为繁昌窑产品（图版一三〇，3）。

　　唇口碗　7件。YWG4②∶6，口径13.8、高4.4、足径5.4厘米。斜腹，圈足，足底心外凸。白胎，青白釉，外壁施半截釉，内底刮釉一圈，无釉处胎呈淡黄色。斜削足之外沿，涩圈叠烧（图一五四，1）。YWH1∶60，口径14.1、高4.2、足径5.5厘米。器形同上（图版一三〇，4）。

　　敞口碗　10件。YWH1∶68，口径16.4、高5.5、足径6.4厘米。圆唇不外鼓，斜腹，圈足。白胎，青白釉，外壁施半截釉，内底刮釉一圈。斜削足端外沿，涩圈叠烧（图一五四，2）。YWG4②∶22，口径17.4、高7.4、足径7.1厘米。尖唇，弧腹，底胎较厚，挖足浅。白胎，内外壁施青白釉，足无釉。斜削足端外沿，足内有垫饼痕（图一五四，3；图版一三一，1）。YWG4②∶54，口径18、高6.6、底径7厘米。器形同上，但底较薄（图一五四，4）。YWG4②∶66，口径18.2、高6.5、足径7.2厘米。器形同上（图版一三一，2）。YWH1∶10，口径20、高8、足径5厘米。斜腹微弧，内底较平，窄圈足，挖足浅。白胎，内外壁施青白釉，足

图一五三　文化宫遗址出土宋代景德镇湖田窑青白釉瓷侈口碗

1. YWH1：26　2. YWH1：44　3. YWH1：78　4. YWJ1：1　5. YWH1：65　6. YWJ1：8　7. YWH1：54

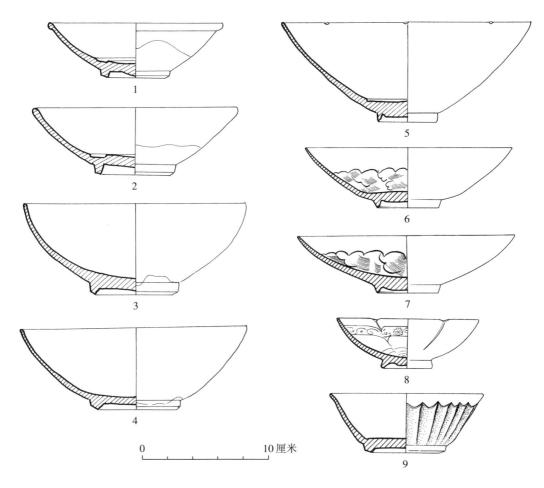

图一五四　文化宫遗址出土宋代景德镇湖田窑青白釉瓷碗

1. 唇口碗 YWG4②：6　2～9. 敞口碗 YWH1：68、YWG4②：22、YWG4②：54、YWH1：10、YWH1：36、
YWG4②：72、YWG4②：71、YWG4②：14

内无釉。口沿六处凹进呈葵口，足内有垫饼痕（图一五四，5；图版一三一，3）。YWH1：36，口径16.5、高4.8、足径5.1厘米。窄圈足。白胎，青白釉泛灰色，仅足内无釉。内壁刻划曲线纹，内填篦线纹。足内外缘有凹槽一道（图一五四，6）。YWG4②：72，口径17.4、高4.6、足径5厘米。浅腹微弧，浅圈足。内壁刻划曲线纹，内填篦线纹（图一五四，7）。YWG4②：71，口径11.4、高3.9、足径4厘米。小底，圈足外撇。白胎，青白釉。足内无釉，但有较浓重的窑红色和垫饼痕。内壁模印花纹。口沿四处凹进，与外壁压印瓜棱纹相对，足内有一道凹槽（图一五四，8）。YWH1：2，口径19.8、高5.8、足径5.5厘米。内壁刻划简易花纹，内填篦线纹。YWG4②：14，口径12.4、高4.7、足径6.6厘米。斜直腹，大圈足，挖足浅。白胎，青白釉，足内无釉。外壁刻莲瓣纹（图一五四，9）。

斗笠碗　2件。YWH1：25，口径14、高5.4、足径3.3厘米。侈口尖唇沿，斜直壁，窄圈足，挖足极浅，似饼足。白胎较薄，能透光，内外壁施青白釉，足无釉。内壁划简单缠枝花卉纹，内填篦点。足内有垫饼黑褐斑痕（图一五五，1；图版一三一，4）。YWH1：51，口径12.2、高4.1、足径3.2厘米。斜直壁微弧，窄圈足，挖足浅（图一五五，2；图版一三一，5）。

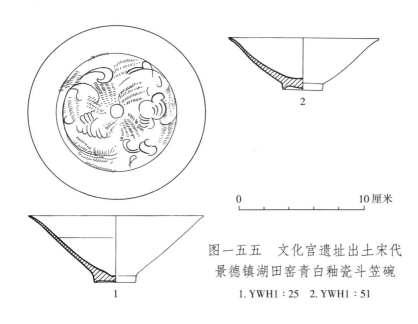

0　　　　　　　　　　　10厘米

图一五五　　文化宫遗址出土宋代
景德镇湖田窑青白釉瓷斗笠碗
1. YWH1：25　2. YWH1：51

敞口盘　3件。YWH1：77，口径13.4、高3.7、底径5厘米。弧折腹，平底内凹。白胎，青白釉闪灰色，仅底无釉。内腹有折痕一圈（或弦纹一圈）（图一五六，1；图版一三二，1）。YWJ1：5，口径17.6、高4.5、足径4.8厘米。小唇沿，窄圈足，挖足浅。白胎，内外壁施青白釉，底无釉。内壁划花，外壁划莲瓣纹。足内有垫饼痕（图一五六，5）。YWJ1：3，口径11.2、高2.5、底径4.6厘米。浅腹，平底内凹。白胎，内外壁施釉，底无釉。内底划花纹，内填篦线纹。斜削足外沿，底有垫饼痕（图一五六，10）。

侈口盘　6件。YWH1：38，口径14.9、高3.7、足径6.8厘米。折腹，圈足，足墙外撇。白胎，青白釉，外壁施釉不到底。内壁刮釉一圈，斜削足外沿（图一五六，2；图版一三二，2）。YWH1：49，口径15、高3.3、足径6厘米。腹下端平削面，足内有鸡心点，涩圈叠烧（图一五六，3；图版一三二，3）。

芒口盘　2件。YWG4②：13，口径17.4、高3.9、足径6厘米。唇沿，弧腹，矮圈足。白胎，白釉泛灰色，通体施釉，口沿削釉。内底有凹弦纹一周，为覆烧器物（图一五六，11；图版一三二，4）。YWH1：14，口径12、高2.6、底径9厘米。斜直腹，大平底（图版一三二，5）。

鸟食罐　1件。YWH1：24，口径4.8、高3.9、底径3.4厘米。敛口平沿，鼓腹，平底内凹。白胎，青白釉，外壁大半截釉，内壁满釉。外壁模印双层莲瓣纹（图一五六，4；图版一三三，1）。

唇口碟　3件。YWG4②：34，口径9.4、高3.2、底径4.5厘米。斜直壁，浅圈足。灰白胎，灰白釉泛青色，外壁施半截釉，无釉处呈窑红色。斜削足之外沿（图一五六，7）。YWH1：32，口径8.8、高3、底径4.2厘米。器形同上（图一五六，6）。

敞口碟　1件。YWG4②：29，口径9.2、高2.7、底径4.8厘米。斜腹，平底。白胎，青白釉泛绿，外壁施大半截釉。内壁近底处有折痕一圈（图一五六，9）。

花口瓶　1件。YWTJ1：10，口径13.7、残高12厘米。花口，束颈，丰肩。颈部于两道弦纹间划莲瓣纹，腹部划缠枝花纹。颈、肩部有明显接痕，做工较细（图一五六，12；图版一三三，2）。

鸳鸯形盒盖　2件。YWG4②：30，口径4.3、连纽高4.8厘米。直口，上部塑游水鸳鸯。白胎，外表施青白釉。鸳鸯身上施褐彩装饰（图一五六，14；图版一三三，4、6）。YWG4②：31，口径4.2、高4厘米（图一五六，13；图版一三三，5、6）。

器盖　1件。YWH1：1，盖径11.2、高3.1厘米。圆纽，平顶。白胎，青白釉，内壁无釉

图一五六　文化宫遗址出土宋代景德镇湖田窑青白釉瓷器

1、5、10.敞口盘 YWH1：77、YWJ1：5、YWJ1：3　2、3.侈口盘 YWH1：38、YWH1：49　4.鸟食罐 YWH1：24
6、7.唇口碟 YWH1：32、YWG4②：34　8.器盖 YWH1：1　9.敞口碟 YWG4②：29　11.芒口盘 YWG4②：13
12.花口瓶 YWTJ1：10　13、14.鸳鸯形盒盖 YWG4②：31、YWG4②：30

（图一五六，8；图版一三三，3）。

龙泉窑

共出土瓷片 315 片。主要器形有碗、盘、碟、盏、盆等。胎质一般较细腻，致密，多为灰白胎，也有少部分灰胎和土黄色胎。釉多青釉，或青中闪灰、青中闪黄色，其中以梅子青及粉青为最佳。施釉均匀，釉层较厚，有细开片，玻璃质感强。花纹装饰以刻划花为主，线条简练，生动有力，题材多为荷花、荷叶、鱼、云纹等，辅助纹饰以折扇纹、莲瓣纹、篦线纹为多，另外也有少量模印、贴花、戳印花纹装饰。器底留有装烧痕迹，如垫饼、垫圈，有的圈足底面釉被刮掉，这些都与装烧有关。出土完整器物 1 件，复原器物 25 件。

敞口碗　14 件。YWH1：70，口径 21.8、高 8.6、足径 6.4 厘米。弧腹，圈足，内底心外凸。灰胎，青釉，釉内有气泡，内外壁施釉，足内无釉。口沿下有弦纹 1 道，其下刻划缠枝花纹，内填篦线纹，外壁刻划折扇纹。足内有垫饼痕（图一五七，1；图版一三四，1）。YWG4②：8，口径 20、高 8.9、足径 7.1 厘米。内腹壁刻划莲花纹，内底刻划月华锦纹（图一五七，2；图版一三四，2）。YWJ1：4，口径 17.2、高 6.5、足径 4.7 厘米。内壁刻划枝叶纹，并填划篦线纹，口沿下弦纹 1 道（图一五七，3；图版一三四，3）。YWH1：10，口径 11.8、高 5.5、足径 4.4 厘米。弧腹，圈足，厚底。灰白胎，青釉，内外壁施釉，足内无釉。内壁刻划叶脉纹，外壁刻划蕉叶莲瓣纹。斜削足内外边（图一五七，4）。YWH1：5，口径 12.8、高 5.4、足径

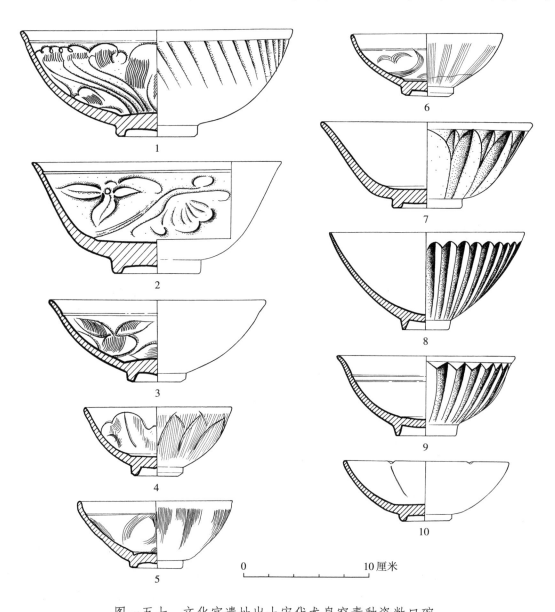

图一五七　文化宫遗址出土宋代龙泉窑青釉瓷敞口碗

1. YWH1：70　2. YWG4②：8　3. YWJ1：4　4. YWH1：10　5. YWH1：5　6. YWH1：30　7. YWG4②：31
8. YWG4②：35　9. YWG4②：36　10. YWG4②：39

4.2厘米。内壁划3组篦线纹，外壁刻划9组长短直线纹（图一五七，5；图版一三五，1）。YWH1：30，口径11.9、高5、足径4厘米。器形与花纹同上（图一五七，6）。YWG4②：31，口径16.6、高6.8、足径5.6厘米。外壁刻莲瓣纹，莲瓣饱满，短而宽，瓣中棱线凸起（图一五七，7；图版一三五，2）。YWG4②：35，口径15.4、高7.8、足径3.6厘米。尖沿，斜直壁微弧，小圈足。灰胎，青釉泛绿色，釉内充满气泡，通体施釉，削足露胎处呈窑红色。外壁刻莲瓣纹，瓣中棱凸起（图一五七，8；图版一三五，3）。YWG4②：36，口径14、高6.4、足径4.6厘米。灰胎，青釉略泛绿色，通体施釉，足端无釉处呈窑红色。内壁有2道弦纹，外壁刻莲瓣纹（图一五七，9）。YWG4②：39，口径13.2、高4.7、足径4.2厘米。口沿四处凹进与内壁模印出筋相连，内底平（图一五七，10）。

花口碗　1件。YWG4②：7，口径12.7、高5.6、足径5.3厘米。敞口，腹下部弧折状内收，内底平坦，浅圈足。灰白胎，青釉，釉内有气泡，内外壁施釉，足内无釉。口内沿下划2道与菱花形口相一致的波浪纹，并有6道"S"形纹与花口相接。圈足内有垫饼痕（图一五八，1；图版一三五，4）。

束口碗　5件。YWH1：22，完整器物。口径16.8、高7.2、足径5.4厘米。侈口，斜弧腹，圈足，厚底。内口沿下划凹弦纹1圈。灰白胎，青釉，釉内有气泡，内外壁施釉，足无釉。内壁刻划6组三瓣枝叶纹，内填划篦线纹，外壁刻斜直线纹。内底略外凸，挖足较浅。腹下端有一道旋削面。足内有垫饼痕（图一五八，2；图版一三六，1）。YWH1：27，口径17、高7.9、足径5.4厘米。土黄色胎，青黄釉泛酱色，有细小开片，内外壁施釉，足底无釉。内壁刻划2组枝叶纹，内填划篦点纹，外壁划直线纹。器物未烧透，内底落有窑渣（图一五八，3；图版一三六，2）。YWG4②：61，口径18.4、高7.8、足径5厘米。器形内壁花纹同上，外壁刻划折扇纹（图一五八，4；图版一三六，3）。YWH1：46，口径18、高7.5、足径6.3厘米。器形、花纹同YWH1：22（图一五八，5）。YWG4②：42，口径17、高6.4、足径5.1厘米。素面（图一五八，6）。

斗笠碗　1件。YWH1：69，口径9.5、高3.8、足径1.6厘米。敞口，斜直壁，小圈足，挖足浅。灰胎，青釉，外壁施半截釉，有流釉痕。内腹弦纹下刻划花纹内填划篦线纹。器形规整（图一五九，1；图版一三七，1）。

侈口碗　2件。YWG4②：17，口径8.7、高3.5、足径3.2厘米。弧腹，圈足，足底心外凸，挖足过肩。灰白胎，青釉，有开片，内外壁施釉，足内无釉（图一五九，2；图版一三七，2）。YWH1：6，口径18.2、高5.8、足径6.3厘米。斜弧腹，圈足，挖足较浅。灰胎，青黄釉，有开片，外壁施釉基本到底。内壁弦纹下刻划花纹，内填以篦线纹，外壁刻折扇纹。斜削足端外沿（图一五九，4；图版一三七，3）。

鸟食碗　1件。YWG4②：2，口径6.3、高2.9、足径3.1厘米。直口微外侈，浅弧腹，大底卧足。灰胎，局部夹红胎，青釉，外壁施半截釉，露胎处呈窑红色。足底有鸡心状凸起（图一五九，3）。

折腹盘　1件。YWG4②：1，口径13.6、高3.6、底径3.8厘米。敞口，平底内凹。灰白胎，青釉，釉内有气泡，有开片，内外壁施釉，底无釉。内底刻划三瓣叶纹，并填以篦线纹。

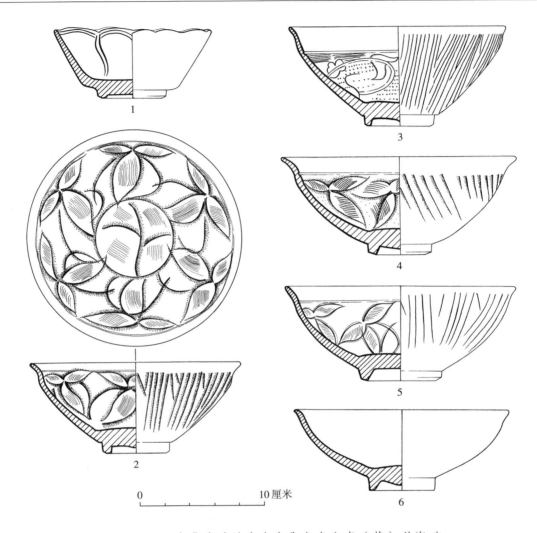

图一五八　文化宫遗址出土宋代龙泉窑青（黄）釉瓷碗

1.花口碗 YWG4②：7　2～6.束口碗 YWH1：22、YWH1：27、YWG4②：61、YWH1：46、YWG4②：42（3为青黄釉，余皆青釉）

外底面有垫饼痕（图一六〇，1；图版一三七，4）。

宽沿盘　1件。YWG4②：56，口径14、高4、足径6.5厘米。侈口，弧腹，圈足。灰白胎，青釉泛绿，釉内有气泡，通体施釉，足面刮釉处呈窑红色。内底模印贴双鱼纹，外壁刻莲瓣纹，瓣中棱线凸起（图一六〇，2）。

吉州窑

共出土瓷器碎片197片。主要器形有碗、盘、杯、渣斗、炉等。胎质较细腻，有少量杂质、坚致，胎色有白、灰、灰黑、土黄四种。釉色分黑釉、（灰）白釉、青白釉、绿釉等。黑釉瓷施釉由口至腹部渐厚，且有流釉现象，玻璃质感较强。其他器类施釉较均匀，器物内壁施满釉，外壁施半截釉，或釉不及底。在装饰上采用洒釉、印花、彩绘、剪纸贴花等多种技法，尤其黑釉瓷装饰富于变化，有鹧鸪斑纹、兔毫纹、剪纸贴花等，手法新颖，花纹淳朴，自然雅致，独具匠心。装烧上许多采用垫砂方法，在一些器皿的内外底留有垫砂痕。出土完整器物1件，复原器物33件。

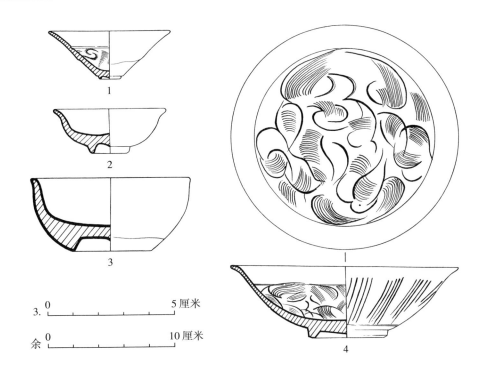

图一五九　文化宫遗址出土宋代龙泉窑青（黄）釉瓷碗

1. 斗笠碗 YWH1∶69　2. 侈口碗 YWG4②∶17　3. 鸟食碗 YWG4②∶2　4. 侈口碗 YWH1∶6（4 为青黄釉，余皆青釉）

　　束口碗　15件。YWH1∶11，口径11.5、高5、足径3.8厘米。侈口，尖唇沿，斜腹，矮圈足，口沿下内凹呈束口状。浅灰胎较细，酱黑釉，釉面有橘皮斑，外壁施釉不及底，口沿釉薄呈锈斑色。斜削足端外沿，腹下端有旋削斜面（图一六一，1；图版一三八，1）。YWG4②∶50，口径10.8、高4.8、足径3.3厘米（图一六一，2）。YWG4②∶9，口径11.2、高5.4、足径3.8厘米（图一六一，3；图版一三八，2）。YWH1∶46，口径12.4、高5.3、足径3.2厘米。灰白胎较细，胎较薄，内壁施酱褐色釉，外壁施黑釉不到底。内壁饰兔毫斑纹。器物修足粗糙（图一六一，4；图版一三八，3）。

　　侈口碗　3件。YWH1∶12，口径10、高3.6、足径3厘米（图一六一，5）。YWH1∶15，口径10.3、高3.6、足径2.6厘米。弧腹，平底内凹。灰白胎，黑釉，外壁施釉不及底（图一六一，6）。

　　敞口碗　6件。YWH1∶13，口径10.6、高4.9、足径3厘米。灰白胎，胎薄，外壁施黑釉不到底，内壁施酱釉，经高温窑变成兔毫斑纹（图一六一，7；图版一三八，5）。

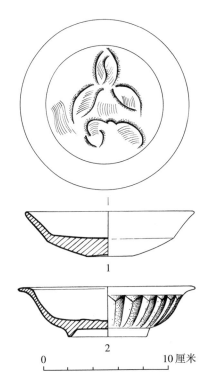

图一六〇　文化宫遗址出土宋代龙泉窑青釉瓷盘

1. 折腹盘 YWG4②∶1　2. 宽沿盘 YWG4②∶56

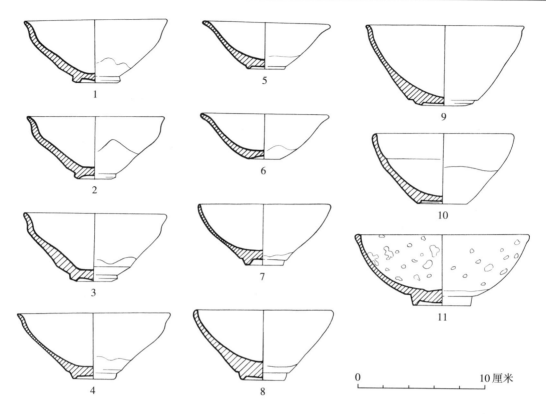

图一六一　文化宫遗址出土宋代吉州窑黑釉瓷碗

1～4.束口碗 YWH1：11、YWG4②：50、YWTG4②：9、YWH1：46　5、6.侈口碗 YWH1：12、YWH1：15
7～11.敞口碗 YWH1：13、YWG4②：7、YWG4②：16、YWG4②：5、YWG4②：12

YWG4②：7，口径11.1、高5.6、足径3.6厘米。口沿微敛，斜壁微弧，矮圈足。灰黑胎，黑釉，外壁施釉不到底。内壁有鹧鸪斑纹。腹下端有旋削面（图一六一，8）。YWG4②：16，口径12.4、高6.4、足径3.6厘米。敞口微侈，斜直壁，矮圈足，挖足极浅。灰胎，内外壁均施黑釉，圈足无釉。斜削足端外沿，腹下端有一道旋削面（图一六一，9；图版一三八，6）。YWG4②：5，口径10.8、高5.6、足径4厘米。敞口微敛，深腹，卧足。紫胎，黑釉，内外壁施半截釉。内腹中部有凸弦纹1周，且有丝状兔毫斑纹（图一六一，10；图版一三九，1）。YWG4②：12，口径13.9、高5.6、足径4.6厘米。弧腹，圈足，挖足浅。灰白胎，黑釉，外壁施釉不到底。黑釉面洒鹧鸪斑纹，斑呈黄色。做工较粗（图一六一，11；图版一三九，2）。

唇口碗　5件。YWH1：9，口径16.8、高6、足径4.8厘米。斜壁，矮圈足。白胎，白釉，外壁施半截釉，釉薄。唇口断面有一道缝隙（图一六二，1）。YWG4②：18，口径16.8、高6.6、足径6.4厘米。白胎，白釉闪黄，有开片，外壁施釉不到底。内底有凹弦纹1周。斜削足端外沿（图一六二，2）。YWG4②：53，口径18.8、高5.5、足径6.8厘米。器形同上（图一六二，3）。YWJ1：2，口径19.5、高6.8、足径5.6厘米。弧腹，浅圈足，厚底。土黄色胎，黑釉，外壁施大半截釉（图一六二，4；图版一三九，3）。

花口碗　1件。YWJ1：6，口径17.4、高6.3、足径5.5厘米。敞口，斜直壁，圈足，内底平。灰白胎，白釉，外壁施釉不到底，有开片。口沿五处凹进，花口下划瓜棱状纹（图一六二，5）。

　　三足炉　1件。YWG4②：22，口径9.1、高6.3厘米。侈口，宽沿，束颈，鼓腹，平底，置三足。灰胎，黑釉，内壁施釉至颈，外壁施釉不及底。釉面有锈斑痕（图一六二，6；图版一三九，4）。

　　盏　1件。YWH1：12，口径10.4、高3.8、足径3厘米。弧腹，浅圈足。灰白胎，黑釉，足内无釉，釉面有橘皮纹。斜削足面外沿（图一六二，7；图版一三八，4）。

　　碟　1件。YWG4②：26，口径10、高3.5、底径3.6厘米。敞口，斜平沿，斜壁，平凹底。灰白胎，内壁施酱黄色花斑纹釉，外壁施黑釉，露胎处呈土黄色（图一六二，8；图版一三九，5）。

　　鸟食罐　1件。YWG4②：41，口径6、高4.4、底径3.9厘米。直口微侈，直壁下微内收，饼足。土黄胎，外壁施酱釉不及底，有流釉痕（图一六二，9）。

　　渣斗　1件。YWH1：34，口径20、高10.5、底径7.5厘米。侈口，束颈，鼓腹，饼足。灰白胎，白釉，外壁施半截釉。内底残留有2个垫砂痕，斜削足端外沿（图一六二，10）。

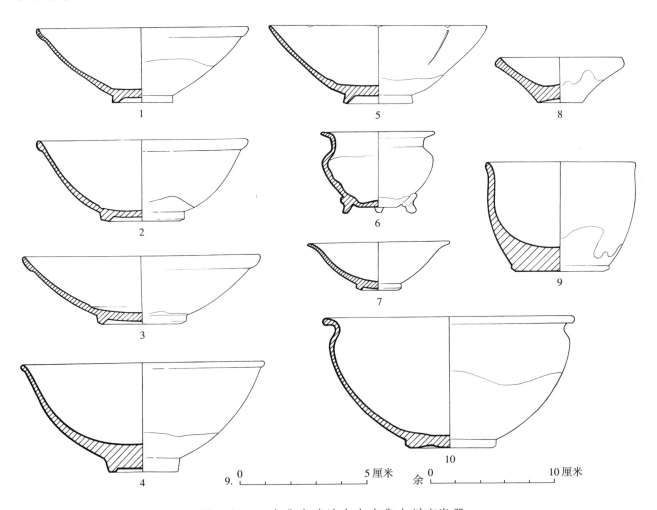

图一六二　文化官遗址出土宋代吉州窑瓷器

1~3.白釉唇口碗 YWH1：9、YWG4②：18、YWG4②：53　4.黑釉唇口碗 YWJ1：2　5.白釉花口碗 YWJ1：6　6.黑釉三足炉 YWG4②：22　7.黑釉盏 YWH1：12　8.黑釉碟 YWG4②：26　9.酱釉鸟食罐 YWG4②：41　10.白釉渣斗 YWH1：34

宜兴窑

共出土瓷器碎片 860 件。器形有碗、盘、碟、壶、罐、韩瓶及水盂等。胎质较粗，有气孔，多为灰、灰黑、紫红色胎。釉色分青釉、酱釉、紫红色釉，施釉较粗糙，外壁多施半截釉，釉面光泽感不太强。装烧方法主要为支钉垫烧，器物的内、外底留有支钉痕。完整器物 3 件，复原器物 9 件。

敞口碗　1 件。YWG4②：15，口径 12.5、高 4、底径 6 厘米。斜直壁，平凹底。紫色胎，酱釉，外壁施釉不到底，露胎处呈窑红色（图一六三，1；图版一四○，1）。

水盂　1 件。YWH1：72，口径 6.4、高 5.3、最大腹径 8.8、底径 3.5 厘米。敛口，饼足内凹。紫红色胎，酱釉，外壁施半截釉（图一六三，2；图版一四○，2）。

唇口罐　1 件。YWG4②：55，口径 9.2、高 10.7、底径 5.5 厘米。直口，直颈，鼓腹，平底内凹。紫胎，酱釉，仅内壁施釉。完整器物（图一六三，4；图版一四○，3）。

侈口罐　1 件。YWH1：47，口径 15.9、高 13、最大腹径 17.4、底径 7.8 厘米。束颈，球形腹，平底内凹。灰黑色胎，酱釉，外壁施半截釉。口沿有凹槽一周，内底残留有支块痕（图一六三，5；图版一四○，4）。

碟　1 件。YWH1：53，口径 10、高 3.5、底径 4.4 厘米。敞口圆唇，浅弧腹，平底。紫胎很厚，酱釉，仅口沿和内壁有釉，有流釉痕。做工粗糙。完整器物（图一六三，6；图版一四○，5）。

双系罐　5 件。YWH1：71，口径 4.2、高 8.8、底径 4 厘米。敞口唇沿，斜肩，鼓腹，平凹底，肩置扁环形双系。灰胎，外壁施半截青釉。做工粗糙。完整器物（图一六三，7）。YWH1：45，口径 3、高 9、底径 4 厘米。器形同上（图版一四一，1）。YWJ1：11，口径 5.2、高 10.2、最大腹径 7.2、底径 5.2 厘米。直口唇沿，斜直颈，筒状腹，平底。灰胎较粗，釉已脱落。做工粗糙。完整器物（图一六三，8；图版一四一，2）。YWG4②：21，口径 8.9、高 18.6、最大腹径 14.4、底径 9.6 厘米。直口尖沿，斜直颈，鼓腹，平底内凹。紫色胎，青黄釉，有细开片，外壁施大半截釉。口颈部有凸棱 1 圈（图一六三，9；图版一四一，3）。YWH1：57，口径 10.4、高 14.6、底径 6.8 厘米。唇口，直颈，短肩，筒状腹，腹底部内收，饼足内凹，肩附扁环形双系。红陶胎，紫色釉，外壁施釉不到底，有流釉痕（图一六三，10；图版一四一，4）。

韩瓶　1 件。YWH1：48，口径 8.6、高 28.5、底径 9.4 厘米。敛口唇沿，橄榄形腹，平底内凹，肩部附四系。粗灰胎，青灰釉，内外壁均施釉，釉面有脱落和粘窑渣现象。内外腹壁均有轮旋痕（图一六三，11；图版一四一，5）。

釉陶钵　1 件。YWG4②：2，口径 14.5、高 8.5、底径 6.1 厘米。敛口宽唇沿，弧腹，平凹底。红陶胎，酱釉，内外壁施釉。外腹下部有轮旋痕（图一六三，3；图版一四○，6）。

定窑

出土瓷片 26 片。器形有碗、盘、罐等。胎质坚硬，色洁白细腻。除圈足外，器表施白釉，白釉略闪黄，类似象牙白色，釉面极少开片。有的碗、盘通体施釉，然后口沿多刮釉露胎，称"芒口"。主要装饰有印花、刻花、划花等，印花以花卉最多，也有海水双鱼、雁纹等动物图案。装饰画面严谨整齐，格调和谐。复原器物 6 件。

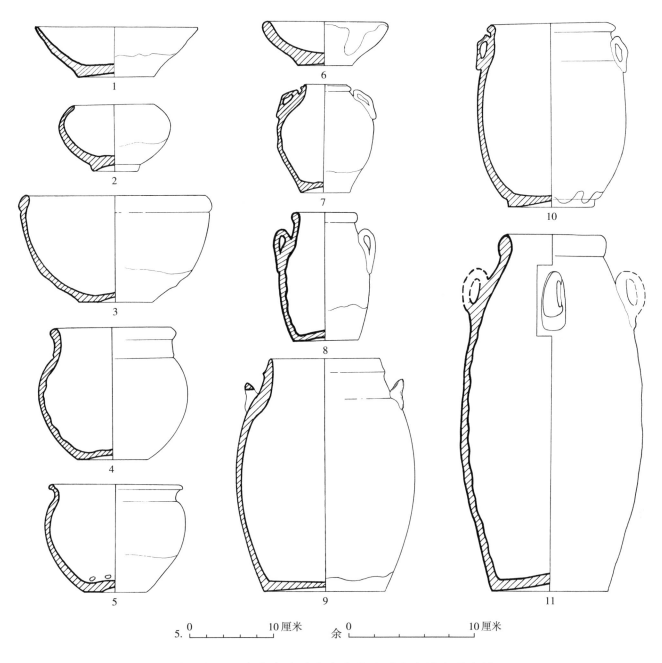

图一六三　文化宫遗址出土宋代宜兴窑瓷器和釉陶器

1. 敞口碗 YWG4②：15　2. 水盂 YWH1：72　3. 釉陶钵 YWG4②：2　4. 唇口罐 YWG4②：55　5. 侈口罐 YWH1：47　6. 碟 YWH1：53
7~10. 双系罐 YWH1：71、YWJ1：11、YWG4②：21、YWH1：57　11. 韩瓶 YWH1：48（1~6 为酱釉，7~10 为青釉，11 为青灰釉）

　　敞口碗　2 件。YWG4②：4，口径 17.8、高 6.1、足径 6 厘米。弧腹，腹壁较深，矮圈足。白胎，白釉，通体施釉。口沿六处凹进，与内壁六道凹筋相连。内底刻划水波双鱼纹，外壁划 2 道弦纹。覆烧器物（图一六四，1；图版一四二，1）。YWG4②：20，口径 20.6、高 7.8、足径 5.6 厘米。内壁口部下模印 1 周回纹，下部为云鹤莲纹图，外壁划 6 道弦纹。碗片残缺大部分。

　　侈口碗　2 件。YWH1：56，口径 9.8、高 4.2、足径 3.3 厘米。白胎，白釉，通体施釉，口沿无釉，为覆烧器。内壁刻划卷草纹（图一六四，3；图版一四二，2）。YWH1：3，口径 10.2、

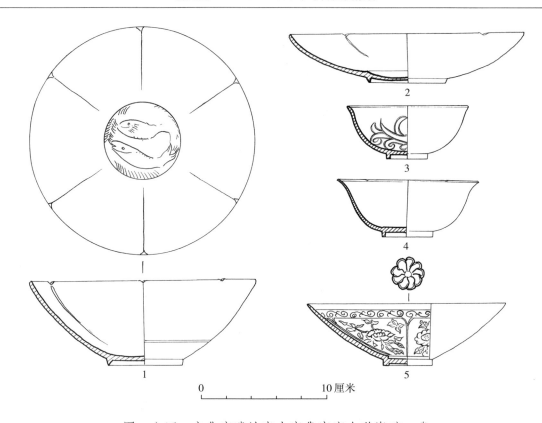

图一六四　文化宫遗址出土宋代定窑白釉瓷碗、盘

1.敞口碗 YWG4②：4　2.葵口盘 YWG4②：6　3、4.侈口碗 YWH1：56、YWH1：3　5.斗笠碗 YWH1：28

高4.6、足径4.1厘米。尖沿，弧腹，窄圈足。白胎，白釉，通体施釉，口沿无釉覆烧。口沿四处凹进。内底有凹槽一圈（图一六四，4；图版一四二，3）。

　　斗笠碗　1件。YWH1：28，口径15.6、高4.9、足径4厘米。敞口尖沿，斜直壁，矮圈足。白胎，白釉闪黄，通体施釉，口沿无釉覆烧。内壁模印花纹，口沿下为一圈忍冬纹，其下分格为花卉纹（图一六四，5；图版一四二，4）。

　　葵口盘　1件。YWG4②：6，口径18.8、高4、足径6厘米。敞口尖沿，弧腹，矮圈足。白胎，白釉，通体施釉，口沿刮釉覆烧。口沿四处凹进，与内壁模印出筋相连。内底刻花卉纹（图一六四，2）。

越窑

　　宋代越窑已走向衰落，瓷器碎片出土很少，复原器物5件，应为五代至北宋遗物。

　　荷花式高足碗　1件。YWG4③：76，口径8.8、高4.9、足径4.6厘米。敞口，弧腹，圈足外撇。灰白胎，细腻，胎薄，青绿釉泛灰色，通体施釉。圈足内有4个灰白色长条形支钉痕。碗内满饰荷花纹（图一六五，1；图版一四三，1）。YWG4③：77，口径10.6、高6、足径6.4厘米。器形同上。内壁无花纹（图一六五，2）。

　　侈口碗　1件。YWH1：17，口径12.2、高4.9、足径5.4厘米。弧腹，圈足。灰胎细腻，坚致，青釉，通体施釉，足面刮釉露胎处呈窑红色。外壁刻4道瓜棱状纹饰。足面有7个支钉痕（图一六五，3）。

敞口碗　1件。YWG4②：23，口径17.8、高7.3、足径8.8厘米。圆腹，圈足呈外"八"字形。灰白胎，青釉，足底一周刮釉（图一六五，4；图版一四三，2）。

执壶　1件。YWG4③：26，复原口径6.7、高14、最大腹径16.6、足径8.5厘米。直口，溜肩，球形腹，矮圈足，足微外撇，置曲长形流，执把。灰白胎细腻，坚致，青绿釉泛灰色，通体施釉。外壁刻划鹦鹉纹、云纹。足内有6个细长条形支钉痕，内壁轮旋痕。口、流残缺（图一六五，5；图版一四三，3）。

临汝窑

侈口碗　1件。YWG4②：5，口径12、高5.9、足径4厘米。厚沿，斜壁，深腹，卧足。灰胎细腻，胎表施一层化妆土，青釉，开片，通体施釉，足面无釉处呈窑红色。足粘有垫砂痕（图一六六，1；图版一四四，1）。

唾盂　1件。YWG4②：15，口径13.6、高7.4、腹径8.2、足径4.8厘米。敞口，束颈，扁鼓腹，宽圈足。黑胎，细腻，胎外施一层化妆土，通体施青釉，足无化妆土呈酱色，釉内充满气泡，光泽感强。腹部刻6道瓜棱纹。口颈部有明显接痕。口系复原（图一六六，2；图版一四四，2）。

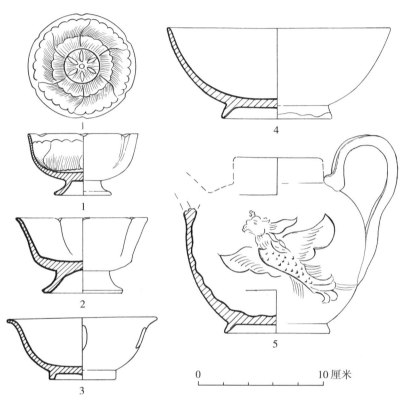

图一六五　文化宫遗址出土宋代越窑青釉瓷碗、执壶

1、2.荷花式高足碗YWG4③：76、YWG4③：77　3.侈口碗YWH1：17　4.敞口碗YWG4②：23　5.执壶YWG4③：26

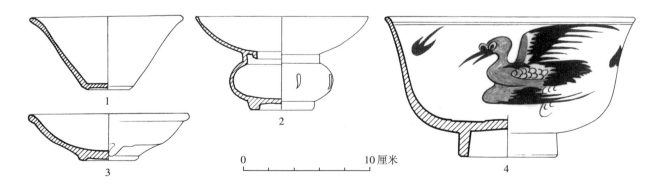

图一六六　文化宫遗址出土宋代临汝窑、磁州窑瓷器

1.侈口碗YWG4②：5　2.唾盂YWG4②：15　3.唇口碗YWG4②：67　4.敞口碗YWG4②：28（1、2为临汝窑青釉瓷，3、4为磁州窑白釉瓷）

磁州窑

唇口碗　1件。YWG4②：67，口径12.9、高3.7、足径4.8厘米。斜壁微弧，浅圈足。土黄胎，胎表施白色化妆土，白釉，外壁施釉不及底，有流釉痕。内底有3个支钉痕（图一六六，3）。

敞口碗　1件。YWG4②：28，口径20、高11.2、足径7.9厘米。敞口微侈，弧腹，圈足。黄白胎，通体施白釉，有细开片，光泽感较强。内底刮釉一周，足面无釉，釉下施化妆土。外壁彩绘对称云鹤图纹，用笔流畅，栩栩如生（图一六六，4；图版一四四，3）。

未定窑口　共出土完整器2件，复原器物3件。

器盖　2件。YWH1：55，口径3.2、高2.5厘米。子口出沿，盖顶呈弧状，蒂纽。灰黑色胎，青釉，釉内充满气泡，光泽感较强，仅盖表面施釉（图一六七，1；图版一四五，1）。YWH1：43，完整器物。口径11.2、高4.4厘米。子口，斜肩，顶部塑饼形纽。夹砂灰胎，胎较粗，青黄釉，仅盖外表施半截釉，无釉处胎呈淡红色。可能为宜兴窑产品（图一六七，2；图版一四五，2）。

盘口执壶　1件。YWG4②：3，口径7、高16.2、腹径11.6、足径6.4厘米。浅盘口，束颈，溜肩，鼓腹，圈足。置短圆流，双系，扁执把。紫色细胎，深黄色釉，有细开片，光泽感强，外壁施釉至足，内壁口颈部有釉，釉下施乳白色化妆土。腹部、执把、壶嘴施褐彩，执把正面模印直线纹、中部有"吉"字款。足面有7个支钉痕，内壁有轮旋痕。基本完整（图一六七，3；图版一四五，3）。

盘　1件。YWG4②：24，口径15.3、高4.1、足径7.8厘米。敞口唇沿，斜壁，矮圈足。土黄胎，青釉泛黄色，釉内有气泡，外壁施釉至足。内外底皆有10个支钉痕（图一六七，5；图版一四五，4）。

绿釉陶罐　1件。YWH1：8，口径4.6、高9.1、腹径8.7、足径7.2厘米。母口敛沿，弧肩，筒形腹，下腹内收，圈足。带圆纽小盖。红陶胎，较细腻，外壁胎施白色化妆土。绿釉，有细密开片，光泽感较强，外壁施釉不到底（图一六七，4；图版一四五，5）。

（2）陶器

共出土陶器54件。器形主要有钵、盆、盘、灯、挂灯、弹球等。

盘　1件。YWJ1：9，口径47、高2.7厘米。宽平沿，浅腹，大平底内凹。泥质灰陶胎，胎细腻，胎

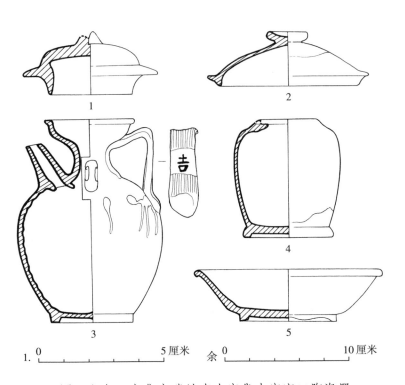

1.　　　　　0　　　　　　　　5厘米　　　余　0　　　　　　　10厘米

图一六七　文化宫遗址出土宋代未定窑口陶瓷器

1、2.青釉器盖 YWH1：55、YWH1：43　3.深黄釉盘口执壶 YWG4②：3　4.绿釉陶罐 YWH1：8　5.青釉盘 YWG4②：24

中心略呈土黄色（图一六八，1；图版一四六，1）。

钵　1件。YWG4②：66，口径23.4、高5.5、底径13.6厘米。平沿，直口，折腹，平底内凹。夹砂红陶（图一六八，3）。

盆　1件。YWH1：58，口径28、高9.4、底径18厘米。敛口唇沿，弧腹微鼓，平底内凹。灰陶胎（图一六八，4；图版一四六，2）。

把手行灯　4件。YWG4②：73，口径7、高3.4、底径9.8厘米。敞口外侈，为直壁灯碗，底部盘状。灰陶胎（图一六八，2）。有的把手模制云草纹或模印"天下太平"四字（图一六八，6、7）。

挂灯　5件，只1件完整。YWJ1：1，口径6.8、高16、把宽4.6厘米。灯盘口呈碟形，一侧有直立宽柄，柄上端有一圆孔，径0.8厘米。柄面模制云草纹，边饰为圆圈纹。泥质灰陶（图一六八，5；图版一四六，3）。

弹球　41颗。YWG4②：46，直径3厘米。泥质灰陶，细腻（图版一四六，4）。

（3）铁器

铠甲　1件。出土于水井中。铁甲都已锈蚀并卷在一起，表面与砖瓦碎块和泥土粘在一起，很难清出甲片形状，只好把一卷铁甲整体编号为YWJ1：10。从剥落出的六块甲片看，每块甲片长12.5、宽3、厚约0.1厘米，为较大的甲片，并排连在一起，每块甲片都有圆孔，能分出

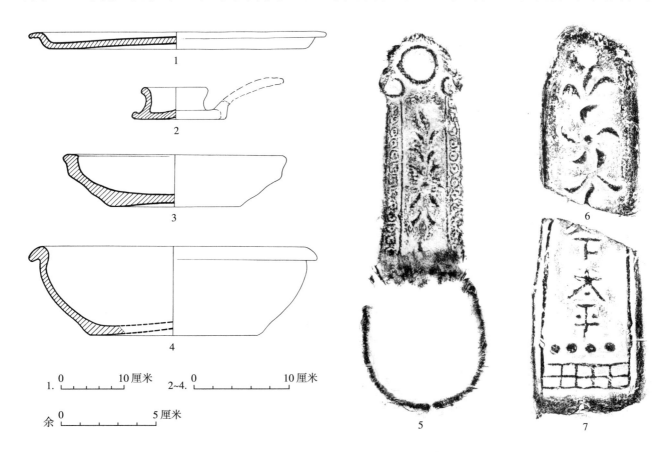

图一六八　文化宫遗址出土宋代陶器、带把陶灯

1.盘 YWJ1：9　2.把手行灯 YWG4②：73　3.钵 YWG4②：66　4.盆 YWH1：58　5.挂灯 YWJ1：1　6、7.灯把

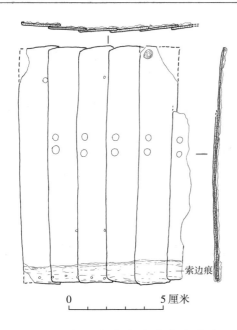

图一六九　文化宫遗址出土宋代
铁铠甲残片 YWJ1：10

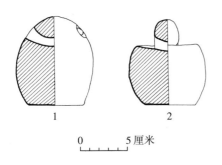

图一七○　文化宫遗址出土宋代石权
1. YWJ1：12   2. YWJ1：13

上中下孔，间距约4厘米。甲片下端有宽1厘米的包边痕（图一六九）。关于其结构、连接方法等详见附录一《扬州出土五代时期铁甲》。

2. 度量衡器

石权　2件。YWJ1：12，高9.3、底径6厘米，重705克。馒头形，上部有圆形穿孔。表面有凿石痕（图一七○，1；图版一四六，5）。YWJ1：13，高9、底径5.4厘米，重830克。柱形，上部有牛鼻形穿孔（图一七○，2；图版一四六，6）。

3. 货币

共出土铜钱64枚，铭文可辨识者19枚，其中宋代铜钱8枚，唐代铜钱11枚皆"开元通宝"。宋代钱见表九。

4. 建筑构件

共出土建筑材料36件，基本为残件，有筒瓦、板瓦、瓦当、套兽等。

禽面纹瓦当　1件。YWG4②：80，外径13.4、厚1.1～2厘米。泥质灰陶。宽廓边，纹饰外凸，高于廓边，中心为双鸟（朱雀）立于石头之上，两鸟之间为结带纹。模制（图一七一，1）。

花草纹滴水　4件，皆残，其中3件出土于第2层。皆为如意形，滴水面上饰花卉，模印（图一七一，3～5）。另11件为长条形，中心为缠枝花，一端为"卐"字（图一七一，2）。

（四）元代遗物

元代遗物出于第1层内，主要是陶瓷器碎片。从器形、产地看，有景德镇窑、龙泉窑、磁州窑等，可复原器物21件。

表九　文化宫遗址出土的宋代铜钱登记表

项目	枚数	编号	时代	外廓径（cm）	穿径（cm）	背面纹饰	字体
咸平元宝	1	YWH1：79	北宋	2.5	0.8	–	行书
景德元宝	1	YWH1：80	北宋	2.5	0.7	–	行书
元符通宝	1	YWH1：81	北宋	2.4	0.9	–	草书
元丰通宝	2	YWH1：82	北宋	2.45	0.9	–	草、行书
政和通宝	1	YWH1：83	北宋	2.45	0.75	–	行书
天圣元宝	1	YWJ1：84	北宋	2.5	0.8	–	行书
熙宁通宝	1	YWJ1：标本	北宋	3.25	1	锈蚀不清	行书

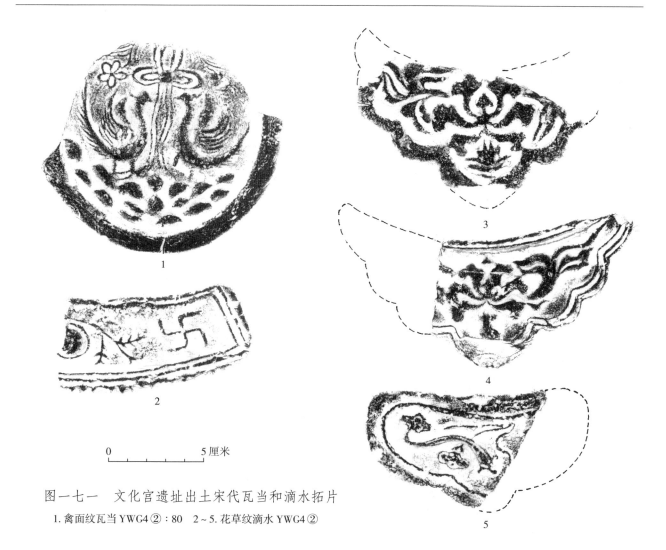

图一七一　文化宫遗址出土宋代瓦当和滴水拓片

1. 禽面纹瓦当 YWG4②：80　2~5. 花草纹滴水 YWG4②

景德镇窑

芒口碗　1件。YWG4①：63，口径14.6、高4.8、足径5.6厘米。侈口，弧腹，矮圈足。白胎，青白釉泛绿，釉浑浊不透明，通体施釉，口沿、足内皆无釉，呈较浓的窑红色。覆烧器物（图一七二，1；图版一四七，1）。

酱釉口碗　12件。YWG4①：48，口径15.4、高5.2、足径5.2厘米。白胎，青白釉闪灰。内壁划简单曲线纹，外壁刻划双层莲瓣纹，瓣叶较尖（图一七二，2；图版一四七，2）。YWG4①：24，口径17.1、高6.4、足径5.7厘米。侈口，弧腹，浅圈足。白胎，青白釉泛绿，口沿刷酱釉，圈足无釉呈窑红色。内壁刻划篦线纹，外壁刻双层莲瓣纹，瓣叶较丰满（图一七二，3；图版一四七，3）。YWG4①：64，口径16.2、高5.3、底径5.6厘米。侈口斜平沿，弧腹，饼足。白胎，青白釉泛绿，内外壁均施釉，口沿刷酱釉，底面无釉。外腹刻双层莲瓣纹，内壁刻划简单曲线纹。底面有垫饼痕。完整器物（图一七二，4；图版一四七，4）。YWG4①：65，口径16.6、高6.2、足径5.5厘米。器形同上，只器内壁刻划曲线花卉纹（图版一四七，5）。

斗笠碗　1件。YWG4①：44，口径14.4、高4.7、足径3.2厘米。敞口，斜直壁，饼足。白胎，青白釉，通体施釉，足面无釉。内壁模印回纹，其下为缠枝莲花纹（图一七二，5；图

图一七二　文化宫遗址出土元代景德镇窑青白釉瓷碗和龙泉窑青釉瓷碗、盘

1. 芒口碗 YWG4①:63　2~4.酱釉口碗 YWG4①:48、YWG4①:24、YWG4①:64　5. 斗笠碗 YWG4①:
44　6、7. 敞口碗 YWG4①:45、YWG4①:46　8、9.唇口碗 YWG4①:52、YWG4①:37　10. 卧足碗 YWG4
①:38　11. 浅腹盘 YWG4①:43　(1~5 为景德镇窑,6~11 为龙泉窑)

版一四七，6）。

龙泉窑

敞口碗　2件。YWG4①：45，口径16.6、高6.4、足径5.8厘米。尖沿，浅圈足。灰胎，青釉闪灰色，内外壁施釉。外壁刻划简易莲瓣纹。内底平，斜平削足内沿（图一七二，6；图版一四八，1）。YWG4①：46，口径19.4、高8.6、足径6.5厘米。敞口微外侈，弧腹，圈足，挖足较浅。灰白胎细腻，青绿釉，釉内有气泡，内外壁均施釉，足内无釉处呈窑红色。内底戳印花纹，外壁刻莲瓣纹，瓣叶中棱突起。足内有垫饼痕（图一七二，7；图版一四八，2）。

唇口碗　2件。YWG4①：52，口沿16.2、高6、足径6.6厘米。敞口，弧腹，浅圈足。灰胎较粗，青釉，施釉采用蘸釉法，故内外底无釉。制作较粗（图一七二，8）。YWG4①：37，口径16.2、高6.7、足径5.9厘米。侈口厚唇沿，弧腹，圈足。灰白胎，青釉泛绿，光亮，底内足无釉，其余均施釉。内壁模印一周水波纹，下为缠枝花卉纹（图一七二，9；图版一四八，3）。

卧足碗　1件。YWG4①：38，口径13.6、高4.5、足径7.3厘米。敛口，圆唇，弧腹。灰胎细腻，青釉泛绿色，通体施釉，足内刮釉一圈，露胎处呈窑红色。外壁弦纹一道（图一七二，10；图版一四八，4）。

浅腹盘　1件。YWG4①：43，口径16、高3.7、足径6厘米。敞口微外侈，弧腹，圈足。灰胎，较细腻，青釉，釉内有气泡，光亮，内底、足内无釉，其他均施釉（图一七二，11；图版一四八，5）。

磁州窑

黄绿彩釉陶盆　1件。YWG4①：4，口径27.5、高14.4、底径21.5厘米。直口厚唇沿，直壁，平底。淡红色胎，较细腻，黄绿彩釉，内壁为黄釉，外壁绿釉夹大块黄彩斑纹，釉下施一层化妆土。外壁刻划莲花纹，内填篦线纹（图一七三，1；图版一四八，6）。

另外发现兽面纹瓦当1件。YWG4①：18，直径10.5、厚1.5厘米。泥质灰陶。当面平整，纹饰模印，外有廓边，靠廓边饰一周细小连珠纹，中心为兽面（图一七三，2）。

1.　　　　0　　　　　　　　　10厘米　　2.　0　　　　　5厘米

图一七三　文化宫遗址出土元代器物

1.磁州窑黄绿彩釉陶盆YWG4①：4　2.兽面纹瓦当YWG4①：18

第二节　新华中学遗址

新华中学遗址位于汶河北路东侧，北距开明桥遗址约160米（见图四）。1992年夏，新华中学搬迁后，发掘了本遗址。发掘地点选在原新华中学西侧，即汶河路（市河）与北门街之间。先试掘一条探沟（YXG1），发现遗迹后，顺遗迹现象向四周扩方发掘。通过考古试掘，地下建筑遗迹和出土遗物非常丰富。因为是配合基建考古，受发掘时间和经费制约，我们只发掘了200平方米，仅清理出部分遗迹。

一　地层堆积

以YXG1探沟北壁剖面说明遗址的地层堆积（图一七四）：

第1层：地表、清代建筑基础和瓦砾扰乱层。一般厚约0.4米左右，最厚处达2.5米。地层扰乱较严重，内含遗物有唐至清代及近现代遗物。

第2层：灰黑土。深0.7～1.55、厚0.2～0.7米。整个地层面呈东高西低，因西面为市河，地面向西逐渐低下。出土各类陶瓷片2912片，瓷片以明代为主。此层下清理出一座房屋建筑基础，编号为YXF1。从基础中出土的遗物看，房屋建筑为明代。

第3层：灰色杂土，土质较疏松。深0.75～1.5、厚0.1～0.5米。分布在探方的东北部，其他地方已被上层建筑基础破坏。共出土各类陶瓷片786片，器形特征均为元代，也出土一些唐宋瓷片。在探方的中南部，清理出一座元代长方形坑，内填满杂土和瓦砾。

第4层：灰褐土。深1.15～3.8、厚0.15～2米。西部（市河边）地层最厚，土质疏松发黑，出土瓷片极为丰富；其他地方土质较硬。共出土各类陶瓷片20675片，时代以南宋为主，宋代以前的瓷片也较丰富。在探方的中部偏东，清理出一座房屋建筑台基，整个基础面保存较好，编号为YXF2。

第5层：黄黏土。深1.3～4.1、厚0.2～0.5米。共出土各类陶瓷片4075片，时代以北宋

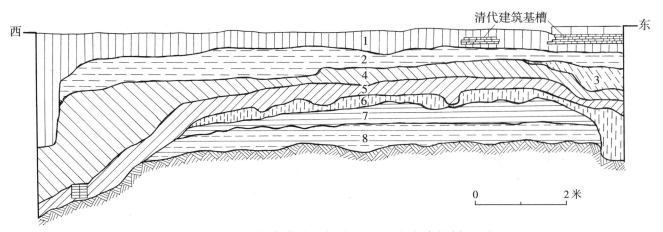

图一七四　新华中学遗址探沟YXG1北壁地层剖面图

1. 地表土　2. 灰黑色土，明代层　3. 灰色杂土，元代层　4. 灰褐色土，南宋层　5. 黄黏土，北宋层　6. 红烧土瓦砾，五代层　7. 黄黏土夹黑土，晚唐层　8. 灰土夹瓦砾，中晚唐层

为主。此层下发现遗迹丰富，有房屋建筑台基两座，分别编号为 YXF3、YXF4，路面一条。

第6层：红烧土瓦砾层。深 1.6～2.1、厚约 0.3 米。共清理出各类陶瓷片 840 片，其时代为晚唐、五代时期。

第7层：黄黏土夹黑土。深 2.1～2.3、厚 0.2～0.5 米。该层为建筑夯土台基，台基面大部分已被火烧破坏，仅存两块柱础石和部分散水砖，但整个台基四周边线清晰，台基中柱础下的碌墩尚存，整个台基采用黄黏土和黑杂土交错夯筑而成，夯土层清晰（编号为 YXF5）。另外，在台基的东北角，还清理出一座灰坑遗迹，编号为 YXH1。共清理出各类遗物陶瓷片 759 片，器物特征为晚唐时期。

第8层：灰土夹瓦砾。深 2.5～2.8、厚 0.3～0.6 米。该层共清理出各类瓷片 1087 片，器形特征为中晚唐时期。

8 层下为黄沙生土层。

二　遗迹

此次共发现房址 5 座，灰坑 1 座，路面遗迹 1 条，水井 1 口。

（一）唐、五代时期遗迹

1. 房址 YXF5（图一七五）

YXF5 台基面距地表深 1.8 米，台面上有一层厚约 0.3 米的红烧土瓦砾层，在清完红烧土瓦砾层后，发现大部分台面遭到不同程度的烧毁，台面上仅发现柱础石两块和部分散水砖。两

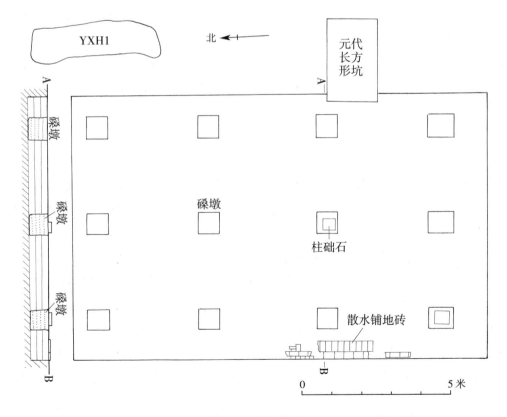

图一七五　新华中学遗址唐代房址 YXF5 平、剖面图

块柱础石分别位于台基的西南角和中部，柱础石大小分别为长45、宽40、厚8厘米和长50、宽45、厚8厘米。散水砖位于台基的西部，铺地砖采用错缝平铺，砖的尺寸为长31、宽15、厚4厘米。

台基南北长13.5、东西宽8.8、残高0.6米。台基采用黄褐土和黑杂土交错夯筑而成，共分三层，每层厚约0.2米。柱础石下的磉墩均采用纯黄黏土夯筑，夯层厚8～10厘米，比台基夯土要坚硬，磉墩呈方形，一般长宽约0.7～0.8、厚约0.6米。共发现磉墩12个，即南北（横）四排，相互间距约2.9米，东西（纵）三排，相互间距2.5米。从磉墩的分布排列判断，台基上建有面阔三间（计11.3米）、进深两间（计6.4米）的房屋。当心间面阔3.9米，两次间面阔皆3.7米；前间进深3.3米，后间进深3.1米（均以磉墩中心为准）。屋门可能面朝东，方向96度，该房屋应为面朝街，背临河。

YXF5始建于唐代中期，毁于五代时期。因台面上有一层红烧土瓦砾层，应为该建筑烧毁后的堆积层，在堆积层和台面上发现五代时期瓷片，而夯土台基中所出土的585件瓷片均属唐代中晚期以前的瓷片，不见五代时期瓷片。出土瓷片以青瓷为主，多为宜兴窑和寿州窑中常见的唐代中晚期粗瓷器。另外，在台基中的南部柱础旁，发现两件较完整的宜兴窑双系青瓷罐，其中一件罐内有"开元通宝"铜钱18枚，大部分已锈蚀。

2. 灰坑YXH1

YXH1位于YXF5的东北角。坑口距地表深1.85米。坑口西部被红烧土瓦砾层所压，东部则压于北宋地层之下，坑边较清晰，坑底打破生土。整个灰坑呈不规则长条形，南北长4.15、东西宽约1.15米（见图一七五），其深度不一，最深处约1.3米。坑内填满灰黑杂土，土质疏松，包含物较丰富，伴出有家禽兽骨等残骸。共清理出各类陶瓷片计457片，主要器形有碗、盘、钵、壶、罐、盂、盒、枕、盆、坛、瓮等，其中复原器物计16件。均为唐代瓷片，以宜兴窑和寿州窑的青瓷器为主，白瓷片较少，白瓷均为巩县窑。YXH1与YXF5为同一地层，与YXF5应为同一时期。

（二）宋代遗迹

1. 房址

共清理出宋代夯土台基三座，分别编号为YXF2、YXF3、YXF4。其中YXF2开口于第4层下，YXF3和YXF4开口于第5层下。房基有上下叠压关系，可分早、晚两期。

早期房址——YXF3、YXF4

YXF3　位于探方的中部偏南。距地表深1.25～1.55米。该台基大部分被YXF2所压，整个台基除局部被清代水井（YXJ1）打破外，其他地方均保存完好。台基用黄褐土夯筑，四周边线清晰，台基南北长10.65、东西宽8、高0.3米。台基上尚存部分墙基和铺地砖。虽无一块柱础石残留，但每个柱础石下的基础磉墩保存完好。磉墩均用黄黏土夯筑而成，磉墩一般为0.5米见方，厚0.4米左右，共发现磉墩12个，从北向南共排列四行，每行三个。从磉墩排列布局看，YXF3应是坐西朝东的房屋，方向95度。总面阔三间，计9.2米，其中当心间面阔3.2米，两侧次间面阔皆3米；进深一间，5.2米；前出廊宽1.5米。（图一七六）

屋内残存有铺地砖，铺地砖长31、宽15、厚4厘米，采用南北顺砖行行错缝平铺。屋门

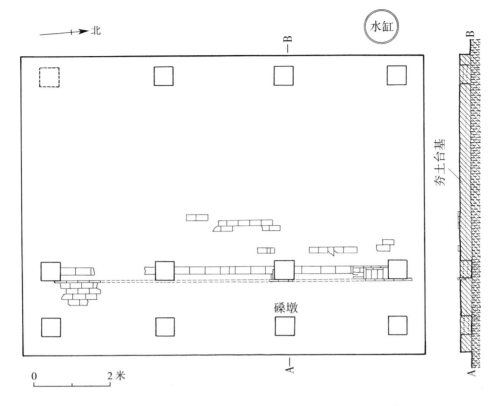

图一七六 新华中学遗址宋代早期房址YXF3平、剖面图

位于廊内当心间，从残迹看，在磉墩之间还保留地栿槽，槽宽15、深10厘米，地栿槽外侧用立砖砌。

台基内共清理出各类瓷片1991片，时代为北宋或晚唐、五代时期。另外，在台基外面西北侧，还清理出一口釉陶大缸，缸口已残缺。

YXF4 位于探方的西北部，与YXF3为同一地面，台基南面与YXF3紧连，前后相差约1.8米。YXF4房屋台基未能完全清理出来，大部分被压在探方之外，仅清理一间多范围。从清理的情况看，台基的西部基础是在河岸边用长30、宽14、厚3厘米的砖包砌外围，中间填土夯实，与东部基础相平。其建筑结构应与YXF3相同，有前廊。从清理出的一间房屋看，面阔约3.5米，总进深7.4米，其中前廊进深约1.5米。

晚期房址——YXF2

位于探方的中南部略偏东，台基除局部被元代坑和清代水井（YXJ1）打破外，其他地方保存较好。台基面距地表深0.95米，台基东西长9.1、南北宽7.5、高约0.3米。台面上保存部分墙基。大部分柱础下的磉墩完整，磉墩均用黄黏土夯打而成，长宽约0.7、厚0.5米。共残存柱础石两块，一块完整，一块残半，完整柱石为方形，边长55、厚7厘米。墙基砖大小各异，如北墙砖长41、宽20、厚6厘米，东墙砖长40、宽20、厚5厘米，西墙砖长38、宽16、厚4.5厘米，东墙基和西墙基采用平砖横砌，北墙基采用平砖直砌两排。后檐墙采用长41厘米的大砖平铺顺砌三排，墙厚达65厘米，平砖上采用侧立砖砌。铺地砖用长38、宽18、厚4.5厘米长方砖平铺错缝墁成。从墙基和磉墩的分布排列看，YXF2应是坐北面南的北房，方

向185度。面阔2间，东间面阔4米，西间面阔约3.9米，总进深约6米。（图一七七）

2. 路面遗迹

遗迹位于YXG1的东部，大部分路面被现代北门街路面所压，仅清出路面宽约1米，南北走向。路面距地表深0.95、路土厚约0.3米，路土层次清晰，土质坚硬。路土中出土瓷片465片，无一件可复原。路土下为一层厚约0.6米的黄褐土，土质坚硬纯净，包含物极少。再下即为黄沙生土层。该路面于1989年在古城考古钻探时已发现，其宽度在10米左右。

（三）明代房址

明代房屋基础1座，编号YXF1。基础距地表深0.6米。房屋为平地起建，大部分已被破坏，从残迹推测，房址南北长约12.1、东西宽约9.5米。共发现磉墩12个，其中4个为砖砌结构磉墩，分布在河岸边，其余磉墩为黄黏土夯筑。砖构磉墩，用长30、宽15、厚3.5厘米或长31、宽15、厚4.5厘米的长方砖砌成0.5米见方，厚0.5～0.6米；黄黏土磉墩，是先挖出0.6～0.8米见方、深0.4～0.5米的方坑，坑底先铺垫两层砖，其上填黄黏土，层层夯筑。从磉墩排列推测，F1应是坐西朝东的西房，方向272度。共面阔三间，进深两间。当心间面阔3.9米，两次间面阔皆3.8米。进深两间8.3米，每间进深皆4.15米。（图一七八）从YXF1基础出土瓷片看，最晚为明代青花瓷，YXF1应建于明代，毁于明代晚期。

（四）清代水井

一口，编号为YXJ1，位于发掘坑的中部。口径1.5米，井较深，打破生土层，因地下水较多，清到5米以下，未见井底。内填满杂土和砖瓦碎片。从井内出土瓷片看，多为清代中期以前遗物，其中青花瓷片较多。

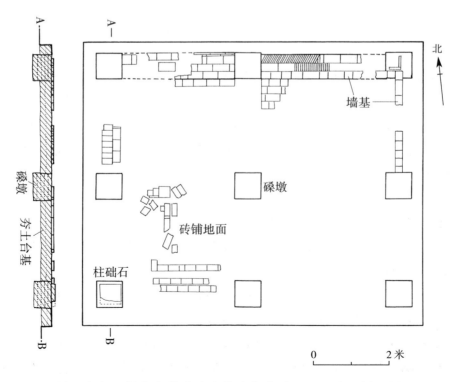

图一七七　新华中学遗址宋代晚期房址YXF2平、剖面图

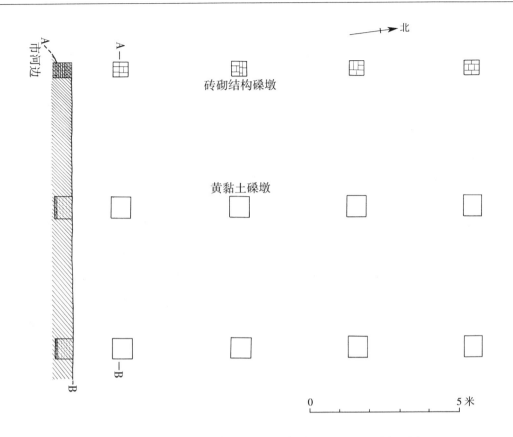

图一七八　新华中学遗址明代房址 YXF1 平、剖面图

三　出土遗物

（一）唐代遗物

出土唐、五代各类陶瓷片计 3680 片，其中瓷片 2946 片，釉陶片 545 片，灰陶 189 片，生产工具 3 件，铜钱 18 枚，建筑构件 10 余件，它们分别出土于第 8、7、6 文化层，以及 YXF5 台基中和 YXH1 内。现按不同类别和用途叙述于后。

1. 生活用具

（1）瓷器

共出土各类瓷片计 2946 片，按器形分主要有碗、钵、盘、碟、罐、壶、盏、盒、盂、枕等。按窑口分有越窑、宜兴窑、洪州窑、长沙窑、巩县窑和定（邢）窑等。按釉色可分青釉、黄釉、酱釉、黑釉和白釉等。其中，完整和可复原的器物有 25 件。

越窑

出土越窑瓷片 357 片。器形可辨的有碗、钵、盘、碟、盒、壶、罐等。釉色有青灰、青中泛黄、青中泛绿和青中泛灰蓝等。釉色一般都较纯正，施釉较均匀，很少有流釉，釉面光泽。胎质一般都很细腻致密，有灰白、浅灰和浅紫胎几种，胎壁一般较薄，器底略厚，整个造型较规整。复原 4 件器物。

碗　1 件。YXG1 ⑦：5，口径 10.6、高 4.4、足径 4.7 厘米。敞口，薄唇，弧腹，圈足外撇，底部有支钉痕迹。灰白胎，胎质细腻致密。青釉略泛绿，釉色均匀光亮。内底浅刻如意纹饰（图一七九，1）。

盒底　1件。YXF5：2，口径6、高4、足径3.8厘米。直口，薄唇，扁鼓腹，矮圈足。浅褐胎，青釉，口沿与足底无釉（图一七九，2；图版一四九，1）。

花口盘　1件。YXH1：3，口径13.8、高3.6、底径5.2厘米。花口，浅斜腹，腹部出筋五条，平底内凹呈浅卧足。浅褐胎，青釉略泛黄（图一七九，3；图版一四九，2）。

执壶　1件。YXG1⑦：1，口径8.2、高21.6、足径7.2厘米。侈口，圆唇，高颈，鼓腹，扁把手，流残缺，矮圈足。浅紫胎，青灰釉，足底无釉（图一七九，4；图版一四九，3）。

宜兴窑

共出土瓷片1545片，其中完整可复原的器物有13件，其他均为残片。器形一般不太规整，主要器形有碗、钵、盘、罐、壶、盏、盂等。胎质比较粗糙，多气孔。釉色不太均匀，釉色有青中泛灰白，青中泛灰褐，多有流釉现象，有的釉面出现深浅不一的斑点。胎有灰胎和酱褐胎两种，一般褐胎质地较好，器底内外往往都有多个支钉痕迹。

执壶　1件。YXG1⑦：2，口径7、高14、底径5.8厘米。敞口，圆唇，高颈，鼓腹，平底内凹，扁把手，短圆流。灰褐胎，有气孔，青灰釉，外施半釉，釉面较差有斑点（图一八〇，1；图版一五〇，1）。

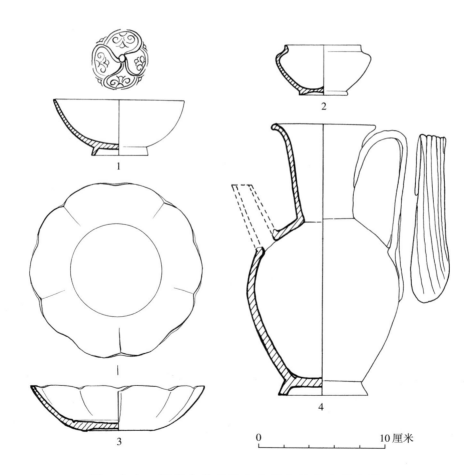

图一七九　新华中学遗址出土唐代越窑青釉瓷器

1.碗 YXG1⑦：5　2.盒底 YXF5：2　3.花口盘 YXH1：3　4.执壶 YXG1⑦：1

双系罐　2件。YXF5：1，口径6.8、高12.2、底径6.5厘米。敞口，圆唇，束颈，腹微鼓，肩颈部有对称双系，平底内凹。褐胎，腹底露胎，青釉泛灰白，釉面有斑点，有流釉现象（图一八〇，2；图版一五〇，2）。YXF5：3，器形同上。施半釉（图一八〇，3）。

侈口碗　8件。YXH1：10、13、14，器形基本相同，器物大小不一，口径15～18、高6～6.5、足径5.8～9.6厘米。整器不够规整，圆唇，深弧腹，矮圈足，内外底均有支钉痕迹。灰胎，胎质较粗糙，有气孔。青釉，腹下部及底无釉，釉面不均，有褐色斑点，外腹露胎，有流釉现象（图一八〇，4～6；图版一五〇，3）。YXH1：11，口径16.8、高7、足径9.2厘米。尖唇，深斜腹，圈足。灰褐胎，胎壁较规整，青釉略泛绿，外腹下无釉。内外底均有12个支钉痕迹（图一八〇，7；图版一五〇，4）。YXG1⑦：3，器形同上。口径17、高5.7、足径9厘米（图一八〇，8）。

敞口碗　1件。YXH1：12，口径17.2、高6、底径9厘米。圆唇内钩，深斜腹，大平底，底边斜削。灰褐胎，胎较粗，青釉，釉面多呈灰白色斑点。内外底均有支钉痕迹（图一八〇，9）。

敛口钵　1件。YXH1：8，口径29.2、高12.2、底径13厘米。灰褐胎，胎质较致密，青釉泛褐色，外施半釉，内满釉。敛口，圆唇，束颈，深斜腹，腹肩微鼓，腹底内收成平底。有

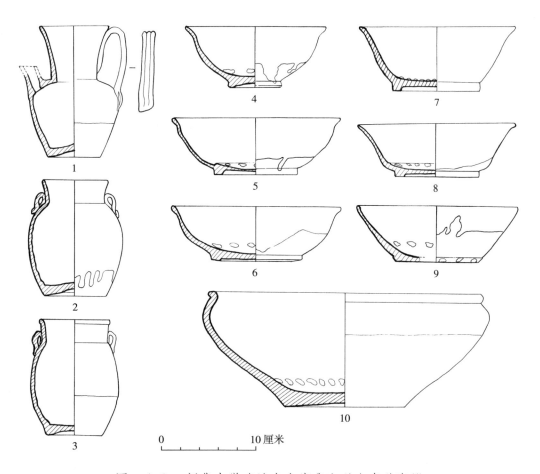

图一八〇　新华中学遗址出土唐代宜兴窑青釉瓷器

1. 执壶YXG1⑦：2　2、3. 双系罐YXF5：1、YXF5：3　4～8. 侈口碗YXH1：10、YXH1：13、YXH1：14、YXH1：11、YXG1⑦：3　9. 敞口碗YXH1：12　10. 敛口钵YXH1：8

支钉痕迹（图一八〇，10；图版一五〇，5）。

巩县窑

共出土巩县窑白瓷片316片，均为残片。器形主要有碗、盘、碟等。白胎，白釉，胎壁一般较厚重，胎外施化妆土，施釉较均匀，釉面光泽。碗多敞口，圆唇，也有尖唇和口沿外翻或卷成厚圆唇几种，腹一般较浅，呈曲腹，也有深斜腹。有饼足、玉璧足、环形足和圈足四种，外底部与圈足一般都露胎。有的口沿为四出花瓣形，有的腹部出筋，出筋部呈内凸外凹状。

定（邢）窑

共出土定（邢）窑瓷片36片，复原出7件器物，其他均为口沿、腹片和器底。器形主要以碗、盘为主。白胎，胎质细腻，洁白致密，胎壁规整，白釉，釉面均匀莹润，釉色有的白里泛青，少部分釉面出现细纹开片。

葵口盘　2件。YXH1：1、2，器形相同。口径13、高3.2、足径6.2厘米。口沿略外侈，浅斜腹，大平底，圈足。白胎，胎质较细腻致密，白釉，釉面均匀光亮，外足底无釉。口沿有四处凹缺，呈花口状（图一八一，1；图版一五一，1）。

敞口碗　1件。YXH1：4，口径12.4、通高4、足径4.8厘米。薄沿，斜腹弧，圈足。白胎，胎质细腻致密，白釉，釉面均匀洁白，足底无釉（图一八一，2）。

唇口碗　3件，器形、胎釉相同。YXH1：6，口径12.6、高4.4、足径5.6厘米。敞口，口沿外卷成厚圆唇，弧腹，圈足。白胎，胎质较薄而细腻，白釉，釉面较均匀莹润，外腹底无釉（图一八一，3）。YXH1：5，口径20、高6、足径6.6厘米（图一八一，5）。YXH1：7，口径20、高6.6、足径7厘米（图一八一，6）。

葵口碗　1件。YXH1：20，口径17、高6.3、足径5.4厘米。敞口，弧腹，圈足。白胎，胎薄，胎质细腻，白釉泛灰，足底无釉，有垫砂痕。器形精致。口边有五处凹缺（图版一五一，2）。

寿州窑

共出土寿州窑瓷片329片。器形主要有碗、盏、枕等残片。胎厚，胎质较粗，胎色有灰白胎和淡黄胎两种，胎外均施化妆土。施釉较厚，釉面往往出现透明的玻璃质，并出现有细开片，釉色以黄釉为主，也有黄褐色釉，釉面往往有深浅不一的斑点。出土1件敞口碗：YXG1⑦：10，口径15.1、高6.7、足径6.8厘米。弧腹，饼足。土黄胎，黄釉，釉下有白色化妆土（图版一五一，3）。

长沙窑

共出土长沙窑瓷片363片，均为碎片。器形有碗、盘、罐、壶、盒、盂等。胎质一般较薄，胎色有灰白和淡黄两种。釉色有淡黄釉、绿釉、酱釉等，施釉一般都很均匀。模印贴花和釉下点彩是长沙窑装饰工艺的卓越成就。模印贴花一般常见于壶和罐的耳、系、流部之下，贴花之上有施彩和不施彩两种。点彩多见于罐的肩部和腹部，有的施单褐彩，也有许多施褐绿两彩，一般常见的图案为连珠纹和菱形纹组合。点绘的花纹疏密有致，色彩美观大方，给人感觉自然朴实。碗、盘底心一般是直接彩绘，图案多以草叶纹、云气纹和鸟兽纹为主，纹饰一般简练朴实。

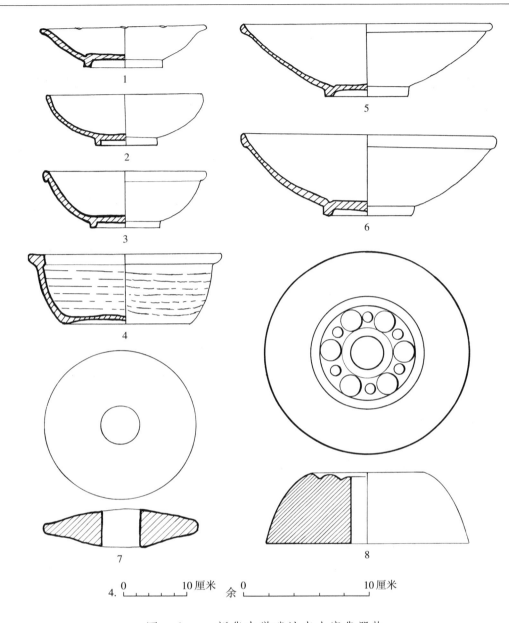

图一八一　新华中学遗址出土唐代器物

1.定（邢）窑白釉葵口盘 YXH1：1　2.定（邢）窑白釉敞口碗 YXH1：4　3、5、6.定（邢）窑白釉唇口碗 YXH1：6、
YXH1：5、YXH1：7　4.陶盆 YXH1：9　7.石碾轮 YXG1⑦：4　8.莲瓣纹饰件 YXF5：4

（2）陶器

共出土陶器碎片 734 片，其中釉陶片 545 片，灰陶片 189 片。釉陶片器形有缸、罐、瓮、坛等。灰陶片器形以盆、罐为主。在这批陶器中，保存较好的是一件灰陶盆，其余均破碎。

陶盆　1件。YXH1：9，口径 30.4、高 11.2、底径 20.6 厘米。灰胎，黑衣。敛口，宽平厚沿，直腹，大平底内凹。内外腹壁有多道轮旋痕（图一八一，4；图版一五一，4）。

2. 生产工具

出土工具 3 件，其中碾轮 2 件，器形相同；励石 1 件，残。

石碾轮　1件。YXG1⑦：4，直径 12.2、孔径 3、边厚 0.8、中间厚 3 厘米。圆饼形。石质较粗，呈灰褐色（图一八一，7；图版一五一，5）。

3. 钱币

共出土18枚铜钱，均在YXF5房基内的双系罐（YXF5：57）中，大部分锈蚀，字迹模糊不清，可辨认的均为"开元通宝"，直径2.5、穿径0.7厘米。

4. 建筑构件

建筑构件主要为瓦当、筒瓦、板瓦、铺地砖、柱础石和饰件等，均被火烧成一堆废墟，砖瓦残碎较严重，完整构件极为少见。

筒瓦　4件。YXG1⑥层出土。长34、宽14、厚1.7厘米。筒瓦前的子槎头长3.5厘米。整个瓦面光素，内有细麻布纹。泥质灰胎，有的已被火烧红。

板瓦　1件。YXG1⑥层出土。长34、上宽22.5、下宽18、厚1.4厘米。板瓦外光素，内有细麻布纹。泥质灰胎。

瓦当　2件。YXG1⑥层出土。直径14、厚1.6厘米。莲瓣纹，莲瓣较圆，莲瓣外为一圈连珠纹。

莲瓣纹饰件　1件。YXF5：4，圆形，上径9.2、下径16.2、厚5.4厘米。泥质灰陶胎，中间有一直径3厘米的圆孔，上顶面饰有莲瓣花纹。该饰件可能是大门门额的门簪花（图一八一，8；图版一五一，6）。

散水砖　数块。YXF5：5，出土于YXF5台基后檐外。砖长均为31、宽15、厚4厘米。

柱础石　2块。YXF5：6，出土于YXF5台基磉墩基础上。一块长45、宽40、厚8厘米；另一块长50、宽45、厚8厘米，均光素无纹。

另外，还发现部分残碎花纹大砖，花纹一般为方格纹和米格纹等。

（二）宋代遗物

在宋代地层中共出土各类陶瓷片28644片，其中唐、五代瓷片5417片，陶器残片148片，其余23079片均为宋代瓷片。在这批宋代瓷片中，保存较完整或可复原的器物百余件，主要器形有碗、盘、碟、盏、盏托、盒、壶、罐、瓶、枕、盂、炉等。另外，还有部分捏塑瓷，如瓷狮、犬和童子像等。

1. 瓷器

在这批宋代瓷器中，按窑口分有景德镇窑、龙泉窑、吉州窑、建窑、越窑、定窑、磁州窑、耀州窑、临汝窑、钧窑等，其中以景德镇窑的青白釉瓷最为丰富。

景德镇窑系

共出土景德镇窑系的瓷片20769片，其中器形较完整的有57件，其他均为瓷片。主要器形有碗、盘、碟、盏、盏托、盒、炉、罐、盂、童子像、狮子、玩具犬等。绝大部分为景德镇湖田窑所烧，瓷器胎色有白胎和灰白胎两种，胎质一般较细腻致密，气孔很少，器胎较薄，胎形较规整。釉色有青白釉和黑釉两种，青白釉又可分为白中泛黄、白中泛青、白中泛绿和白中泛灰等，施釉较均匀，釉面莹润光亮，玻璃感较强，釉层中气泡大而疏，有开片，器物一般内外均满施釉，但也有部分器物外施半釉。花纹装饰手法有刻花、划花、印花等。装烧有仰烧和覆烧两种，仰烧器多采用垫饼支烧，一般器底均有垫饼痕迹，覆烧器口沿一圈内外均露胎，俗称为芒口瓷。现把复原的完整器物叙述如下。

侈口碗　8件。YXG1④：33，口径12.4、高6.2、足径4.6厘米。白胎，青白釉。曲深腹，高圈足（图一八二，1；图版一五二，1）。YXG1④：45，口径13.2、高5.8、足径5.6厘米。白胎，青白釉，釉色略呈蛋青色。深曲腹，高圈足（图一八二，2；图版一五二，2）。YXG1④：40，口径12.8、高6.3、足径3.8厘米。白胎，胎质细腻致密，青白釉，釉面均匀光亮。斜弧腹，圈足略小。器外壁模印折扇纹，内壁刻划草叶纹和篦纹（图一八二，3；图版一五二，3）。YXG1⑤：13，口径12.5、高6.2、足径5.5厘米。白胎，胎质细腻致密，青白釉，施釉均匀，釉面光洁，釉色白中微泛绿，足底无釉。花口六缺，与腹部瓜棱相对。深曲腹，平底，圈足。腹壁有划纹。有垫饼痕迹（图一八二，4；图版一五二，4）。YXG1④：6，口径12.4、高4.2、足径4.2厘米。灰白胎，灰白釉，外腹下无釉。斜腹，圈足（图一八二，5；图版一五二，5）。YXG1④：44，口径10、高4、足径3.8厘米。器形同上（图一八二，6；图版一五二，6）。YXG1④：43，口径11、高4、足径3.8厘米（图一八二，7）。YXG1④：42，口径12、高4.2、足径4.3厘米（图一八二，8）。

敞口碗　3件。YXG1⑤：7，口径17、高4.8、足径6.2厘米。白胎，胎质细腻致密，青白釉，施釉均匀，釉面光亮，有细开片。薄唇，深斜腹，平底，底胎较厚，矮圈足（图一八三，1）。YXG1④：47，口径14、高4.2、足径6厘米。白胎，青白釉。斜腹，圈足（图一八三，2；图版一五三，1）。YXG1④：55，口径13.4、高5.2、足径4.8厘米。胎釉同上。薄圆唇，斜腹，圈足。外壁模印折扇纹，内壁及底部刻划草纹和篦纹（图一八三，8；图版一五三，2）。

唇口碗　14件。YXG1④：8，口径11.3、高4、足径4.1厘米（图一八三，3）。YXG1④：7，口径11.6、高3.8、足径3.9厘米。白胎，青白釉，外釉不及底。斜腹，圈足（图一八三，4；图版一五三，3）。YXG1④：46，口径12、高3.8、足径4厘米。白胎，青白釉。口唇特厚，似双重唇（图一八三，5）。YXG1④：36，口径16.8、高5.2、足径6厘米。白胎，青白

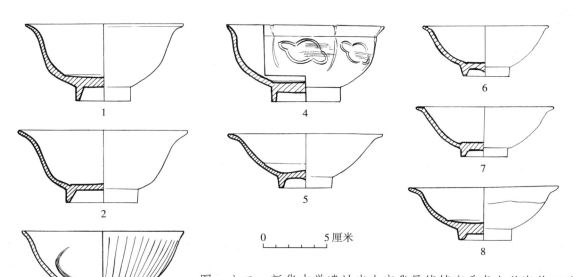

图一八二　新华中学遗址出土宋代景德镇窑系青白釉瓷侈口碗
1. YXG1④：33　2. YXG1④：45　3. YXG1④：40　4. YXG1⑤：13　5. YXG1④：6
6. YXG1④：44　7. YXG1④：43　8. YXG1④：42

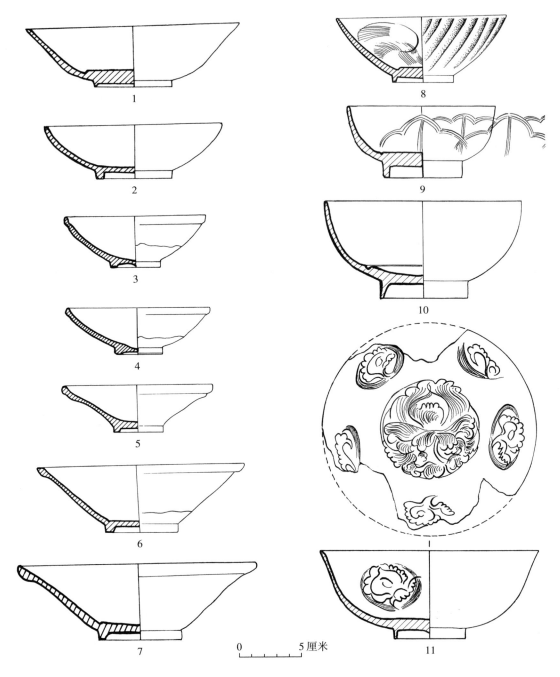

图一八三　新华中学遗址出土宋代景德镇窑系青白釉瓷碗

1、2、8. 敞口碗 YXG1⑤：7、YXG1④：47、YXG1④：55　3～7. 唇口碗 YXG1④：8、YXG1④：7、YXG1
④：46、YXG1④：36、YXG1⑤：11　9～11. 直口碗 YXG1⑤：14、YXG1⑤：4、YXG1④：22

釉。撇腹，圈足（图一八三，6；图版一五三，4）。YXG1⑤：11，口径19、高6、足径6.6厘
米。白胎，胎较厚，白釉，釉面光洁，有细纹开片。深撇腹，圈足（图一八三，7）。以下六
件器物大小有别，形制相同，均为敞口，厚圆唇，深腹，圈足较高。厚圆唇有宽有窄，胎质
一般都较细腻致密，有白胎和灰白胎之分，青白釉一般较莹润光亮，玻璃感较强，有的外釉
不及底，但无挂釉现象，足底均无釉，有垫饼痕迹。YXG1⑤：12，口径16.3、高6.8、足径

5.7厘米（图一八四，1）。YXG1④：38，口径15、高8.8、足径6厘米（图一八四，2；图版一五三，5）。YXF3：32，口径17.8、高7.4、足径6.8厘米（图一八四，3）。YXG1④：51，口径13、高5.4、足径4.6厘米（图一八四，4）。YXG1④：41，口径15、高8.2、足径6厘米。灰白胎，米黄色釉，釉面光亮，有开片。卷圆唇，曲深腹，高圈足（图一八四，5）。YXG1④：37，口径15.4、高7.6、足径5.4厘米（图一八四，6；图版一五三，6）。

　　直口碗　3件。YXG1⑤：14，口径11.6、高5.8、足径6.2厘米。白胎，胎较白而疏松，有颗粒和气孔，青白釉，釉色白中泛黄，釉面光亮，有开片。圆唇，斜腹，平底，底胎较厚，圈足，足底无釉，有垫饼痕迹。外壁刻划曲线条纹（图一八三，9）。YXG1⑤：4，口径15.6、高7.6、足径7厘米。白胎，胎质较细腻致密，胎壁厚薄均匀，釉色白中略泛黄，釉面光亮莹润，有细密纹开片。器形规整，薄圆唇，深腹，圈足，底部较平（图一八三，10；图版一五四，1）。YXG1④：22，口径17.6、高6.8、足径5.8厘米。白胎，胎质细腻，青白釉，釉面均匀光亮。深腹，圈足，足底无釉，有垫饼痕迹。器内刻划牡丹纹（图一八三，11；图版一五四，2）。

　　花口盘　5件。YXG1⑤：9，口径14.6、高4.2、足径5.8厘米。白胎，胎质细腻，青白釉泛黄，釉面光洁发亮，有开片。莲瓣形花口，斜腹，腹部出筋8条，与8个瓣口相对，平底内凹呈卧足，足底有垫饼痕迹（图一八五，1）。YXF4：1，口径14.8、高4.2、足径6厘米。白胎，青白釉，釉色白中泛绿，釉面玻璃感较强，有开片。莲瓣形花口，斜腹，腹部出筋10

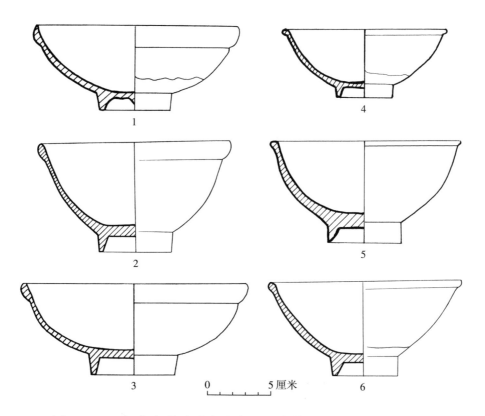

图一八四　新华中学遗址出土宋代景德镇窑系青白釉瓷唇口碗

1. YXG1⑤：12　2. YXG1④：38　3. YXF3：32　4. YXG1④：51　5. YXG1④：41　6. YXG1④：37

条，与10个瓣口相对，矮圈足，足底有垫饼痕迹（图一八五，2；图版一五四，3）。YXG1④：60，口径14.6、高4.2、足径7.2厘米。白胎，胎质细腻致密，青白釉，釉色白中微泛绿，釉层玻璃感较强，有气泡和开片，釉面均匀光亮，施满釉，外足底无釉，有垫饼痕迹。莲瓣形花口，圆唇，斜腹，腹部出筋8条，圈足，大平底（图一八五，3）。YXG1④：24，口径15.6、高4、足径7.2厘米。胎釉同上。薄唇，斜腹，腹部出筋14条，平底，圈足（图一八五，4；图版一五四，4）。YXG1④：39，口径13、高4.4、足径5.6厘米。圆唇，折腹，腹部出筋8条，平底，圈足较高（图一八五，5；图版一五四，5）。

敞口盘　7件。YXG1④：48，口径13、高3.4、足径5.4厘米。斜腹，平底，矮圈足。浅灰胎，胎质较细腻致密，灰白釉，釉面均匀光亮。外口沿下有5道浅弦纹（图一八五，6；图版一五五，1）。YXG1④：49，口径16、高4、足径6厘米。弧腹，矮圈足。白胎，青白釉，足底无釉，有垫饼痕迹（图一八五，7；图版一五六，1）。YXG1⑤：15，口径17.2、高4.2、足径6.4厘米。圆唇，斜腹，平底，矮圈足。白胎，胎质细腻致密，青白釉，釉面均匀光亮，足底无釉，有垫饼痕迹。外壁刻划莲瓣纹（图一八五，8）。YXG1⑤：1，口径13.6、高3.4、

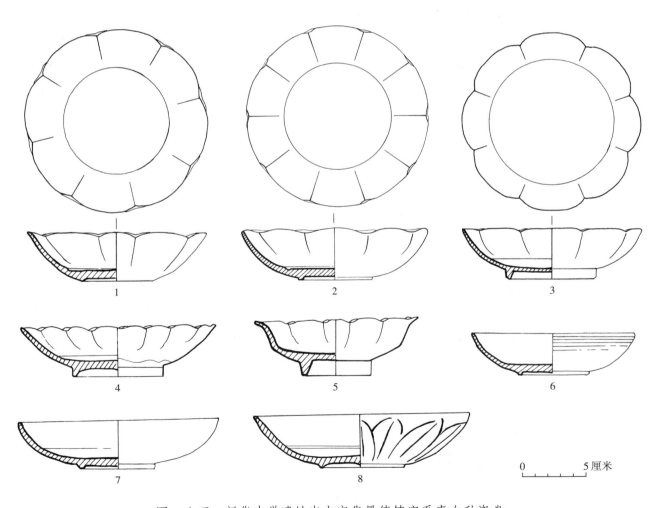

图一八五　新华中学遗址出土宋代景德镇窑系青白釉瓷盘

1~5.花口盘 YXG1⑤：9、YXF4：1、YXG1④：60、YXG1④：24、YXG1④：39　6~8.敞口盘 YXG1④：48、YXG1④：49、YXG1⑤：15

足径5.6厘米。平口宽沿，折腹，大平底，矮圈足。白胎，胎质细腻，青白釉，釉面均匀光亮，釉色青中泛黄绿，有细纹开片，足底无釉。内刻划叶脉纹和牡丹纹（图一八六，1；图版一五六，2）。YXG1⑤：5，口径14.6、高3.9、足径6厘米。圆唇，弧腹，平底，矮圈足。白胎，胎质细腻致密，青白釉，施釉均匀，釉面光亮，釉色青白中泛绿，足底无釉，有垫饼痕迹。内壁刻划斜线条，底刻划两组芙蓉花纹（图一八六，2；图版一五五，2）。YXG1⑤：16，口径16、高3.6、足径6.4厘米。平圆唇，弧腹，平底，矮圈足。白胎，胎质细腻致密，青白釉，釉面莹润光亮，釉色白中泛灰，足底无釉，有垫饼痕迹。内模印叶脉纹（图一八六，3；图版一五五，3）。YXG1④：52，口径12、高2.2、底径9厘米。斜腹较直，平底内凹。白胎，青白釉。口沿内外刮釉，为芒口（图一八六，4）。

葵口盘　4件。YXG1⑤：6，口径15.8、高4.2、足径6厘米。白胎，胎质细腻，青白釉，釉面均匀光亮有开片，釉色白中泛黄。敞口，薄唇外侈，口沿六处凹进，弧腹，极窄的矮圈足，足底有垫饼痕迹（图一八六，5；图版一五七，1）。YXG1⑤：3，口径13.4、高4.3、足径5.2厘米。白胎，胎质细腻，青白釉，施釉均匀，釉面光亮，有细开片，釉色青白中略泛黄。

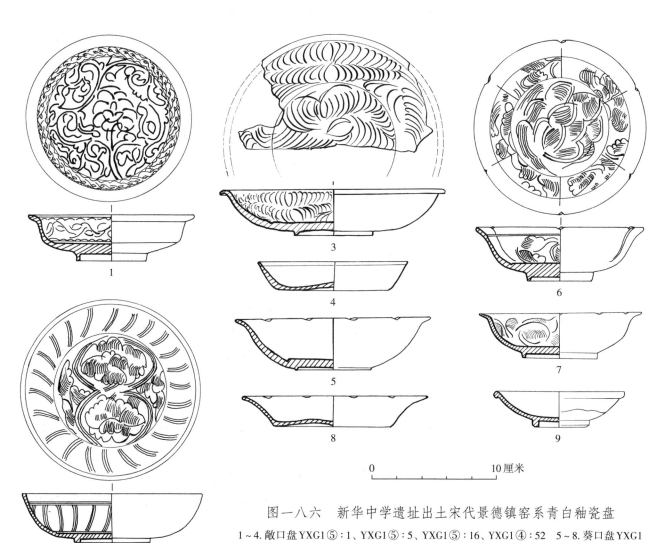

图一八六　新华中学遗址出土宋代景德镇窑系青白釉瓷盘

1～4. 敞口盘 YXG1⑤：1、YXG1⑤：5、YXG1⑤：16、YXG1④：52　5～8. 葵口盘 YXG1
⑤：6、YXG1⑤：3、YXG1⑤：8、YXG1④：34　9. 唇口盏 YXG1④：5

敞口葵边，圆唇，弧腹，腹部出筋6条，大平底，底部胎较厚，矮圈足。足底无釉，有垫饼痕迹。器内刻划牡丹纹（图一八六，6；图版一五七，2）。YXG1⑤：8，口径13、高3.6、足径6厘米。白胎，青白釉，釉色青白中略泛黄。薄唇宽沿，外侈，弧腹，平底，圈足。足底无釉，有垫饼痕迹。内腹壁刻划有篦纹（图一八六，7；图版一五七，3）。YXG1④：34，口径15、高2.4、底径9.6厘米。白胎，胎质细腻，青白釉，釉面光润发亮，釉色青白中泛蓝。薄唇，口沿外敞，浅斜腹，平底内凹（图一八六，8）。

　　唇口盏　1件。YXG1④：5，口径10.7、高2.8、足径4.6厘米。白胎，灰白釉，外釉不及底。浅斜腹，圈足（图一八六，9；图版一五七，4）。

　　罐　1件。YXG1④：53，口径4.8、高8、足径4.6厘米。白胎，青白釉。平口卷沿，鼓腹，圈足（图一八七，1）。

　　碟　1件。YXG1④：5，口径6、高2.2、足径3厘米。白胎，青白釉。敞直口，圆唇，浅斜腹，平底内凹（图一八七，2）。

　　盒底　1件。YXG1④：28，口径5、高3.2、足径3.4厘米。白胎，青白釉。口部刮釉，内施满釉，外釉不及底。子口内敛，平底，圈足外撇（图一八七，3；图版一五八，1）。

　　粉盒盖　2件。YXG1④：19，口径6、高2厘米。白胎，青白釉。直口，盖顶较平，叶形纽。盖顶点褐彩（图一八七，4；图版一五八，2）。YXG1④：12，口径10.4、高2.8厘米。白胎，青白釉。直口，弧形顶，扁圆纽。盖顶点褐彩（图一八七，6；图版一五八，3）。

　　盏托　1件。YXG1⑤：17，口径12、高4.4、足径6.8厘米。白胎，胎质细腻致密，青白釉，釉色均匀光亮，玻璃感较强，有细开片。平折宽沿，浅直壁，中间凸起座圈，大平底，底中间一圆孔，圈足较高（图一八七，5；图版一五八，4）。

　　器盖　1件。YXG1⑤：18，盖上口径8、下径2.7、高1.9厘米。器形似折沿盘状，底内中心凸出一桃形纽。米黄胎，胎质较疏松，米黄釉，釉面光洁发亮，内外施釉（图一八七，7；图版一五九，1）。

　　五足炉　1件。YXG1④：31，口径13.2、复原高7.6厘米。白胎，胎质细腻，青白釉，釉面光洁莹润，釉色青白中微泛绿，玻璃感较强。宽平沿外折，直口，直壁，圜腹，平底，兽形足。足与足之间饰一朵莲花（图一八七，8；图版一五九，2）。

　　渣斗　1件。YXF3：3，口径23.2、高12.8、底径6.2厘米。大口，束颈，折肩，斜腹，平底。米黄胎，胎质较疏松，米黄釉，釉面光洁发亮，内外施釉（图一八七，9；图版一五九，3）。

　　童子像　1尊。YXG1④：17，残高约6.3厘米。白胎，青白釉，釉面均匀光亮，在前胸和手部点有褐色彩斑。头部残缺，颈部系环，双手抱球，双腿盘坐（图一八七，10；图版一六〇，1）。

　　狮子　1件。YXF3：11，整个造型呈卧式，狮头正视。前高5.8、通长8、宽3.4厘米。白胎，青白釉。其制作工艺精细，采用雕、捏、刻、划、贴等工艺手法，线条流畅，形态生动活泼（图一八七，11；图版一六〇，3）。

　　玩具犬　1件。YXG1④：18，残高5.8、通长4.5厘米。白胎，青白釉，腿下无釉。狗作

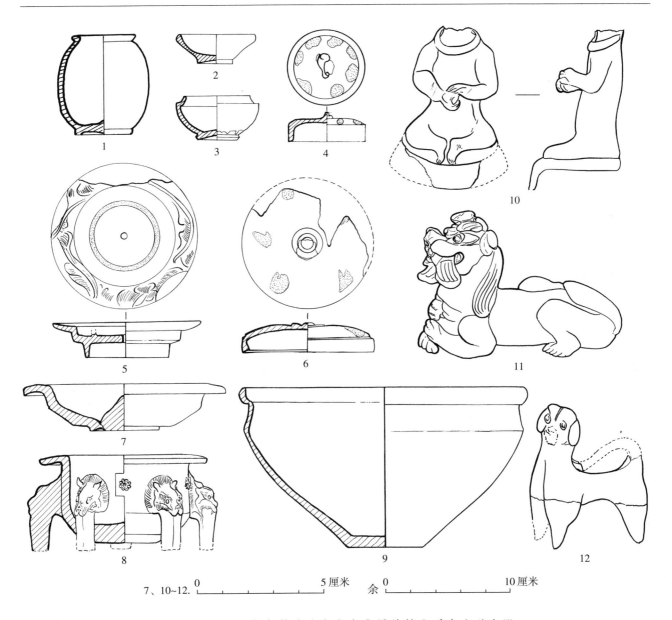

图一八七　新华中学遗址出土宋代景德镇窑系青白釉瓷器

1. 罐 YXG1④：53　2. 碟 YXG1④：5　3. 盒底 YXG1④：28　4、6. 粉盒盖 YXG1④：19、YXG1④：12　5. 盏托 YXG1⑤：17　7. 器盖 YXG1⑤：18　8. 五足炉 YXG1④：31　9. 渣斗 YXF3：3　10. 童子像 YXG1④：17　11. 狮子 YXF3：11　12. 玩具犬 YXG1④：18

站立状，眼视向前，双耳下垂，狗尾上翘环连于前背上。其中两腿已残断（图一八七，12；图版一六〇，2）。

在宋代层中出土景德镇窑系黑釉瓷片达数百片，其中黑釉白胎盏瓷片约两百余片，可复原完整器物几十件、口径为 10～13、高 4.4～6、足径 4.2～5 厘米。胎质细腻致密，釉色有黑釉和酱褐釉之分。器壁较薄，器底较厚。均为敞口，有的口沿唇略外卷，有的口沿被刮削得较薄。斜腹，腹一般较深，圈足，足底无釉，器形较规整，内底往往呈窝形。

白边盏　2 件。白胎，黑釉，釉面莹润，乌黑发亮。口沿薄，较直，有刮削痕迹。施釉方法：先施黑釉，然后把内外口沿一圈黑釉刮掉，于口沿处再施一层白釉，白釉略呈姜黄色，白釉边一般宽0.5～0.8厘米。YXG1④：29，口径10、高4.4、足径4.2厘米（图一八八，1；图版一六一，1）。YXG1④：31，口径12.2、高5.2、足径4.3厘米（图一八八，2；图版一六一，2）。

盏　2件。YXG1④：27，口径11、高4.8、足径4厘米。白胎，黑釉。敞口微侈，圆唇，口沿外侈（图一八八，5）。YXG1④：32，口径13、高6、足径5厘米。白胎，黑釉。敞口，圆唇（图一八八，6；图版一六一，3）。

鸟食罐　1件。YXG1④：54，口径2.8、高3.5、足径3.1厘米。白胎，黑釉。直口，折肩，直腹，腹下斜收，平底（图一八八，3；图版一六一，4）。

器盖　1件。YXG1④：20，盖径5.8、高3.1厘米。白胎，黑釉。直口，直壁，弧形顶，花形纽（图一八八，4；图版一六一，5）。

龙泉窑

共出土龙泉窑瓷片475片，主要器形有碗、盘、盏等，仅复原器物2件。

碗　1件。YXG1④：64，口径8.8、高3.3、足径4.8厘米。灰白胎，青釉，釉面青中泛绿。口较直，圆唇，折腹，平底内凹呈卧足（图一八九，1）。

盏　1件。YXG1④：65，口径8、高3.6、足径3.7厘米。灰白胎，青釉，釉面略泛绿。敞口，厚圆唇，弧腹微鼓，矮圈足（图一八九，2）。

建窑

出土建窑瓷片43片，器形主要是盏。灰黑胎，胎较粗，多颗粒，外釉不及底，有挂釉现象，釉面光亮，釉色黑中泛棕黄色，有的出现铁锈条纹，谓之兔毫釉。器形一般不够规整，修坯较草率，尤其表现在器足。口有敞口和直口之分，直口，口沿略内敛，多斜腹，有的腹较深，圈足较矮。复原2件盏。

盏　2件。YXG1④：30，口径9.5、高4.2、足径3.3厘米。敞口，圆唇，斜腹，矮圈足。外釉不及底，釉面均匀光

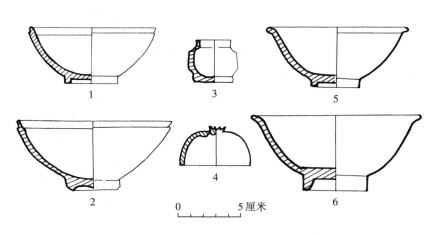

图一八八　新华中学遗址出土宋代景德镇窑系黑釉瓷器

1、2.白边盏 YXG1④：29、YXG1④：31　3.鸟食罐 YXG1④：54　4.器盖 YXG1④：20
5、6.盏 YXG1④：27、YXG1④：32

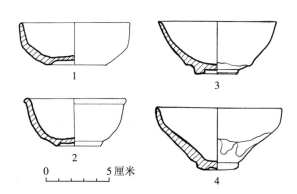

图一八九　新华中学遗址出土宋代龙泉窑、建窑瓷器

1.青釉碗 YXG1④：64　2.青釉盏 YXG1④：65　3、4.黑釉盏 YXG1④：30、YXG1④：23（1、2为龙泉窑，3、4为建窑）

亮，釉色黑中泛棕黄色，有铁锈斑条纹，条纹精细致密，谓之兔毫（图一八九，3；图版一六一，6）。YXG1④：23，口径10.2、高5.2、足径3.4厘米。直口，圆唇，折斜腹，矮圈足。灰黑胎，酱褐釉，外釉不及底，有挂釉（图一八九，4）。

临汝窑

出土临汝窑瓷片计408片，器形以盏为主，碗、盘次之。可分两类：一类光素无纹，一类有印花。印花均为凸起的阳文，花纹轮廓线清晰，图案有缠枝菊花、菊瓣纹、水波纹和水波游鱼纹几种。香灰胎或灰白胎，青绿釉，整个器物除圈足底一圈无釉外，其他均施满釉，施釉较均匀，釉面光洁发亮，有开片，有的器物口沿和圈足底有一圈铁锈黄。复原7件器物。

盏　6件。形制相近，敞口，圆唇，深斜腹微鼓，矮圈足。根据所饰纹饰不同可分为：

缠枝菊花纹盏　2件。YXG1④：9，口径13、高5.6、足径3.4厘米。香灰胎，青釉，釉面青中泛绿。碗内大小六朵缠枝菊花相间排列，盏心为一团菊（图一九〇，1；图版一六二，1）。YXG1④：10，口径13、高5.6、足径3.4厘米。香灰胎，青釉，釉面呈虾青色。外壁饰折扇纹，内壁花纹同上（图一九〇，2；图版一六二，2）。

水波鱼纹盏　1件。YXG1④：11，口径11.5、高4.8、足径3.2厘米。灰白胎，青釉，釉面青中泛绿。碗内壁饰水波游鱼纹（图一九〇，3；图版一六二，3）。

菊瓣团花盏　1件。YXG1④：35，口径12、高4.9、足径2.9厘米。香灰胎，青釉，釉面呈虾青色。碗内饰密集菊瓣纹，底心上有一团小菊瓣，无花蕊（图一九〇，4）。

素面盏　2件。YXG1④：13，口径11.5、高5.4、足径3.4厘米。香灰胎，青釉，釉面呈虾青色（图一九一，1；图版一六三，1）。YXG1④：15，口径13、高5.6、足径3.4厘米。灰白胎，青釉，釉面青中泛绿（图一九一，2；图版一六三，2）。

碗　1件。YXG1④：26，口径16.4、高9.2、足径6厘米。香灰胎，青釉，釉面青中泛绿。敞口，厚圆唇，深斜腹，圈足（图一九一，3；图版一六三，3）。

越窑

出土越窑瓷片157片，其中复原器物4件，器形为碗、盏，其他均为残碎片。胎质一般较细腻致密，灰白胎，有厚胎和薄胎之分，施釉均匀，釉面莹润，光洁度较强，有细微开片，釉面有青中泛绿、青中泛灰、青中泛黄三种。

敞口碗　3件。YXG1④：63，口径11.6、高4、足径5.2厘米。灰白胎，青釉，釉面青中略泛黄，有开片。圆唇，斜腹，矮圈足（图一九二，1）。YXG1④：8，口径13.6、高4.9、足径4厘米。灰白胎，胎壁较薄，青釉，釉面莹润光亮，釉色青中泛绿。薄圆唇，深撇腹，圈足。整个器形较规整（图一九二，2；图版一六三，4）。YXG1④：14，口径12.2、高4.8、足径3.8厘米（图一九二，3）。

盏　1件。YXG1④：66，口径8.7、高3.6、足径4.2厘米。灰白胎，胎壁较薄，青釉，釉面青中泛灰。薄唇，敞口，斜弧腹，平底内凹呈卧足状（图一九二，4）。

耀州窑

出土耀州窑瓷片37片，可复原器物2件，其他均为碎片，器形以碗、盘为主。青釉，釉色深沉光润，器形规整，器胎厚薄均匀。花纹图案以印花为主，有折枝牡丹纹和莲瓣纹等。

图一九〇　新华中学遗址出土宋代临汝窑青釉瓷盏

1、2.缠枝菊花纹盏 YXG1④：9、YXG1④：10　3.水波鱼纹盏 YXG1④：11　4.菊瓣团花盏 YXG1④：35

莲瓣纹碗　1件。YXG1④：50，口径12、高6.4、足径4.8厘米。灰白胎，青釉。敞口，圆唇，深斜腹，圈足。外壁刻双重莲瓣纹（图一九二，5）。

折枝牡丹纹碗　2件。YXG1④：59，口径12、高6.7、足径5厘米。灰白胎，胎质细腻致密，青釉，釉面光洁莹润。敞口，圆唇，口沿六缺，曲腹，圈足。外腹模印六朵折枝牡丹花，花纹清晰，线条流畅凸起（图一九二，6）。

磁州窑

出土磁州窑瓷片225片，器形以碗、枕、罐为主，复原器物1件，其他均为碎片。釉色有白釉和酱釉，胎有厚胎和薄胎，胎色有灰白胎和黄褐胎，胎外施化妆土，釉面较均匀光亮。这次出土的白釉瓷，主要以瓷枕残片为主；黑釉瓷，釉面漆黑光亮，胎较疏松，多呈褐色。

碗　1件。YXG1④：25，口径18、高8.2、足径6.8厘米。黄褐胎，胎壁较厚，胎质较疏松，有气孔，黑釉，釉面漆黑光亮。敞口，厚圆唇，深斜腹，圈足。外釉不及底，器内有金褐色条纹斑（图一九二，7）。

定窑和钧窑

出土定窑瓷片76片，钧窑瓷片59片，瓷片破碎，无复原器。定窑器形以碗、盘为主，白胎，胎壁较薄，质地坚硬，白釉，釉面莹润光洁，白中泛乳黄色，花纹以刻花、划花和模印为主，主要花纹有牡丹纹和

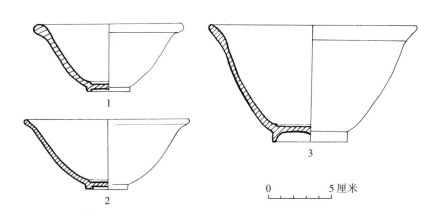

图一九一　新华中学遗址出土宋代临汝窑青釉瓷盏、碗
1、2. 素面盏 YXG1④：13、YXG1④：15　3. 碗 YXG1④：26

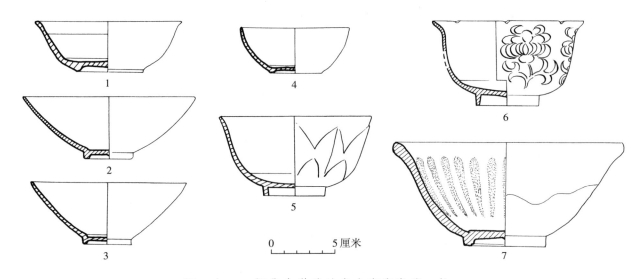

图一九二　新华中学遗址出土宋代瓷碗、盏
1. 敞口碗 YXG1④：63　2、3. 敞口碗 YXG1④：8、YXG1④：14　4. 盏 YXG1④：66　5. 莲瓣纹碗 YXG1④：50　6. 折枝牡丹纹碗 YXG1④：59　7. 碗 YXG1④：25（1～4为越窑，5、6为耀州窑，7为磁州窑；1～6为青釉，7为黑釉）

回纹组合。钧窑瓷片粗重，胎色灰或灰白，有的含细沙，釉色蓝白、灰蓝，呈乳浊状，釉层厚而光亮，器形亦以碗、盘为主。

未定窑口

出土其他未定窑口的瓷片计784片，器形主要有碗、盘、罐、壶、盏、炉、瓶等，釉色有酱褐和青灰釉，胎色有褐胎（包括灰褐、酱褐和红褐）和灰胎。复原器物6件：

花口碗　1件。YXG1④：2，口径10.8、高5.5、足径5.2厘米。灰胎，青白釉。敞口，薄圆唇，口沿六缺，与腹部出筋六条相对，深斜腹，圈足。足底有支圈痕迹（图一九三，1；图版一六四，1）。

葵口碗　1件。YXG1④：21，口径12.8、高6.3、足径5厘米。褐胎，黄褐釉。敞口，圆唇，口沿六缺，曲腹，圈足。外腹刻花（图一九三，2；图版一六四，2）。

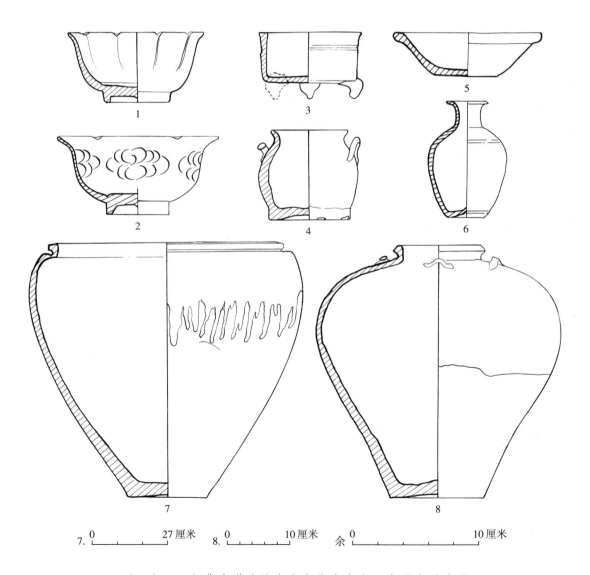

图一九三　新华中学遗址出土宋代未定窑口瓷器和釉陶器

1. 青白釉花口碗YXG1④：2　2. 黄褐釉葵口碗YXG1④：21　3. 黑釉三足炉YXG1④：58　4. 青灰釉双系罐YXG1④：57　5. 青釉厚唇碗YXG1④：62　6. 酱褐釉瓶YXG1④：56　7. 青釉陶缸YXF3：4　8. 青釉陶四系坛YXG1⑤：10

三足炉　1件。YXG1④：58，口径8、高5.2厘米。灰胎，黑釉，光亮，口部无釉。平沿，直口，直腹，平底三足。外壁于口下和近腹底饰有弦纹（图一九三，3；图版一六四，3）。

双系罐　1件。YXG1④：57，口径6.5、高7.5、底径6.4厘米。灰胎，青灰釉。敞口，圆唇，束颈，曲腹，平底内凹，肩部有桥形双系（图一九三，4）。

厚唇碗　1件。YXG1④：62，口径11.6、高3.4、足径5厘米。敞口，厚圆唇，浅斜腹，平底。酱褐胎，青釉，外沿下无釉（图一九三，5）。

瓶　1件。YXG1④：56，口径3.2、高9.2、底径3厘米。红褐胎，酱褐釉。敞口，口沿略外卷，直颈，溜肩，曲腹，平底内凹。肩部和近底部有2道弦纹（图一九三，6；图版一六四，4）。

2. 陶器

共出土陶器残片148片，其中灰陶116片，器形以盆、罐为主；釉陶片32片，器形有缸、瓮、坛等，其中2件较完整。

青釉缸　1件。YXF3：4，口径58、腹径67、高61.5、底径19厘米。青褐釉，釉斑深浅不一，粗缸胎（图一九三，7）。

青釉四系坛　1件。YXG1⑤：10，口径13.5、高40.6、底径15厘米。紫灰胎，青灰釉，外施半釉。小口，平厚沿略外卷，束颈，丰肩，鼓腹，腹下内收成小平底，肩部有对称的4个桥形耳（图一九三，8）。

绿釉罐　1件。YXG1④：16，口径约2.4、高约8.5、足径4.5厘米。黄白胎，绿釉。小口，折肩，深腹，圈足。腹部刻划莲瓣纹（图版一六四，5）。

3.建筑构件

六边形石构件　1件。YXG1④：4，对角长10.5、边高3.1厘米。六边形，中间一圆洞，洞径2.6厘米。紫红色石。上下无纹，六边刻波浪纹，边上类似佛山形（图一九四；图版一六五，1）。

圆形莲花石座　1件。YXG1④：1，直径8.5～11、高3.2厘米，中心有一圆孔，直径3.3厘米。周边刻莲瓣纹（图版一六五，2）。

（三）元代遗物

在元代地层内共清理出各类瓷片计1128片，其中大部分为唐、五代和宋代瓷片。元代瓷片有景德镇窑的枢府釉碗盘，龙泉窑青釉瓷碗，磁州窑的白地黑花或褐花瓷碗、罐等。复原2件元代龙泉窑瓷碗：YXG1③：1，口径18.4、高6.6、足径5.6厘米。灰褐胎，青釉，釉面青中泛绿。敞口，圆唇，深斜腹，腹下肥实，圈足。外足边削抹，足底有垫圈痕迹（图一九五，1；图版一六五，3）。YXG1③：2，口径17.3、高7.6、足径7厘米。灰白胎，青釉，釉面青中泛黄。器形同上。外沿下刻划4道弦纹，其上等

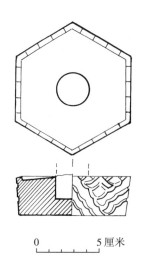

0　　　　5厘米

图一九四　新华中学遗址出土宋代六边形石构件 YXG1④：4

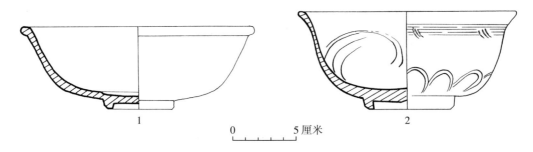

图一九五　新华中学遗址出土元代龙泉窑瓷碗

1.青绿釉碗 YXG1③：1　2.青黄釉碗 YXG1③：2

距离划 3 道短线，外腹下刻划莲瓣纹，内腹壁划草叶纹（图一九五，2；图版一六五，4）。

第三节　开明桥遗址

　　开明桥遗址位于汶河北路东侧（见图四）。开明桥原为市河上的一座桥，20 世纪 50 年代初，扬州市政建设中，有一项填河改路的大工程，即把市河填平，改成南北向的汶河路。1992 年扬州市政建设中，又有一项重点工程，即把汶河路和南门至北门街，合并为一条南北主干路，从原来 5 米宽的老街道，拓宽为近 100 米宽的大路。这样，汶河路以东、南门至北门街以西的所有民居、学校、厂房和商店，全部被拆除。河被填平，路被拓宽，开明桥也不存在了，仅在大东门街西口的老墙上钉着一块"开明桥街"的路牌，以"纪念"具有深厚历史底蕴的开明桥。

　　开明桥的位置很重要，自唐始就是扬州罗城内繁华的闹市街区，至宋元明清时代，更是扬州东西与南北大街十字交汇的中心区，桥东的大街两侧，商店、酒肆和茶社鳞次栉比，在《嘉靖惟扬志》卷首绘的《宋大城图》上，开明桥以东的大街上，就有庆丰楼、东酒库和明月楼等众多店铺。如今这里旧城改造，民房店铺已被拆除，趁此机遇，扬州考古队于开明桥东偏北处选择一块地方进行考古发掘，以了解十字街口布局、建筑形制和出土遗物，以便揭示出唐宋扬州城中心闹市区的全貌。因这项重点市政工程必须在"十一"前完成，给考古发掘时间仅一个月，尽管采取快速挖掘，一个月后我们仍只发掘到宋元时期的文化层，虽与市政府协商，但仍不同意我们继续发掘，工程部门毫不客气地把发掘现场推平，扬州城中心的考古发掘工作亦到此结束，该项目发掘的预期目标未能完成。回想起来，这仍是我们考古工作中的一大憾事！

一　地层堆积

　　发掘面积 165.6 平方米。发掘平均深度 1.3 米，最深处达 2.5 米。地层堆积较清楚。

　　第 1 层：地表扰乱土，黑灰色，多为现代墙基、铺地砖等。出土大量残砖碎瓦。

　　第 2 层：清代堆积层，土呈灰黑色。厚约 0.2～1.2 米。出土大量残碎瓦片。土层中有许多清代青花瓷碗、盏、盘等碎片。

第3层：明代堆积层，土色黑灰。也多瓦砾，残存些墙基和铺地砖。较完整地揭露一座砖砌炉灶。出土遗物以明代青花瓷片最多。

第4层：宋元堆积层，土色灰，有较多红烧土。土层深1.2～1.3米。该层下发现连片的房屋遗迹和地窖。出土遗物以宋元时期的景德镇窑青白釉瓷片和龙泉窑的青釉瓷片最多。

第4层以下的唐、五代文化层，因故未能发掘。

二　遗迹

（一）宋代房址

在我们发掘的165.6平方米的范围内，发现连成片的宋代房屋基址3处，分别编号YKF1、YKF2、YKF3（图一九六；图版一六六，1、2）。其中YKF2位于发掘探方的西北角，占发掘面积的一多半，是一座有台基的较大型建筑。YKF1位于YKF2东侧，YKF3位于YKF2东南角、YKF1的南端。YKF1和YKF3是小型房屋建筑，两处房屋的山墙紧靠在一起（图版一六七，1、2）。在YKF1与YKF2之间有条南北向的排水沟。3处房屋基址均未全部发掘完，向北（YKF1、YKF2）和向南（YKF3）仍为房屋延伸部分，因超出探方范围，又受发掘时间所限，未能扩大发掘面积，所以房屋布局形式不太清楚。

1. YKF1

YKF1发掘出南北长8.5、东西宽3.1米，北面未到房屋边端。发掘出的房屋共3.5间，推测可能为5间，每间面阔2.5、进深2.3米。房屋建筑较简陋，墙壁多用碎砖垒砌，前后檐墙大多倒塌无存，墙厚35厘米，用灰泥砌墙。柱基分布在前后檐墙上，柱基下均用黄黏土作为简易磉墩，磉墩呈0.5～0.6米见方，并经夯打，屋内未见砖铺地面。YKF1东面紧邻现在的北门大街，从南北大街与房屋布局关系分析，YKF1可能是坐西朝东的邻街铺面房。

2. YKF2

YKF2是建在夯土台基之上的较大型房屋遗迹（图一九七）。台基平地而起，发掘出的台基南北长9（北面未到台边）、东西宽8.8、高约0.35米。台基用灰土夯筑，台边用长35、宽14、厚3.5厘米的砖包砌，包砖边厚35厘米。围绕台边的地面，用长35、宽15、厚5厘米的砖铺出宽35厘米的散水，大部分散水砖已被破坏，仅东侧保存一段1米长的散水砖。台基包砖边仅存东侧和南侧的很少一部分，台面上铺砖均被破坏。

台基上从南向北共分布三排柱础，每排5个，北面未到台边，推测北面应还有一排，计四排柱础。从柱网分布看，台面上应建有面阔三间（北侧次间，超出探方范围，未发掘），进深四间的较大房屋。已发掘部分房屋总面阔7.8米，当心间面阔4米（以柱础中心计算），两侧次间面阔皆3.7米。进深四间7.6米，每间进深1.9米。

柱础石仅保留两块，位于第三排最东面，础石为灰白色，呈扁平方形，边长55厘米，厚约10厘米。础石下均用黄黏土夯筑成磉墩，磉墩呈方形，边长约55厘米，厚约10厘米。从台基、磉墩和础石结构关系看，其做法是：先夯筑好台基，然后根据房屋木柱分布位置，在木柱位下挖出方形柱础坑，每个坑基长宽50～80厘米不等，深约15厘米，坑基底铺垫黄黏土，并经夯打坚硬，其上平放柱础石，础石面略高出夯筑台基面约6厘米，最后在夯筑台面上平铺地

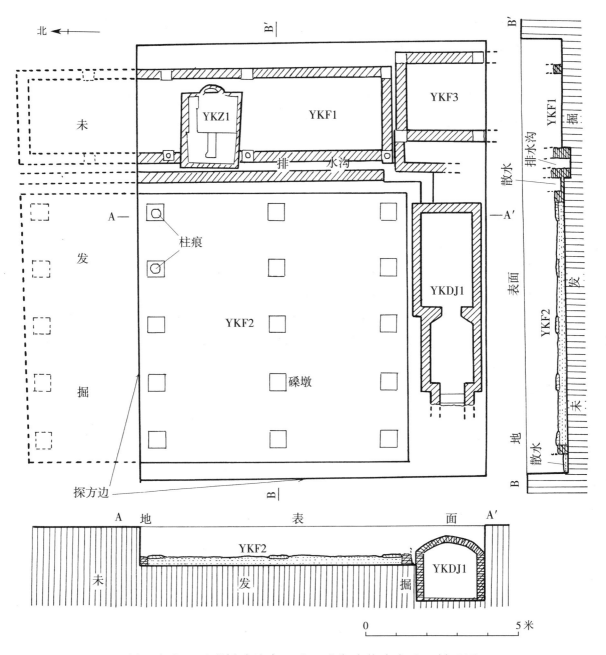

图一九六　开明桥遗址宋、元、明代建筑遗迹平、剖面图

（YKF1～YKF3 为宋代建筑遗迹，YKZ1 为明代灶，YKDJ1 为元代地窖）

面砖，砖面与础石面平齐（图一九八）。

　　YKF2 之西即为市河，YKF2 应是一座坐东朝西的临河建筑。我们原计划向西扩方挖出市河东岸边，向北扩方发掘出完整的 YKF2 台基建筑，但受工程时间所限，不能扩方发掘，因此未能了解临河建筑的布局形式。从 YKF2 当心间发掘出的烧土和灶痕分析，YKF2 可能是临河的茶社、酒楼及饭店性质的建筑用房。

　　YKF1 与 YKF2 之间有一条排水沟，排水沟紧靠在 YKF1 后檐墙下（图版一六八，1、2）。沟宽 0.3～0.4、深 0.2～0.3 米，沟南端较宽较深。排水沟顺 YKF1 后檐墙下，从北向南流，至

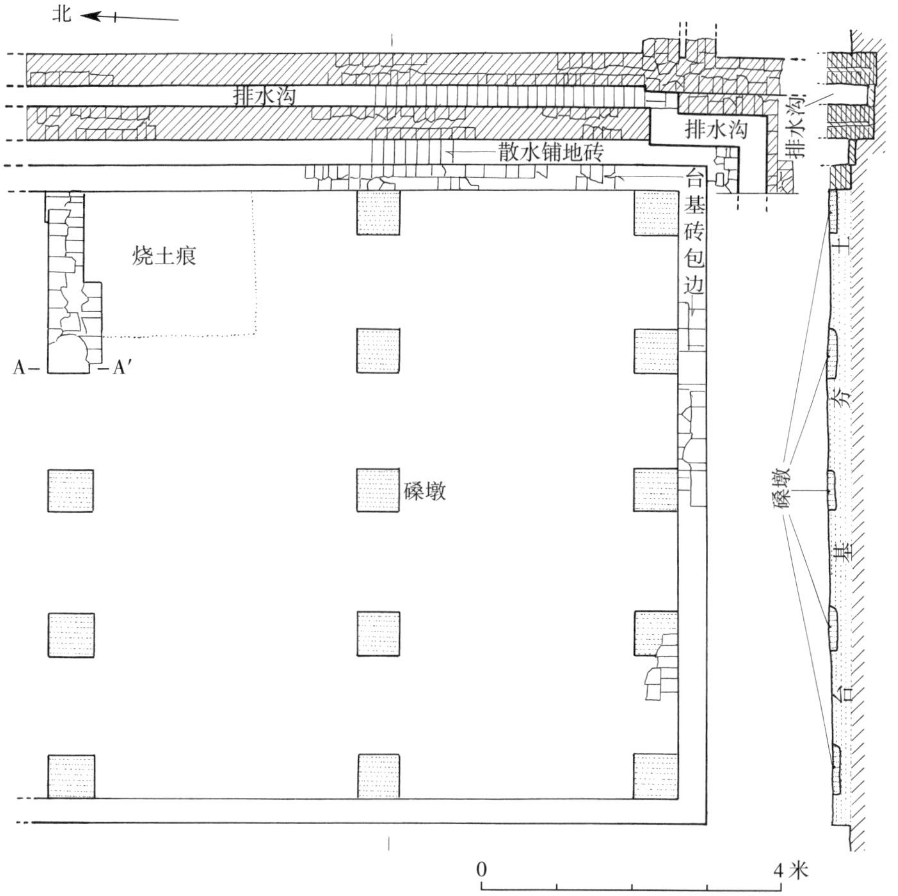

图一九七　开明桥遗址宋代房址YKF2平、剖面图

YKF2台基东南角后向西折转通向市河。排水沟用砖砌成，沟壁厚15厘米左右，用单砖或半头砖平铺错缝顺砌，沟底用砖平铺。沟北面被明代灶坑所叠压，向西转折的部分被元代地窖打破。

3. YKF3

YKF3位于YKF1之南（见图一九六；图版一六七，1、2），两座房屋的山墙紧靠在一起，YKF3稍向东凸出0.5米。YKF3只发掘出北端的一间房，面阔2.5、进深2.6米。YKF3建筑结构与YKF1相同，也应是座较简易的邻街房。

（二）元代地窖

编号YKDJ1，位于探方的南侧边缘，打破了YKF2台基南面台边，也把折向西流的排水沟打破。地窖绝大部分已被破坏，仅后室后端保存较完整，能看出地窖宽、高和券顶（图版一六九，1、2）。地窖平面基础的长宽形制仍保存着（图一九九），为我们复原地窖结构提供了依据。

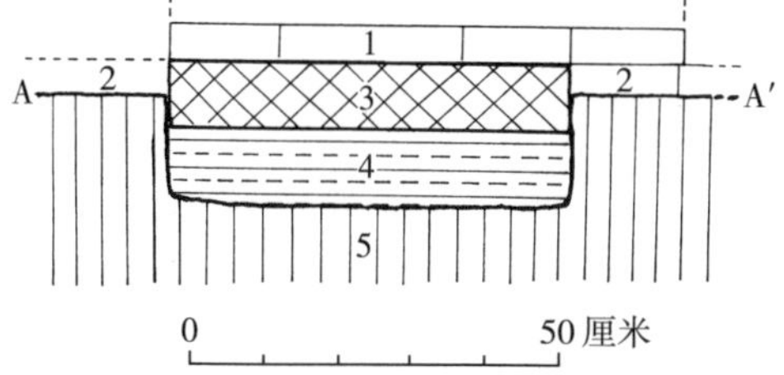

图一九八　开明桥遗址宋代房址YKF2柱础石、磉墩剖面图

1. 墙砖　2. 铺地砖　3. 础石　4. 黄黏土磉墩　5. 台基夯土

地窖平面呈长条形，总长 5.7、南北宽 1.4~1.7、高 2 米（图版一六九，4、5）。地窖分前、后两室，前室长 2.2、宽 1.4 米，后室长 3.2、宽 1.7 米。前室西端有出口踏道，踏道口宽 1.3、残长 0.8 米，踏道呈台阶状，台阶用砖砌，每级台阶高 0.15、宽 0.3 米（图版一六九，5）。地窖四壁皆厚 30 厘米，用砖平铺错缝砌成，墙壁采用一层用丁砖砌，其上层再用两行顺砖砌，交错向上垒砌。地窖顶用砖券砌，采用一券（立砖）一伏（平砖）砌法，券顶厚 25 厘米。室内地面用砖平铺，前室采用顺砖，一行行平铺错缝；后室采用丁砖，一行行对缝平铺。前后室之间有腰门，门口宽 0.6 米。窖室四壁用白灰膏泥抹平。

地窖破坏比较严重，窖中未见完整遗物。但从地窖出口面向市河，室内四壁抹有白灰膏泥分析，有可能是为储存从市河运来的食品（如蔬菜、鱼肉和酒等），为防夏天温度高，易腐烂霉变，而暂时储藏在地窖中，以达到保鲜的目的。

（三）明代炉灶

编号 YKZ1，位于探方东北角，打破 YKF1 后檐墙和地面。（见图一九六）

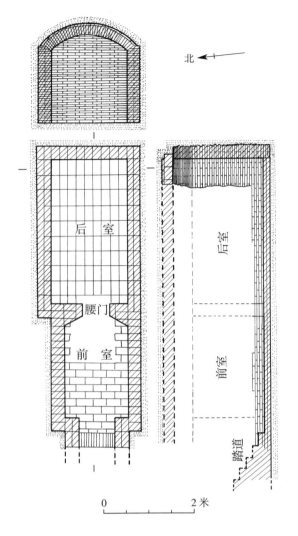

图一九九　开明桥遗址元代地窖 YKDJ1 平、剖面图

炉灶平面呈长方形，东西长约 2.2、南北宽 1.66 米。炉灶由灶坑、灶台、火膛、通风道、通风槽、通风口、封口砖和烟囱等部分组成。（图二〇〇；图版一七〇，1~3）

灶坑呈长方形，东西长 2.2、南北宽 1.58~1.66、深 0.5 米。坑壁用单砖（多用碎砖）砌成，壁厚约 0.15 米。在灶坑内东南角，用砖垒砌一方形灶台，约 1.3 米见方，残高 0.5 米。灶台壁用砖砌成，采用平铺 1~2 层砖，其上砌层立砖。灶台北侧壁面东端稍向内凹。

灶台内部结构较复杂，火膛设在灶台东侧，两个火膛并列，南面火膛较大，南北长 0.7、东西宽 0.48 米；北面火膛较小，南北宽约 0.3~0.4 米。火膛西面有通风道，长约 0.7、宽约 0.26 米。通风口开在灶台西壁上，北面通风道，可能与灶台底下的通风槽相连，通风槽长 0.9、宽和深约 0.3 米，通风槽可直接从灶底风口吹到灶膛中。发掘时，在通风口处立有一块方砖，可把灶火封住，需要加大火燃烧，可把方砖取出，增加通风量。灶的内部结构，因未解剖，详细情况不明。整个灶坑底部均用碎砖平铺。在灶台东侧，用砖砌出一个半圆形，南北径 0.64 米，类似烟囱，与火膛有无关系，因未解剖，情况不明。

三　出土遗物

（一）宋代遗物

出土遗物绝大部分为瓷器碎片，另有少量铜钱。

1. 瓷器

遗址第4层出土大量宋代瓷片，在YKF1、YKF2、YKF3房屋范围内亦出土了宋代瓷片和少量唐、五代瓷片。

瓷片共出土1427片。可分青白釉、青釉、白釉、黑釉和酱釉，主要窑口有景德镇窑、龙泉窑、吉州窑、宜兴窑、磁州窑、临汝窑等。其中景德镇窑瓷片数量最多，占55.7%，吉州窑、龙泉窑、宜兴窑次之，分别占12.8%、12.1%、6.9%，其他窑口有少量出土。出土完整器物1件，复原器物24件。

景德镇窑

敞口碗　1件。YKF1：1，口径17、高4.5、足径5.5厘米。尖唇，弧腹，窄圈足，挖足浅。白胎细腻，青白釉，内壁施满釉，外壁施釉至足，足内无釉，有垫饼痕。内壁刻划波浪纹，内填划篦纹（图二〇一，1；图版一七一，1）。

侈口碗　1件。YKF1：2，口径12.8、高4、足径4.2厘米。尖唇，斜腹，饼足，底面内凹。灰白胎，青白釉，内外壁施釉，足底无釉，有垫饼痕，无釉处略呈窑红色（图二〇一，2）。

葵口盘　1件。YKF1：3，口径12、高3.8、足径7.2厘米。侈沿，弧腹，大圈足，足外沿斜削。灰白胎，内外壁满施青白釉，足内无釉（图二〇一，3；图版一七一，2）。

耀州窑

侈口碗　1件。YKF2：11，口径11.2、高4.9、足径3.3厘米。弧腹，小圈足，挖足浅，斜削足外沿。灰胎，青釉，内满釉，外壁施釉不到底，釉薄。内壁弦纹下划水波纹（图二〇一，4；图版一七一，3）。

临汝窑

盏　1件。YKF2：9，口径11.7、高5.3、足径3.4厘米。敞口，厚唇沿，斜弧腹，卧足，挖足浅。灰胎，通体施青釉，釉厚，光亮，底足面无釉。足端粘沙（图二〇一，6；图版一七一，4）。

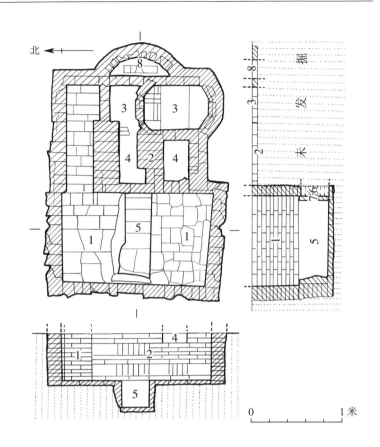

图二〇〇　开明桥遗址明代半地穴炉灶YKZ1平、剖面图
1. 灶坑　2. 灶台　3. 火膛　4. 通风道　5. 通风槽　6. 通风口　7. 封口砖　8. 烟囱

吉州窑

唇口碗　　15件。完整者1件，YKF1：5，口径11.8、高5.4、足径4厘米。敞口，弧腹，圈足，挖足浅。灰白胎，黑釉，内满釉，外壁施釉至足上部，釉面似橘皮状，光亮（图二〇一，10；图版一七二，1）。

建窑

碗　　1件。YKF2：7，口径13.2、高4.5、足径3.7厘米。敞口，斜腹，浅圈足，斜削足外沿。灰黑胎，内壁施黑釉，外壁施釉不到底，有较厚的流釉痕，釉面似橘皮状，光亮（图二〇一，7）。

束口盏　　2件。两件器形相同，束口，侈沿，斜弧壁，圈足，挖足浅，斜削足外沿。灰黑胎，质粗，酱釉，内壁满釉，外施半截釉，釉面有黑斑点。外腹近足部有旋削痕。YKF2：16，口径11、高5.2、足径3.2厘米（图二〇一，8）。YKF1：6，口径12.4、高6.4、足径3.8厘米（图二〇一，9；图版一七二，2）。

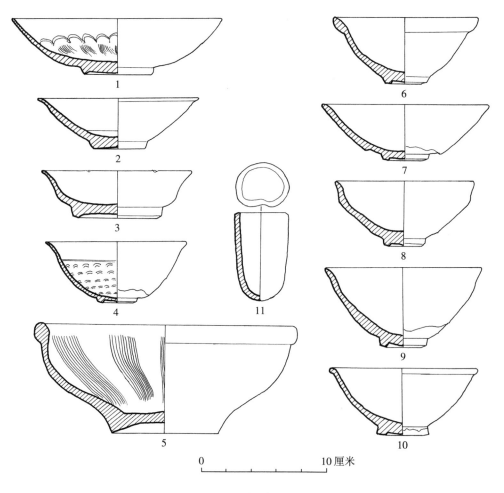

图二〇一　开明桥遗址出土宋代瓷器

1.青白釉敞口碗 YKF1：1　2.青白釉侈口碗 YKF1：2　3.青白釉葵口盘 YKF1：3　4.青釉侈口碗 YKF2：11　5.酱釉碾钵 YKF2：10　6.青釉盏 YKF2：9　7.黑釉碗 YKF2：7　8、9.酱釉束口盏 YKF2：16、YKF1：6　10.黑釉唇口碗 YKF1：5　11.坩埚器 YKF1：14（1～3为景德镇窑，4为耀州窑，5、11为宜兴窑，6为临汝窑，7～9为建窑，10为吉州窑）

宜兴窑

碾钵　1件。YKF2：10，口径21、高8.7、底径8.6厘米。敛口圆唇沿，弧腹，平底内凹。紫色胎，酱釉。内腹划带状碾齿痕（图二〇一，5；图版一七二，3）。

坩埚　1件。YKF1：14，口径4.2～3.5、高7.1厘米。直口，直筒腹，圜底。灰黑胎，质粗，通体黑釉。器物一处凹进变形，基本完整（图二〇一，11；图版一七二，4）。

2. 货币

共出土12枚，钱文可辨者9枚，其中宋钱有"绍圣元宝"1枚，"元丰通宝"4枚，"皇宋通宝"1枚，"天禧通宝"1枚，另外还有唐钱"开元通宝"1枚，隋钱"五铢"1枚。

（二）元代遗物

主要出于元代地窖及元代扰乱坑内。共出土瓷片1763片，有青釉、青白釉（卵白釉）、白釉、黑釉等，其中以龙泉窑和景德镇窑瓷片出土数量最多，分别占总数的43.3%和31.4%，其他窑口如宜兴窑、磁州窑、吉州窑、临汝窑等产品亦有少量出土。器形以各种形制的碗为主，占总数的87.5%，其他器形还有盘、罐、盆、钵、瓶等。共复原器物16件。

龙泉窑

敞口盘　2件。YKDJ1：6，口径13.4、高3.4、足径6.8厘米。弧腹，圈足，斜削足之外沿。灰白胎，青釉泛黄，内外壁施釉，足内无釉。内底戳印团花，外壁口下饰几道弦纹，其上等距加划3道短斜线（图二〇二，1）。YKDJ1：5，口径12、高3.1、足径6.6厘米。唇沿，弧腹，圈足。灰白胎，青黄釉，内外壁施釉，足内无釉。内底戳印花草纹（图二〇二，2；图版一七三，1）。

唇口盘　1件。YKDJ1：4，口径11.5、高3、足径4.6厘米。敞口唇沿，弧腹，圈足，外底旋削呈鸡心状。灰白胎，青釉，内壁满釉，外壁施釉至足，足内无釉呈窑红色。内底有凸弦纹一周（图二〇二，3）。

侈口盘　1件。YKDJ1：7，口径12.4、高3.2、足径6.4厘米。圈足，外底呈鸡心状。灰白胎，青釉（图二〇二，5；图版一七三，2）。

折沿盘　1件。YKDJ1：8，口径21.6、高5.4、足径9.8厘米。敞口，沿面内凹，浅腹，圈足，器壁厚重。灰胎，青釉，内外壁皆施釉，足内无釉。内腹壁划带状竖条细线纹，内底戳印简易花草纹（图二〇二，13；图版一七三，3）。

敞口碗　1件。YKDJ1：13，口径13.2、高6.1、足径3.9厘米。弧腹，圈足，小底，底心外凸。灰白胎，质坚，通体施青釉，圈足着地面无釉呈窑红色。外腹刻莲瓣纹，瓣叶细长。垫圈垫烧（图二〇二，8）。

侈口碗　5件。YKDJ1：3，口径9.2、高3.1、底径2.8厘米。厚唇，斜弧腹，饼足，内底平。灰白胎，青釉，内壁满釉，外壁半截釉，釉薄（图二〇二，6；图版一七四，1）。YKDJ1：2，口径16.4、高7、足径6.2厘米。弧腹，圈足。灰白胎，内满釉，外壁施釉基本到底，釉面开片，光亮，足内无釉呈窑红色（图二〇二，9；图版一七四，2）。YKDJ1：1，口径15.8、高7.5、足径6.5厘米。厚唇，弧腹，圈足，足较高。灰白胎较厚，胎较细腻，通体施青釉，内外底均刮釉露胎，无釉处呈窑红色。内底无釉系器物直接叠烧（图二〇二，10；图版一七

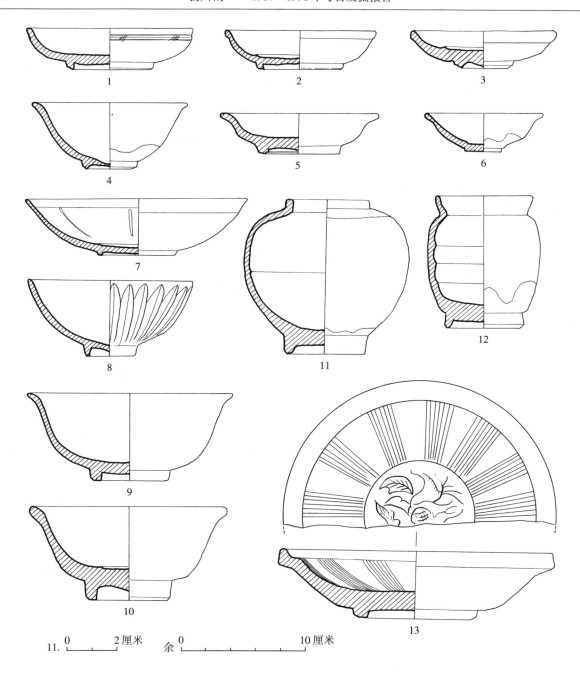

图二〇二　开明桥遗址出土元代瓷器

1、2. 敞口盘 YKDJ1：6、YKDJ1：5　3. 唇口盘 YKDJ1：4　4. 青釉碗 YKDJ1：9　5. 侈口盘 YKDJ1：7　6. 侈口碗 YKDJ1：3　7. 芒口碗
YKDJ1：10　8. 敞口碗 YKDJ1：13　9、10. 侈口碗 YKDJ1：2、YKDJ1：1　11. 罐 YKDJ1：12　12. 鸟食罐 YKDJ1：11　13. 折沿盘 YKDJ1：
8（1～3、5、6、8~10、13为龙泉窑，4为钧窑，7为景德镇窑，11为磁州窑，12为吉州窑；11为黑釉，12为酱釉，余皆青釉或青白釉）

四，3）。

景德镇窑

芒口碗　2件。YKDJ1：10，口径17.6、高4.5、足径6.3厘米。敞口，弧腹，圈足，挖足
浅。白胎细腻，通体施青白釉，口沿无釉，露胎处呈窑红色。内壁模印六道筋线，底部划凹
弦纹一周，底心划简单草纹。覆烧（图二〇二，7）。

吉州窑

鸟食罐　1件。YKDJ1：11，口径 3.8、高 5.3、腹径 4.4、足径 3 厘米。敞口，束颈，直筒形腹。酱釉，外壁施釉不及底，釉面有缩釉点，并有流釉痕。内腹有轮旋痕（图二〇二，12；图版一七四，4）。

磁州窑

罐　1件。YKDJ1：12，口径 6.6、高 12.4、腹径 13、足径 6.4 厘米。直口，圆鼓腹，圈足。灰胎，黑釉，内壁满釉，外壁施釉不到底，口及肩部刮釉露胎，釉面似橘皮状，漆黑光亮。腹壁中间有明显接痕（图二〇二，11；图版一七四，5）。

钧窑

碗　1件。YKDJ1：9，口径 12.2、高 5.3、足径 4.4 厘米。敞口外侈，弧腹，圈足，斜削足面。灰黑色胎，质粗，月白色釉，内壁施釉，外壁釉不及底，露胎处呈窑红色，釉厚，光亮（图二〇二，4；图版一七四，6）。

（三）明清遗物

主要是第 1 层（上部扰乱层）出土，共有瓷片 4540 片，其中 948 片都是明、清两朝青花瓷器碎片。

第四节　大东门街遗址

1993 年和 1997 年，在配合大东门街口道路拓宽和建商业大楼时发现了唐代水沟。水沟位于大东门街路南 15 米，即宋元明清扬州城的中心区，亦相当唐代扬州罗城中心，即 3 号东门至 7 号西门的东西主干大街中段，开明桥之东 200 米长的范围内（见图四）。1993 年，在大东门街西口与汶河路相交处发现一段 20 余米长的水沟。1997 年，在 1993 年发掘的水沟东侧又发现两条相互叠压的水沟（编号 YKSG1、YKSG2），其中上面一条（YKSG1）发掘长度 30 余米，可与 1993 年发掘的水沟相连通，其结构一致，应为同一条水沟的两段。前后两次发掘出的唐代水沟共长约 60 米（图版一七五，1、2）。从施工现场看，水沟暴露出的总长度约 150 余米。水沟西端与唐代官河（即今扬州市汶河路）交汇，水沟向东笔直延伸 200 余米后，被压在居民的房屋下，因建筑密集，无法钻探，水沟东端流向何处？不清楚。推测可能顺东西主干大街，直通 3 号东门。

一　地层堆积

发掘前施工单位用挖土机把这一带挖成 4 米深的楼房基坑，在基坑南边缘已暴露出水沟驳岸木板和木桩。考古队闻讯到现场查看，明清至元代地层已被挖完。我们在基坑中心部位布 15×15 米的探方两个（编号 YKT1、YKT2），发掘面积 450 平方米。现以 1997 年发掘的 YKT1 探方西壁剖面，说明地层堆积情况（图二〇三）：

第 1 层：地表土，浅灰色。厚约 0.15 米。

第 2 层：灰土或灰黑土，含有大量碎砖瓦块，并残存部分砖铺地面和残墙等遗迹。出土遗

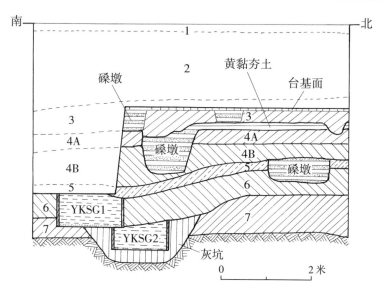

图二〇三　大东门街遗址探方 YKT1 西壁地层剖面图

1. 浅灰色土层　2. 灰土或灰黑色土层　3. 灰黄色土层或黑灰色土层　4A. 灰土层
4B. 黑灰色土层　5. 红烧土层　6. 灰黑色土层　7. 灰土层

物以明清时期的青花瓷片最多，其次为大量明清时代的碎瓦片。

第3层：灰黄土或黑灰土，土中夹有红烧土渣和瓦砾。深2.2～2.4、厚0.3～0.7米。出土遗物有景德镇窑的卵白釉碗盘，龙泉窑青釉划花、印花碗盘，磁州窑黑白花碗等，都是典型的元代器物，数量极多。此层层面上有一砖铺地面，在其下还发现有磉墩，磉墩边长0.7、深0.55米，内填黄黏土，夯打得很坚硬，显然为建筑基础。此层下发现有一层15～20厘米厚的黄黏土，坚硬，并有一个大磉墩，显然为建筑基础，方形磉墩边长1.1、深1米。磉墩内用一层碎块瓦砾，一层黄黏土，层层夯筑，非常坚硬。

第4层：灰土或灰黑土，含烧土和瓦砾。深2.8～3.7、厚0.5～1.2米。可分4A和4B两层。4A层为灰土，4B层为黑灰土夹烧土渣，厚0.15～0.9米。出土遗物以宋代瓷片为主，有少量唐、五代瓷片。瓷片以景德镇窑青白釉瓷最多，其次为龙泉窑青釉瓷，磁州窑白釉黑花瓷，吉州窑白釉、黑釉瓷，耀州窑印花青釉瓷，建窑黑釉瓷和定窑白釉瓷等，另外还有大量民间不知名的黑釉、酱釉粗瓷片。器形以碗、盘最多，还有罐、壶、盆、炉、灯盏等。时代为两宋时期。此层下亦发现有磉墩，边长1.45、深0.5～0.6米，内中用黄黏土层层夯实，显然也是大型建筑的础石和磉墩。

第5层：红烧土层。深3.2～3.9、厚0.2～0.3米。发掘唐扬州罗城时，发现在罗城范围内，普遍都有这层烧土，从烧土层出土瓷片看，其年代为晚唐至五代。这层烧土的形成，在文献上[1]有记载：五代末，南唐元宗为防周世宗占据扬州，派人把整座扬州城内的官舍民宅，放火烧毁，被毁坏的扬州城内因而形成很厚的一层烧土堆积。烧土层之上为宋代堆积层，烧土层之下为唐代堆积层。沟1（YKSG1）即在此层下开口。

第6层：灰黑土。深3.8～4.6、厚0.2～0.7米。出土遗物非常丰富，以破碎的瓷器片最多，有青瓷、白瓷、黑（酱）瓷和彩绘瓷等。瓷器烧造地点，包括全国各地烧瓷窑场，有南方的青瓷和北方的白瓷。沟2（YKSG2）和一灰坑即在此层下开口。

沟1（YKSG1）出土的遗物与第6层中的遗物相同，但品种丰富多样，特别是长沙窑的青瓷和彩绘瓷片，出土数量居各窑之首。并出有许多捏塑的瓷质小动物、人物和铃铛等玩具，还出土一块青花炉残片。从造型看都是中晚唐时期瓷器。

---

① 见《南唐书》保大十五年十二月条。

第7层：灰土。深4.8、厚0.2～0.9米。此层出土遗物与第6层出土遗物截然不同。第7层中只出土青瓷片，不见白瓷片，青瓷都是南方窑烧制的，多为宜兴窑、德清窑、越窑、洪州窑和寿州窑。器形种类少，与上述文化宫遗址发掘的唐代第一期建筑遗址中所出土的钵、盘器形相同，如常见的宜兴窑直口折腹平底钵、盘，寿州窑厚胎深腹饼足碗，罗城北城墙下发现的四座唐墓中随葬瓷器与此完全相同。因而我们把第7层定为稍早唐文化层。沟2（YKSG2）出土的遗物与第7层遗物基本一致，但沟2（YKSG2）打破了第7层，其最晚年代相当于中唐时期。

二　遗迹

（一）水沟

沟1和沟2的形状、结构相同，施工程序也一致。首先是在原地面挖出土沟，沟宽1.3～1.5、深约1.3米；在沟的两侧边，用木板作为驳岸，顺木板边缘打下直立木桩，以加固木板驳岸，使其不向内倒塌；沟底用较粗的黄沙铺垫一层，厚约10厘米，压住沟底灰土泥面。下面分别将沟1、沟2尺寸和用材情况介绍如下：

1. 沟1（YKSG1）

沟1宽1.4、残深0.54～0.7米。1993年在大东门街西口与汶河路相交处（即水沟与唐代官河汇接处）发掘的水沟较宽，上口宽1.9～2.1、沟底宽1.75、残深1.5米，因西端的沟口挖在黄沙土中，沟边易坍塌，所以沟口大于沟底。土沟挖好后，紧贴土沟两侧边，用4厘米厚的木板作为驳岸，护住沟边，为防木板驳岸倒塌，贴木板边缘打下木桩，以加固木板驳岸。木板都已腐朽，木纹贴敷在沟边土壁上，从痕迹看，木板一般长4～5、宽0.4～0.7米，每块木板两端接头处，都用较粗大的木桩顺竖直的接缝处打下木桩，木桩排列很密，一般每隔1米打一根木桩。木桩截面分扁方形、半圆形和圆形三种，最大扁方木桩径为20×15厘米，半圆形木桩直径10厘米，圆形木桩直径6～15厘米，木桩残长1.3～1.5米，木桩下端呈尖锥形，打入地下约0.8米。木桩均已腐朽，但桩洞清晰留在地下，用铁钎可以探出地下木桩的长度。沟1木桩大都呈扁方形。在沟1南壁发现一段长8.8米的双层驳岸木板，两层木板紧紧贴在一起。此种情况的出现，可能是该段木板部分毁坏，为防沟壁坍塌，在原木板外又加一层木板，达到加固驳岸的目的。（图二○四，1～3；图版一七六，1～3）

2. 沟2（YKSG2）

沟2宽1.18、残深0.5～0.6米。其结构与沟1相同。沟2只发掘了3.5米长的一小段，位于沟1最东端，被压在沟1下。发掘出的沟2，一部分正好坐落在灰坑中，一部分坐落在黄沙生土层中。在沟2北壁发现一块驳岸木板为楠木，保存较好，板长2.5、宽0.5、厚0.04米。（见图二○四，1、3；图版一七七，1）

两条水沟沟底未见沉淀的黑色污泥，从发掘60米长的沟1两侧壁面看，未见小的沟眼（小沟眼一般都通往居民住宅院内，作为排泄生活污水用）。种种迹象表明，沟1、沟2不像排泄的污水沟，很可能是引河水到居民区内的大型水渠，供城内居民用水（饮用水靠井水，我们发掘的遗址中，较大的院内皆有水井）。水沟的设置是唐扬州城内与主干大街相配套的设施（南北主路旁有漕运官河）。

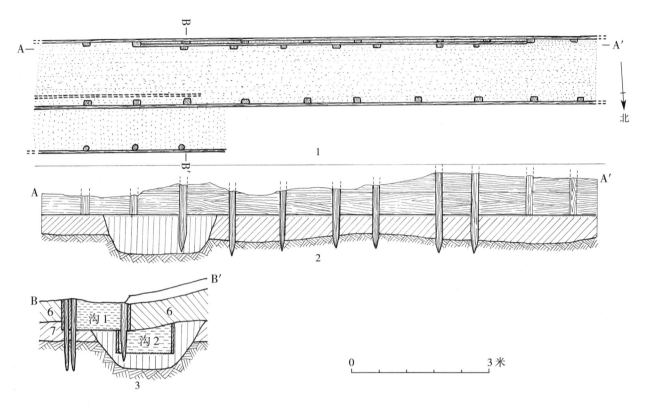

图二〇四　大东门街遗址唐代水沟 YKSG1 和 YKSG2 平、剖面图

1. 水沟局部平面图（长细线为水沟壁薄木板，方块为立木桩）　2. A-A′为沟 1 纵剖面图（南壁的沟边木板和立桩）　3. B-B′为沟 1、沟 2 上下叠压和沟壁及立桩结构横剖面图

（二）灰坑

灰坑位于 YKT1 探方西南角，大部分压在探方角下。开口在第 6 层下。坑口大于坑底，呈圆形锅底状，坑口直径约 2.5、深约 1 米。坑内填灰黑土，土质松。出土遗物较少，皆为青花瓷片。灰坑南半边被沟 1 打破，坑中部被沟 2 东西向穿过。

三　出土遗物

（一）早唐遗物

出土于第 7 层和沟 2 （YKSG2）填土中，都为青瓷，大多为宜兴窑和越窑产品。仅复原钵、盘、碗、壶等几种器形。

宜兴窑

折腹盘　1 件。YKSG2：2，口径 14、高 3.5、底径 6.2 厘米。侈沿，直口，平底内凹。灰胎，口沿施灰青釉。底部内外留有支块痕（图二〇五，1）。

直口钵　1 件。YKSG2：1，口径 17、高 5、底径 8.4 厘米。斜腹，平底内凹。灰胎，只口部施青灰釉。底部有一周支块痕（图二〇五，4）。

盘口壶残片　1 件。YKSG2：5，口径 15 厘米。侈沿，折口，长颈。灰胎，青灰酱釉。颈部有弦纹（图二〇五，5）。

盘口鸡首壶　1件。YKSG2：28，口径6.5、高14、底径6.2厘米。浅盘口，束颈，溜肩，鼓腹，平底微凹。肩置对称条形横耳，一侧塑有象征性鸡首，相对的一侧置执把（图二〇五，6；图版一七七，2）。

越窑

高足盘　1件。YKSG2：3，口径12.5、高5.2、足高2.5、足径8.3厘米。直口，折浅腹。灰白胎，胎外施白色化妆土，青黄釉。盘内底戳印6个花卉纹，纹饰模糊不清（图二〇五，2）。

莲瓣纹碗　1件。YKSG2：4，口径12.3、高7.8、足径5厘米。直口，

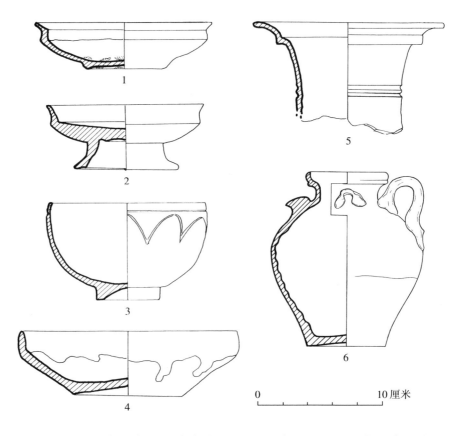

图二〇五　大东门街遗址晚唐水沟YKSG2出土宜兴窑、越窑青釉瓷器

1. 折腹盘 YKSG2：2　2. 高足盘 YKSG2：3　3. 莲瓣纹碗 YKSG2：4　4. 直口钵 YKSG2：1　5. 盘口壶残片 YKSG2：5　6. 盘口鸡首壶 YKSG2：28（1、4~6为宜兴窑，2、3为越窑）

深腹，圈足。浅灰胎，胎外施白色化妆土，青灰釉。外腹壁划有很浅的细线莲瓣纹（图二〇五，3）。

（二）晚唐遗物

出土于第6层和沟1（YKSG1）填土中，主要为瓷器碎片和铜钱等。瓷器碎片以宜兴窑和长沙窑的数量最多，其次为越窑、寿州窑、定窑、巩县窑等。

1. 陶瓷器

越窑

玉璧足碗　1件。YKSG1：1，口径15.5、高4.1、足径7厘米。敞口，斜腹。灰白胎，青釉泛黄色，内外壁满釉，足面刮釉。底有5个支钉痕（图二〇六，1；图版一七八，1）。

高圈足碗　1件。YKSG1：24，口径13.7、高6.3、足径6.6厘米。敞口，深腹。灰白胎，青釉泛黄，通体施釉，足底刮釉。外腹压印5条竖筋纹（图二〇六，2；图版一七八，2）。

宜兴窑

直口钵　5件。YKSG1：9，口径12.8、高4.3、底径7.5厘米。圆唇，平底内凹。灰胎，内外壁施半截青釉。内外壁有6个支钉痕（图二〇六，3；图版一七八，3）。

敞口钵　1件。YKSG1：6，口径19.8、高8、底径10.5厘米。宽沿，弧腹，平底内凹。土

黄胎，青黄釉，内外壁施半截釉。内外底有 10 个支钉痕（图二〇六，4）。

　　敞口碗　1件。YKSG1：41，口径 18.4、高 5.8、底径 10.4 厘米。敞口微外侈，斜弧腹，饼足内凹。灰胎，酱釉，外壁施半截釉，有流釉痕。外底有 10 个支钉痕（图二〇六，5）。

　　侈口盘　1件。YKSG1：15，口径 15.5、高 3、底径 8.2 厘米。折腹，平底内凹。灰胎，青釉，内外壁施小半截釉。内外底有 6 个支烧痕（图二〇六，6；图版一七八，4）。

　　直口盘　1件。YKSG1：8，口径 17.7、高 4.3、底径 9.3 厘米。折腹，平底内凹。灰胎，青釉，内外壁施半截釉。内外底共有 16 个支烧痕（图二〇六，7）。

　　盆　1件。YKSG1：13，口径 30、高 11、底径 10 厘米。侈口尖沿，鼓腹，下腹斜直内收，平底。灰胎，局部胎显紫红色，青釉，外壁施半截釉。内外底留有 8 个支钉痕（图二〇六，9；图版一七八，5）。

　　器盖　1件。YKSG1：9，口径 5.4、高 4.8、盖沿径 9.2 厘米。子口，弧形顶，扁圆形纽。灰胎，盖面施青釉。顶部有凹弦纹一周（图二〇六，8）。

　　罐　1件。YKSG1：10，口径 9.7、高 10、最大腹径 13.9、底径 7.8 厘米。敞口，束颈，丰肩，鼓腹，平底内凹。红胎，青釉，欠光亮，内侧口、颈部有釉，外壁施半截釉。外底有 6 个椭圆形支钉痕。内壁有轮旋痕（图二〇六，10）。

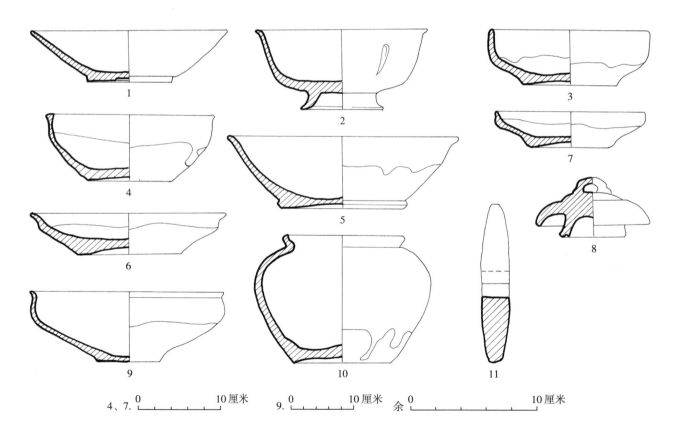

图二〇六　大东门街遗址晚唐水沟 YKSG1 出土越窑、宜兴窑青（酱）釉瓷器

1. 玉璧足碗 YKSG1：1　2. 高圈足碗 YKSG1：24　3. 直口钵 YKSG1：9　4. 敞口钵 YKSG1：6　5. 敞口碗 YKSG1：41　6. 侈口盘 YKSG1：15　7. 直口盘 YKSG1：8　8. 器盖 YKSG1：9　9. 盆 YKSG1：13　10. 罐 YKSG1：10　11. 碾轮 YKSG1：11（1、2 为越窑，余为宜兴窑；5 为酱釉，余为青釉）

碾轮　1件。YKSG1：11，内径2、外径12.4厘米。形如饼状，中间有圆孔，由中间向外沿渐薄。灰瓷胎（图二〇六，11）。

长沙窑

敞口斜腹碗　2件。YKSG1：20，口径12、高3.9、足径4.4厘米。玉璧底足，斜削足外沿（图二〇七，1）。YKSG1：19，口径13.5、高4.3、足径5厘米。玉璧底足，斜削足外沿。土黄胎，黄釉，外壁施半截釉。施灰白色化妆土（图二〇七，2；图版一七九，1）。

敞口弧腹碗　3件。YKSG1：17，口径13、高4.8、足径4.8厘米。玉璧底足。灰胎，青釉，内壁满釉，外壁施半截青釉，有流釉痕。施化妆土（图二〇七，3）。YKSG1：21，口径12、高4.4、足径4.8厘米。器形、胎釉同上（图二〇七，4；图版一七九，2）。

敞口唇沿碗　1件。YKSG1：18，口径14.5、高5.5、足径6厘米。弧腹，玉璧底足，足内心有乳丁。灰胎，青黄釉，外壁施釉不到底，釉面有开片（图二〇七，6；图版一七九，3）。

敛口钵　2件。YKSG1：25，口径13、高7、足径7.2厘米。宽唇沿，弧腹，玉璧底足，斜削足外沿。灰胎，青黄釉，外釉不到底。内底绿彩绘花草纹（图二〇七，7；图版一八〇，

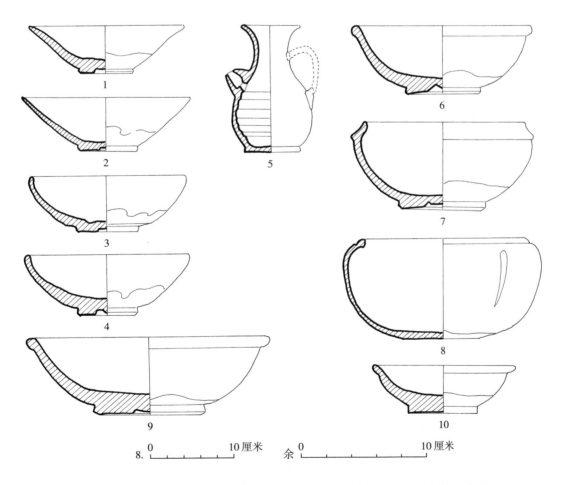

图二〇七　大东门街遗址晚唐水沟YKSG1出土长沙窑、寿州窑瓷器

1、2.敞口斜腹碗 YKSG1：20、YKSG1：19　3、4.敞口弧腹碗 YKSG1：17、YKSG1：21　5.执壶 YKSG1：29　6.敞口唇沿碗 YKSG1：18　7.敛口钵 YKSG1：25　8.敛口钵 YKSG1：36　9、10.敞口唇沿碗 YKSG1：3、YKSG1：4（1~8为长沙窑，9、10为寿州窑；2、9、10为黄釉，6、7为青黄釉，余皆青釉）

1）。YKSG1：36，口径20、高12、最大腹径24、底径9厘米。唇沿，鼓腹，平底。灰胎，青釉，外釉不到底。施化妆土。腹部划四竖道瓜棱状纹，腹底部有两道弦纹（图二○七，8；图版一八○，2）。

执壶　1件。YKSG1：29，口径4.7、高10、腹径6.5、底径4.7厘米。侈口，束颈，鼓腹，饼足。短圆流，对面置执把，执把残。灰白胎，乳浊灰白釉，内壁施釉至颈部，外壁施釉不到底。颈、腹部饰釉下绿彩块斑纹。内壁有轮旋痕（图二○七，5；图版一八○，3）。

寿州窑

唇沿碗　3件。YKSG1：3，口径19.4、高6.2、足径8.9厘米。弧腹，玉璧底足，挖足浅。土黄色粗胎，黄釉，外壁施大半截釉，有流釉痕（图二○七，9；图版一八○，4）。YKSG1：4，口径11.8、高3.8、足径5.6厘米。弧腹，饼足。土黄胎，质粗，黄釉，外壁施半截釉，施化妆土。口沿釉剥落（图二○七，10；图版一八○，5）。

定窑

敞口唇沿碗　1件。YKSG1：26，口径15、高4.5、足径6厘米。斜壁微弧，玉环形足，斜削足外沿。白胎细腻，白釉，内外壁均施满釉，足无釉（图二○八，1；图版一八一，1）。

敛口碗　1件。YKSG1：27，口径10.5、高6.9、足径5.2厘米。尖沿，弧腹，圈足，挖

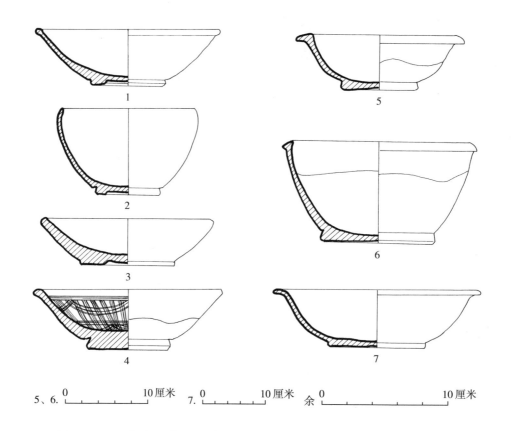

5、6. ┕━━━━━━┙ 0　　　10厘米　　7. ┕━━━━━━┙ 0　　　10厘米　　余 ┕━━━━━━┙ 0　　　10厘米

图二○八　大东门街遗址晚唐水沟 YKSG1 出土定窑、巩县窑瓷器

1. 敞口唇沿碗 YKSG1：26　2. 敛口碗 YKSG1：27　3. 敞口碗 YKSG1：31　4. 酱黑釉碾碗 YKSG1：40　5. 敞口钵 YKSG1：5　6. 敛口钵 YKSG1：34　7. 绿彩大盆 YKSG1：6（1、2为定窑，余为巩县窑；4为酱黑釉，2、5为牙白釉，余皆白釉）

足浅，腹近底部斜削一刀。洁白胎，细腻，白釉，内外壁均施满釉，足无釉（图二〇八，2；图版一八一，2）。

巩县窑

敞口碗　1件。YKSG1：31，口径14、高3.7、足径7.7厘米。圆唇，斜腹，玉璧底足。白胎，牙白色釉，内外腹均施釉，足无釉。釉下施化妆土（图二〇八，3；图版一八一，3）。

碾碗　1件。YKSG1：40，口径15.2、高4.8、足径6.5厘米。圆唇，敞口，斜浅腹，饼足。黄灰胎，口部及外壁施酱黑釉。内壁刻划磨齿纹（图二〇八，4；图版一八一，4）。

敞口钵　1件。YKSG1：5，口径20.4、高6.6、底径9.3厘米。宽沿，弧腹，饼足内凹。白胎，牙白釉，外壁施半截釉，口沿刮釉。斜削足之外沿（图二〇八，5）。

敛口钵　1件。YKSG1：34，口径21、高12.2、底径13.8厘米。唇沿，斜腹微弧，饼足内凹。灰白胎，白釉，内外壁施半截釉，口沿刮釉露胎，釉下施白色化妆土（图二〇八，6）。

绿彩大盆　1件。YKSG1：6，口径32.9、高9、底径15.8厘米。敞口侈沿，弧腹，饼足。土黄胎，白釉，内壁满釉，外壁施釉不及底，釉下施化妆土。内腹底釉下绘绿彩斑纹，外壁釉下绘绿彩（图二〇八，7）。

鸟食罐　1件。YKSG1：32，口径3.4、高4、腹径5、底径3.1厘米。敛口唇沿，鼓腹，饼足。土黄胎，黄釉，外腹施半截釉，釉面有褐彩斑点（图二〇九，1；图版一八二，1）。

三彩提梁罐　2件。YKSG1：33，口径4.2、罐高4.2、腹径5.2、底径3厘米。敛口唇沿，鼓腹，平底。附弧形提梁，残。灰白胎，褐、白、绿三彩釉，外腹施半截釉（图二〇九，2；图版一八二，2）。

三彩器盖　1件。YKSG1：38，口径2.3、高1.7、外沿径4.2厘米。子口，桃形纽。灰白胎，盖外表施黄、绿、红三彩釉（图二〇九，4；图版一八二，3）。

葫芦瓶　1件。YKSG1：26，口径0.8、高4、颈径1.2、颈上部腹径1.9、颈下部腹径3、底径1.7厘米。敛口，葫芦形，平底。淡黄白胎，口沿下施黑釉，颈腹施牙白釉，釉不及底（图二〇九，5；图版一八二，4）。

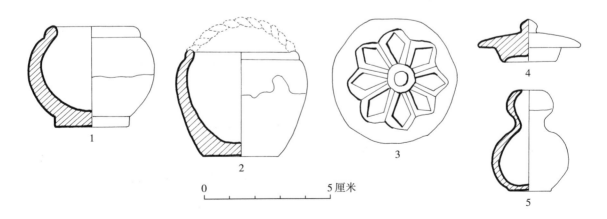

0　　　　　　　　　5厘米

图二〇九　大东门街遗址晚唐水沟 YKSG1 出土器物

1. 黄釉鸟食罐 YKSG1：32　2. 三彩提梁罐 YKSG1：33　3. 陶模 YKSG1：35　4. 三彩器盖 YKSG1：38　5. 牙白釉葫芦瓶 YKSG1：26（3为未定窑口，余为巩县窑）

未定窑口

陶模　1件。YKSG1∶35，外径约5、厚1.5厘米。泥质灰陶。外为不规则多边形，内为八瓣莲花纹（图二○九，3；图版一八二，5）。

2.货币

铜钱　7枚，锈蚀钱一串。YKSG1∶33，外径2、穿径0.85厘米。正面为"开元通宝"文，背面有月纹。

第五节　石塔西路遗址

石塔西路位于扬州旧城区西侧，东起石塔路与大学路交叉口（即宋大城西护城河），向西至蒿草河（即扬州唐罗城西护城河），全长650、南北宽约30米（见图四）。这条路是1987年9月修筑，在修挖地下排水管道时，发现唐罗城内的建筑遗迹。扬州城考古队配合工程基建，共布三个10×10米探方，发掘面积300平方米。探方编号为YSXT101、YSXT202、YSXT302。三个方选挖在这条路的东西一条线上，YSXT101在最东边，向西10米为YSXT202，再向西90米为YSXT302。因受工程进度的要求，发掘时间短，经费不足，我们只了解到这一带地层堆积概况。

一　地层堆积

现以YSXT202探方北壁剖面说明地层堆积（图二一○）：

第1层：地表扰乱土，灰色土，松散。厚0.5～0.8米，有的部位扰乱坑深达1.2米。该层已被施工车铲除。土层中出土各种瓷片77片，其中有明清时代青花瓷片、宋代青白釉瓷片以及大量唐、五代时期青釉、白釉和黑釉瓷片。

第2层：灰褐色土，土质较硬。深0.75～0.85、厚0.25～0.55米。地层中共出土132片陶瓷片，有青釉、白釉和黑釉瓷，还有蓝绿釉波斯陶及三彩器片，器形有碗、钵、盘、盏、盂、壶、罐等，器形特征均为晚唐、五代时期。

第3层：灰黑色土，质疏松。深1.05～1.35、厚0.65～1.1米。出土遗物有陶瓷335片，

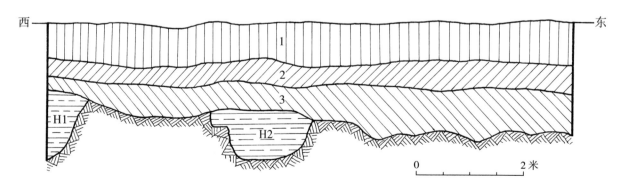

图二一○　石塔西路遗址探方YSXT202北壁地层剖面图

1.地表层　2.灰褐色土层　3.灰黑色土层

其中瓷片 267 片，三彩 2 片，波斯陶 1 片，灰陶、釉陶 59 片和坩埚 8 件。器形以碗、钵、盘最多，还有盏、壶、罐、盂、盒、枕、缸和盆等。器物特征为中晚唐时期。该层下发现 2 座灰坑和 1 座地炉。

第 3 层以下为黄沙生土层。

二　遗迹

（一）灰坑

YSXH1　位于 YSXT202 的西北角，开口于第 3 层下。坑口距地表深 1.25 米。坑边不太规则，略呈椭圆形，南北长 3.1、东西宽 2.1、深约 1.75 米（图二一一，1）。坑壁打破黄沙生土。坑内填土疏松发黑，内含砖瓦残片较多。共清理出各类遗物 295 件，其中绝大部分为瓷片，可复原的器物有 15 件，器形有碗、钵、壶、罐、盂、盒等。还发现坩埚残片 8 件。

YSXH2　位于 YSXT202 的北壁下，开口于第 3 层下。坑壁四周均为黄沙生土。坑口距地表深 1.7 米。整个灰坑为椭圆形，坑底呈锅底状，坑边清晰，东西长 2、南北宽 1.3、深约 0.9 米（图二一一，2）。坑内填土疏松发黑，内含瓦片较多。共清出各类瓷片 113 件，无一件复原器，按釉色分为青釉、白釉、黄釉、酱褐釉和绿釉等，器形可辨的有碗、壶、罐、盏、钵、盂等。

（二）地炉残迹

位于 YSXT202 的西北部，距地表深 1.75 米，基本位于 YSXH1 和

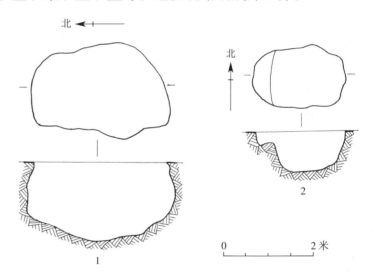

图二一一　石塔西路遗址灰坑 YSXH1、YSXH2 平、剖面图
1. 灰坑 YSXH1　2. 灰坑 YSXH2

YSXH2 中间。为小型砖砌地炉，在炉堂中心发现一只坩埚。该炉已被破坏，仅剩底部一层，在炉膛周围有一圈红烧土，炉膛下垫有一层较厚的残砖碎瓦，再下即为生土。从该炉的形制和范围看，应为一座小型手工业冶炼炉。1975 年在此地东北部曾发掘有唐代手工业作坊遗址[①]。在这次施工中，也曾先后发现一些零散的手工业作坊中的遗物，如坩埚、冶炼铜渣和骨料等。推测该地附近可能是唐扬州罗城内手工业作坊较集中的地段之一。

三　出土遗物

这次共发掘出各类遗物计 1321 件（片），分别出土于第 2、第 3 文化层和灰坑内。在这批

---

① 南京博物院、扬州博物馆、扬州师范学院：《扬州唐城遗址 1975 年考古工作简报》，《文物》1977 年 9 期；南京博物院：《扬州唐代手工业作坊遗址第二、三次发掘简报》，《文物》1980 年 3 期。

遗物中，大部分为生活用具，其中瓷器片计1041片，陶器片（灰陶和釉陶）计272片，铜器1件，铁器1件。另外，在YSXT302内发现有建筑构件筒瓦、板瓦、瓦当等，还发现有一堆骨料和半成品的骨器等遗物。

（一）瓷器

从出土瓷片中复原器物33件，器形有碗、钵、碟、盘、壶、罐、盒、盂、枕等。按釉色分有青釉、白釉、黄釉、酱褐釉、绿釉和三彩等。按窑口分大致有越窑、宜兴窑、寿州窑、长沙窑、巩县窑和定窑等。

越窑

直口碗　1件。YSXH1：1，口径10.8、高5.1、足径5.6厘米。直口微敞，圆唇，深腹，底部弧形内收，玉环形底。浅灰胎，胎质致密坚硬，青灰釉，釉面均匀光亮。外腹五处凹进呈瓜棱状。足底粘有7个支块痕（图二一二，1）。

高圈足碗　1件。YSXT302③：4，口径11、高5.7、足径5.5厘米。敞口，外折沿，腹部较深，内底较平，圈足较高，呈"八"字形。灰白胎，青釉，釉面青中泛黄，有细开片，内外满釉。圈足着地面无釉，遗有7个支块痕。腹部饰有竖条短线纹（图二一二，2）。

花口碗　1件。YSXT302③：16，口径14.5、高4.6、足径5.5厘米。敞口，折腹。灰胎，青釉，露胎处略呈红褐色，外施半釉，釉面泛灰无光泽。腹部有轮旋痕，口沿用削刀刮成花口状，平底削成饼足（图二一二，3；图版一八三，1）。

敞口碗　2件。YSXT302③：28，口径17.6、高7.2、足径7.8厘米。圆唇，深撇腹，圈足，足胎较厚。灰胎，青灰釉，露胎处呈红褐色，釉面无光泽，外施半釉（图二一二，4；图版一八三，2）。YSXT302③：18，口径16.8、高7.8、足径7.7厘米。灰白胎，胎壁较薄，胎质细腻致密，青灰釉，釉面均匀光润。器形规整，尖圆唇略外侈，深斜腹，腹部有五条直棱纹，圈足，足底边有支块痕（图二一二，5；图版一八三，3）。

宜兴窑

碟　5件。有敞口和直口，底足有平底和饼足之分。

敞口碟　4件。YSXT302③：5，口径8.5、高3.4、足径4.3厘米。酱褐釉，深灰胎。弧腹，平底内凹（图二一三，1）。YSXT202③：2，口径18.8、高5、足径11.4厘米。青灰釉，紫

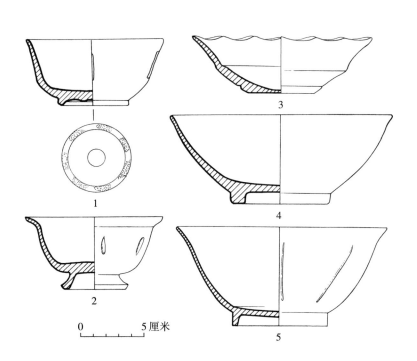

图二一二　石塔西路遗址出土唐代越窑青（灰）釉瓷碗

1. 直口碗 YSXH1：1　2. 高圈足碗 YSXT302③：4　3. 花口碗 YSXT302③：16　4、
5. 敞口碗 YSXT302③：28、YSXT302③：18（1～3为青釉，4、5为青灰釉）

胎，外施半釉，釉面不均无光泽。厚圆唇，浅斜腹，大平底（图二一三，8）。YSXT202③：
3，口径11.8、高3.4、底径5.4厘米。青灰釉，灰胎，口沿下胎较厚。圆唇，浅斜腹，平底（图
二一三，10）。YSXT202③：4，口径12、高3.7、底径5.5厘米。酱褐釉，紫灰胎，外施半釉。

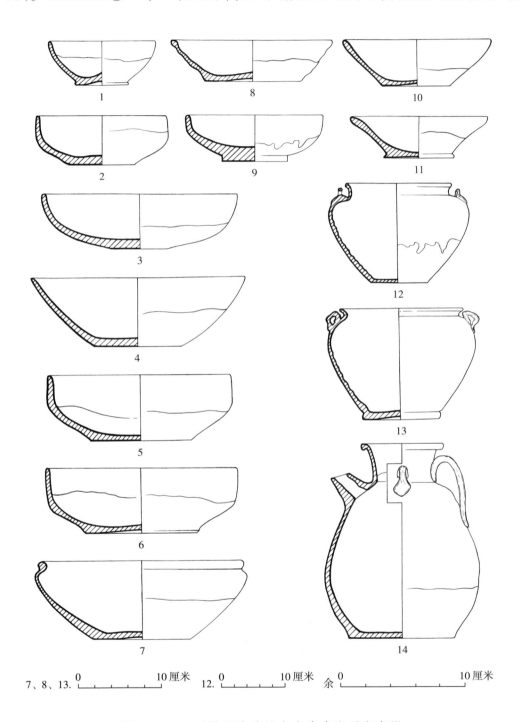

图二一三　石塔西路遗址出土唐代宜兴窑瓷器

1、8、10、11. 敞口碟 YSXT302③：5、YSXT202③：2、YSXT202③：3、YSXT202③：4　2、5、6. 直口折腹钵 YSXT202
③：1、YSXT302③：25、YSXH1：24　3. 敞口弧腹钵 YSXH1：15　4. 敞口斜腹钵 YSXH1：13　7. 敛口盂 YSXT302
③：14　9. 直口碟 YSXT302③：26　12、13. 双系罐 YSXT302③：35、YSXT302③：3　14. 执壶 YSXH1：9（1、6、
11 为酱褐釉，2、4、9 为青褐釉，3 为青黄釉，7 为青釉，12 为酱青釉，14 为酱釉，余皆青灰釉）

圆唇，斜腹，平底（图二一三，11）。

直口碟　1件。YSXT302③：26，口径11、高3.7、足径5.3厘米。青褐釉，紫红胎，外施半釉，有流釉现象。圆唇，折腹，饼足，足胎较厚（图二一三，9）。

钵　5件。其中有直口折腹钵3件，敞口斜腹钵1件，敞口弧腹钵1件。YSXT202③：1，口径10.5、高4、底径5.2厘米。酱紫胎，青褐釉（图二一三，2）。YSXH1：15，口径15.6、高4.5、底径4.5厘米。灰胎，青黄釉，外施半釉。敞口，弧腹，平底。底内外均有支钉痕（图二一三，3）。YSXH1：13，口径17、高5.5、底径7厘米。紫胎，青褐釉，外施半釉，釉层较薄，釉面无光泽。敞口，圆唇，斜腹内收成平底。底部内外均有6个支钉痕（图二一三，4）。YSXT302③：25，口径14.6、高5.3、底径8厘米。酱紫胎，青灰釉（图二一三，5）。YSXH1：24，口径15、高5.3、底径8.8厘米。紫灰胎，酱褐釉，内外均施半釉。直口圆唇，折腹，平底。底部内外均有支钉痕（图二一三，6）。

敛口盂　1件。YSXT302③：14，口径24、高9.6、底径11.8厘米。酱红胎，青釉，外施半釉，釉面青中泛黄。圆唇，斜腹，腹肩微鼓，平底（图二一三，7）。

双耳罐　2件。YSXT302③：35，口径16.8、高16.5、底径9.2厘米。浅红胎，酱青釉，外釉不及底，有流釉现象。敛口，圆唇，短颈，圆肩，弧腹内收成平底。底部有6个支钉痕，肩部饰一对桥形耳（图二一三，12；图版一八四，1）。YSXT302③：3，口径14.7、高13.5、底径9.5厘米。浅红胎，青灰釉，釉面无光泽。敛口，圆唇略外卷，短颈，圆肩，弧腹内收成平底，底心内凹，肩部饰一对竖耳（图二一三，13）。

执壶　1件。YSXH1：9，口径6.7、高15.5、底径8.5厘米。灰胎，酱釉，釉面较光亮，外施半釉。小口，圆唇，口沿略外卷，高颈，窄肩，鼓腹，平底，扁条把手，短流，双耳（图二一三，14；图版一八四，2）。

长沙窑

碗　3件。YSXH1：2，口径16.5、高5.2、足径5.6厘米。灰白胎，胎质较疏松，青黄釉，内施满釉，外施半釉，无釉处有一层化妆土，釉泽光亮，釉细有开片。敞口，圆唇，弧腹内收，腹较浅，玉璧形足，足边刮削，足心不规整（图二一四，1）。YSXH1：3，口径12.5、高4.5、足径4.1厘米。浅黄胎，胎质较疏松，酱褐釉，釉泽光亮，施釉方法同上。敞口，圆唇，斜腹内收，饼足（图二一四，2）。YSXH1：4，口径12.7、高4.2、足径4.2厘米。浅灰胎，青灰釉，施釉方法同上。敞口，弧腹内收，玉璧足（图二一四，3）。

灯盏　2件。YSXH1：16，口径12.5、高4.5、足径4.1厘米。黄白胎，酱褐釉，外壁半釉。内壁粘接一圆环，环已残缺。敞口，圆唇，弧腹，饼足（图二一四，4）。

盒　3件。YSXH1：8，盒盖，口径10.4、高3.5厘米。灰胎，胎内含细沙，青灰釉，外施满釉，内无釉，釉面较光亮，有细开片。直口微外撇，阶梯状同心圆弧形顶。顶部点绘黑褐色草叶纹（图二一四，5）。YSXH1：12，盒盖，口径10.5、高2.9厘米。灰褐胎，青黄釉，施釉方法同上。直口，折壁呈弓形顶。顶部点绘深绿色草叶纹（图二一四，6）。YSXH1：11，盒底，口径8.5、高3.8、底径7.7厘米。灰胎，胎内含细沙，青灰釉，内外壁施釉，釉面光亮，有细开片，外底部和子口部无釉。子口，直壁，大平底，底心略内凹（图二一四，7）。

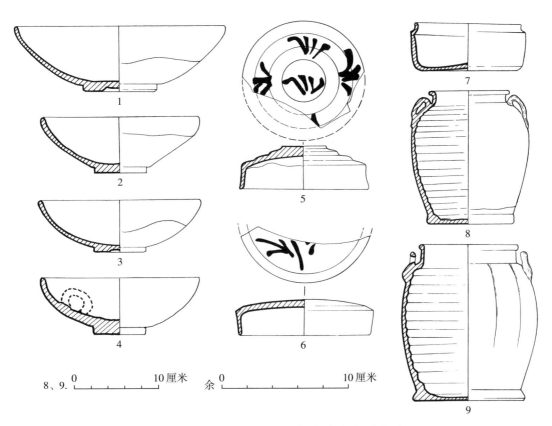

图二一四　石塔西路遗址出土唐代长沙窑瓷器

1. 碗 YSXH1：2　2. 碗 YSXH1：3　3. 碗 YSXH1：4　4. 灯盏 YSXH1：16　5. 盒盖 YSXH1：8　6. 盒盖 YSXH1：12　7. 盒底 YSXH1：11　8. 双系罐 YSXT302③：26　9. 双系罐 YSXH1：10（1、6 为青黄釉，2、4 为酱褐釉，9 为黄釉，余皆青灰釉）

双系罐　2 件。YSXT302③：26，口径 9.5、高 16.5、底径 10.2 厘米。灰胎，青灰釉，露胎处呈土褐色，釉面均匀较光亮，底部无釉。敞口，圆唇，口沿外卷，短直颈，圆肩，肩部有双耳，深斜腹，大平底（图二一四，8；图版一八四，3）。YSXH1：10，口径 12、高 19、底径 13.4 厘米。浅黄胎，胎质较疏松，内含细沙，黄釉，釉面光润，有细开片，外施满釉，底部无釉。直口，圆唇，口沿略外卷，直颈，窄肩，肩部饰双耳，深腹，腹部呈瓜棱状，大平底。肩部饰褐彩斑点（图二一四，9；图版一八四，4）。

定窑

玉璧足碗　4 件。白釉，白胎，胎质细腻，釉面均匀光亮。敞口，厚圆唇，斜弧腹，腹较浅，璧形足。YSXH1：7，口径 14、高 4.7、足径 6 厘米。腹下微鼓（图二一五，1）。YSXH1：6，口径 13.8、高 4.8、足径 6.2 厘米（图二一五，2；图版一八五，1）。YSXH1：5，口径 14.5、高 4.8、足径 6.4 厘米（图二一五，3）。YSXH1：14，口径 15、高 4.8、足径 6.4 厘米（图二一五，4）。

巩县窑

灯盏　2 件，器形相同。YSXH1：17，口径 11.5、高 4.5、足径 4.1 厘米。黄灰胎，黑釉。敞口，弧腹，饼足。内壁粘附一圆环（图二一五，5）。

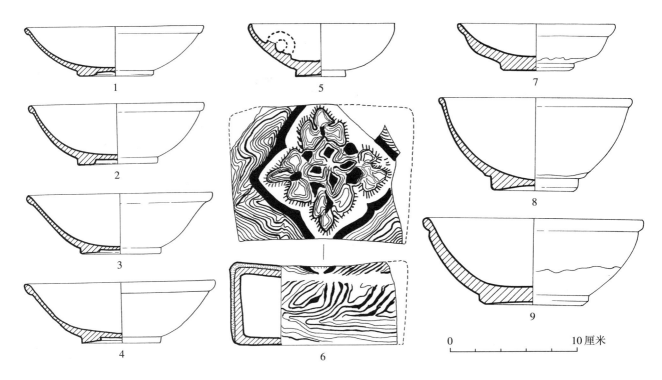

图二一五　石塔西路遗址出土唐代定窑、巩县窑和寿州窑瓷器

1~4.白釉玉璧足碗 YSXH1：7、YSXH1：6、YSXH1：5、YSXH1：14　5.酱黑釉灯盏 YSXH1：17　6.黄釉绞胎枕 YSXH1：18　7.酱黄釉盘 YSXT202③：5　8.黄釉唇沿碗 YSXT302③：15　9.灰白釉唇沿碗 YSXT302③：20（1~4为定窑，5、6为巩县窑，7~9为寿州窑）

绞胎枕　1件，绘图复原。YSXH1：18，残长 12.8、宽 10.6、高约 6.7 厘米。黄白胎，质粗松，火候不高，枕面施黄釉。手制。由胎壁剖面看分两层，内层为素胎，外层为绞成花纹的薄泥片（图二一五，6；图版一八五，2）。

寿州窑

盘　1件。YSXT202③：5，口径 12.5、高 3.8、足径 5.8 厘米。土黄胎，胎质较粗松，酱黄釉，外底部无釉。敞口，圆唇，浅斜腹，饼足（图二一五，7）。

唇沿碗　2件。YSXT302③：15，口径 15、高 7.4、足径 6.6 厘米。浅红胎，胎质较粗松，黄釉，釉面黄中泛青，有开片，无光泽，足底无釉。敞口，圆唇，弧腹内收，饼足，足心略内凹。内底有 3 个小支钉痕（图二一五，8；图版一八五，3）。YSXT302③：20，口径 17.5、高 6.8、足径 8 厘米。黄白胎，胎质粗厚疏松，内含细沙，灰白釉，釉面光泽不强，有开片，外腹下无釉。外沿下有一圈凹弦纹。斜腹，饼足（图二一五，9）。

（二）陶器

陶器（包括釉陶和灰陶）共计 272 片，无一件复原器，均为碎片，但器形可辨的有缸、瓮、坛、罐、盆等。

（三）铜器

铜勺　1件。YSXT302③：6，通长 9.3、中间圆直径 4.8、前流长 3.1、后把长 2 厘米（图二一六）。

（四）铁器

铁刀　1件。YSXT302②：1，残长63.5、残宽4～5厘米。把手残缺，整器锈蚀。

（五）建筑构件

主要有筒瓦、板瓦、瓦当和砖等，大部分已破碎，其中保存较好的有瓦当两件。YSXT302③：1，直径14、边宽2.5厘米。中间外圈一周为连珠纹，中间为桃形莲瓣凸起，中心为莲子花心（图二一七，1；图版一八五，4）。YSXT302③：2，

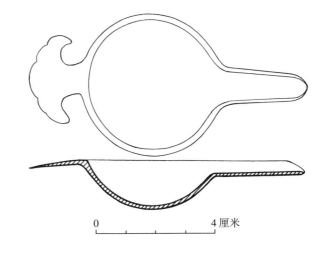

图二一六　石塔西路遗址出土唐代带流铜勺 YSXT302③：6

直径与边宽尺寸同上，所不同的是中间莲瓣为圆形凸起（图二一七，2；图版一八五，5）。

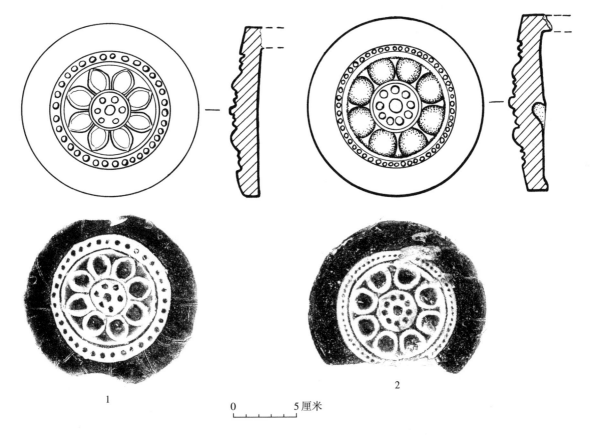

1

2

图二一七　石塔西路遗址出土唐代莲花纹瓦当

1. YSXT302③：1　2. YSXT302③：2

第六章 结 语

文献记载春秋晚期扬州就建有吴国的邗城，距今约有 2500 年。通过考古勘探和发掘，确定了扬州有战国、汉代和六朝的广陵城，隋、唐、五代、两宋至明的扬州城，它们的位置范围及演变关系基本清楚，是我们考古发现的一大收获。其中对隋唐两宋的城址及城内建筑考古发掘得较多，收获颇丰，这是编写本报告的主要内容。隋代之前的城址皆建在蜀冈上，随着长江南移，地理形式的变化，唐代以后的城址皆建在蜀冈下，我们按城址位置的移动、演变关系、城的性质和建筑年代，总结出几点认识。

一 蜀冈上最早的城址

通过对蜀冈上城墙的解剖发掘，从目前资料分析，蜀冈上发现的最早城址应是战国时代的广陵城。

从发掘的十几条探沟中证实，探沟最下面用黄黏土夯筑的城墙皆起建于生土层上，夯土纯净，包含物极少，其时代是最早的。在西城墙发掘的第 2 号探沟（YZG2）中，发现最早城墙下压着战国灰坑（YZH1），灰坑内出土楚国的铜贝（俗称"蚁鼻钱"或"鬼脸钱"）和泥质灰陶豆。这些遗物都是战国时代中晚期的典型钱币和器物[1]，从而确定城址首筑年代不会早于战国。这与《史记·六国年表》楚怀王十年（前 319 年）记"城广陵"是一致的。广陵是指蜀冈为广阔的丘陵，其上建的城，因地势而得名"广陵"，广陵城是战国时期楚国的一座城。《左传》鲁哀公九年（前 486 年）秋："吴城邗，沟通江淮"，明确记载春秋时期这里建有吴国的邗城，这比我们在蜀冈上发现的战国城要早近二百年。《左传》记载的邗城，与战国时的广陵城，应不是同一座城，那么邗城在什么地方？《水经·淮水注》记邗城位置云："昔，吴将伐齐，北霸中国，自广陵城东南筑邗城，城下掘深沟，谓之韩江，亦曰邗溟沟。"明确指出邗城在广陵城东南，城下有开凿的邗江运河。从地理环境分析，春秋时期的吴国邗城也应在邗江故道之北的蜀冈上。我们在广陵城以东的蜀冈上做过考古调查，除山光寺、禅智寺两座寺庙遗址外，地面上采集到绳纹瓦片、云纹瓦当，发现不少唐代小墓痕迹。后因忙于隋唐城址考古，邗城考古调查暂时结束。2009 年这一带被规划为住宅小区，在大规模拆迁和平整地面时发现许多汉唐墓葬，并挖出不少陶质井圈。扬州市文物考古队到现场清理调查，挖出陶质井圈的地点为沈家山，正好在广陵城的东南方位，即蜀冈东端的高地上。井圈都为泥质灰陶，

---

① 浅盘、喇叭形圈足豆和蚁鼻钱，在仪征甘草山遗址的战国地层中同出，见江苏省驻仪征化纤公司文物工作队：《仪征胥浦甘草山遗址的发掘》，《东南文化》第 2 辑，1986 年。尤根尧：《秦汉东阳城考古发现有关问题探析》一文中，谈到官署遗址下层出土的蚁鼻钱是战国末期楚国钱币，见《中国考古学会第五次年会论文集》，文物出版社，1985 年。

外表有绳纹，直径 70～80、每节高 30～45 厘米。在井圈周边的填土中，出土大量绳纹板瓦、筒瓦和少量印纹硬陶片，时代早于汉，为战国遗物。邗城为春秋晚期修筑的城，13 年后，春秋时代结束。所以邗城存在时间短，但该城后为战国时人居住，所以出土大量战国遗物。沈家山这个地点很可能为古邗城位置。

二 蜀冈上城址的关系

我们在蜀冈上发掘的汉、六朝时期的广陵城，隋代的江都宫城和唐代的子城，皆是在战国广陵城基础上修建的，其规模都未超过战国时期的广陵城。至南宋时代，于故城遗址上修筑的宝祐城（即堡城），其规模仅相当于广陵城的一半。宝祐城只利用广陵城西半城区，这半个城区正好处在蜀冈最高处的东峰范围，城居高缩小，更有利于防守，因此宝祐城成为宋代扬州三城中最坚固的城堡，宋代以后城址荒废。发掘城墙时，古城址的西半城区（包括西城墙和北城墙西段）城墙可分五期建筑，最晚到宋代；东半城区（包括东城墙和北城墙东段）城墙可分为四期建筑，最晚到唐、五代。第一期为战国城墙。第二期为汉代城墙，汉代城墙是在战国城墙上加宽加高而成。夯土墙内出土物很少，主要是带绳纹的砖瓦碎块、云纹瓦当及红陶灰陶片。第三期为六朝时期的城墙，城门部位开始包砌砖墙，从城砖（长 39、宽 19、厚 7.5 厘米）规格和砖上戳印的"北门"、"北门壁"或"城门壁"铭文字体看，字体为晋隶，与南京出土的东晋王氏、谢氏墓志上的字体，特别是谢鲲墓志比较接近[1]，应是东晋城砖。在夯土城墙内，夹杂六朝时期的青瓷片，器形有盘口壶、罐、碗等，与汉代城墙只出土陶片截然不同。第四期隋唐城墙压在六朝城墙之上，或在六朝夯土垣外表包砌城砖。如西北角楼就是以六朝夯土垣为城心，外表包砌特制的斜面城砖，城砖墙厚达 0.8 米。这种特制的斜面城砖（长 35、宽 17、厚 8 厘米）与洛阳隋唐宫城城墙砖基本相同[2]。在城墙外侧的砖铺散水面及路土中各出土一枚宽边而略小的隋代"五铢"钱。砖砌城墙坍塌后，在其废墟基础上，堆土夯筑城垣，外表包砌城砖，砖的规格（长 32.5、宽 15、厚 4.5 厘米）与上述城砖不同，砖薄略小。这种灰色小砖为晚唐时代常见砖。夯土内夹杂较多砖瓦碎块、莲花纹瓦当、"开元通宝"钱以及大量青釉、白釉瓷片，与六朝城墙只出土青瓷片有明显区别。因此，第四期应分两次建筑，第一次为隋代包砌的城砖墙，第二次为晚唐时期局部增修的夯土城垣及包砌的城砖。第五期南宋修筑的城墙，压在隋唐城墙之上（只限于西半城区），夯土墙内夹杂大量各时代的砖瓦碎块以及不同釉色的陶瓷片，尤以青白釉瓷（景德镇窑）和刻划荷花纹的青釉瓷碗（龙泉窑）较多，这两种瓷器都是宋代新烧制的产品，显然与第四期城墙中出土的瓷片不同。

三 蜀冈上发现的五期城墙遗迹，与文献记载基本吻合

《史记·六国年表》楚怀王十年（前 319 年）"城广陵"的记载，与第一期首筑的战国城吻合。从出土物看此期城墙不会早于战国初期，城墙下出土的铜贝，体积小而轻，应为战国

---

① 南京博物院：《扬州古城 1978 年调查发掘简报》，《文物》1979 年 9 期。罗宗真：《江苏六朝城市的考古探索》，《中国考古学会第五次年会论文集》，文物出版社，1985 年。

② 洛阳博物馆：《洛阳发现隋唐城夹城城墙》，《考古》1983 年 11 期。

中晚期的钱币①，这与文献记载年代也相符。

《后汉书·郡国志》记"广陵，吴王濞所都，城周十四里半。"《水经注》载"广陵城楚汉间为东阳郡，高祖六年（前201年）为荆国，十一年（前196年）为吴城，即为吴王濞所筑。"这条记载与第二期汉代城墙吻合。经实测汉广陵城周长6900米，约合14里，与文献记载"城周十四里半"基本吻合。汉城是在战国城址上就城修筑，未更原址，推知战国广陵城周也应为十四里半。

《晋书·桓温传》记东晋"太和四年（369年）……以温领平北将军、徐兖州二州刺史……发徐、兖州民筑广陵城，徙镇之。"这条记载与第三期六朝城相吻合。从出土的带铭文城砖考证（见前文），与东晋太和四年一致，而与《宋书·竟陵王诞传》记大明元年（457年）、二年（458年）修筑广陵城，"增筑外城子城，城益大"（见《雍正扬州府志》）记载不符，因我们考古发掘未看到增筑和扩大城墙的迹象，发现的城址仍是座单体城圈，不分外城（罗城）子城（小城），六朝城周仍为6900米。因此，文献记载南朝时"增筑外城子城，城益大"的说法，来源依据不清。

文献上没有明确的隋代筑城记载，但从考古发掘分析，隋代遗留下很大规模的筑城现象，应与隋炀帝三下江南有密切关系。隋炀帝下江南除修筑大运河外，另一目的是到扬州修筑江都宫，为他过骄奢遥逸的生活建安乐窝。大业六年（610年），他第二次到扬州，这时规模巨大的江都宫已建好，宫城内又建几十座宫殿，其中以"迷楼"的工程特别浩大，据载"人误入者，虽终日不得出"②。在子城西北角发掘的角楼基础，以及包砌的城砖墙，应是隋炀帝修筑的江都宫城之西北角楼。在江都宫城西南角，至今还保存着很高的地势（今观音山，即蜀冈东峰位置），考古钻探探明，地下保存着长宽近百米的夯土台基，这里应是隋炀帝修筑的"迷楼故址"。我们把西北城角，保存很好的包砖城墙，归为第四期早期，为隋代修筑。

唐代沿用隋江都宫城，至中唐之前，文献上不见有修筑扬州城的记载。到中唐"安史之乱"后建中四年（783年），淮南节度使陈少游，"闻朱泚作乱，归广陵，修堑垒，缮甲兵"（见《资治通鉴》卷二百二十九）。到晚唐乾符六年（879年），"高骈至淮南，缮完城垒"（见《旧唐书·高骈传》）。前后百余年，经两次修建后的扬州，"城又加大，有大城，又有子城，南北十五里一百一十步，东西七里三十步，盖联蜀冈上下以为城矣"③。经考古发掘证实，蜀冈下自唐代中期后始建罗城，并与蜀冈上的子城，上下连为一体，形成规模庞大的扬州城。通过对子城城墙的发掘可知，唐代子城是在隋代江都宫（倒塌的）砖砌城墙（即3C、3B层）基础上修建的，我们发掘出的3A层夯土城墙，及出土的"罗城"铭文砖，应是唐代修城的历史见证。

唐末，扬州屡遭战乱而荒废，五代末至北宋的一百六十余年，蜀冈上的子城被废弃，因此在城墙上，发现有北宋墓葬。

南宋时期，扬州成为江北边境，是抗金抗元的重要城堡，战略地位越加重要。因此，自南宋初年至末年，扬州修筑城墙的文献记载很多（见前"历史沿革"一节），首先在隋唐故址

---

① 李家浩：《试论战国时期楚国的货币》,《考古》1973年3期。

② 韩偓：《迷楼记》。

③ 《雍正扬州府志》城池条。

上（指子城）修筑堡城，与北宋州城（即宋大城）南北对峙，两城之间筑土夹城，形成扬州"宋三城"的布局。三城相连，实为一体，军事上起到易守难攻的堡垒作用。宝祐二年（1254年），堡城加固，夹城包砌城砖，加固后的堡城，改称"宝祐城"。唐代子城的西半城区，即是宝祐城的范围。在西半城区发掘的西城墙和北城墙中第五期夯筑的城墙，即是宝祐城的遗迹。经考古勘探实测，宝祐城城周约5000米，与文献记载宝祐城周"千七百丈"或"九里十六步"[①]接近。我们按宋代一里 = 360 步，一步 = 5 尺，1 尺 = 0.309 米计算，一千七百丈 = 5253 米，九里十六步 = 5030.52 米。出土的南宋铭文砖，大多与南宋军队建置有关，如"镇江前军"、"右军"、"武锋军"等。南宋时期，禁军和驻屯大军中，均有武锋军[②]；"大使府"铭文砖，更是南宋末年贾似道和李庭芝先后在扬州任"两淮宣抚大使"和"两淮制置大使"时烧制城砖的遗物[③]；"宁国府"铭文砖，是在乾道二年（1166年）后烧造的[④]

四　蜀冈上城址的城墙结构

（一）战国城墙

城基一般宽约 19 米，横断面呈底宽上窄。城墙面呈自下而上约 65 度倾斜状。城墙用黄黏土（蜀冈本地土）夯筑，土质纯净，夯层整齐，每层厚 6～11 厘米，夯层之间有明显的夯窝，直径 6 厘米，应是夯锤夯打痕。城墙筑法有三种：第一种，大部分城墙为平地起筑，由底向上垒土夯筑；第二种，个别城墙段（西城墙南端）利用蜀冈向北的余脉土隆，于两侧堆土夯筑，所以城心为自然土岗，两侧为人工夯土；第三种，在北城墙发现，先挖宽 19.5、深 1 米的城墙槽基，然后顺基槽底垒土，层层夯筑。从夯土硬度和夯层规整分析，可能采用版筑方法夯筑。

（二）汉代城墙

汉代城墙是在战国城墙基础上修筑的。城基宽约 20 余米。城角基础较宽，约 30 米。夯土构筑方法与战国城墙相同。汉代夯土内夹杂少许砖瓦碎块。汉代城墙往往依战国城墙内侧加宽墙体。

（三）六朝城墙

六朝城墙是在汉代城墙基础上修建的。城基宽约 20 米。城墙的构筑方法同上。六朝夯筑墙体，一般紧贴汉代城墙内侧加土夯筑。夯土内夹杂有砖瓦碎砾和少量青釉瓷片。六朝城墙出现了包砖结构。如北城墙中段，靠近城门处东面，发掘出一段 20 余米长的包砖城墙。"砖砌城墙的构筑方法，以一层竖砖起基，其上改用一丁二顺相间而上，……砖墙厚度一般为两层砖砌成，厚 78 厘米……保存较好的，残高 1.5 米许，说明是紧贴在城墙外侧的护墙。""砖墙的南边，沿墙基另铺一条砖路。路面宽 1.8 米，仅一层砖，采用横直相间平铺，外缘改用两

---

① 《读史方舆纪要》、《扬州府志》、崔与之《菊坡集·扬州重修城壕记》。
② 《嘉靖惟扬志》卷十《军政志》云："南宋扬为边境，……扬之禁军有四，曰效忠军，有指挥一，威果军，有指挥三，忠节军，有指挥一，武锋军，有指挥一。以上四军，六指挥，每指挥五百人，共三千人，俱隶禁军。"
③ 《宋史》卷四百二十一《李庭芝传》。耿鉴庭：《从扬州的南宋城砖砖窑谈到唐代大云寺的寺址》，《文物》1963 年 9 期。
④ 见《宋史·地理志》载"本宣州，宣城郡，宁国军节度，乾道二年，以孝宗潜邸，升为府"，据此，"宁国府"的出现不早于乾道二年。"宁国府"铭文砖，是南宋比较早的砖。

排竖砖抹边。"城砖"长 39、宽 19、厚 7.5 厘米，上下两面和四个侧面，都戳印文字。文字有'北门'、'北门壁'、'城门壁'三种。"[1]

（四）隋唐城墙

隋唐城墙是在六朝城墙基础上修建的。城基宽约 10 米。夯土构筑方法与早期城墙相同，但夯层逐渐加厚，有的厚达 20 厘米，内夹杂大量砖瓦碎砾。我们在城的西北角，发掘出隋代修建的砖结构的城墙内侧拐角。西侧城墙方向为北偏东 5 度，与北城墙呈直角相接。砖城墙的构筑方法，首先顺夯土城墙外侧边缘，挖墙壁基础槽，槽宽 1.16、深 0.44 米。槽内平铺城砖，基础砖与地面相平后，其上垒砌城砖，厚 0.8 米。城的壁面用特制的斜面城砖砌，内侧用长方砖砌。用斜面砖砌墙，砖的斜面皆朝外，以平铺顺砌，每顺砌 4～7 块砖夹砌 1 块丁砖，以加强城壁的牢固性。用黄泥细浆砌墙，砖缝严密，墙面似清水磨砖对缝状，非常平整。壁面内侧，一律用长方砖砌，内外两皮砖墙，无丁砖衔咬，当中有明显的宽砖缝。斜面城砖砌好的城墙壁面，皆为 80 度倾斜面。

隋代城墙外侧地面，用碎砖瓦砾夹黄黏土铺有一条宽 4 米的环城路，路面稍经夯打。

唐代夯筑城墙，是在隋代城墙基础上修建的，夯土墙两侧也有包砖墙结构。唐代城砖长 32.5、宽 15、厚 4.5～5 厘米。

（五）宋代城墙

宋代城墙有两种夯筑方法，一种是在早期城墙上修建，如城址西城墙和北城墙西段。利用早期城墙，一般于墙体内侧加宽，外侧稍加修筑，然后于夯土墙体两侧边缘包砌城砖。古代筑城，均"凿沟为堑，堆土为城"，这样护城河与城墙已定好位置和间距，以后筑城，只好在原基础上修筑，不可能再向外扩展，外侧有护城河，只好向内取土，加宽或修补原城墙，所以历代城墙一般均由内侧贴筑夯土。蜀冈上的城，自战国始筑，经 1500 余年，到南宋时代，城墙中心已向内移动。经实测，宋代城墙中心点比战国城基中心点，已向内移动 7～8 米。宋代城墙夯土不纯净，城内的一些建筑垃圾均填筑到夯土墙内，多数夯层为一层碎砖瓦、一层杂土相间夯筑，夯层既厚，又不整齐，很难见到夯打痕迹。另一种是新建的宝祐城东城墙，它按《营造法式》建城工序要求，即先挖好城墙基槽，槽宽 14.1、深 1.1 米；顺基槽底填土，层层夯筑，与地面平齐，城墙底部宽 11.5、顶部残宽 7.6 米。在夯土垣两侧，发现有柱洞痕，洞径 15～20 厘米，间隔 0.8～1.2 米，这些柱洞应是夹墙板之木柱，宋代城墙应是版筑的。在夯土边缘有砌城壁砖的墙基槽，槽宽 1、深 0.3～0.4 米。残存的城砖上有白灰浆痕，说明南宋时已使用白灰泥砌墙。

五　唐扬州城的特点

（一）地形特点

唐代扬州有子城和罗城，为一高一低、南北相呼应的双城形制。从规划和利用地形上分析，唐扬州城受东都洛阳城的影响大。"洛阳城北依邙山要塞，南望伊阙，左漹右涧，洛水贯

---

[1]　南京博物院：《扬州古城 1978 年调查发掘简报》，《文物》1979 年 9 期。

其中"①，是建城非常理想的地理环境。洛阳城的皇城位于大城西北角的高亢地势上，既有利于防御，又可控制地势低的大城；大城中的三市均傍临河道，有利商业运输，繁荣经济。这种利用地形环境规划城市的做法，被唐代扬州城所仿效。扬州唐城北靠蜀冈，南望长江，运河贯城中，也是非常理想规划城市的地形。不同的是蜀冈上已建有城址，只要依蜀冈上城址向南规划大的罗城即可。蜀冈上的城址成为官署衙门的居所，加强了统治者的防御，向南又可监控罗城。罗城自然成为工商百姓的居所。罗城内市场和主要大街皆傍临运河，城内外水路运输，四通八达，比洛阳城更加畅通，突出了唐扬州城以经济街区为中心、水路运输为主干的南方城市特点。

（二）规模大、等级高

唐代扬州子城在蜀冈上，隋炀帝曾作为宫城，因此建筑规格高，正南门为一门三道，如京城制度。城墙包砖都采用特制的斜面砖，与西京长安、东都洛阳宫城城墙结构相同。至唐代，蜀冈上的城址成为官署衙门的住地。蜀冈下的罗城是后建的，规模远大于子城，两城相加，南北总长5950、东西最宽3120米，其规模仅次于长安、洛阳两京，显示出唐代扬州城规格要高于一般地方城市。

（三）罗城的形制特点

唐扬州罗城是以古运河（即官河）为中心，规划出的一座南北长4200、东西宽3120米，面积约13.1平方千米的长方形大城。唐扬州罗城从平面布局看有如下特点：

其一，北城墙短而曲折

罗城北城墙与东西南三面城墙不同，它是接蜀冈上城址的南城墙向东延展的，受地形影响，北城墙不是笔直走向。罗城北城墙西段，即是蜀冈上城址的南城墙，从蜀冈上城址东南角向东，才是后接建的罗城北城墙。后建的北城墙长仅有1470米，且偏于城东侧，因而北城墙上仅有一座北门，北门也偏于城东侧，与南城墙上东侧的11号南门相对。

其二，城内中心河道（即官河）与南北大街呈北偏东斜行方向，与规整的罗城很不协调

蜀冈下古运河河道（官河）自南而北向东偏4～5度，是条斜河。这条运河自隋炀帝修成后，于运河两岸逐渐形成一定规模的码头和街市，相传隋炀帝夜游宵市，并建有小市桥②，可见在未营建罗城前，蜀冈下的运河两岸已形成街道和市坊，经济相当繁荣。唐罗城的营建是以运河为中心围筑四周城墙，所以位于城内中心的运河河道与街道，自然成为北偏东4～5度的斜河与斜街，与南北向规整的长方形罗城形成不协调的平面布局。正南门（10号）至北门（12号）之间的全长4200米的斜向主干大街，在隋代可能即已形成，我们在这条大街南段（今称汶河路）发掘的文化宫遗址和大东门街遗址，就发现有唐代早晚期房址的叠压以及早晚期水沟的打破关系。早期遗迹应是未建罗城时已有的街道和民居，晚期遗迹应是营建罗城后的建筑，这时建筑更加密集，规模扩大而讲究。唐代的这条中心河道与大街，直接影响到以后的城市规划，宋明扬州城皆把这条河作为城市市河，与河道平行的南北大街，均是宋明扬州城的中心南北大街。

① 顾炎武：《历代宅京记》卷九雒阳下，中华书局。
② 《雍正江都县志》载："小市桥，一名宵市桥，在北水关外，相传'隋炀帝于此开夜市'。"《舆地纪胜》记二十四桥云："二十四桥，隋置，并以城门坊市为名。"

其三，东西街道排列有序，与坊制划分和二十四桥结合得十分密切

唐代扬州罗城的街道，规划得整齐有序，与北方城市相同。但扬州又具南方水乡城市特色，所以街道、河道、桥三者关系十分密切。街道过河之处，必然设桥连通。沈括在《梦溪笔谈·补笔谈》中详细记有河道与桥的方位关系，为我们考证唐扬州城街道提供了可靠依据。如沈括记述，纵贯城中的南北河道上（从北向南）有洗马桥、南（驿）桥、阿师桥、周家桥、小市桥、广济桥、新桥、开明桥、顾家桥、通泗桥、太平桥、利园桥计12座东西向桥。换句话说，12座桥连接12条东西街，所以罗城内有12条横贯城内的东西街，每条街的间距约300余米；其中有4条东西主干街，主干街分别通向东西门；又有4条纵贯城内的南北街，这些纵横交错的街道把全城划分成棋盘状的坊格，每个坊东西长600～650、南北宽300余米。罗城内严格按照城市坊制划分，又结合南方河多的特点，组成了水陆并行的交通网。经考古勘探、发掘证实，唐扬州罗城是以纵横街道划分里坊的，而坊外未发现围墙。

（四）晚唐时是扬州经济发展的鼎盛期

唐代扬州的城市建设，开始向蜀冈下的长江平原发展。由高向低，由北向南的城址移动，完全突破了前代扬州城的形制和规模，经济发展也超过前代。扬州凭借长江之水，大运河水利运输优势，很快发展成为唐代东方的经济大都市，并成为从长江口出海、面向世界的最大港口之一。当时以"扬一益二"的赞誉，确定了唐代扬州城的经济地位。下面从考古发掘的唐代文化层，以及出土的瓷器和碎片，说明唐代经济发展概况。

在唐扬州罗城范围内，考古发掘面积仅有5672.4平方米（包括城墙探沟和8号西门遗址），但出土遗物特别丰富，尤其是在汶河路一带的考古发掘，可以看出较多的历史现象。考古发掘出的唐代文化层，皆可分出早、晚两期，早期文化层都叠压在生土之上，其上即为晚唐文化层堆积。如文化宫遗址中的4B层和4A层；大东门街遗址中的第7层和第6层、沟2和沟1。早唐文化层中出土的瓷器，均为南方烧制的青瓷，以碗、钵、盘、罐的器形较多，而且是以当地宜兴窑烧制的产品为主。晚唐文化层出土的瓷器有了明显的不同：其一，数量增多；其二，瓷器品种多。从瓷器烧制地点看，既有南方烧制的青瓷，又有北方烧制的白瓷，几乎涵盖全国各地制瓷业的产品，说明晚唐扬州已是全国商品货物的集散地。在众多的瓷器品种中，以长沙铜官窑的瓷片数量最多，占瓷器总数的36%。长沙铜官窑的产品，通过水路主要销往扬州，几乎占据扬州瓷业商品的一半市场，并通过长江出海口销往东南亚。长沙窑如此受到欢迎，是因为长沙窑产品丰富，特别是盛行各种模印贴花和釉下彩斑、彩绘的装饰瓷，与其他窑口瓷器迥然有别，产品新颖，给人印象深刻。借用长沙铜官窑有纪年的瓷器，可判断扬州早、晚两期唐代文化层的相对年代。1978年在长沙铜官窑调查时，发现三件有纪年铭的瓷器，计元和三年（808年）罐耳范、大中九年（855年）彩绘壶和大中十年（856年）彩绘圆筒形器，它们都是9世纪长沙铜官窑烧制的产品，这确定了长沙窑烧制年代的界限[①]。在扬州，有准确纪年的长沙窑瓷器出土于扬州邗江县汉河公社的唐代解少卿及其妻蔡氏墓中[②]。从墓中

---

① 长沙市文化局文物组：《唐代长沙铜官窑址调查》，《考古学报》1980年1期。
② 周长源：《扬州发现两座唐墓》，《文物》1973年5期。

的两副石铭看，解少卿及蔡氏分别死于唐大和九年（835年）和大中四年（850年），墓中随葬一件长沙窑黄釉褐绿斑点双系罐。其与我们在扬州市文化宫和师院附中等遗址中晚唐文化层发掘出的长沙窑彩绘罐完全相同，从而确定罗城内的晚唐文化层，应是在8世纪至9世纪约百年间形成的文化堆积层。晚唐文化层之上，五代至宋代文化层就不出长沙窑的瓷片了，说明长沙窑烧制的鼎盛期，与唐扬州经济繁荣期是一致的。五代末扬州城被战火焚毁，而长沙窑失去了产品销售地，也就终止了烧瓷业的生命。我们仅从长沙窑瓷业的盛衰现象，亦可推知唐扬州经济的鼎盛期应在9世纪。

六　唐罗城的修筑年代

罗城的修建，在北城墙上发掘的YLG4探沟地层剖面上有明确的反映（见第四章第一节）。探沟的第4层，为唐代夯筑的城墙，夯筑城墙有两次修建痕迹：第一次即4B层，是始建的夯筑主体城墙，用黄黏土夯筑，城基宽13米；第二次修建的城墙，是在第一次夯筑城墙的基础上，于主体城墙内外侧修补城墙，即4A层，外（北）侧城壁内收了3米，墙基部位用黄黏土垫平，宽约1.1米，作为包砌城砖墙基，内侧用黄黏土夹碎砖瓦砾夯筑，宽约2.5米，这样第二次修筑的城墙基宽约10米。第一、二次修筑的夯土城墙中，均有少量瓷片出土。第二次夯筑城墙中，还出土一枚铅质"开元通宝"钱。

发掘的探沟中非常理想的是在唐代夯筑的城墙下发现4座唐墓，其中3座墓墓口开在5层上线，1座墓（M4）墓口开在5层下线，墓中随葬有青瓷器和唐玄宗时发行的"开元通宝"铜钱。据此可推知夯筑城墙年代要晚于唐代早期，从城墙本身出土中晚唐时期的瓷片和铅质"开元通宝"钱分析，建城年代可能在中唐偏晚时期。

从文献记载看，唐扬州有两次修城的记载，一次是唐建中四年（783年）十一月，《资治通鉴》卷二百二十九云："淮南节度使陈少游，将兵讨李希烈，屯盱眙，闻朱泚作乱，归广陵，修堑垒，缮甲兵。""修堑垒"无疑是指修城墙与护城河。但陈少游是始筑扬州城，还是重修扬州城，《资治通鉴》所记，尚难确定。第二次修城是唐乾符六年（879年），当时社会动乱，黄巢起义，在《旧唐书》卷一百八十二云：淮南节度使"（高）骈至淮南，缮完城垒"。显然第二次是完缮城墙和城门的加固防御工程。文献记载的两次修城，与考古发掘出的前后两次的夯筑城墙基本吻合。

扬州出土的唐墓墓志可提供一些罗城修筑年代的线索。目前扬州出土唐人墓志74方、五代人墓志8方，共计82方[①]。墓志出土地点均在唐扬州城（子城和罗城）周边。最早的一方墓志为贞观十六年（642年），其次是天宝年间的墓志有2方，其余大部分墓志都是唐晚期，最晚的一方墓志是南唐保大十二年（954年）。墓主籍贯大多为北方人，约占总数的五分之四，说明"安史之乱"对北方经济、人民生活破坏很大，大批商贾、工匠纷纷南逃，"避地江淮"[②]。北方资财人力的南徙，给扬州带来各种资源和机遇，促使扬州经济长足发展，唐王朝所需财务，

---

①　吴炜：《扬州唐、五代墓志概述》，《东南文化》1955年4期。
②　扬州出土的《唐故李府君墓志铭》中有"顷因中华草扰，避地江淮"之句。

大部分仰仗于江淮，故有"江淮之间，广陵大镇，富甲天下"和"时人称扬一益二"之赞誉。从文献记载可知天宝年前后，扬州人口变化很大。如唐初武德九年（626年），扬州有23199户，计94347口人，一百余年后的天宝元年（742年），扬州有77150户，计373510口人（据《旧唐书》、《新唐书》地理志统计），人口聚增，中晚唐的墓葬也随之增多。唐代诗人张祜在《纵游淮南》中云："十里长街市井连，月明桥上看神仙。人生只合扬州死，禅智山光好墓田。"反映出扬州市场繁荣，环境优美，成为人们向往的天堂，死后葬在扬州也是美好的仙地。所以大部分墓均埋葬在山光寺和禅智寺以南，古运河之东之南的风水宝地。这片地域在今扬州市东部，古运河东岸的五台山至普哈丁墓一带①，这一带地域即唐扬州罗城东城墙以外，最近的墓葬距离城墙只有约300米远。这片地域在唐贞观十八年（644年）之前，属江都县管辖，之后，由江都县分割出一部分为江阳县，两县以合渎渠（即古邗沟，亦称官河）为界。营建唐罗城时，是以官河为中心围筑城墙，所以南北向的官河河道，把罗城一分为二，河东为江阳县，河西为江都县，官河向北至蜀冈下与邗沟交汇，河流东折，出东水门向东至湾头，这条东西河道，也是两县之界，河北为江都县，河南为江阳县，从出土的唐墓墓志中，明确记载了上述界线。在天宝年后的墓，葬在官河以东的墓，志文中均记"葬江阳县城东"，反之，则记"葬江都县城西"。如年代排在第二位的墓《唐故裴公夫人韦氏墓》志文载："夫人韦氏，其先京兆也。……于天宝八载六月二十五日，奄终扬州江阳县集贤里私第，……以九载十月六日，葬在城东嘉宁乡之平原。"这方墓志是目前最早记明江阳县和葬在城东的墓，以此推测天宝九载（750年）已建有罗城，比文献所记建中四年（783年）陈少游修建扬州城的年代要早33年。

七　唐罗城与五代、两宋和明城的关系

历代扬州城的修建皆与动乱和战争的背景有关。如唐末五代之际，扬州屡遭兵火之害，繁荣昌盛、宏伟庞大的扬州城受到严重破坏，"江淮之间东西千里，扫地尽矣"②。五代末期，后周挑起讨伐南唐之战，南唐元宗自知东都（即扬州）难守，于保大十五年（957年）"焚其官私庐舍，徙其民于江南"③，庞大的扬州城遭到毁灭。第二年，周世宗占据扬州，看到城内焚荡后的惨状，发动丁夫万余人整理被破坏的扬州城，因城大空虚，"遂于故城内，就东南隅，别筑新垒"④。上述的这些历史事件，我们在罗城内发掘的遗址中也有反映。在唐宋之交的地层堆积中，普遍发现一层红烧土，最厚的红烧土达50厘米，薄的也有20厘米左右。考古发现的烧土层，与历史烧城事件非常吻合。周世宗为什么选择故城（即唐罗城）东南隅筑城，这与历史事件也有关系。唐末光启三年（887年），毕师铎率军攻打扬州罗城南门，不克。罗城西南隅接应的守者，焚战格响应师铎攻城，师铎毁城后由西南隅攻入罗城，罗城守军将领吕

---

① 朱江：《扬州唐墓清理》，《考古通讯》1958年6期；吴炜：《江苏五台山唐墓》，《考古》1964年6期；江苏省文物管理委员会等：《江苏扬州五台山唐、五代、宋墓发掘简报》，《考古》1964年10期。
② 《资治通鉴》卷二百五十九景福元年（892年）七月条。
③ 《旧五代史·南唐书》保大十五年十二月条。
④ 《旧五代史·周书·世宗纪》显德五年（958年）二月条。

用之，率众千人阻挡师铎，"力战于三桥北"，这时高杰从子城出兵，援助师铎攻打吕用之，吕前后受夹击，不敌，乃开参佐门败走[①]。文献记载的战场，正好处在罗城内西边，即9号南门向北，东折至邗沟地段，也是沈括在《梦溪笔谈·补笔谈》中所记的北三桥、中三桥、南三桥向东到参佐桥至北门的地段。罗城内的西、北地段，唐末即遭战争破坏，可能已荒凉无比，周世宗建城时，只好放弃这个地段，重新修筑西城墙和北城墙，利用罗城的东城墙和南城墙，据故城东南隅别筑的新垒要比罗城小，因而世称"周小城"。两年后赵匡胤统一中国，仍以周小城为宋代扬州城。我们发掘的宋大城西门，最底下的城门，即是五代周小城，因周世宗修城仓卒，城门包砖多用拆下的唐代罗城旧城砖，所以砖上多戳印"罗城"二字。

北宋扬州城沿用了周小城，经160余年，国泰民安，扬州经济得到复苏和发展。发掘出的北宋扬州西门，城门道的砖铺路面经行人长久踩踏和车轮碾压多已破碎，路面上留下凹沟状车辙痕，以及人们丢失的北宋铜钱。在道路两侧的水沟中，出土几件青白釉高圈足碗，碗底墨书"西门"二字。这些遗物都是北宋西门的历史见证。

北宋末期，宋金交战，国泰民安的局面被打破，尤其"靖康之难"以后。宋室南渡后扬州由经济城市转变为抗金抗元的江北防御城堡。因战事连绵，南宋自建炎至景定间的130余年，文献记载扬州以防守战术到城防工事等事情相当多（见第一章第二节）。较大筑城工程有，绍兴年间（1131～1162年）增筑了堡城（宝祐三年改称"宝祐城"）和夹城，从此宋代扬州有三城，即宋大城、宝祐城和夹城。我们发掘出的宋大城西门和瓮城等坚固结构，就是在这种战事连绵的历史背景下完成的。因战争关系，出入城门的行人和车辆很少，所以宋大城砖铺道路保存很好。南宋朝廷降元后，扬州守将李庭芝凭借"宋三城"防御布局和坚固的城堡还在孤垒抵抗。因此，扬州"宋三城"的布局，以及城墙、城门和瓮城的坚固结构，在我国军事史、城防建筑史上具有极其重要的地位。

元末，扬州城又遭一次兵火浩劫，"城中居民仅余十八家"。朱元璋到扬州后，看到大城空旷难守，于元至正十七年（1357年）十月，"乃截城西南隅筑而守之"，至正时修的城，只利用了宋大城西门与西城墙的南半段，南门和南城墙的西半段，重新修筑了北城墙和东城墙。城内只把唐罗城最精华的中心河道与南北大街的南段包进城中，使整座城变成一座南北狭长的小城。嘉靖三十五年（1556年），为防倭寇又增筑外城。自此明代扬州有新旧两城（至正年筑的城为旧城，嘉靖年筑的城为新城）。新旧明城范围奠定了今日扬州老城规模。

我们这次发掘的西门遗址，就是在旧城西门街改造时发现的。西门自五代至明代，城门位置未变。从地层叠压关系看，四个时期的西门整齐有序地叠压在一起，反映出它们之间沿用的关系，真实地记录了扬州城市历史演变的全过程。

八　宋大城城门特点

宋大城的四座城门都经过考古发掘，其形制特点基本相同。只南门和北门旁多了一座水门。东门、西门和南门规模相差不大，北门最小。四座城门和瓮城都是砖石结构，瓮城门皆

---

① 见《资治通鉴》光启三年条。

与主城门不相对，均设在瓮城一角或瓮城一侧。瓮城面积都不大，可能有利于防御守城，这是第一个特点。第二个特点，宋代首次出现砖砌券顶城门。发掘出的宋大城西门为砖砌结构，门道两侧洞壁为砖石基础，每侧洞壁皆厚达 1 米，在基础和洞壁内未发现任何木构痕迹，从而推知城门为砖砌券顶式，这是我国建筑史上由木构过梁式城门向砖构券顶式城门转变的最早实例。《清明上河图》上所画的东京城门仍是木构过梁式门洞，从北宋末期到南宋时期城门结构发生变化。从刻于南宋咸淳八年（1272 年）的《静江府修筑城池图》看，城门皆为砖石结构的券顶门道。《静江府修筑城池图》所反映的是自宝祐六年（1258 年）至咸淳八年（1272年）这 14 年中，为防蒙古军队进攻所修筑的宋代桂林详细城防设施图。其城的地理环境、城墙和城门结构、城门外的方形瓮城形制等，都与扬州宋城（西门和瓮城）基本相同，但扬州宋城西门要比《静江府修筑城池图》早百余年，因此扬州宋城西门为迄今我国最早的砖构券顶式城门遗迹。

　　扬州较早出现砖构券顶城门等城防设施，与扬州自唐末五代之际战事连绵、屡遭兵火之害有很大关系。因木构城门易被烧毁，城池很难坚守，尤其宋代以后，火药兵器出现并大量用于攻城战事中[①]。因此，宋代在防守战术和城防工事上较前代有很大发展，首先将火攻战术易被烧毁的木构城门改变为防火的砖构券顶门洞，为防火药炸断城墙，采取城墙加厚，墙身全部包砌城砖，瓮城门上修筑平顶房的"万人敌"（即箭楼的前身）形式。

---

① 曾公亮：《武经总要》；陈规：《宋城机要》。

附录　扬州出土五代时期铁甲

白荣金　白云燕

隋文帝开皇九年（589 年），为扬州。五代十国藩镇割据时期，吴国建都于此。新中国成立后，考古人员对扬州唐城曾作过全面的调查和局部发掘。1987 ~ 1989 年，中国社会科学院考古研究所、南京博物院和扬州市文化局共同组织了一支扬州联合考古队，对扬州宋三城进行过勘探和试掘，基本查清其分布范围与唐代扬州城大体相同。尔后配合当地城市建设，陆续发现了一些地下遗迹和遗物。据队里蒋忠义同志介绍，1989 年冬在一口唐代古井中出土了一些铁甲标本（原编号 YWJ1：10），从共存的瓷片等遗物判断，铁甲的年代确定为五代时期。

鉴于对扬州出土五代甲胄研究与保护的关注，为之尽一点义务，并配合扬州古城遗址考古报告的编写，我们对 2008 年初运回北京的扬州五代铁甲标本做了一些整理工作，因条件所限，花了近 3 个月时间，仅从铁甲表面反映的片型和组合结构进行了一些考察和分析，将来必要时，再作全面的深入研究。

现将此番整理过程和结果简介如下。

一　残甲保存情况和整理中的编号

据了解，当初铁甲从井中清理出来时是一整块，后来在十多年的存放过程中，逐渐分解为大小不等的许多小残块和零散片。标本运京时曾分别用报纸包着，整理中分别按纸包编号为 YWJ1 至 YWJ8，各包中含有数块者，再细分作 YWJ1-1、YWJ1-2 等，总共分有 24 个单位。

这些残甲块上的甲片，多被很硬的土垢、锈层及砖瓦碎块所遮掩，有些甲片的形状和排列仍然整齐清晰，有些残块上的甲片则已模糊难辨，靠小刀小铲或小型磨钻，对土锈作了些剔剥才能勉强看出其形制。甲片之间粘连很紧，而片体仍有较好强度。至于甲片上的开孔，仅有部分片上的孔显露出来，多数均不明显，依靠各片互相补充和判断，才使大多数片上穿孔和布局得以认定。众多甲片之间的连缀材料已腐朽无存，只能通过仔细观察和分析，才从一些隐约可见的连缀用料腐朽后显现的凸起或凹陷的痕迹，结合以往所掌握有关甲片上的开孔和缀合规律，判断出甲片间的缀合方法。唯独在标本 YWJ4 上留下了较清楚的皮条连缀痕迹。

二 各残甲块的基本情况

1. YWJ1-1

残块重 180 克，纵长 12.8、横宽 10.3 厘米。甲片为一横排，计有 6 片，两侧甲片残缺严重，中部 4 片基本完整，残块正面甲片编排情形清楚，一律自左往右顺次叠压。可看到个别甲片上的开孔，并可见到甲片横向组合时绳带穿过正面开孔时遗留的凸起绳扣迹象，但其所用材料被土垢遮盖已难辨认。在甲块的下端保存有包边的痕迹（图 1；图版一八六，1）。

2. YWJ1-2

残块重 117 克，长 12.9、宽 7.1 厘米。计有 4 片，为一略有弯卷的横排，保存基本完整，一律由左往右依次叠压（图 2；图版一八六，2）。

3. YWJ2-1

残块重 127.5 克，纵长 12.6、横宽 9.3 厘米。计有 6 片，作一横排，自右往左叠压，大多保存完整，唯右侧甲片残缺严重，甲片下端有明显的包边痕迹，背面中部土锈上存有甲片横向缀连绳带的蚀空迹象（图 3；图版一八六，3）。

4. YWJ2-2

残块重 136 克，纵长 13.3、横宽 5.8 厘米。仅存 3 片，作一横排，略有弯卷，保存完整，自左向右叠压（图 4；图版一八七，1）。

5. YWJ2-3

残块重 200.2 克，通长 11.2、宽 8.9 厘米。其中含甲片 10 片，作两层重叠状，略成两横排，均自右向左依次叠压。保存完好者约 6 片，余者残缺程度不一（图 5；图版一八七，2）。

6. YWJ2-4

残块重 65.7 克，纵长 9.6、横宽 7.2 厘米。计有 5 片，均残缺不全，仅 3 片存下段，作一整齐的横排，一律由左往右叠压（图 6；图版一八七，3）。

7. YWJ3-1

残块重 85.5 克，纵长 9.5、横宽 4.8 厘米。可辨明者 7 片，片头均残，并作无规律重叠（图 7；图版一八八，1）。

8. YWJ3-2

残块重 43.9 克，纵长 8.9、横宽 4.2 厘米。可辨明存 3 片，其中一片重残，难定型式，另两片保存基本完整，横向编排，右片叠压左片（图 8；图版一八八，2）。

9. YWJ3-3

残块重 41.7 克，纵长 8、横宽 5 厘米。计有 3 片，其中 2 片残存下段，1 片重残，横向自左向右叠压，下端较完整，有明显包边和连缀痕迹（图 9；图版一八八，3）。

10. YWJ3-4

残块重 77 克，纵长 10.7、横宽 7.2 厘米。计有 3 片，其中 2 片头残，1 片仅存中段，原为一横排，自左向右叠压（图 10；图版一八八，4）。

11. YWJ3-5

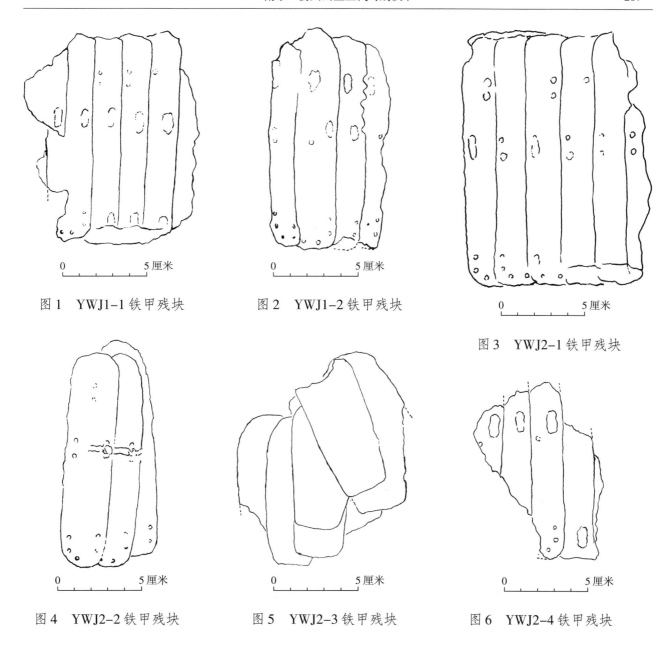

图 1　YWJ1-1 铁甲残块　　　　图 2　YWJ1-2 铁甲残块

图 3　YWJ2-1 铁甲残块

图 4　YWJ2-2 铁甲残块　　　　图 5　YWJ2-3 铁甲残块　　　　图 6　YWJ2-4 铁甲残块

　　残块重 57.3 克，纵长 8.4、横宽 4.6 厘米。计有 8 片，分作三层，上层 2 片，下段残缺，中、下层各 3 片，比较完整。横向均左片压右片，中层片的下端有明显包边痕迹（图 11；图版一八九，1）。

　　12. YWJ4

　　残块重 628.3 克，纵长 11.7、横宽 14.3 厘米。此块保存局部颇为完好，甲片排列整齐，是一件十分难得的典型标本。主体部分为背面朝外三横排紧缩，并作横向对折的残块，三排的甲片数量相当，据最上一排统计，有 26 片之多。各排上甲片一律自左往右顺序叠压。在相连甲片的正面和背面，显示出用皮革和皮条缀合的痕迹，各排甲片包边的迹象也十分明显。三排之上，还残存有一小段横排与之相连，是由很宽的残片组成（图 12；图版一八九，2、3）。

　　13. YWJ5

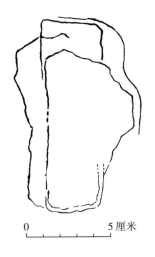

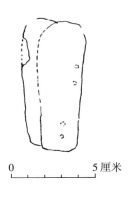

图 8　YWJ3-2 铁甲残块

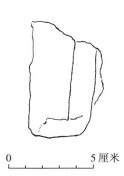

图 9　YWJ3-3 铁甲残块

0　　　　　5 厘米

图 7　YWJ3-1 铁甲残块

残块重 575.7 克，纵长 14.3、横宽 14.5 厘米。此块表面主体部分保存有一横排整齐的局部，甲片正面朝上，计有 12 片，自右向左叠压，保存基本完好，部分片上可见穿孔和连缀时的痕迹。其顶部另有一排整齐的残片，

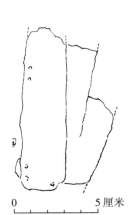

图 10　YWJ3-4 铁甲残块

图 11　YWJ3-5 铁甲残块

计有 7 片，只保存着下半截，从外观上判断与另一部分甲片型式相同（图 13；图版一九〇，1）。

14. YWJ6-1

残块重 213.5 克，纵长 12.6、横宽 13 厘米。为一个横排的残存局部，计有 7 片（未统计左上角一微小残片顶部），右侧 3 片有残缺，自左向右叠压（图 14；图版一九〇，2）。

15. YWJ6-2

残块重 100.5 克，纵长 12、横宽 7.6 厘米。是一个横排的残存局部，甲片均有残损，计有长条形的 4 片相连，自右往左叠压（图 15；图版一九〇，3）。

16. YWJ7-1

残块重 158.1 克，纵长 10.8、横宽 7.5 厘米。4 片均残，作一横排，右片压左片，但较 YWJ1-1 之典型片略宽，片宽为 3.1 厘米。背面甲片残乱且模糊难辨，数量约有 7 片（图 16；图版一九一，1）。

17. YWJ7-2

残块重 143.7 克，纵长 9.5、横宽 4.7 厘米。正面 4 片均残，作一横排，左片压右片，片宽 3.1 厘米。背面甲片残且乱，约有 4 片，型式难定（图 17；图版一九一，2）。

18. YWJ7-3

残块重 77.1 克，纵长 8、横宽 8.7 厘米。为一整齐横排，自左向右叠压，计有 5 片，甲片

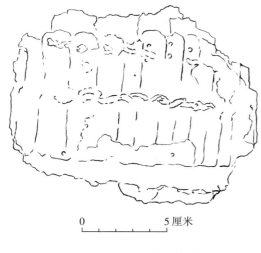

图 12　YWJ4 铁甲残块

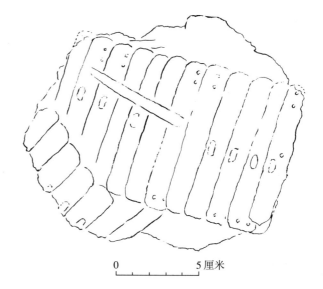

图 13　YWJ5 铁甲残块

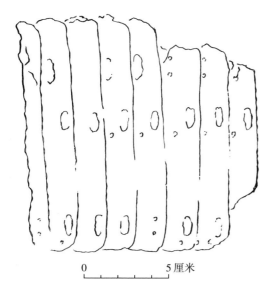

图 14　YWJ6-1 铁甲残块

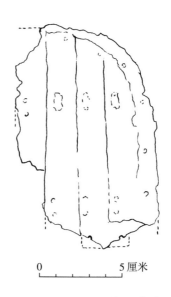

图 15　YWJ6-2 铁甲残块

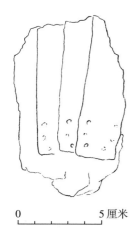

图 16　YWJ7-1 铁甲残块

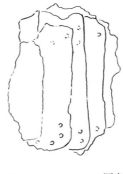

图 17　YWJ7-2 铁甲残块

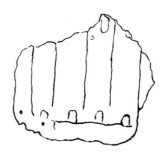

图 18　YWJ7-3 铁甲残块

上段均残，右侧片残缺严重。此排片左侧及下端均有明显的包边痕迹，背面模糊不清（图18；图版一九一，3）。

19. YWJ8-1

残块重63.7克，纵长8.7、横宽7.5厘米。计有4片，1片重残，3片半残，其中3片横向自右向左叠压，其上粘连一正面朝下的残片（图19；图版一九二，1）。

20. YWJ8-2

残块重157.5克，纵长11.1、横宽8.7厘米。甲片杂乱重叠，残缺严重，可辨明者6片（图20；图版一九二，2）。

21. YWJ8-3

残块重108克，纵长7.9、横宽9.5厘米。计有7片，保存完好，形成整齐的一横排。片上孔眼清晰（图21；图版一九二，3）。

22. YWJ8-4

残块重35.8克，纵长8.1、横宽4.7厘米。计有4片甲片，2片完整，另2片半残，粘附背后，破碎严重（图22；图版一九三，1）。

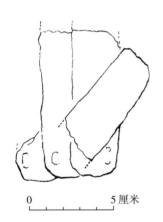

0　　　　　5厘米

图19　YWJ8-1铁甲残块

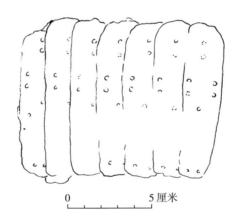

0　　　　　5厘米

图21　YWJ8-3铁甲残块

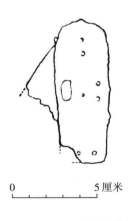

0　　　　　5厘米

图23　YWJ8-5铁甲残块

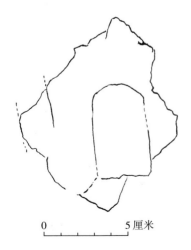

0　　　　　5厘米

图20　YWJ8-2铁甲残块

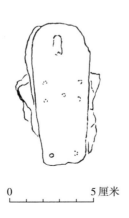

0　　　　　5厘米

图22　YWJ8-4铁甲残块

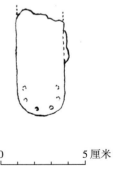

0　　　　　5厘米

图24　YWJ8-6铁甲残块

23. YWJ8-5

残块重35.9克，纵长8.1、横宽4.9厘米。计有2片，其一较完整，片型上圆下平，经清理开7孔，布局清楚（图23；图版一九三，2）。

24. YWJ8-6

为一残片，重13.5克，残长6.3、横宽3厘米（图24；图版一九三，3）。

以上各铁甲残块情况见表一。

三　甲片的型式划分及其排列方式

凡由甲片组成的铠甲，无论出土时保存状况如何，在整理时对各类形制不同甲片的型式划分，以至于对甲片排列组合方式的考察分析，都是进一步对铠甲结构和造型研究所必备的

表一　扬州出土五代残铁甲登记表

残块编号	重量（克）	尺寸（厘米）		甲片型式和数量							叠压方式
		纵长	横宽	I	II	III	IVa	IVb	V	VI	
YWJ1-1	180	12.8	10.3	6							左压右
YWJ1-2	117	12.9	7.1	4							左压右
YWJ2-1	127.5	12.6	9.3	6							右压左
YWJ2-2	136	13.3	5.8	3							左压右
YWJ2-3	200.2	11.2	8.9						10		右压左
YWJ2-4	65.7	9.6	7.2	5							左压右
YWJ3-1	85.5	9.5	4.8	7							不明
YWJ3-2	43.9	8.9	4.2							3	右压左
YWJ3-3	41.7	8	5	3							左压右
YWJ3-4	77	10.7	7.2	3							左压右
YWJ3-5	57.3	8.4	4.6			8					左压右
YWJ4	628.3	11.7	14.3			26×3					左压右
YWJ5	575.7	14.3	14.5				12				右压左
YWJ6-1	213.5	12.6	13	7							左压右
YWJ6-2	100.5	12	7.6		4						右压左
YWJ7-1	158.1	10.8	7.5	4							右压左
YWJ7-2	143.7	9.5	4.7	4							左压右
YWJ7-3	77.1	8	8.7	5							左压右
YWJ8-1	63.7	8.7	7.5	4							右压左
YWJ8-2	157.5	11.1	8.7						6		不明
YWJ8-3	108	7.9	9.5					7			右压左
YWJ8-4	35.8	8.1	4.7						2		不明
YWJ8-5	35.9	8.1	4.9						2		右压左
YWJ8-6	13.5	6.3	3	1							

合计　3443.1克

基本条件。

　　甲片的型式划分，首先要辨明甲片的正背面及其上下左右的方位，在考察中，还要注意到因受时代、地域、加工特点或使用方法的不同等多方面影响，有些甲片虽然相同或相似，在编排组合中其方位可能会随之变化。故一切要从实际情况出发，具体仔细分辨，不便轻易下结论。对于扬州出土五代铁甲片，大致分了六种型式，就是按照上述思路依照对各残块编号顺序来划分的（见表一）。

　　1. Ⅰ型片

　　YWJ1-1残甲块上表现出的甲片形制和排列颇具代表性。甲片为长条形，上圆下平并抹角。片长12.7、宽2.7、厚0.19厘米。综合数片孔眼互补可知，片上开有13孔，布局为上部居中开一对纵孔，中部一孔，两侧中、下各一对纵孔，近底边开一对横孔。此类片定为典型片Ⅰ型（图25-1）。

　　余各残块中类似甲片的型式划分，凡选定相同典型片者皆从略说明，不再赘述。

　　关于Ⅰ型甲片的排列组合方式，从相关各残块上甲片的横向编排顺序得知，既有自左向右叠压的（如YWJ1-1等8例），又有自右往左叠压者（如YWJ2-1等3例）。据以往所了解甲片的组合规律判断，这两种甲片的横向组合，可能分属于铠甲的左右两半身，或是一个局布上左右对称的两侧。至于甲片上所有处于中部和上部的穿孔，显然是为上、下各横排甲片纵向连缀而设，而各甲片底部的开孔，则是专为各横排甲片上的包边而开。根据以上的推断，Ⅰ型甲片的排列方式如图26。

　　2. Ⅱ型片

　　仅存YWJ6-2一个残块，其上甲片组合编排清楚。因残存4片的顶边向右侧呈弧形下收，从而构成甲片的形状和长短不尽相同。片上的开孔和布局也存在一些差异。按其自右往左逐片叠压的次序，将其定为Ⅱa、Ⅱb、Ⅱc、Ⅱd四个型式。以Ⅱb片残存的底边孔而推算出底边的位置，进而复原了其余三残片的底边和布孔的位置。又依据Ⅱc片顶边的弧度趋于平直的情形，设定了Ⅱd片的上端已成为平顶，并参考其余三片开孔情况在顶部也安排了一孔。4片的长度复原，自Ⅱa至Ⅱd分别为11.5、11.7厘米和两

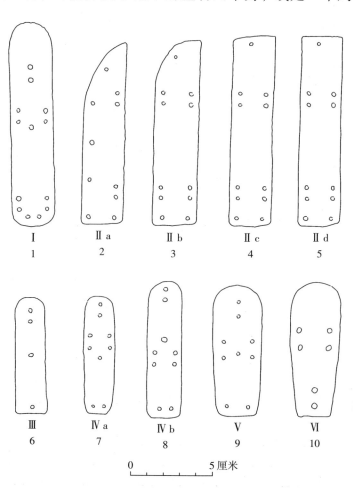

Ⅰ　Ⅱa　Ⅱb　Ⅱc　Ⅱd
1　　2　　3　　4　　5

Ⅲ　Ⅳa　Ⅳb　Ⅴ　Ⅵ
6　　7　　8　　9　　10

0　　　　　5厘米

图25　扬州五代铁甲片型式划分图

个 12 厘米。各甲片宽度较接近，为 2.6 和 2.7 厘米。除 Ⅱa 片上开 10 孔外，其余三片各开有 11 孔（图 25，2～5），甲片的完整组合情形如图 27。

3. Ⅲ 型片

残块编号 YWJ4，共包含有 4 个横排甲片。

最上一排甲片上半段均残缺，不便作型式划分，以其中较长者测量，残长为 4.5、宽约 4.2、厚 0.15 厘米，仅存 4 片，其叠压方式为右片压左片，通过背面局部清理对甲片的了解和推测，为便于横向组合，在片的下部两侧各开有一对纵孔，在其左侧开孔的右上方，另开有一孔，是为了与下面一排甲片连接而设（附图 28 之中）。下面三排甲片排列整齐，保存基本完好，片体窄长，上圆下方，片长 7.2、宽 2、厚约 0.2 厘米。片上仅开 4 孔，顶部纵列两孔，中部和下部各开一孔，四孔均设置在甲片的中轴线上，此类片定为 Ⅲ 型片（图 25-6）。Ⅲ 型片下三排的组合方式如图 28。

4. Ⅳ 型甲片

此型甲片以其片型大小和开孔布局的一些差别，而分作 Ⅳa 与 Ⅳb 两种型式。

Ⅳa 型式　为 YWJ8-3 残块上的一横排甲片，保存完好，片形为上圆下方的窄长条，片长 7.2、宽 2、厚 0.19 厘米，上开 9 孔，头部居中一对纵孔，中偏上两侧边两对纵孔，中偏下开一孔，底边一对横孔，因与 Ⅳb 型甲片接近，仅中部一孔位置小有区别，故定为 Ⅳa 型（图 25-7）。

Ⅳa 甲片的排列组合与 Ⅳb 相同，其常规组合方式如图 29。

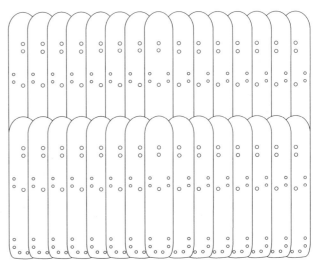

图 26　Ⅰ型甲片局部组合方式

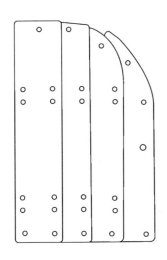

图 27　Ⅱ型甲片局部组合方式

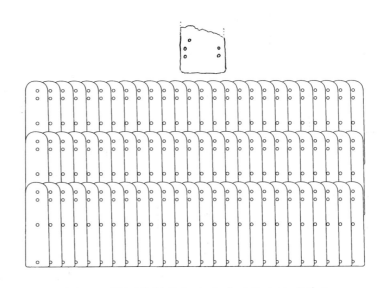

图 28　Ⅲ甲片局部组合方式（附上连残片）

　　Ⅳb型甲片属残甲块YWJ5，其片型与Ⅳa型片相似而略大，甲片长8.8、宽2.1、厚约0.2厘米。片上开9孔：上端及中偏下两侧各开一对纵孔，中略偏上开一孔，下端开一对横孔（图25-8）。

　　Ⅳb型片的组合方式，横向按原残存由右向左叠压的顺序，复原其纵列三排的常规组合格式如图30。

　　5. Ⅴ型甲片

　　YWJ8-4，为Ⅴ型甲片的典型残块，片型较短而宽，上圆下平，片长7.8、宽2.1~3、厚0.2厘米。片上开9孔：上部和中腰两侧各开一对纵孔，中部开一孔，底部开一对横孔（图25-9）。

　　在YWJ2-3和YWJ8-2残块上也存在着Ⅴ型片。Ⅴ型甲片纵列3排的组合关系复原如图31。

　　6. Ⅵ型甲片

　　仅存在于YWJ3-2残块之上，片型与Ⅴ型片相似，片长8.5、宽2.2~3、厚0.2厘米。片上开6孔：中腰两侧各开一对纵孔，底部居中开一对纵孔（图25-10）。

　　Ⅵ型甲片横向编排与Ⅴ型片相同，与其他各型甲片的纵向组合方式不同，从其一端无孔的情形判断，当安排于铠甲某局部顶排或底排的位置。

　　以上各型甲片情况见表二。

四　残甲块中各型甲片的连缀方法

　　各类铠甲制作过程中，按照一定的规格操作，经过许多道工序。在甲片制成之后的组合是很重要的一个步骤，以特定的方法将其连缀，从而结构起铠甲的每个局部，并配合以边缘包缝和吊挂衬里，最终才打造出一副完整的成品。在世代相传对甲片连缀的过程中，无论是

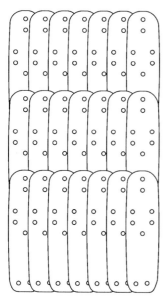

图29　Ⅳa型甲片局部组合方式

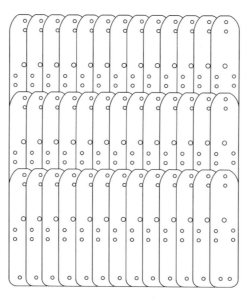

图30　Ⅳb型甲片局部组合方式

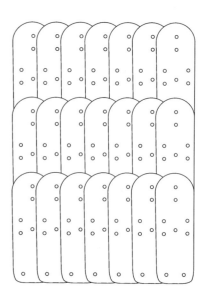

图31　Ⅴ型甲片局部组合方式

表二　扬州出土五代十国铁甲片登记表

型式	片形	数量	尺寸（厘米）			孔数
			长	宽	厚	
I	宽长条，上圆下平抹角	65	12.7	2.7	0.19	13
II a	宽长条，中抹右上角	1	11.5	2.7	0.17	10
II b	宽长条，小抹右上角	1	11.7	2.7	0.17	11
II c	宽长条，略剪顶右侧	1	12	2.7	0.17	11
II d	宽长方条形	1	12	2.6	0.17	11
III	上圆下平小窄长条	26×3	7.2	2	0.2	4
IV a	上圆下平微长小窄条	12+10	7.2	2	0.19	9
IV b	上圆下平略长小窄条	7	8.8	2.1	0.2	9
V	上圆下平略长宽条	20	7.8	2.1～3	0.2	9
VI	上圆下平略长宽条	3	8.5	2.2～3	0.2	6

甲片的排列和缀合方法，还是使用的组编材料，均有所变化和改进，且是在一定的规律内运行。就铁铠甲甲片的连缀材料而言，关系着铠甲使用的耐久性和灵活性，除河北邯郸燕下都出土的战国铁胄上甲片的连缀材料尚未查明外，在河北、河南、山东、陕西、内蒙古等地出土的一些汉代铁甲上，残留着用麻绳连缀甲片的痕迹。在广州西汉南越王墓中出土铁甲上的甲片，则是用丝带连缀，而且用丝带在一些甲片上编出棱纹图案作装饰。在陕西和山东的汉代铁甲片上，除用丝带编饰棱形图案外，还在其中心空当处贴以金银片进一步做装饰。在辽宁北票喇嘛洞出土的东晋十六国时期的铁制甲骑具装上，明显是用皮条为绳将甲片缀合起来的。此后，如西藏古格故城采集的宋元明时代的铁甲，也都是用皮条将甲片互相连缀的。在《宋史·兵志》中也记载着许多铠甲上"皮线穿举"的缀合方法。这次扬州出土的五代铁甲，在YWJ4残块上也明显地发现用皮条连缀的痕迹。以上例子说明，在魏晋以后的铁甲制作中，用皮条为绳连缀甲片，因其牢固耐久便于操作，已逐步成为主流的做法。

　　扬州出土的五代时期铁甲片的具体连缀方法，根据片上开孔的布局及残块上显示的正背两面上或明或暗的缀合痕迹，以及历来铠甲上甲片的连缀规律，这里选有代表性的 I 型、III 型、V 型三种甲片的具体连缀方法为例，以示意图方式介绍如下。

　　1. I 型甲片的缀合

　　甲片的横排连缀分别按甲片叠压次序以绳带通过甲片两侧中下两对纵列孔缀连，从一端起到另一端止而完成各片的横向连贯（图 32）。

　　各横排甲片的纵向缀合，是以绳从背后为起点，从上一排中部穿孔穿出，与下一排片上部的一对纵孔连缀，而后再与横排邻片的对应孔相连，再从其邻片的中部孔的背后穿出形成一个回合，如此循环往

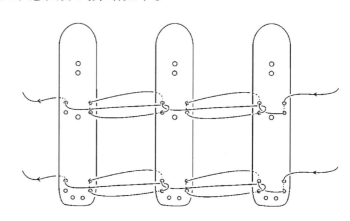

图 32　I 型甲片横排连缀示意图

复，完成各横排的纵向连缀（图33）。

　　2. Ⅲ型甲片的缀合

　　此型甲片的形制比较特殊，在片上只开了中路纵向4孔，而没有其余甲片上侧边开的横排缀合孔，故在缀合方法上费了一番周折，通过对甲片正、背两面连缀痕迹的观察与分析，又通过反复地以纸模型片作连缀实验，最后复原出Ⅲ型甲片缀合的方法。其步骤是：

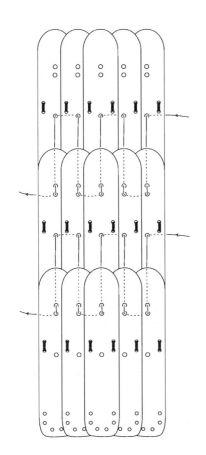

　　Ⅲ型甲片的横排连缀是按照甲片由左向右叠压的次序，通过甲片中部的一个单孔以绳由右向左一片片累加（亦可反向操作，按顺手而定），具体做法是用绳自第二片孔的背后穿出，再从第一片的正面孔穿下，在二片的背后打个结，之后，将线从第三片孔的背后穿出，再穿入第二片正面孔，而后又在背后挽扣，再入第四片背孔……，如此逐步完成横排甲片的连贯（图34）。

　　在完成甲片中孔编连之后，再利用各片上底边一孔，以皮革等材料包边的方式，将横排片进一步牢牢固定。具体操作方法，是将包边材料从正面通过各孔眼以线缝定，而后把包料向背后翻转再用线缝定，即告完成（图35）。在缝合背后包边过程中，可利用前述中孔背后缀合的连线把翻向背后的包料缝住。

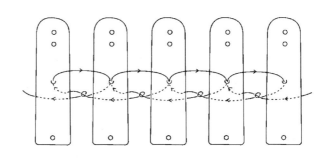

图33　Ⅰ型横排片纵向连缀示意图　　　　图34　Ⅲ型甲片横排连缀示意图

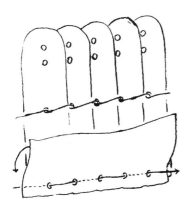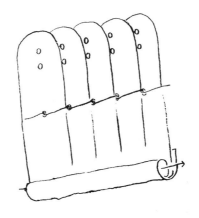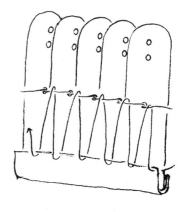

图35　Ⅲ型甲片横排包边示意图

Ⅲ型甲片的纵向连缀，是在各横排甲片完成连缀之后，以自下而上叠压的方式，相似于Ⅰ型片的做法，以绳将甲片纵向连贯起来。但仅是利用各甲片上部的一对纵孔来完成，而用绳穿过孔眼的路线则不同。其具体操作过程，是自下而上逐排累加，通过上排一个侧片顶孔中的下孔与下排中二顶孔相连，再横向通过同排邻片的顶孔，向上引到上排顶孔中的下孔，再横向通过上排顶孔中的下孔与下排的顶孔连缀……，如此逐排往上累加，直至完成最后的缀合（图36）。

3. Ⅴ型甲片的缀合

与Ⅰ型甲片的缀合接近，因片上侧边孔只有一对，仅通过一条绳按甲片叠压次序横向连定即可。同时，用Ⅲ型片包边的方法利用底部二孔，将横排连缀的牢固度加强（参考图32、35）。

完成Ⅴ型甲片的各横排连缀之后，继而将其进行纵向连缀，方法是通过上排片上的中部一孔与下排片上部的一对纵孔相连，具体操作如图37。

五　讨论

经此番整理，使我们对于扬州出土五代铁甲上甲片的形制和结构特点，有了大致的了解。此次扬州出土的这些铁甲块，并不是一副完整的铠甲，而是由于战乱等原因被丢弃在井中的一些残缺不全的铁甲局部。

在各地出土的甲片实物标本，与扬州出土的Ⅰ型甲片颇多相同或相似者。五代时期甲片，基本承袭着魏晋南北朝和隋唐以来的模式，且流传至两宋以后。或因使用的部位不同，而在片型大小、长短、厚薄上有些差别，但甲片的造型以及片上的开孔数量和布局大都保持一致。

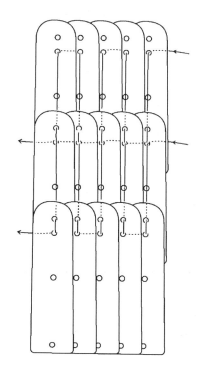

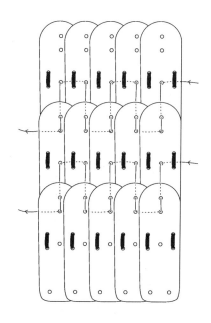

图36　Ⅲ型横排片纵向连接示意图　　　　图37　Ⅴ型横排片纵向连缀示意图

如扬州出土的Ⅰ、Ⅲ、Ⅳ、Ⅵ型甲片，与辽宁北票喇嘛洞东晋十六国甲骑具装[1]、河北临漳邺南城出土的北齐铁甲[2]、吉林榆树老河深出土隋唐铁甲[3]、陕西西安曲江池出土唐代铁甲[4]、江苏徐州博物馆藏品宋代铁胄[5]，乃至西藏阿里地区古格故城采集的宋至元明铁甲[6]形制基本相似。以上所述甲片形制见表三。

表三　扬州五代铁甲片与各地甲片比较

---

① 白荣金、万欣等：《辽宁北票喇嘛洞东晋十六国铁甲复原研究》，《文物》2008年3期。

② 中国社会科学院考古研究所考古科技实验研究中心：《邺南城出土的北朝铁甲胄》，《考古》1996年2期。

③ 吉林省文物考古研究所：《榆树老河深》，文物出版社，1987年。

④ 西安市文管处：《西安曲江池出土唐代铁铠甲》，《文物》1978年7期。

⑤ 徐州博物馆收藏品，李银德馆长提供的资料。

⑥ 西藏自治区文物管理委员会：《古格故城》，文物出版社，1991年。

扬州出土的五代时期各型甲片，除了用为人甲以外，有些可能用在马甲之上。

如表三中扬州 1 号片（为 I 型）与其对应的北票 16 号相似片，属于喇嘛洞五号墓中之 X Ⅷ型的马甲片，而在表中古格故城 7 号相似片（原为ⅩA型），在该报告中则是用于 I 型甲衣的胸腰、下摆及 V 型甲衣之胸部。

1984 年中国科学院自然科学史研究所华觉明先生的学生，自西藏购回一块相似于古格故城采集的残铁甲，甲片以皮条缀连，保存相当完好，借得后对其缀连方法进行了考察和分析，并以彩笔对其使用数根皮条的走向作了图示（图版一九四）。此残甲与扬州五代甲片纵向缀合方法相同而甲片的横向连缀不同：其一，横排片缀合是用两条皮绳连贯，其二，底边不是用皮革包缝，而是以皮条穿连代替，反映了制作工艺上的地方特色。

又如表中扬州 3 号片（为Ⅳa型），与其相似的有临漳出土北齐 15 号铁甲片（原编号 86JYT154⑥：13）；徐州宋代 11 号片为博物馆藏铁胄之顿项片；古格故城采集的 9 号、10 号片（原ⅥA、ⅥB型）是用于报告中 I 型甲衣肩部和Ⅱ、Ⅲ型甲衣肩背等部。

再如表中扬州 4 号片（主体为Ⅲ型）与阿里古格故城之 8 号片（原ⅡA型）在穿孔形式上颇为相似，报告中称"可能用于甲衣的护腿处"。

与扬州出土 5 号片（为 V 型），与其相同的北票喇嘛洞四号墓出土 17 号片（原定 I 型）可能用于甲衣的主体部位。

表中扬州 6 号片（原Ⅵ型），则与徐州博物馆收藏之宋代铁胄上顿项片基本相同，只是顶部二孔一为纵列、一为横置，并不影响甲片的连缀。

五代时期的甲制已臻完备，从有关文献及图像来看，除保护头颅颈项的兜鍪外，护卫上身的有胸甲、背甲，护卫中腰的有腹甲或脐甲，护卫肩和上肢的有披膊和臂甲，护卫下肢的有膝裙、腿裙和吊腿，护卫裆部的为鹘尾等。

一些图像资料说明，不同形式甲片与相同或相似甲片，可能组成相同或不同的防护部位。

可与扬州出土五代十国铁甲类比的典型图像，首推前蜀王建墓①中出土宝盝内外重盖右侧装饰的银片贴金甲胄武士像（图 38）。其甲衣上的披膊由六排长条形札甲片组成，腰带以下的两膝裙亦由不少于三排的长条札甲片组成，扬州出土五代残甲中的Ⅳa、Ⅳb 两种札甲片，较小的Ⅳa型片连缀起来的灵活较大，以用于披膊上为宜，

图 38　前蜀王建墓宝盝内外重盖上贴金甲胄武士像

①　冯汉骥：《后蜀王建墓发掘报告》，文物出版社，1964 年。

而较大的Ⅳb型片则可能用于铁甲的膝裙之上。以上王建墓宝盝盖上的武士像，其胸甲、腹甲及鹘尾处均显示为细鳞甲片，而在其他有关图像中，用于各部位的甲片不尽相同，一套甲衣上有用札甲、鱼鳞甲、山文甲等多种甲片，在制作中增加了加工的复杂性，那些追求写实的陶俑、石刻、绘画，如非脱离现实而追求形象的完美，则必定是对于较高身份武士的真实写照。

2000年，在国家博物馆举办的"国宝回归展"上展出了一件美国纽约文物收藏家安思远先生捐赠的十分精美的彩绘浮雕武士石刻，经专家鉴定，该石刻出自河北曲阳五代时期的王处直墓，武士所服甲胄充分展示出五代时期戎装的风貌①（图版一九五）。该武士宽而且长的腿裙，是由类似扬州五代Ⅳ型札甲片组成。

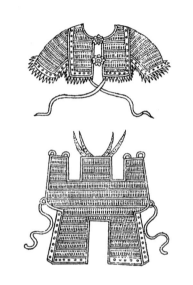

图39　《武经总要》宋甲图形

在明弘一正刻本《武经总要》中反映的宋甲图形，则有甲衣上全用长条札甲片组成的甲衣，这种甲片组合有利于大批量生产制作（图39）。

数十年来，我国在对古墓葬和古遗址的考古发掘中，陆续发现过商周及以后各代的皮、铜、铁甲胄，其中汉代以前资料较多，南北朝以下至明代的资料较少，尤其缺少五代十国时期的铁甲标本，这次对扬州出土的五代时期铁甲整理，填补了这一空白，为中国古代甲胄发展演变历史的研究，提供了难得的物证，具有较高的学术研究价值。

后 记

　　《扬州城——1987～1998年考古发掘报告》发表的是1987年至1998年十二年间对扬州城的考古勘探和发掘成果。报告的编写工作，因种种原因未能及时完成。直至2006年在国家文物局、江苏省文物局、扬州市文物局与中国社会科学院考古研究所的共同要求下，扬州城考古队参加报告编写同志经过四年的共同努力，终于在2009年完成了报告的编写。

　　本报告由蒋忠义主编。报告各章节编写分工如下：第四章第四节、第五章第二节、第五节由李久海编写；第二章第三节之二、第五章第一节之三、第四节之三由薛炳宏编写；其余章节由蒋忠义编写。报告的第四章第五节《宋大城西门遗址的发掘》曾以《扬州宋大城西门发掘报告》发表于《考古学报》1999年第4期，此次除了对其进行适当的资料补充外，其余均照录。报告初稿完成后，由蒋忠义审改，并将插图、图版编排定稿，李久海协助审校。徐苹芳先生审阅了报告，提出了修改意见，并为报告写序。

　　参加本报告资料整理的人员还有俞永炳、顾风、王勤金、张兆维。

　　绘图：蒋忠义、俞永炳、李久海、薛炳宏。

　　器物修复：薛炳宏、王国珍等。

　　器物拓片：李久江。

　　器物照相：王晓涛。

　　文字录入：王小迎、王景、刘刚。

　　图文核对：王小迎。

　　英文提要翻译：张良仁；日文提要翻译：西林孝浩。

　　在考古发掘和报告编写过程中，得到了国家文物局、中国社会科学院考古研究所、江苏省文物局、南京博物院、扬州市委市政府、扬州市文物局、扬州市文物考古研究所领导的大力支持，特别是当时扬州市主管文物工作的副市长王功亮先生的鼎力相助，在此，谨向他们致以诚挚的感谢！

2009 年 12 月

Yangzhou City: Report on the Archaeological Excavation 1987–1998

A historical city that enjoys a splendid cultural history, Yangzhou is located in the lower Yangtze River and the south of the Jianghuai Plain. It sits advantageously on the Shugang Highland, facing the Yangtze River to the south and the sea to the east, and straddling the Great Canal, which connects Yangzhou to the Yangtze River and the Huai River.

Yangzhou was founded back in the Spring-Autumn period 2400 years ago. It was known as Hancheng of the Wu Kingdom; later it was renamed Guangling in the Warring States, Han, and the Six-Dynasties and further to Yangzhou in the Sui dynasty. When Emperor Yang of Sui decreed to dig the Great Canal, Yangzhou became an intersection of the Yangtze River and the canal. The resulting economic boom of Yangzhou led Emperor Yang to build the Jiangdu Palace upon the Shugang Highland in the manner of the capital, which dramatically augmented the prestige of the city and paved the way to the construction of the Yangzhou City in the Tang dynasty.

The Tang dynasty Yangzhou inherited the Jiangdu Palace upon the Shugang Highland, but it expanded to have the expansive Luocheng below the Shugang Highland. The two nested walled cities made their way into literature of the Tang Dynasty. The poet Du Mu, for instance, wrote: "A thousand paces of willow trees billow along the street, and sunrays glow the two nested cities." After the An Shi Rebellion, which devastated the northern China, the economic center of the Tang dynasty shifted to southern China, especially the Jianghuai Plain, and Yangzhou stood out as the hub of the center. A saying of the time that well describes the situation is "the wealth of Yangzhou crowns the entire country." As a result of this economic significance, the city entered another round of development. It is recorded that in 783, the governor of the Huainan Prefecture came to Yangzhou to "build moats and fortresses." In 838, the Japanese monk Ennin visited Yangzhou, and in his *Nittō Guhō Junrei Kōki* he wrote that the city was "eleven miles south to north, and seven miles from east to west, and forty miles around." The grandeur of the city so described was only next to the capitals Chang'an and Luoyang. Indeed, the city was home to numerous merchants and literati, crowed shops and vibrant culture. In the meantime it became an international trade center that attracted Persian merchants and exported ceramics and silk overseas.

During the Five Dynasties, in the milieu of political turmoil, the Yangzhou city was burned down in

957. During the reign of Shizong of Northern Zhou, a small city of twenty miles around was built in the southeast of the Tang city.

During the Northern Song dynasty, the Northern Zhou city was used. The inner city of the Tang Yangzhou on the Shugang Highland was abandoned. During the Southern Song dynasty, three fortresses were erected to stem the Jurchin and Mongol armies. The largest among them was the "Great City," which was a heir of the Northern Zhou city. When it came to the Ming dynasty, the city was further shrunk to half of the Northern Zhou Yangzhou, which became the downtown of the present-day city.

Yangzhou thus has a significant place in the history of ancient cities in China. The study of this city has therefore become a subject of historical archaeology. The old Yangzhou city, however, was sealed under the ground and difficult to investigate. In the early twentieth century, Luo Zhenyu and Liu Enpei rediscovered the city with stele inscriptions. During the Japanese Invasion, a Japanese scholar Andō Kōsei undertook an archaeological survey and published his results in the *Yangzhou in the Tang and Song Dynasties*. After 1949, the Nanjing Museum and other institutions in Yangzhou continued to investigate the city. In 1984, the southern gate of the Tang Yangzhou was discovered during a rescue excavation. This drew the attention of Xia Nai, who suggested a systematic investigation of Yangzhou. Thus since 1987, a joint expedition of the Institute of Archaeology, Chinese Academy of Social Sciences, the Nanjing Museum, and the Yangzhou Municipal Cultural Bureau embarked on long-term survey and excavation of this city. This report is a presentation of the results acquired in 1987–1999.

Chapter I presents a brief review of the history of the Yangzhou city.

Chapter II describes the results of archaeological surveys and test excavations on the inner city upon the Shugang Highland. It turns out that the city was built to the contour of the topography of the highland. Irregularly rectangular, it is especially serrated on its eastern, southern, and northern sides. The western wall measures 1400m, eastern wall 1600m, northern wall 2020m, and southern wall 2000m. Altogether they encircle an area of 2.8 square km. The walls experienced four times of construction, in the Warring States, Han, Six Dynasties, and Sui-Tang. Rammed earth blocks of these periods were laid one upon another, but the contour did not change much. In the western half of the Tang city, a small city named Baoyou, half of its size, was built in the Southern Song dynasty. Thus the western wall accrued an additional layer of rammed earth. The Tang city is well preserved; to date, four gates have been located. Among them, the northern, eastern, and western ones have one road each, whereas the southern one has three roads. Inside the city there are only two intersecting thoroughfares that connect to the four gates. The northwestern wall of the Sui city is found to have a coating of specially made bricks, which are rendered slanting at one side. This type of bricks is identical to those found at Luoyang of the Sui and Tang dynasties.

Chapters III and IV describe discoveries at the Luocheng of the Tang, Song, and Ming dynasties.

The Tang Yangzhou is the large in size, 6000m long south-north, 3120m wide east-west, and 15 square km in dimension. It consisted of an outer and an inner city respectively. The inner city, which is located upon the Shugang Highland, was home to governor's office. The outer city, also known as Luocheng, has its western wall connected to its equivalent of the inner city. It is rectangular, 4200m south-north, 3120m east-west, and 13.1 square km in dimension.

The Luocheng has twelve gates, four on eastern and western walls (Nos.1–8), three on the southern (Nos.9–11), and one on the northern (No.12). The joint expedition excavated gates No.3 on the eastern wall, No.5 and No.8 on the western, and No.10 at the center of the southern. All gates are 5.7m wide and the walls are clad with bricks. Inside the Luocheng are found six south-north thoroughfares and fourteen east-west. The three major south-north thoroughfares are 650m apart, and the four major east-west ones 1000m apart. 5-10m wide, they were all connected to the gates. These thoroughfares cut the inner space of the city into checker-board-like wards, 5 east to west and 13 south to north. Each ward was 450–650m per side. Canals cut through the city and wherever they met thoroughfares, bridges were built. Later known as the "Twenty-four Bridges", these bridges not only eased traffic but also beautified the cityscape.

The three cities of the Song dynasties, another focus of the joint expedition, are lined up south-north. The Great City is located in the south, with a dimension of 6 square km, the Baoyou city in the north, with a dimension of 1.6 square km, and the Jiacheng in the middle, with a dimension of mere 0.37 square km. The layout of the three Song cities correspond well to the "Map of the Three Song Cities" printed on the first page of the Huaiyang Treatise compiled in the Jiajing Reign of the Ming dynasty.

The Great City, or the Northern Song Yangzhou, was built in southeast of the Tang Luocheng. Rectangular in shape, it is 2900m south-south, and 2200m east-west. The moats one the four sides are still visible today, but the walls are all gone. Altogether the city had five gates, two on the northern wall, the western of which was an informal one connected to the southern gate of the Jiacheng, one on each of the other three walls. Two intersecting thoroughfares connect to the four major gates. Along the south-northerly one runs a canal. All of the four major gates have been excavated and the eastern wall and the southern wall and the two gates upon them were built upon the Tang Luocheng. The western wall and northern wall were erected from the ground.

The western gate of the Great City was first built in the end of the Five Dynasties, upon which its Northern Song, Southern Song, and Ming equivalents were built. During the Five Dynasties and early Northern Song, the gate was 5.7m wide and without a barbican (wengcheng). It was only in the late Northern Song that a barbican appeared at the site. During the Southern Song, the gate was narrowed to 3.7m, and the outer surface was given a brick clad of 2m thick. The lack of postholes on the two sides indicates that the gate was rendered into an arc. The thoroughfare was paved with bricks, which look so little worn as if they were lightly used. The bricks were printed with a large number of inscriptions, such as "Wufeng Army of Yangzhou," "Wuding Army of Yangzhou," "Navy of Yangzhou," "Yishi Army of Yangzhou," and "Jingrui Army," which denote that the function of Yangzhou was converted from an economic center to a military stronghold.

Chapter V presents structures and artifacts found inside the Tang Luocheng, at the loci of Wenhuagong, Xinhua High School, Kaiming Bridge, and Dadongmen Street. The Tang remains falls into two phases. At the Wenhuagong Locus, for instance, dwellings of the early phase was built on the virgin soil and small in size; artifacts from this layer are purely celadon wares from Yixing and Hongzhou kilns in southern China. Dwellings of the late phase were laid upon the early ones. Built upon high rammed earth foundations, they had three bays in width and two bays in depth, and corridors on the front and back sides, much larger and more elaborate than the early ones. Artifacts from them are numerous and diverse in source. They include not only white stonewares from northern kilns such as Gongxian, Ding, and Xing, but also celadon wares from southern kilns such as Changsha, Yixing, Shouzhou, and Yue. Still, there are some Persian ceramics and glasswares imported from foreign lands. The Wenhuagong Locus was in fact located at the south-north axis of the Luocheng, and right in the commercial quarter, where "a street of ten miles was filled with shops." The diverse sources of ceramics indicate that the locus was a luxury shop area.

The archaeological investigation of the Yangzhou City was one of the key projects funded by the Social Sciences Foundation during the eighth Five-year. Over ten years, the joint expedition unveiled the myth of this city, and solved the issues of the dimension, layout, and construction history of the city. These achievements not only accrue a new wealth of data for the study of Yangzhou, but also present a visual history of the city. The significance of this project earned it the honors of the yearly Ten Nationwide Major Discoveries in 1993, Ten Nationwide Major Discoveries during the Eighth Five-year in 1995. In 1996, the Yangzhou city was listed as a Key Cultural Property under the State Protection.

揚州城

1987-1998年考古発掘報告書

　揚州は悠久の歴史を有する「歴史文化名城」の一つであり、その位置は、江蘇省中西部にあり、長江下流の北岸、そして江淮平原の南端にあたる。城址は、蜀岡を北に接し、長江を南に望み、東は大海に面しており、城内を南北方向に貫く大運河は、長江、淮河にも接続するというように、地理的環境に恵まれている。

　春秋時代、今から2400年ほど前、早くもこの地域には呉国の邗城が造営されていた。その後、戦国・漢・六朝時代の広陵城を経て、隋代の揚州城修築に至る。どの城址も長江北岸の蜀岡高地に位置していた。隋の煬帝による大運河の開削の後、揚州は、長江と大運河の交わる要衝に位置することとなった。運河の開削は、揚州の経済的発展を促進させることとなるが、更に隋の煬帝は、長期間、揚州に滞在して、京城制度に倣った江都宮を蜀岡に造営したため、揚州の政治的地位は大々的に高められ、この後、唐代に修築される揚州城の確たる基盤が固められることとなった。

　唐代の揚州城は、蜀岡に築かれていた隋代江都城を活用したほか、さらに蜀岡の下に、より広大な規模の揚州羅城を増築した。唐代の揚州が二城から構成されることは、詩人杜牧の「街垂千歩柳、霞映両重城」といった詩句にも詠われている。唐代中期の「安史の乱」後は、北の社会は混乱し、経済は重大な打撃を受けたが、南の社会は安定していたため、経済の中心は南へと移っていった。これが、江淮平原を経済の中心地へと押し上げ、揚州を経済の中枢たる大都会へと変貌せしめたのである。当時の人は「揚州富庶甲天下、時人称揚一益二」と讃えている。経済的地位と恵まれた物資という基盤があったため、その必然として都市の建設は促進されたのであった。文献の記載によると、唐の建中四年(783)、淮南節度使の陳少游が揚州にて「修塹壘、善甲兵」とある。また唐の開成三年(838)、日本僧の円仁が揚州に至っているが、『入唐求法巡礼行記』では揚州城を「南北十一里、東西七里、周四十里」と記しており、唐代の都たる長安と洛陽の両京のみならず、当時の揚州城も大規模であったことを知ることが出来るのである。この時期の揚州は、都市の様子が空前の繁栄を遂げていたようで、商人は雲集し、人文はその粋を集め、南北の物品は四通八達し、夜市には千の灯が点り、商店は密集するというように絢爛たる景観を呈していた。同時にまた、ペルシアなどの外国商人も惹きつけ、陶磁器など大量の商品が、海のシルクロードを通じて遙か遠方でも消費され、揚州は国際貿易港ともなっていたのである。

　五代は動乱の時代であり、軍閥が入り乱れ、広大な揚州城は南唐の保大十五年(957)に兵火に遭った。後周の世宗の時、損壊を被った揚州故城の東南の隅に、小城が築城されたが、その周囲は二十里余りであった。

　宋代の揚州城は、唐代揚州城の区画内に規模を縮小して造営された。北宋時期は、後周の小城が北宋揚州城となった。蜀岡にあった唐代の子城は、放棄され用いられなかった。南宋の揚州城は三城が築城されたが、これは金や元に対抗するため、南宋朝廷の江北における前衛としての役割を果たすためであった。三城のうち、規模が最大のものは「宋大城」であったが、唐の揚州羅城の東南の一角をその区域とし、これ以後、明代の揚州城もまた宋の城市を基盤としつつも、それを南半分に縮小して造営されたのであり、これがすなわち現在の揚州古城区で、唐代揚州羅城の東南隅部分に相当するのである。

　揚州城は、我が国の城址において重要な歴史的地位を占めるが、中でも隋唐時代の揚州城は際だって重要であり、このため揚州城の研究が歴史考古学の研究課題として注目された。しかし揚州古城は地下に埋没しており、後世の人々は、その実態を見極めることが難しかった。二十世紀の初めより、著名な学者であった羅振玉や劉恩培は、それまで収集してきた墓誌を用いて揚州城を考証した。抗日戦争の時期は、安藤更生が日本侵略軍に随伴して揚州へ至り、考古調査を行って「唐宋時代揚州城」を著した。新中国成立後は、南京博物院と揚州など現地の文博機関そして関係学者たちによって、若干の考古学的発掘と文献記載を用いた揚州城の研究が進められた。1984年、建設工事現場から揚州唐城の南門が発見され、考古学者夏鼐氏の注目されるところとなり、氏によって、科学的・全面的・系統的な揚州城の考古発掘が進められることとなったのである。その始まりは1987年であり、中国社会科学院考古研究所、南京博物院、そして揚州市文化局によって組織された揚州城考古隊は、揚州城遺址への全面的・系統的な考古調査と発掘作業を進めていった。

　本報告は、1987〜1999年まで実施された揚州城考古調査の成果である。

　第1章では、上記の状況について全面的に概説した。

　第2章では、蜀岡の城址についての考古調査と試掘の成果を具体的に提示した。考古調査と発掘を経たことによって、蜀岡の城址が蜀岡の地形に沿って築城されたことを実証した。城址の平面は不整形な長方形を呈しており、とりわけ東南北の三方の城壁が三つ折りの曲尺状となっていたのである。西城壁の長さは1400m、東城壁は1600m、北城壁は2020m、南城壁は2000m、面積は2.8k㎡であった。考古発掘を経たことで、城壁は四度、すなわち戦国、漢、六朝そして隋唐時代に修築されたことを知ることができた。四度にわたる版築の城壁は幾重にも積み重ねられているが、城址の規模はみな同じである。城址の西半分は南宋時代に修築された第一次の城、すなわち宝祐城であり、その規模は隋唐時期の城址の半分に相当する。これによって西半分の区域の城壁には隋唐城の上層に第一次南宋築城の痕跡が多く残っている。蜀岡の隋唐城は保存状態が比較的良好である。考古調査によると、四つの城門は、東西南北それぞれの城門の形制が同じで、各一門に一道をなすが、ただし正南門だけは一門に三道をなした。城内には「十」字型に大街があり、それぞれ均等に城門へと繋がっていた。考古発掘は隋代城址の西北隅の部分で実施されたが、城隅に積み上げられた磚は、特殊な斜面磚を等しく用いており、この種の斜面磚は洛陽の隋唐宮城の城壁磚と一致する。

　第3章と第4章では、蜀岡下の唐代揚州羅城、宋大城、夾城そして明代揚州城の考古調査と発掘成果を包括して報告する。

　唐代揚州城の城址は規模が大きく、南北は約6000m、東西は最大で3120m、面積は約15k㎡である。子城と羅城の二つから構成されている。子城は蜀岡に位置し、これが小城であり、また牙（衙）城とも称された。ここは揚州大都督府と官衙の所在地であり、それは隋代の揚州（江都）城を活用したものであった。羅城は蜀岡下の平原に位置し、唐代の修築になる大城で、その西壁と子城の西壁とは、南北方向に互いに連結されている。羅城は長方形をなし、南北4200m、東西3120m、面積13. 1k㎡である。

　羅城は合計十二の城門があり、東西両側の城壁に設けられた各四の城門は、北から南へと順に1～8号門まで編号され、南側城壁の三つの城門には、西から東へと順に9～11号門、北側城壁の一つの城門には12号門と編号された。我々はそのうちの3号東門、5号・8号西門、そして10号正南門の発掘を行った。城門の幅は5. 7m、表面はみな積み上げられた磚で覆われていた。羅城内では、調査によって、南北の街道が六条、東西の街道が十四条確認され、そのうち南北の主幹道は三条にわたり、その三条間は650m、また東西の主幹道は四条にわたり、その四条間は1000mであった。この東西主幹道は東西両側の城門と通じており、道幅は5～10mであった。これらの道は互いに交差し、城内は碁盤状に里坊が区画され、東西五坊、南北十三坊があり、一坊ごとの幅は約450～650mであった。城内では、運河が縦横に貫いていたが、これらの道と運河の交差する地点にはすべて橋梁が架けられ、著名な「二十四橋」を形成して、城内の道を途切れることなく通じさせ、また城内の景観に彩りを添えていた。

　宋代揚州城もまた考古重点である。揚州宋三城は、南北方向に一列となっており、宋大城はその南端に位置し、面積は約6k㎡、宝祐城は北端の蜀岡上に位置し、面積は1. 6k㎡、夾城は中間に位置し、面積が0. 37k㎡で、三城の平面プランは明代嘉靖年間の『惟揚志』巻首に描かれた「宋三城図」に一致する。

　宋大城すなわち北宋揚州城は、唐代揚州羅城の東南部分に造営され、城址の平面は長方形をなし、南北2900m、東西2200mで、四方の城壕は今に至るまで存在しているが、城壁の痕跡はすでに失われている。宋大城は合計五つの城門が設けられ、北側城壁には二つの城門があるが、そのうち西の城門である便門は、北に位置する夾城の南門と相対している。その他、三方の城壁には各一の城門が設けられている。城内は「十」字型に大街があり、それぞれ四方の城門へ繋がっており、南北方向に走る大街の西側には市河が流れていた。宋大城の四つの城門はすべて考古発掘がなされ、宋城の東側城壁と東門、南側城壁と南門は、ともに唐代羅城の基礎の上に修築されていたことが実証された。西側の城壁と西門および北側城壁と北門は唐代羅城の敷地内に建設されていた。

　発掘された宋大城西門遺址の地層の堆積を見ると、西門は五代末より修築が開始され、その上層に北宋西門が重ねられ、更に南宋の西門そして明代の西門が重ねられていた。歴代の西門の形制を分析すると、五代と北宋の西門は同じで、門道の幅はどちらも5. 7mで、門外の甕城はこの段階ではまだ確認されていない。北宋晩期に至り、西門の外に甕城の修築が開始された。南宋時期の西門には変化が生じており、その最大の変化は城門の道幅を縮小したことである。道幅は5. 7mから3. 7mに変更され、表面が城磚で覆われて、壁の厚さは2mとなり、門道の両側に配されていた叉柱を廃し、内側をアーチ型の城門とした。門道は新たに磚によって整然と舗装され、城門を出入りする車両や人が少なくなっていたようだ。城磚の表面には大量の押印された銘文があり、その内容は大部分が軍隊編成に関するもので、「揚州武鋒軍」「揚州武定軍」「揚州水軍」「揚州義士軍」「揚州精鋭軍」等、百種にのぼる銘文があり、南宋時代の揚州城がすでに経済を主とした都市ではなく、軍事目的の防衛城市へと変貌していたことを反映している。

　第5章では、唐代羅城の領域内で発掘された多くの遺址の出土状況および出土遺物を詳細に報告する。その主たるものとしては、汶河路の文化宮遺址、新華中学遺址、開明橋遺址、大東門街の唐代下水溝、石塔西路遺址である。地層堆積の分析から、唐代地層は早期と晩期の二期に区分することができる。文化宮遺址は、早期の建物が生土層の上に建てられ、その遺址の規模は大きいとは言えず、面積も比較的小さく、出土遺物も単純で、みな南方の宜興窯や洪州窯で生産された青磁器であった。早期の建物の上層に重ねて、晩期の建築物が建てられるが、その面積は広く、版築された基壇上に建てられており、基壇上の建物は幅が三間、奥行きが二間で、前後に廊下を配した家屋で、地面は青磚で舗装されており、その建築遺址は注目に値する。出土遺物も豊富で、全国各地の生産品が含まれており、北部の鞏県窯、定窯、邢窯などの焼成白磁、青花磁器や三彩、また南部の長沙窯、宜興窯、寿州窯や越窯で生産された青磁や彩釉磁器もあり、海外から輸入されたペルシア陶器や玻璃器にまで及ぶ。文化宮遺址の唐城における位置は、建築遺址と出土遺物の分析から、遺址はまさに羅城の中心を走る南北主幹道沿いの「十里長街市井連」商業地区に位置し、出土遺物が豊富多彩で、当該遺址は高級な店舗家屋であった可能性が高い。

　揚州城の考古学研究課題は「社科85重点科研項目」に組み入れられた。十年以上に及ぶ長期の考古研究を経て、揚州城の神秘のベールが解き開かれ、城址の規模、都城の配置と建城年代、そして大量豊富な遺跡と遺物にまで及んで、ほぼ全面的認識が可能となり、揚州城研究は豊富な実物資料を蓄積すると同時に歴代揚州城の変遷との関連さえも明らかにし得たのである。

　1993年に揚州唐城は全国考古十大発見の一つに選定され、1995年に隋唐宋揚州城遺址が「八五」期間全国考古十大発見の一つとして選定され、1996年に揚州隋唐宋城遺址が全国重点文物保護単位として国の指定を受けた。

大明寺塔

观音山禅寺

图版一　蜀冈南缘地势（即蜀冈上城址南城墙，南－北）

观音山禅寺

唐城遗址博物馆

1. 蜀冈东峰（蜀冈上城址西南角）观音山，右侧城墙处为唐城遗址博物馆（南—北）

2. 蜀冈西峰－司徒庙（西南—西北）

图版二　蜀冈东峰和西峰

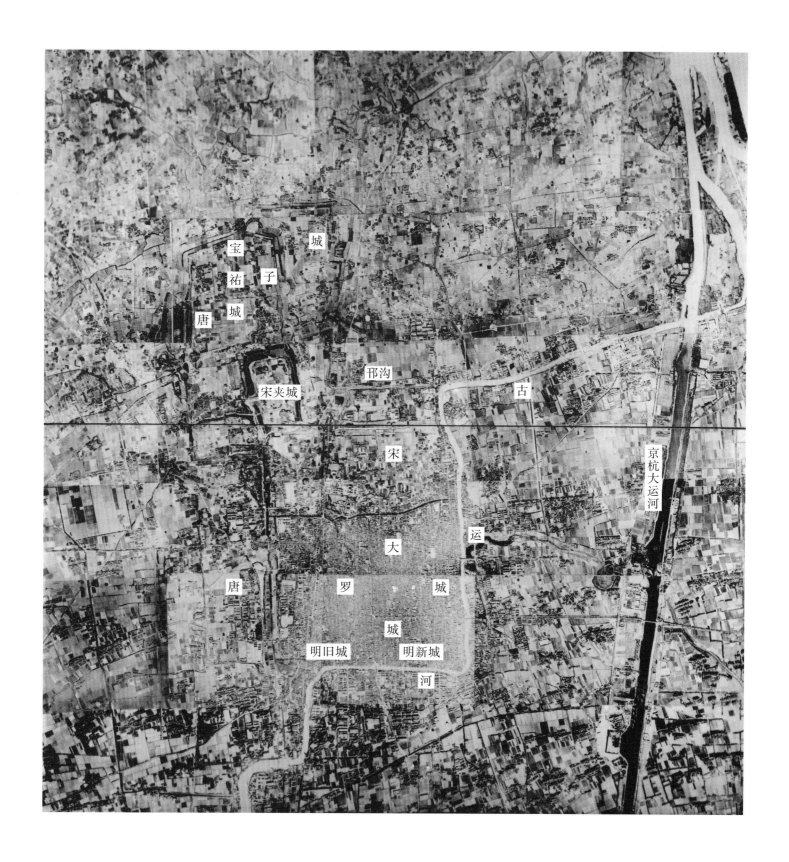

图版三 扬州城址航拍全景（1973年航拍）

1. 由湾头向西的运河(东－西)

2. 邗沟出口黄金坝桥洞处与古运河交汇
　(东北－西南)

3. 顺唐扬州罗城东城墙向南流的古运河
　(北－南)

图版四　扬州城的古运河

1. 经唐扬州罗城3号东门即今东关古渡的古运河（南－北）

2. 经唐扬州罗城东南角（即今康山景区）折向西流的古运河（东北－西南）

图版五　唐扬州罗城东侧的古运河

1. 扬州城南的弯曲宝带河，东侧为文峰塔（西-东）

2. 三叉河段，运河至此分两支，一支向西经仪征入长江，一支向南经瓜洲入长江。右侧为高旻寺（东-西）

图版六　唐扬州城南至瓜州的古运河

1. 铁佛寺向北的东城墙和护城河（东南－西北）

2. 东北城角和护城河（东北－西南）

图版七　蜀冈上城址东城墙和护城河

东坡墙北段

东华门

图版八　蜀冈上城址东（华）门（东北－西南）

1. 西城墙和护城河（西南－东北）

2. 城址西北角（高压铁塔处）向南的西城墙和护城河（西北－东南）

图版九　蜀冈上城址西城墙和护城河

1. 西华门遗迹（西－东）

2. 西门外瓮城门遗迹（东南－西北）

3. 南门位置（路口处为西侧城门道，南－北）

图版一〇　蜀冈上城址西（华）门、南门

1. 城址东北角（右端松树处）向西的北城墙（南-北）

2. 尹家毫子以东的北城墙和护城河（东北-西南）

图版一一 蜀冈上城址北城墙和护城河

1. 北水关遗迹（北-南）

2. 宋宝祐城北门遗迹（北-南）

3. 唐代莲花座柱础石

图版一二　蜀冈上城址北水关遗迹、宋宝祐城北门遗迹和唐代柱础石

1. YDG3 出土的城砖   2. YDG4 出土的城砖

图版一三　蜀冈上城址北城墙东段出土的的东晋铭文城砖

1. 西北内侧城角（东南—西北）

2. 内侧包砖墙（东南—西北）

3. 内侧包砖墙局部（东南—西北）

4. 内侧城角基及散水（东南—西北）

1. 黑釉瓷碗 YZG7①B：6

3. 白釉黑花瓷碗 YZG7①B：1

4. 青釉瓷杯 YZG7③：1

2. 青釉瓷罐 YZG7①B：4

5. 泥质灰陶豆 YZG7⑤：3

图版一五　蜀冈上宝祐城东墙探沟 YZG7 出土的陶瓷器

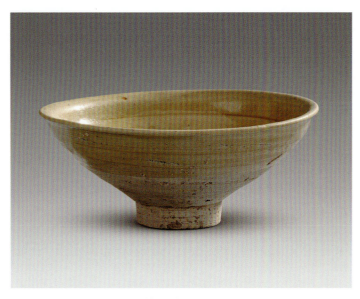

1. 敞口碗 YZJ1∶8

2. 敞口碗 YZJ1∶12

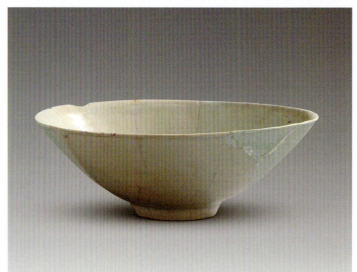

4. 侈口碗 YZJ1∶4

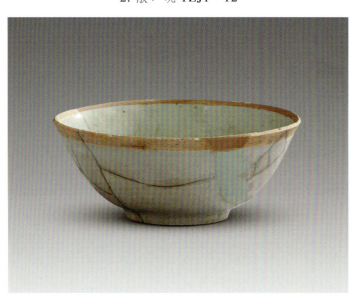

3. 芒口碗 YZJ1∶3

图版一六　铁佛寺唐井 YZJ1 出土的景德镇湖田窑青白釉瓷碗

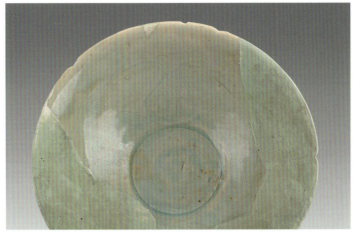

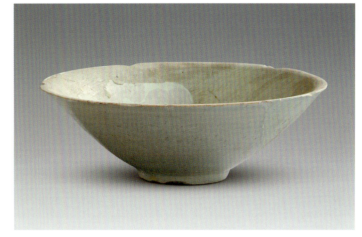

2. 青白釉葵口碗 YZJ1：5

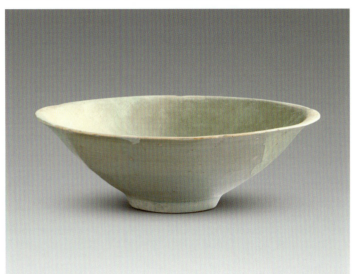

3. 青灰釉包银箔瓶 YZJ1：11

1. 青白釉葵口碗 YZJ1：2

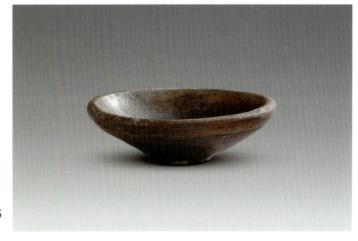

4. 青釉碟 YZJ1：15

图版一七　铁佛寺唐井 YZJ1 出土的景德镇湖田窑瓷碗、瓶、碟

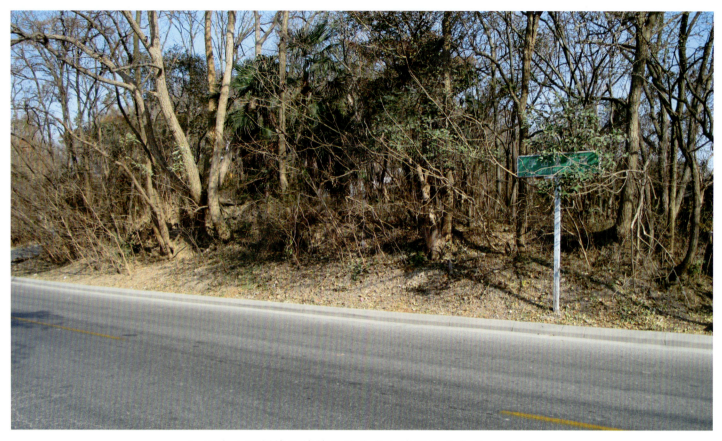

1. 观音山下罗城西城墙北端的夯土墙遗迹（东南－西北）

2. 铁佛寺以东的罗城北城墙及护城河（西北－东南）

图版一八　唐罗城城墙

1. 今区委党校内的宋大城西北城角的夯
   土墩台遗迹（北－南）

2. 从西北城角向东，经凤凰桥半圆形桥
   洞下的宋大城北护城河（东－西）

3. 宋大城北护城河（即今"漕河"，西
   －东）

图版一九　宋大城西北城角和护城河

1. 宋大城北门西侧的水门及南北向的市河（北－南）

2. 宋大城北城墙位置（相当今"漕河大道"南侧，东－西）

图版二〇 宋大城北城墙和护城河

1. 夹城南城墙和护城河残迹（西南－东北）

2. 夹城北护城河（东－西）

3. 夹城北门（北－南）

图版二一 宋夹城遗迹

1. 南门遗址全景（北－南）

2. 南门遗址唐代主城
墙（东南－西北）

图版二二　唐、宋、明扬州城 10 号南门遗址

1. 3号东门遗址广场（东－西）

2. 东关古渡（南－北）

图版二三　唐罗城3号东门遗址广场和东关古渡

宋大城西南角

1. 荷花池内的南护城河遗迹（自此分支，一支向北转流，转弯处为宋大城西南角，西－东）

2. 宋大城西护城河（南侧为唐宋城南护城河，南－北）

图版二四　唐罗城南护城河与宋大城西护城河

1. 围绕扬州大学南侧的唐罗城南护城河（至双桥乡，护城河北折，西－东）

2. 唐罗城 8 号西门外的护城河（今称蒿草河，南－北）

图版二五　唐罗城护城河

1. 问月桥（西南－东北）

2. 叶公桥（南－北）

3. 小市桥（南－北）

图版二六　扬州市河上保存的桥

图版二七　宋夹城北护城河中的木桥基（北－南）

1. 邗沟以北的罗城东护城河（今称"冷却河"，南－北）

2. 罗城东护城河与东西向的邗沟相汇（南－北）

图版二八　唐罗城东护城河与邗沟

1. 东南角夯土墩台（即今康山风景点，东南－西北）

2. 罗城中心南北大街北端的相别桥（西北－东南）

图版二九　唐罗城东南角夯土墩台和中心南北大街北端的相别桥

1. 唐罗城东水门位置（即今黄金坝砖桥，邗沟出东水门与古运河相汇，西－东）

2. 从东水门向西看古邗沟河道（2008年改造后的邗沟面貌，东－西）

图版三〇　唐罗城东水门位置与邗沟

内侧包砖　城墙夯土　西门门道　城墙夯土

1. 遗址全景（东北－西南）

马道

2. 5号西门主城墙内侧包砖（东南－西北）

图版三一　唐罗城5号西门遗址

1. 明代扬州城南水关（即唐代10号南门西侧南水门，南－北）

2. 明代扬州城南水门及跨护城河的迎皇桥（东南－西北）

图版三二　明代扬州城南水关（即唐罗城南水门位置）

1. 钵 YLG4 ④ B：3

2. 双系罐 YLG4M1：1

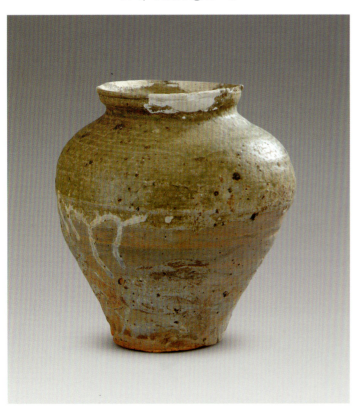

4. 钵 YLG4M2：1

3. 罐 YLG4M2：2

图版三三　唐罗城北城墙探沟 YLG4 和唐代墓葬出土的青釉瓷器

1. YLG4M3 唐代砖室墓（西－东）

2. 盘 YLG4M3：1

4. 盘口四系壶 YLG4M4：1

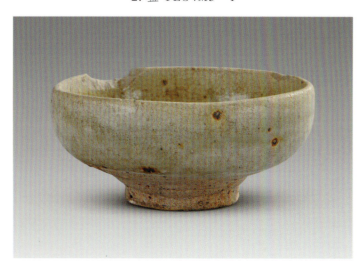

3. 盏 YLG4M3：3

图版三四　唐罗城北城墙下唐代墓葬及其出土的青釉瓷器

1. 唐代宜兴窑青釉钵 YLG3⑤：2

4. 唐代宜兴窑青釉碗 YLG3⑤：7

2. 唐代宜兴窑青釉钵 YLG3⑤：4

5. 唐代宜兴窑青釉碗 YLG3④C：1

3. 唐代宜兴窑青釉钵 YLG3⑤：1

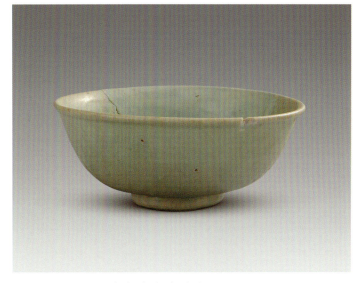

6. 元代龙泉窑青釉碗 YLG3M5：1

图版三五　唐罗城西城墙探沟 YLG3 出土的青釉瓷钵、碗

1. 唐代宜兴窑青黄釉钵 YLG1⑥：2

4. 元代龙泉窑青釉花口盘 YLG1④：4

2. 唐代宜兴窑青釉钵 YLG1⑥：1

5. 元代磁州窑白釉黑花碗 YLG1④：3

3. 元代景德镇窑青白釉盏 YLG1④：2

图版三六　唐罗城南城墙中段探沟 YLG1 出土瓷器

夯土城墙

夯土城墙

门 道

墩台

车 辙 沟

车 辙 沟

墩台

1. 早期城门（东南－西北）

早期城门口包砖拐角

晚期城门口包砖

排叉柱痕

2. 城门口包砖及柱洞痕（东南－西北）

图版三七　唐罗城 8 号西门早期城门

夯土城墙

夯土城墙

门洞壁包砖

1. 早期门道内的车辙沟（东－西）

2. 车辙沟中垫的石块（东－西）

图版三八　唐罗城8号西门门道内的车辙沟

夯土城墙　　　　　　　　　　　砖砌门槛

1. 晚期门道（东－西）

2. 门道内的砖砌门槛（北－南）

图版三九　唐罗城 8 号西门晚期城门

1. 宜兴窑青釉钵 YL8 号门⑦：2

2. 越窑青釉碗 YL8 号门⑦：3

3. 巩县窑青灰釉碟 YL8 号门⑦：6

图版四〇　唐罗城 8 号西门出土的瓷器

涵洞砖壁

隔板

地栿

1. 基坑北壁暴露的涵洞券脚、洞壁和隔板痕（南—北）

木棚栏地栿

洞壁砖

2. 水涵洞全景（南—北）

图版四一 唐罗城水涵洞遗迹

1. 水涵洞全景（北－南）

2. 涵洞东壁下铺垫的木板及木栅栏地栿（西北－东南）

图版四二　唐罗城水涵洞遗迹

1. 铺设双层栅栏的木地栿及西侧洞壁下沉状况（东－西）

2. 西侧洞壁南端的砖砌闸板槽（东－西，俯视）

图版四三　唐罗城水涵洞遗迹

1. 定窑白釉侈口碗 YLSH：1

2. 宜兴窑青釉钵 YLSH：4

3. 长沙窑酱釉双系罐 YLSH：6

4. 寿州窑青黄釉碗 YLSH：2

5. 平卧砖水井

6. 直立砖水井

图版四四　唐罗城水涵洞遗址出土的瓷器和水井遗迹

1. 芒口盘 YSZG1③：3

4. 花口碗 YAZG1③：1

2. 侈口碗 YSZG1③：5

5. 敛口碗 YSZG1③：7

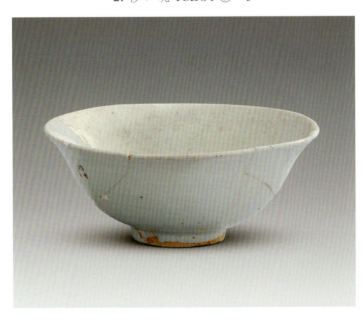

3. 侈口碗 YSZG1③：4

图版四五　宋大城西城墙中段探沟 YSZG1 出土的宋元时期景德镇窑青白釉瓷盘、碗

1. 龙泉窑青釉敞口碗 YSZG1③：6

2. 龙泉窑青釉侈口碗 YSZG1③：8

3. 磁州窑黑釉敞口碗 YSZG1③：9

图版四六　宋大城西城墙中段探沟 YSZG1 出土的宋元时期瓷碗

1. 越窑青釉盒盖 YSZH1：29

2. 越窑青灰釉盒底 YSZH1：3

3. 宜兴窑青灰釉褐彩双系罐 YSZH1：18

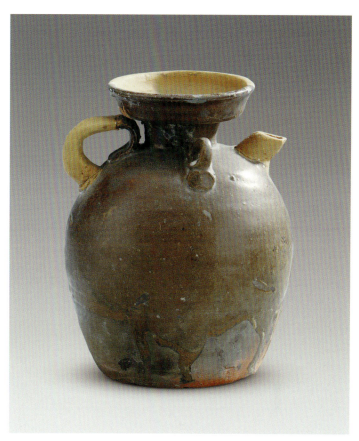

4. 宜兴窑酱褐釉盘口双系壶 YSZH1：19

5. 宜兴窑酱褐釉双耳执壶 YSZH1：20

图版四七　宋大城西城墙中段灰坑 YSZH1 出土的唐代越窑、宜兴窑瓷器

1. 寿州窑黄釉碗 YSZH1：7

3. 长沙窑青黄釉折腹盘 YSZH1：32

4. 长沙窑青黄釉斜腹盘 YSZH1：33

2. 寿州窑黄釉枕 YSZH1：36

图版四八　宋大城西城墙中段灰坑 YSZH1 出土的唐代寿州窑、长沙窑瓷器

1. 直口碗 YSZH1：30

2. 直口碗 YSZH1：39

3. 敞口碗 YSZH1：35

4. 敞口碗 YSZH1：37

5. 敞口碗 YSZH1：34

图版四九　宋大城西城墙中段灰坑 YSZH1 出土的唐代长沙窑青（黄）釉瓷碗

1. 青釉褐彩粉盒盖 YSZH1∶23

2. 青黄釉粉盒底 YSZH1∶25

4. 青黄釉褐彩盂 YSZH1∶4

3. 黄釉褐彩盂 YSZH1∶13

5. 青黄釉敛口钵 YSZH1∶15

图版五〇　宋大城西城墙中段灰坑 YSZH1 出土的唐代长沙窑瓷粉盒、盂、钵

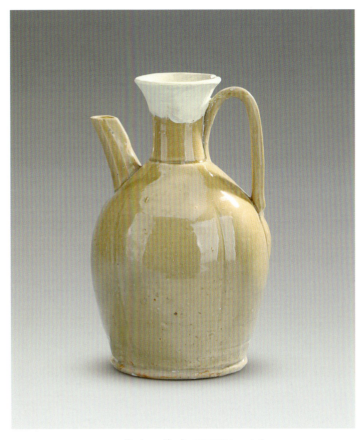

1. 喇叭口执壶 YSZH1：14

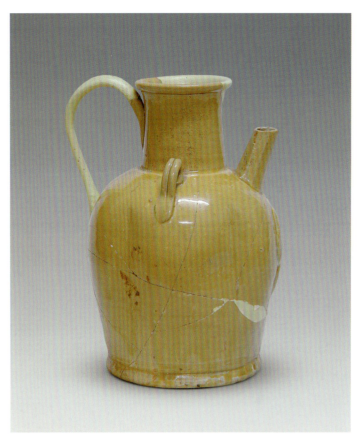

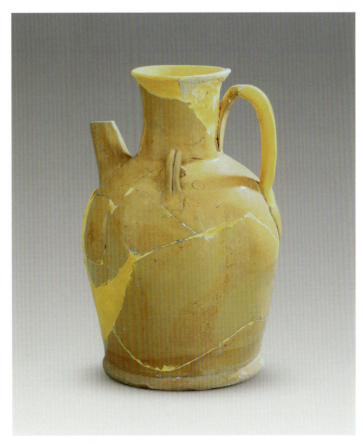

2. 直口执壶 YSZH1：28

3. 直口执壶 YSZH1：22

图版五一　宋大城西城墙中段灰坑 YSZH1 出土的唐代长沙窑青黄釉瓷执壶

1. YSZH1：10

2. YSZH1：12

图版五二　宋大城西城墙中段灰坑YSZH1出土的唐代长沙窑青黄釉褐蓝彩绘瓷双系罐

1. 青釉双系罐 YSZH1：27

3. 黄釉双系罐 YSZH1：16

2. 土黄釉双系罐 YSZH1：26

图版五三　宋大城西城墙中段灰坑 YSZH1 出土的唐代长沙窑瓷罐

2. 酱褐釉双系罐 YSZH1：21

1. 黄釉双系罐 YSZH1：17

3. 黄釉罐 YSZH1：31

图版五四　宋大城西城墙中段灰坑 YSZH1 出土的唐代长沙窑瓷罐

1. 遗址南半部发掘现场（东－西）

2. 遗址北半部发掘现场（南－北）

图版五五　宋大城西门瓮城遗址发掘现场

1. 五代西门南侧马面正面包砖墙（南－北）

南宋砖铺露道

垫土

北宋砖铺露道

门口槛石

北宋城墙包砖

垫土

五代砖铺露道

五代城墙包砖

2. 西门口地面叠压关系（北－南）

图版五六　五代至南宋时期西门遗迹和建筑叠压关系

南宋砖铺路面

南宋城墙包砖

北宋砖铺路面

门口角石

北宋城墙包砖

门口角石

门槛石

五代城墙

南宋砖铺露道

北宋砖铺路面

1. 西门口全景（西－东）

南宋城墙包砖

角石

北宋城墙包砖

北宋砖铺路面

土衬石

北宋城门口槛石

2. 两宋西门口形式（西－东）

图版五七　宋大城西门口形式

北宋门洞壁

南宋门洞壁

南宋砖铺路面

1. 西门北侧门洞壁（东南－西北）

2. 门洞壁形式（南－北）

图版五八　宋大城西门道与城门洞壁

南宋砖铺路面

北宋门洞壁

南宋门洞壁

路心石

北宋砖铺路面

南宋门洞壁

1. 西门门道砖铺路面（东-西）

石门槛

2. 北宋早期西门口砖铺地面及石门槛（南-北）

图版五九　宋大城西门口形式

1. 瓮城西南角三个时代墙壁叠压关系（A：南宋砌筑的瓮城内侧拐角；B：北宋砌筑的瓮城内侧和外侧拐角；C：五代砌筑的马面拐角，东北－西南）

2. 北宋瓮城西北角（砖墙被后人拆除，只在外填土表面遗有层砖墙痕，东－西）

3. 北宋瓮城西南角（南－北，俯视）

图版六〇　五代、两宋西门瓮城

1. 西门瓮城门南侧包砖墙壁（北－南）

2. 门砧石和残断的石门槛（西－东，俯视）

3. 门砧石和残断的石门槛（西南－东北）

图版六一　宋大城西门瓮城门南侧包砖墙壁和北宋门砧石、石门槛

A. 南宋瓮城夯土墙　a. 南宋瓮城门内露道　B. 北宋瓮城夯土墙　b. 北宋瓮城门内露道

图版六二　宋代西门瓮城夯土墙和瓮城内的砖铺地面、露道

夯土墙

基础砖

砖铺路面

1. 南宋瓮城门西口北侧形式以及基础砖和内侧夯土墙（西南－东北）

露道

北宋城墙基础砖

南宋城墙基础砖

砖铺地面

2. 瓮城内砖铺地面、露道和西侧城墙基础砖（北－南）

图版六三　宋大城西门瓮城城墙、砖铺地面和露道

排水沟

砖铺露道

砖铺地面

排水沟

1: 瓮城内南宋砖铺地面、露道及两侧排水沟（东北－西南）

排水沟

水沟暗眼

2. 西门内侧排水沟（南－北）

图版六四　宋大城西门瓮城内砖铺地面、露道和西门内侧排水沟

图版六五　宋大城西门和瓮城复原模型

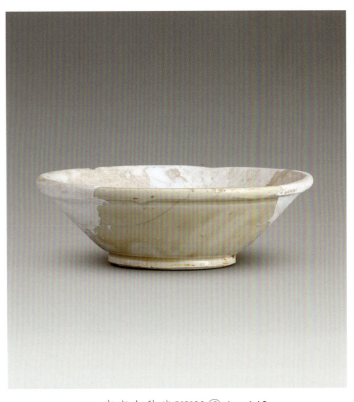

1. 定窑白釉碗 YXM⑥A：143

2. "官" "罗城" 铭文城砖

3. "刘□罗城官砖" 铭文城砖

4. "吴璠罗城砖" 铭文城砖

图版六六　宋大城西门遗址出土的唐代晚期白釉瓷碗和铭文砖

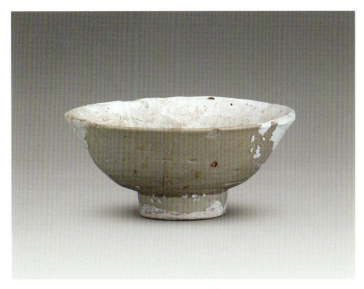

1. 折扇纹碗 YXM⑤A：98

2. 唇口碗 YXM⑤C：108

3. 唇口碗 YXM⑤C：106

4. 唇口碗 YXM⑤B：2

5. 唇口碗一摞（繁昌窑）

6. 唇口碗底墨书的"西门"二字

图版六七　宋大城西门遗址出土的北宋景德镇窑系青白釉瓷碗

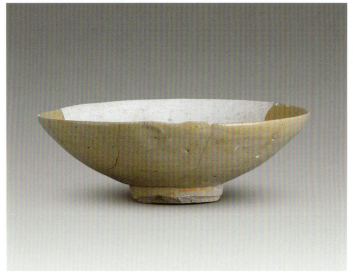

1. 敞口碗 YXM ⑤ C：109

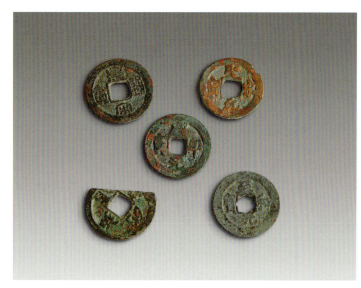

4. 铜钱

2. 盏 YXM ⑤ C：111

5. 铜钱

3. 粉盒底 YXM ⑤ A：86

6. 铜钱

图版六八　宋大城西门遗址出土的北宋景德镇窑系青白釉瓷器和铜钱

1. "盈甲"

2. "成甲"

3. "藏甲"

4. "吕甲"

5. "地甲"

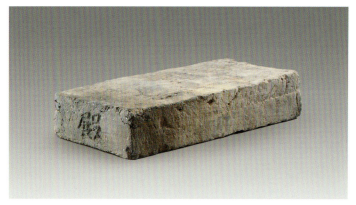

6. "殿"

7. "大使府烧造"

8. "□（步）五将"

图版六九　宋大城西门遗址出土的南宋铭文砖

1. "扬州后泰"

2. "扬州后泰"

3. "泰州城砖"

4. "镇江武锋军"

5. "镇江府官砖"

6. "镇江府官砖"

7. "镇江府"

8. "窑户周三"

图版七〇　宋大城西门遗址出土的南宋铭文砖

1. 花口碗 YXM③:1

2. 芒口碗 YXM③:40

3. 盏托 YXM③:36

4. 壶盖 YXM③:37

图版七一　宋大城西门遗址出土的元代景德镇窑青白釉瓷器

1. 敞口碗 YXM③：16

3. 侈口碗 YXM③：7

4. 侈口碗 YXM③：25

2. 唇口碗 YXM③：5

5. 侈口碗 YXMG1：2

6. 直口盘 YXM③：22

图版七二　宋大城西门遗址出土的元代龙泉窑青釉瓷碗、盘

1. 侈口碗 YXMG1：1

2. 侈口碗 YXM③：2

图版七三　宋大城西门遗址出土的的元代磁州窑白釉瓷碗

1. YWF2 房屋残迹和屋后水缸（东－西）

2. YWF2 出土的的水牛角料

3. YWF1-2 台基全景（东－西）

图版七四　文化宫遗址唐代建筑遗迹 YWF2、YWF1-2

1. YWF1-2 砖砌踏道残迹（东-西）

2. YWF1-1 第 3 排第 4 个磉墩形式（东北-西南）

3. YWF1-1 第 4 排第 4 个磉墩打破 YWF1-2 第 4 排第 4 个磉墩（南-北）

4. YWF1-1 第 3 排第 4 个础石和下面磉墩内埋的长沙窑青釉瓷罐（西南-东北）

图版七五　文化宫遗址唐代晚期建筑遗迹 YWF1-2、YWF1-1

1. 台基全景（南－北）

2. 台基全景（西－东）

图版七六　文化宫遗址唐代晚期建筑遗迹 YWF1-1

1. 东北角台基边、东山墙后檐墙和室内铺地砖（北－南）

2. 台基东北角台边、廊屋后檐础石和屋内砖铺地面（东－西）

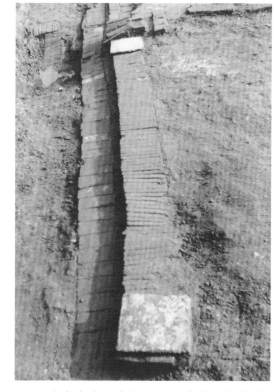

3. 西北角台边、角柱础石和廊屋后檐墙基
形式（西－东）

图版七七　文化宫遗址唐代晚期建筑遗迹 YWF1-1

1. 台基北侧中部台边和外侧的砖砌井台、水井（北—南）

2. 台基东北角山墙、砖铺地面和东侧的砖铺地面（北—南）

3. 台基西侧向西扩建的部分砖铺地面（北—南）

图版七八　文化宫遗址唐代晚期建筑遗迹 YWF1-1

1. 侈口碗 YWG4 ④ B：3

4. 折腹钵 YWG4 ④ B：16

2. 直口碗 YWF2：2

5. 器盖 YWG4 ④ B：5

3. 敛口碗 YWG4 ④ B：4

6. 四系罐 YWF2：6

图版七九　文化宫遗址出土的唐代早期宜兴窑青釉瓷器

1. 寿州窑变形碗 YWG4④B：13

4. 洪州窑敞口碗 YWF2：15

2. 寿州窑侈口碗 YWF2：10

3. 寿州窑敞口碗 YWG4④B：14

5. 未定窑口敞口碗 YWF2：1

图版八〇　文化宫遗址出土的唐代早期青釉瓷碗

1. 敞口弧腹碗 YWF1：76

2. 敞口弧腹碗 YWF1：47

3. 敞口斜直腹碗 YWF1：263

4. 敞口斜直腹碗 YWF1：44

5. 敞口斜直腹碗 YWF1：45

图版八一　文化宫遗址出土的唐代晚期越窑青釉瓷碗

1. 侈口碗 YWG4 ④ A：191

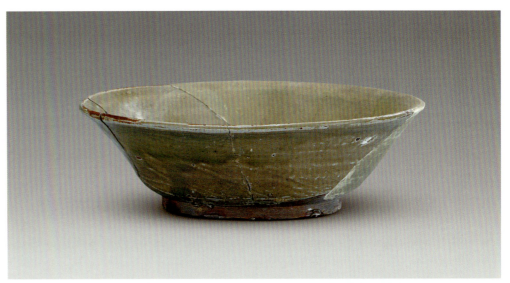

2. 侈口碗 YWG4 ④ A：53

图版八二　文化宫遗址出土的唐代晚期越窑青釉瓷碗

1. 葵口碗 YWG4④A：55

2. 葵口碗 YWF1：54

3. 葵口碗 YWG4④A：49

4. 葵口碗 YWG4④A：50

5. 直口碗 YWG4④A：56

图版八三　文化宫遗址出土的唐代晚期越窑青釉瓷碗

1. 葵口盘 YWF1：70

2. 葵口盘 YWG4 ④ A：65

3. 折沿盘 YWF1：63

4. 折沿盘 YWF1：208

图版八四　文化宫遗址出土的唐代晚期越窑青釉瓷盘

1. 委角方盘 YWG4④A：62

2. 委角方盘 YWG4④A：61

3. 粉盒盖 YWG4④A：74

4. 粉盒底 YWG4④A：75

图版八五　文化宫遗址出土的唐代晚期越窑青釉瓷盘、粉盒

1. YWG4④A：71

2. YWG4④A：72

3. YWG4④A：79

图版八六　文化宫遗址出土的唐代晚期越窑青釉瓷器盖

1. 大盆 YWG4④A：58

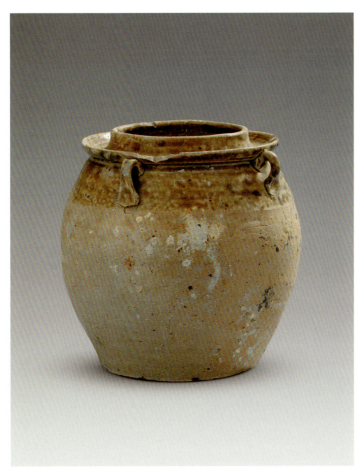

2. 复口四系罐 YWG4④A：78

3. 执壶 YWF1：80

图版八七　文化宫遗址出土的唐代晚期越窑青釉瓷器

1. 青釉直口折腹钵 YWF1：235

2. 酱釉直口折腹钵 YWF1：181

3. 青釉侈口折腹钵 YWG4④A：150

4. 青黄釉侈口折腹钵 YWG4④A：59

5. 青釉侈口折腹钵 YWF1：217

图版八八　文化宫遗址出土的唐代晚期宜兴窑青（酱）釉瓷钵

3. 敞口碗 YWG4④A：157

1. 侈口碗 YWG4④A：193

4. 敞口碗 YWG4④A：155

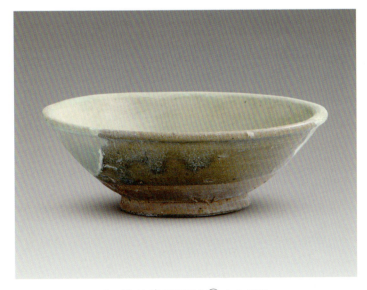

2. 唇口碗 YWG4④A：230

5. 直口碗 YWF1：49

图版八九　文化宫遗址出土的唐代晚期宜兴窑青釉瓷碗

1. 敞口折腹盘 YWG4④A：160

2. 直口浅腹盘 YWG4④A：182

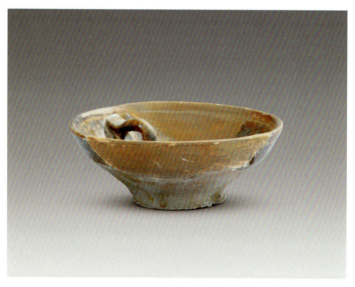

3. 灯盏 YWG4④A：162

4. 灯盏 YWG4④A：258

5. 水盂 YWF1：163

图版九〇 文化宫遗址出土的唐代晚期宜兴窑青釉瓷盘、灯盏和水盂

1. 器盖 YWG4④A：189

2. 粉盒盖 YWF1：167

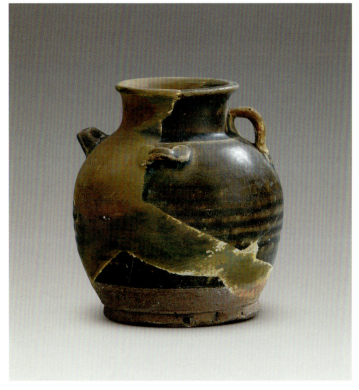

3. 执壶 YWG4④A：172

4. 盘口执壶 YWF1：188

图版九一　文化宫遗址出土的唐代晚期宜兴窑青釉瓷盖、执壶

1. 敛口四系罐 YWF1：174

2. 侈口四系罐 YWG4④A：179

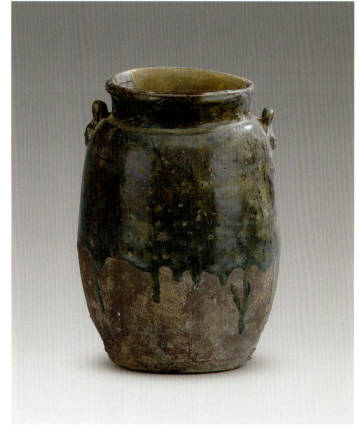

3. 敞口四系罐 YWG4④A：169

4. 唇口双系罐 YWG4④A：177

图版九二　文化宫遗址出土的唐代晚期宜兴窑青釉瓷罐

1. 青黄釉盆 YWF1：164

2. 酱釉钵盂 YWG4 ④ A：37

3. 青釉多足砚 YWF1：166

图版九三　文化宫遗址出土的唐代晚期宜兴窑瓷盆、钵盂和多足砚

1. 彩绘鹿纹瓷片

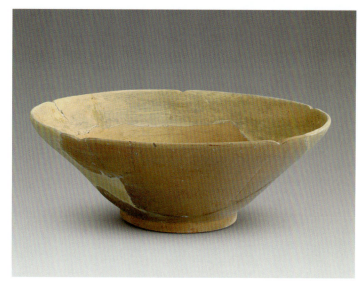

2. 葵口碗 YWF1：30

3. 敞口弧腹碗 YWF1：51

4. 敞口弧腹碗 YWF1：21

图版九四　文化宫遗址出土的唐代晚期长沙窑彩绘瓷片和青釉瓷碗

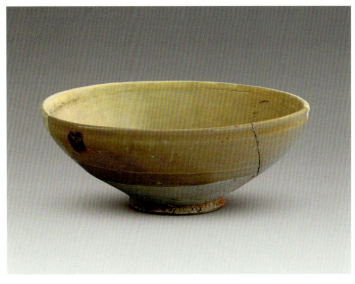

1.敞口唇沿碗 YWF1∶1

2.敞口唇沿碗 YWG4④A∶253

3.侈口斜直腹碗 YWF1∶4

4.侈口斜直腹碗 YWF1∶5

5.侈口斜直腹碗 YWF1∶245

6.侈口斜直腹碗 YWF1∶3

图版九五　文化宫遗址出土的唐代晚期长沙窑青釉瓷碗

1. 侈口薄唇碗 YWF1：27

2. 侈口薄唇碗 YWF1：33

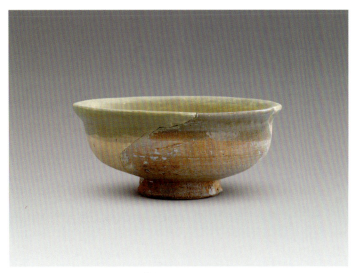

3. 侈口折腹碗 YWF1：266

图版九六　文化宫遗址出土的唐代晚期长沙窑青釉瓷碗

1. 折腹盘 YWF1：11

2. 折腹盘 YWF1：18

3. 折腹盘 YWF1：15

4. 花口盘 YWG4④A：145

图版九七　文化宫遗址出土的唐代晚期长沙窑青釉瓷盘

1. 灯盏 YWF1：10

2. 双耳水盂 YWF1：255

3. 熏炉盖 YWF1：35

图版九八　文化宫遗址出土的唐代晚期长沙窑青釉瓷器

1. 碾碗 YWF1：9

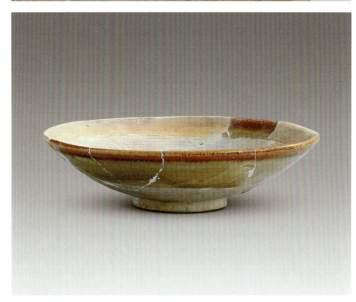

2. 碾碗 YWF1：13

3. 盆 YWF1：31

图版九九　文化宫遗址出土的唐代晚期长沙窑青釉瓷碾碗、盖

2. 粉盒盖 YWF1：204

1. 粉盒一套 YWF1：34、17

3. 粉盒盖 YWG4④A：16

图版一〇〇　文化宫遗址出土的唐代晚期长沙窑青釉瓷粉盒

1. 青釉钵盂 YWF1：20

2. 酱釉钵盂 YWF1：234

图版一〇一　文化宫遗址出土的唐代晚期长沙窑瓷钵盂

1. 酱釉贴花大执壶 YWF1：26

3. 酱釉瓜棱腹大执壶 YWF1：23

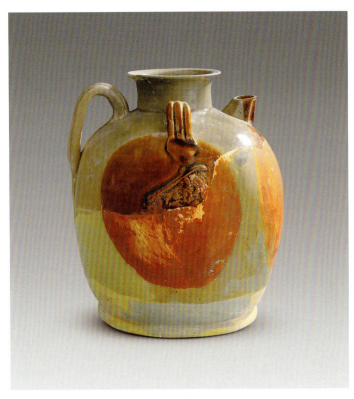

2. 青黄釉贴花大执壶 YWF1：184

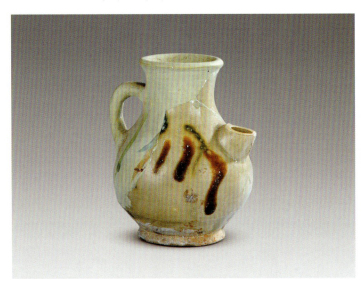

4. 青釉黄绿彩小执壶 YWF1：24

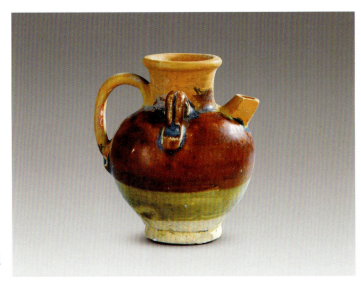

5. 青釉黄绿彩小执壶 YW01

图版一〇二　文化宫遗址出土的唐代晚期长沙窑瓷执壶

1. 双系罐 YWG4④A：35

3. 双系罐 YWG4④A：22

2. 四系罐 YWF1：210

图版一〇三　文化宫遗址出土的唐代晚期长沙窑青黄釉瓷罐

1. 酱釉双系罐 YWG4④A：215

2. 青黄釉双系罐 YWF1：25

3. 青釉双系罐 YWF1：212

图版一○四　文化宫遗址出土的唐代晚期长沙窑瓷罐

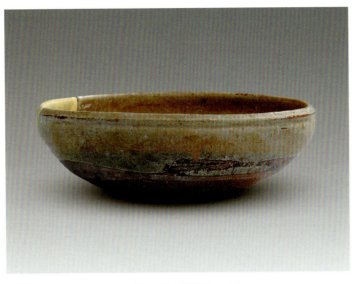

1. 敛口钵 YWF1：95

3. 敛口钵 YWF1：186

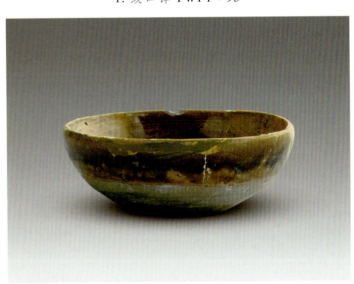

2. 敛口钵 YWF1：96

4. 鸟食杯 YWF1：90

图版一〇五　文化宫遗址出土的唐代晚期洪州窑青釉瓷钵、鸟食杯

1. 直口碗 YWF1：94

2. 侈口碗 YWF1：100

3. 侈口碗 YWF1：183

4. 敞口碗 YWF1：187

5. 敞口碗 YWF1：97

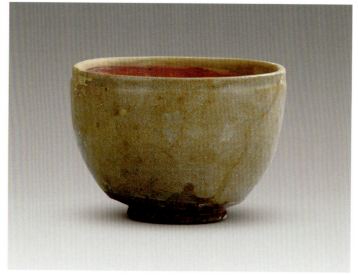

6. 直口杯 YWF1：194

图版一〇六　文化宫遗址出土的唐代晚期洪州窑青釉瓷碗、杯

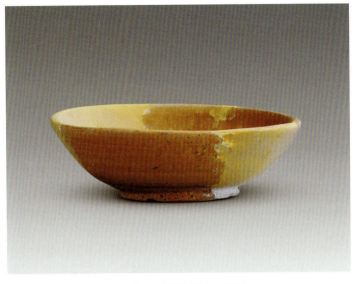

1. 敞口碗 YWF1：206

2. 敞口碗 YWF1：207

3. 唇口碗 YWF1：232

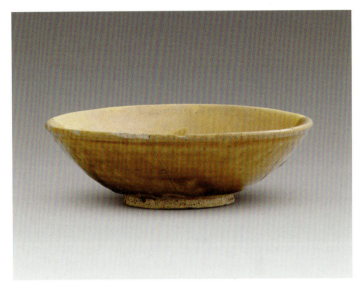

4. 唇口碗 YWF1：257

5. 鸟食罐 YWF1：83

图版一〇七　文化宫遗址出土的唐代晚期寿州窑黄釉瓷碗、鸟食罐

1. 黑褐釉碾碗 YWF1：216

2. 黄釉碾碗 YWF1：13

图版一〇八　文化宫遗址出土的唐代晚期寿州窑瓷碾碗

1. 敞口碗 YWF1：111

2. 敞口碗 YWF1：270

3. 敞口碗 YWG4 ④ A：222

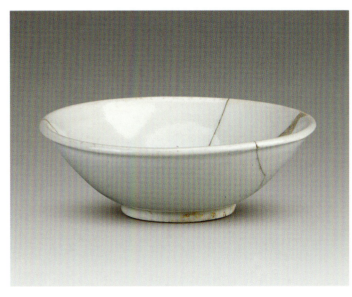

4. 唇口碗 YWF1：120

5. 唇口碗 YWF1：86

图版一〇九　文化宫遗址出土的唐代晚期定（邢）窑白釉瓷碗

1. 侈口碗 YWG4④A：219

2. 侈口碗 YWG4④A：238

3. 葵口碗 YWF1：87

4. 葵口碗 YWG4④A：85

图版一一〇　文化宫遗址出土的唐代晚期定（邢）窑白釉瓷碗

1. 折腹盘 YWG4④A：89

2. 折腹盘 YWF1：225

3. 折腹盘 YWF1：202

4. 折腹盘 YWF1：227

5. 折腹盘 YWF1:103

6. 折腹盘 YWF1：131

图版一一一　文化宫遗址出土的唐代晚期定（邢）窑白釉瓷盘

1. 斜腹盘 YWF1：102

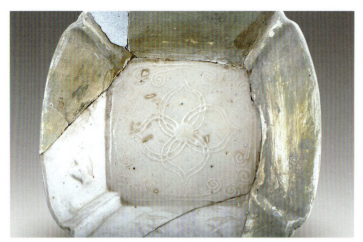

4. 委角方盘 YWF1：104

2. 斜腹盘 YWF1：110

5. 盏托 YWF1：101

3. 斜腹盘 YWF1：90

图版一一二　文化宫遗址出土的唐代晚期定（邢）窑白釉瓷盘、盏托

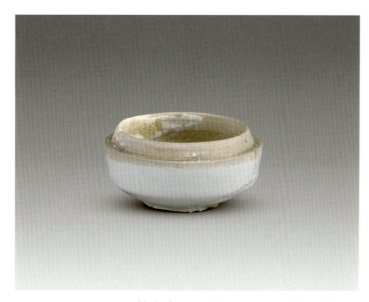

1. 粉盒底 YWF1：112

4. 菱花形杯 YWG4 ④ A：200

2. 钵 YWF1：91

3. 钵 YWF1：185

图版一一三　文化宫遗址出土的唐代晚期定（邢）窑白釉瓷器

1. 瓶 YWF1：107

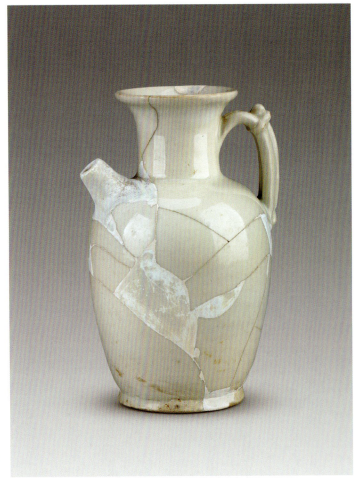

2. 执壶 YWF1：108

图版一一四　文化宫遗址出土的唐代晚期定（邢）窑白釉瓷瓶、执壶

1. 青花瓷枕片

2. 青花瓷罐片

3. 青花瓷碗、盘残片

4. 青花瓷碗、盘残片

5. 青花盘 YWF1：132

6. 青花盘 YWF1：143

图版一一五　文化宫遗址出土的唐代晚期巩县窑青花瓷

1. 葵口碗 YWF1：220

4. 敞口碗 YWG4④A：121

2. 葵口碗 YWF1：115

5. 敞口碗 YWG4④A：114

3. 葵口碗 YWF1：116

图版一一六　文化宫遗址出土的唐代晚期巩县窑白釉瓷碗

1. 侈口碗 YWF1：117

2. 侈口碗 YWF1：123

3. 侈口碗 YWF1：118

4. 侈口碗 YWG4 ④ A：124

5. 侈口盘 YWF1：129

6. 侈口盘 YWF1：128

图版一一七　文化宫遗址出土的唐代晚期巩县窑白釉瓷碗、盘

图版一一八　文化宫遗址出土的唐代晚期巩县窑白釉绿彩宽折沿盘YWF1:139

1. 白釉唾盂 YWF1：147

2. 黑釉粉盒 YWF1：144

3. 牙白釉盒盖 YWF1：133

4. 黑釉敞口碟 YWF1：141

5. 绿釉侈口碟 YWF1：136

6. 白釉搓具 YWF1：109

图版一一九　文化宫遗址出土的唐代晚期巩县窑瓷器

1. 白釉侈口钵 YWF1：122

2. 白釉宽沿钵 YWF1：170

3. 黄釉乌龟 YWG4④A：243

5. 绿釉绞胎枕 YWG4④A：218

4. 巩县窑三彩炉 YWG4④A：1

图版一二〇　文化宫遗址出土的唐代晚期巩县窑瓷器

图版一二一　文化宫遗址出土的唐代晚期巩县窑白釉瓷皮囊壶 YWF1∶134

1. 巩县窑绿彩大盆 YWF1：140

2. 黄堡镇窑黑釉盘 YWG4④A：84

图版一二二　文化宫遗址出土的唐代晚期巩县窑、黄堡镇窑瓷器

1. 侈口碗 YWF1：53

2. 唇口碗 YWG4④A：203

3. 四系罐 YWG4④A：175

图版一二三　文化宫遗址出土的唐代晚期未定窑口青釉瓷碗、四系罐

2. 陶罐 YWF1：176

1. 波斯釉陶器残片

4. 陶灯座 YWG4 ③：28

3. 陶盆 YWG4 ④ A：241

图版一二四　文化宫遗址出土的唐代晚期波斯釉陶器、陶器

1. 不同颜色玻璃残片

2. 刻花、划纹玻璃残片

3. 鼓腹玻璃瓶 YWF1-2：1

4. 玻璃器口残片

5. 玻璃瓶底

图版一二五　文化宫遗址出土的唐代晚期玻璃器

1. 鹿角器 YWG4④A：300

2. 石碾轮、碾槽 YWG4④A：256

3. 石臼 YWG4③：27

4. 金块 YWF1-2：10

图版一二六　文化宫遗址出土的唐代晚期器物

1. 板瓦

2. 筒瓦

3. 瓦当 YWG4 ④ A：401

4. 瓦当 YWG4 ④ A：402

5. 瓦当 YWG4 ④ A：403

图版一二七　文化宫遗址出土的唐代晚期建筑材料

1. 侈口碗 YWH1：23

2. 侈口碗 YWH1：52

3. 侈口碗 YWJ1：7

4. 侈口碗 YWH1：4

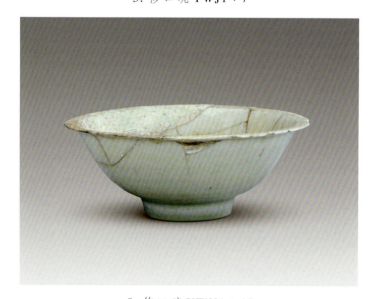

5. 侈口碗 YWH1：45

6. 侈口碗 YWH1：1

图版一二八　文化宫遗址出土的宋代景德镇湖田窑青白釉瓷碗

1. 侈口碗 YWH1：39

2. 侈口碗 YWH1：26

4. 侈口碗 YWH1：78

3. 侈口碗 YWH1：44

5. 侈口碗 YWH1：65

图版一二九　文化宫遗址出土的宋代景德镇湖田窑青白釉瓷碗

2. 侈口碗 YWH1：54

1. 侈口碗 YWJ1：8

3. 侈口碗 YWJ1：6

4. 唇口碗 YWH1：60

图版一三〇　文化宫遗址出土的宋代景德镇湖田窑青白釉瓷碗

1. 敞口碗 YWG4 ②:22

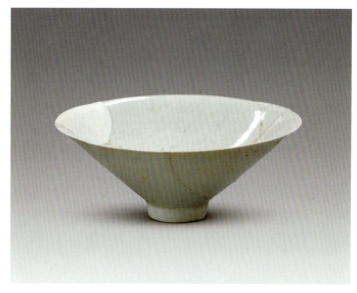

4. 斗笠碗 YWH1：25

2. 敞口碗 YWG4 ②：66

5. 斗笠碗 YWH1：51

3. 敞口碗 YWH1：10

图版一三一　文化宫遗址出土的宋代景德镇湖田窑青白釉瓷碗

1. 敞口盘 YWH1：77

2. 侈口盘 YWH1：38

3. 侈口盘 YWH1：49

4. 芒口盘 YWG4②：13

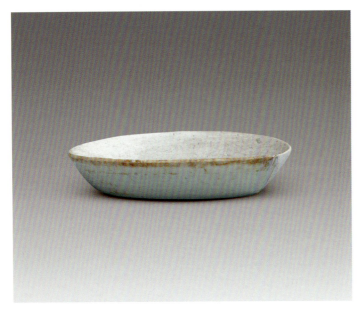

5. 芒口盘 YWH1：14

图版一三二　文化宫遗址出土的宋代景德镇湖田窑青白釉瓷盘

1. 鸟食罐 YWH1：24

4. 鸳鸯形盒盖 YWG4②：30

2. 花口瓶 YWJ1：10

5. 鸳鸯形盒盖 YWG4②：31

3. 器盖 YWH1：1

6. 鸳鸯形盒盖两件合拍

图版一三三　文化宫遗址出土的宋代景德镇窑系青白釉瓷器

1. 敞口碗 YWH1：70　　　　　　　　　2. 敞口碗 YWG4②：8

3. 敞口碗 YWJ1：4

图版一三四　文化宫遗址出土的宋代龙泉窑青釉瓷碗

2. 敞口碗 YWG4②：31

1. 敞口碗 YWH1：5

3. 敞口碗 YWG4②：35

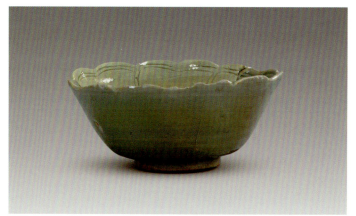

4. 花口碗 YWG4②：7

图版一三五　文化宫遗址出土的宋代龙泉窑青釉瓷碗

1. 束口碗 YWH1：22

2. 束口碗 YWH1：27

3. 束口碗 YWG4②：61

图版一三六　文化宫遗址出土的宋代龙泉窑青釉瓷碗

1. 斗笠碗 YWH1：69

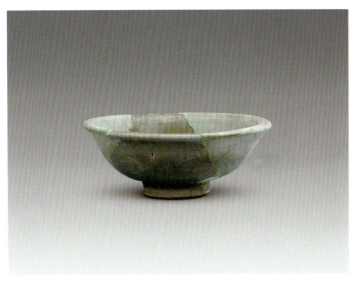

2. 侈口碗 YWG4②：17

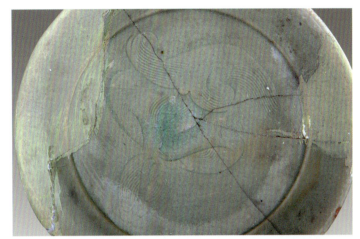

4. 折腹盘 YWG4②：1

3. 侈口碗 YWH1：6

图版一三七　文化宫遗址出土的宋代龙泉窑青釉瓷碗、盘

1. 束口碗 YWH1：11

2. 束口碗 YWG4②：9

3. 束口碗 YWH1：46

4. 侈口碗 YWH1：12

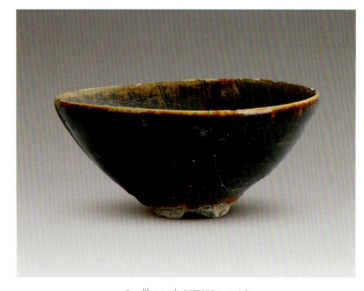

5. 敞口碗 YWH1：13

6. 敞口碗 YWG4②：16

图版一三八　文化宫遗址出土的宋代吉州窑黑釉瓷碗

1. 敞口碗 YWG4②：5

3. 唇口碗 YWJ1：2

2. 敞口碗 YWG4②：12

4. 三足炉 YWG4②：22

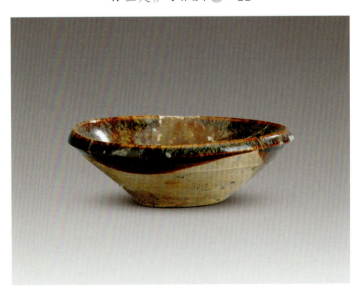

5. 碟 YWG4②：26

图版一三九　文化宫遗址出土的宋代吉州窑黑（酱）釉瓷器

1. 敞口碗 YWG4②：15

2. 水盂 YWH1：72

3. 唇口罐 YWG4②：55

4. 侈口罐 YWH1：47

5. 碟 YWH1：53

6. 釉陶钵 YWG4②：2

图版一四〇　文化宫遗址出土的宋代宜兴窑酱釉瓷器、釉陶器

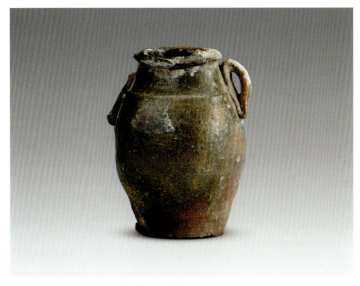

1. 青釉双系罐 YWH1：45

3. 青黄釉双系罐 YWG4②：21

2. 双系罐 YWJ1：11

5. 青灰釉韩瓶 YWH1：48

4. 紫釉双系罐 YWH1：57

图版一四一　文化宫遗址出土的宋代宜兴窑瓷罐、韩瓶

2. 侈口碗 YWH1：56

1. 敞口碗 YWG4②：4

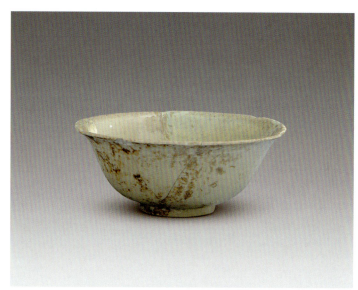

3. 侈口碗 YWH1：3

4. 斗笠碗 YWH1：28

图版一四二　文化宫遗址出土的宋代定窑白釉瓷碗

2. 敞口碗 YWG4 ② ：23

1. 荷花式高足碗 YWG4 ③ ：76

3. 执壶 YWG4 ③ ：26

图版一四三　文化宫遗址出土的宋代越窑青釉瓷碗、执壶

1. 临汝窑青釉侈口碗 YWG4②：5

2. 临汝窑青釉唾盂 YWG4②：15

3. 磁州窑白釉敞口碗 YWG4②：28

图版一四四　文化宫遗址出土的宋代临汝窑、磁州窑瓷器

1. 青釉器盖 YWH1：55

2. 青黄釉器盖 YWH1：43

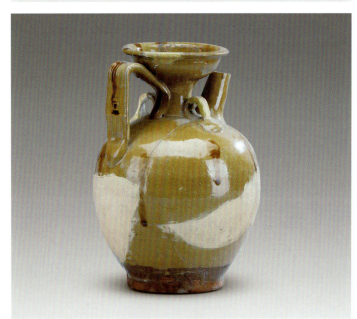

3. 深黄釉盘口执壶 YWG4②：3

4. 青釉盘 YWG4②：24

5. 绿釉陶罐 YWH1：8

图版一四五　文化宫遗址出土的宋代未定窑口瓷器、绿釉陶罐

1. 陶盘 YWJ1：9

3. 陶挂灯 YWJ1：1

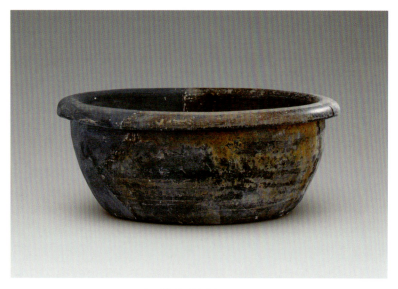

2. 陶盆 YWH1：58

5. 石权 YWJ1：12

4. 陶球 YWG4②：46

6. 石权 YWJ1：13

图版一四六　文化宫遗址出土的的宋代陶器、石器

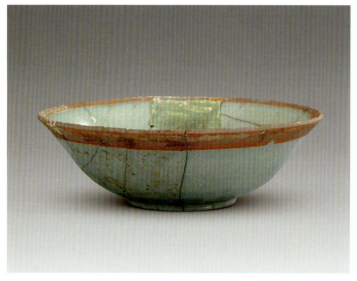

1. 青白釉芒口碗 YWG4①：63

2. 酱釉口碗 YWG4①：48

3. 酱釉口碗 YWG4①：24

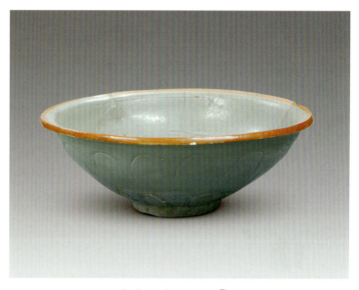

4. 酱釉口碗 YWG4①：64

5. 酱釉口碗 YWG4①：65

6. 青白釉斗笠碗 YWG4①：44

图版一四七　文化宫遗址出土的元代景德镇窑瓷碗

1. 敞口碗 YWG4①：45

2. 敞口碗 YWG4①：46

4. 卧足碗 YWG4①：38

5. 浅腹盘 YWG4①：43

3. 唇口碗 YWG4①：37

6. 釉陶盆 YWG4①：4

图版一四八　文化宫遗址出土的元代龙泉窑青釉瓷碗、盘和磁州窑黄绿彩釉陶盆

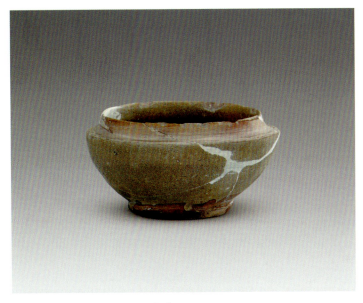

1. 盒底 YXF5：2

3. 执壶 YXG1⑦：1

2. 花口盘 YXH1：3

图版一四九　新华中学遗址出土的唐代晚期越窑青釉瓷器

1. 执壶 YXG1⑦：2

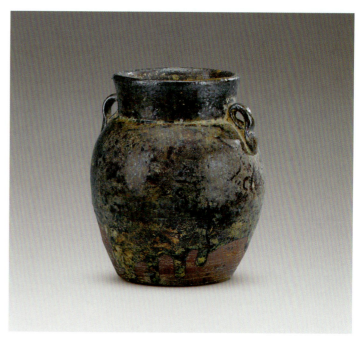

2. 双系罐 YXF5：1

3. 侈口碗 YXH1：13

4. 侈口碗 YXH1：11

5. 敛口钵 YXH1：8

图版一五〇　新华中学遗址出土的唐代晚期宜兴窑青釉瓷器

1. 定（邢）窑白釉瓷葵口盘 YXH1：1

2. 定（邢）窑白釉瓷葵口碗 YXH1：20

3. 寿州窑黄釉瓷敞口碗 YXG1⑦：10

4. 泥质灰陶盆 YXH1：9

5. 石碾轮 YXG1⑦：4

6. 泥质莲瓣纹饰件 YXF5：4

图版一五一　新华中学遗址出土的唐代晚期器物

1. 侈口碗 YXG1④：33

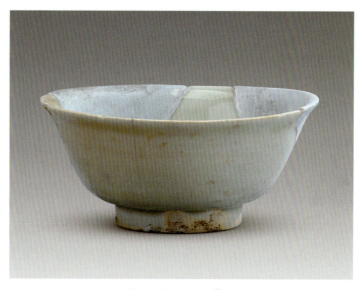

2. 侈口碗 YXG1④：45

3. 侈口碗 YXG1④：40

4. 侈口碗 YXG1⑤：13

5. 侈口碗 YXG1④：6

6. 侈口碗 YXG1④：44

图版一五二　新华中学遗址出土的宋代景德镇湖田窑青白釉瓷碗

1. 敞口碗 YXG1④：47

2. 敞口碗 YXG1④：55

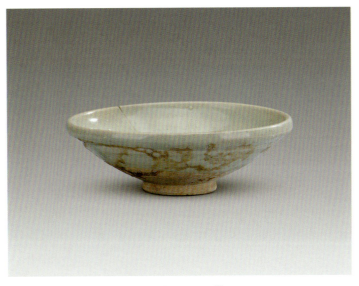

3. 唇口碗 YXG1④：7

4. 唇口碗 YXG1④：36

5. 唇口碗 YXG1④：38

6. 唇口碗 YXG1④：37

图版一五三　新华中学遗址出土的宋代景德镇湖田窑青白釉瓷碗

1. 直口碗 YXG1⑤：4

3. 花口盘 YXF4：1

4. 花口盘 YXG1④：24

2. 直口碗 YXG1④：22

5. 花口盘 YXG1④：39

图版一五四　新华中学遗址出土的宋代景德镇湖田窑青白釉瓷碗、盘

1. 敞口盘 YXG1④：48

2. 敞口盘 YXG1⑤：5

3. 敞口盘 YXG1⑤：16

图版一五五　新华中学遗址出土的宋代景德镇湖田窑青白釉瓷盘

1. 敞口盘 YXG1④：49

2. 敞口盘 YXG1⑤：1

图版一五六　新华中学遗址出土的宋代景德镇湖田窑青白釉瓷盘

1. 葵口盘 YXG1⑤：6

2. 葵口盘 YXG1⑤：3

3. 葵口盘 YXG1⑤：8

4. 唇口盏 YXG1④：5

图版一五七 新华中学遗址出土的宋代景德镇湖田窑青白釉瓷盘、盏

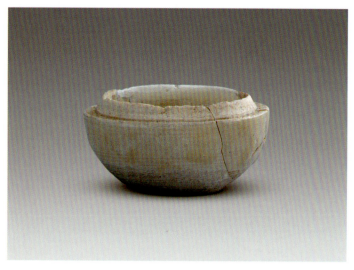

1. 盒底 YXG1④：28

2. 粉盒盖 YXG1④：19

3. 粉盒盖 YXG1④：12

4. 盏托 YXG1⑤：17

图版一五八　新华中学遗址出土的宋代景德镇窑系青白釉瓷器

1. 器盖 YXG1⑤：18

2. 五足炉 YXG1④：31

3. 渣斗 YXF3：3

图版一五九　新华中学遗址出土的宋代景德镇窑系青白釉瓷器

1. 童子像 YXG1④：17

2. 玩具犬 YXG1④：18

3. 狮子 YXF3：11

图版一六〇 新华中学遗址出土的宋代景德镇窑系青白釉瓷塑

1. 景德镇窑系黑釉白边盏 YXG1④：29

2. 景德镇窑系黑釉白边盏 YXG1④：31

3. 景德镇窑系黑釉盏 YXG1②：32

4. 景德镇窑系黑釉鸟食罐 YXG1④：54

5. 景德镇窑系黑釉器盖 YXG1④：20

6. 建窑黑釉盏 YXG1④：30

图版一六一　新华中学遗址出土的宋代黑釉瓷器

1. 缠枝菊花纹盏 YXG1④：9   2. 缠枝菊花纹盏 YXG1④：10

3. 水波鱼纹盏 YXG1④：11

图版一六二　　新华中学遗址出土的宋代临汝窑青釉瓷盏

1. 临汝窑素面盏 YXG1④：13

2. 临汝窑素面盏 YXG1④：15

3. 临汝窑碗 YXG1④：26

4. 越窑敞口碗 YXG1④：8

图版一六三　新华中学遗址出土的宋代临汝窑、越窑青釉瓷盏、碗

1. 青白釉花口碗 YXG1④：2

2. 黄褐釉葵口碗 YXG1④：21

3. 黑釉三足炉 YXG1④：58

4. 酱褐釉瓶 YXG1④：56

5. 绿釉陶罐 YXG1④：16

图版一六四　新华中学遗址出土的宋代未定窑口瓷器和陶器

3. 龙泉窑青绿釉碗 YXG1③：1

1. 六边形石构件 YXG1④：4

4. 龙泉窑青黄釉碗 YXG1③：2

2. 圆形莲花石座 YXG1④：1

图版一六五 新华中学遗址出土的宋代石建筑构件和元代龙泉窑瓷碗

元代地窖

宋代房址 YKF2

排水沟

宋代房址 YKF3

明代灶

宋代房址 YKF1

1. 东－西

明代灶

宋代房址 YKF2

宋代房址 YKF1

排水沟

元代地窖

宋代房址 YKF3

2. 南－北

图版一六六　开明桥遗址发掘全景

元代地窖

排水沟

YKF2

1. 南－北

元代地窖

排水沟

YKF1

明代灶

2. 北－南

图版一六七　开明桥遗址宋代建筑遗迹 YKF3、YKF1 与明代炉灶 YKZ1

元代地窖

YKF1

排水沟

YKF2

明代灶

1. YKF1 与 YKF2 之间的排水沟（北－南）

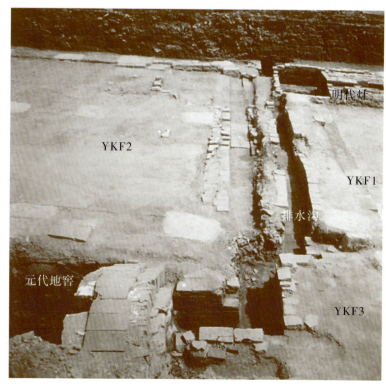

明代灶

YKF2

YKF1

排水沟

元代地窖

YKF3

2. 排水沟被明代炉灶YKZ1和元代地窖YKDJ1叠压打
破（南－北）

图版一六八　开明桥遗址宋代排水沟

元代地窖 · YKF2

排水沟

YKF3

1. 地窖券顶和后壁，打破宋代排水沟(东北－西南)

2. 后室墙及券顶（西－东）

3. 全景（西－东）

前室

后室

4. 全景（东－西）

前室

出口踏道

5. 前室西端的出口踏道（西－东）

图版一六九　开明桥遗址元代地窖 YKDJ1

烟囱　　火膛　　通风道
灶台
灶坑
通风槽
灶坑

1. 西北－东南

2. 西－东

3. 东－西

图版一七○　开明桥遗址明代炉灶 YKZ1

1. 景德镇窑系青白釉敞口碗 YKF1：1

3. 耀州窑青釉碗 YKF2：11

2. 景德镇窑青釉葵口盘 YKF1：3

4. 临汝窑青釉盏 YKF2：9

图版一七一　开明桥遗址出土的宋代瓷器

1. 吉州窑黑釉碗 YKF1∶5

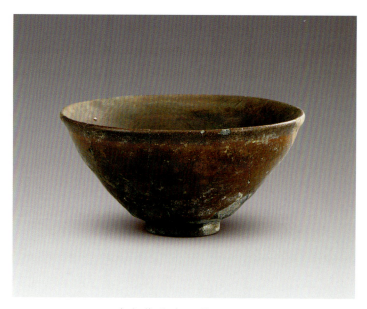

2. 建窑酱釉束口盏 YKF1∶6

4. 宜兴窑黑釉坩埚 YKF1∶14

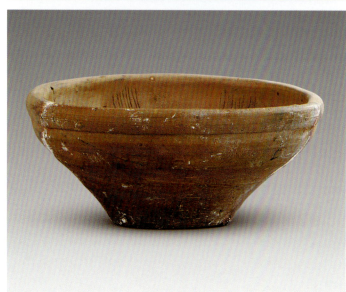

3. 宜兴窑酱釉碾钵 YKF2∶10

图版一七二 开明桥遗址出土的宋代瓷器、坩埚

1. 敞口盘 YKDJ1∶5

2. 侈口盘 YKDJ1∶7

3. 折沿盘 YKDJ1∶8

图版一七三　开明桥遗址元代地窖YKDJ1出土的龙泉窑青釉瓷盘

1. 龙泉窑青釉侈口碗 YKDJ1：3

4. 吉州窑酱釉鸟食罐 YKDJ1：11

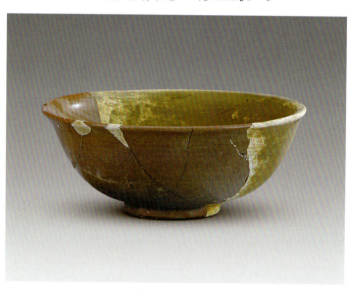

2. 龙泉窑青釉侈口碗 YKDJ1：2

5. 磁州窑黑釉罐 YKDJ1：12

3. 龙泉窑青釉侈口碗 YKDJ1：1

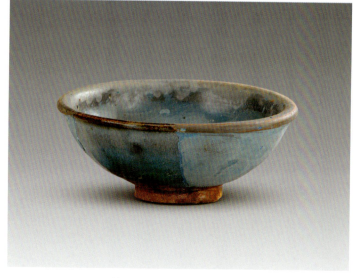

6. 钧窑月白釉碗 YKDJ1：9

图版一七四　开明桥遗址元代地窖 YKDJ1 出土的瓷器

1. 水沟 YKSG1、YKSG2 发掘现场（西－东）

2. 水沟 YKSG1、YKSG2 叠压打破关系（西－东）

图版一七五　大东门街遗址唐代水沟发掘现场

1. 两侧驳岸木桩及护板柱洞（西－东）

2. 南壁驳板痕（东－西）

3. 北壁驳板痕及柱洞（西南－东北）

图版一七六　大东门街遗址唐代水沟YKSG1两侧驳岸木板痕

1. YKSG2北壁楠木板及木桩痕（俯视）

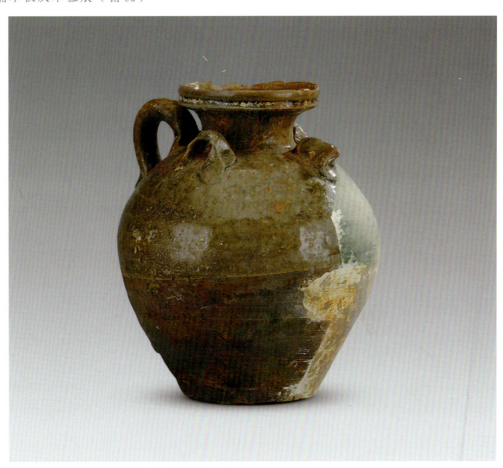

2. 宜兴窑盘口鸡首壶 YKSG2：28

图版一七七　大东门街遗址唐代水沟YKSG2及出土器物

1. 越窑玉璧足碗 YKSG1：1

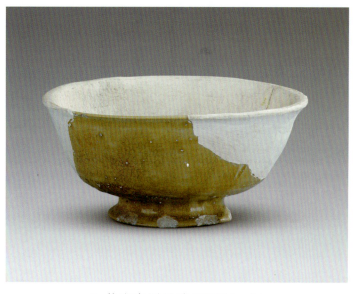

2. 越窑高圈足碗 YKSG1：24

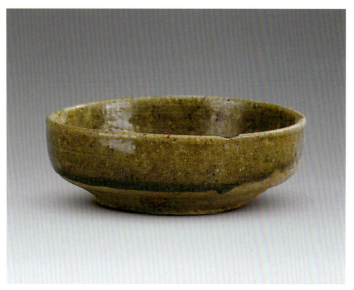

3. 宜兴窑直口钵 YKSG1：9

4. 宜兴窑侈口盘 YKSG1：15

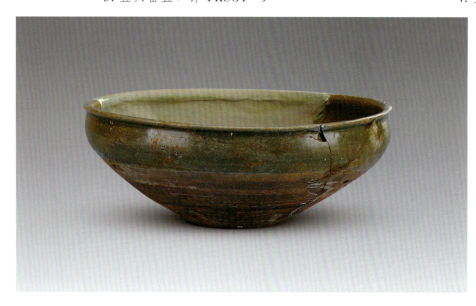

5. 宜兴窑盆 YKSG1：13

图版一七八　大东门街遗址水沟 YKSG1 出土的唐代晚期越窑、宜兴窑青釉瓷器

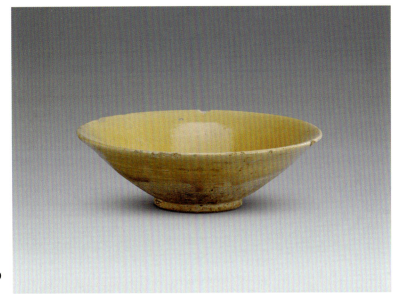

1. 敞口斜腹碗 YKSG1：19

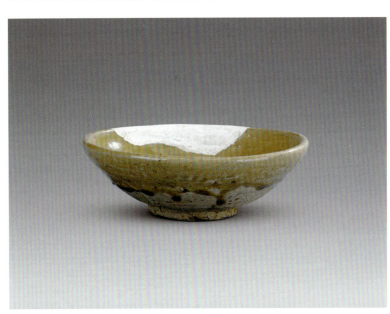

2. 敞口弧腹碗 YKSG1：21

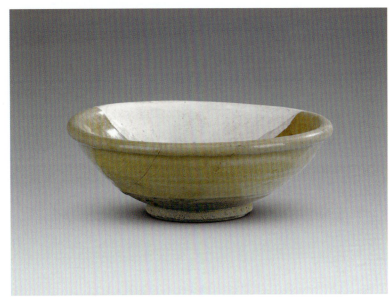

3. 敞口唇沿碗 YKSG1：18

图版一七九　大东门街遗址水沟 YKSG1 出土的唐代晚期长沙窑青釉瓷碗

2. 长沙窑青釉敛口钵 YKSG1：36

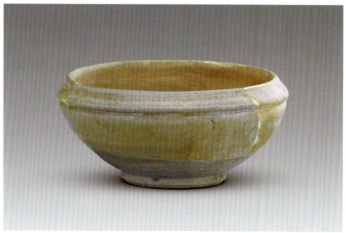

1. 长沙窑青黄釉敛口钵 YKSG1：25

4. 寿州窑黄釉唇沿碗 YKSG1：3

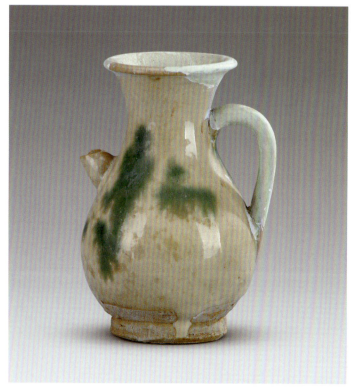

3. 长沙窑青釉执壶 YKSG1：29

5. 寿州窑黄釉唇沿碗 YKSG1：4

图版一八〇　大东门街遗址水沟 YKSG1 出土的唐代晚期长沙窑、寿州窑瓷器

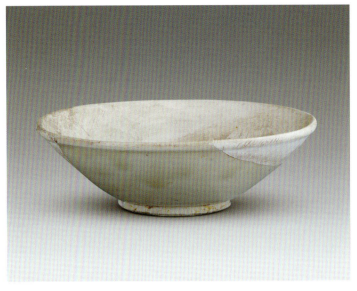

1. 定窑白釉敞口唇沿碗 YKSG1：26

4. 巩县窑酱黑釉碾碗 YKSG1：40

2. 定窑白釉敛口碗 YKSG1：27

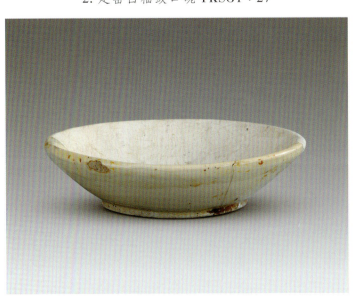

3. 巩县窑白釉敞口碗 YKSG1：31

图版一八一　大东门街遗址水沟 YKSG1 出土的唐代晚期定窑、巩县窑瓷器

1. 巩县窑黄釉鸟食罐 YKSG2：32

2. 巩县窑三彩提梁罐 YKSG1：33

3. 巩县窑三彩器盖 YKSG1：38

4. 巩县窑黑白釉葫芦瓶 YKSG1：26

5. 未定窑口瓷器陶模 YKSG1：35

图版一八二　大东门街遗址水沟YKSG1出土的唐代晚期巩县窑瓷器和未定窑口瓷器陶模

1. 花口碗 YSXT302 ③：16

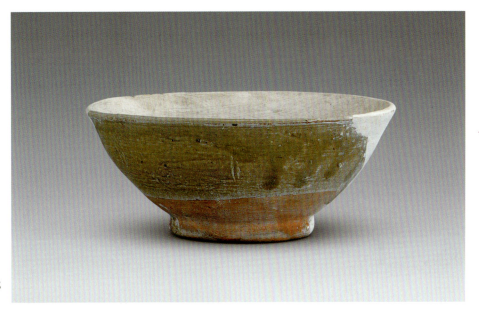

2. 敞口碗 YSXT302 ③：28

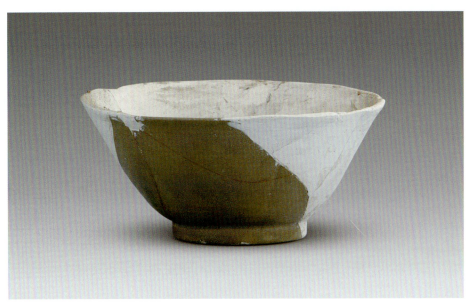

3. 敞口碗 YSXT302 ③：18

图版一八三　石塔西路遗址出土的唐代晚期越窑青釉瓷碗

1. 宜兴窑酱青釉双系罐 YSXT302③：35

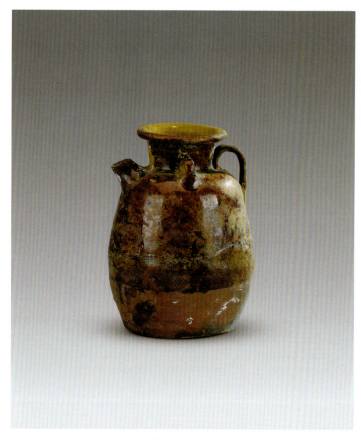

2. 宜兴窑酱釉执壶 YSXH1：9

3. 长沙窑青灰釉双系罐 YSXT302③：26

4. 长沙窑黄釉双系罐 YSXH1：10

图版一八四　石塔西路遗址出土的唐代晚期宜兴窑、长沙窑瓷器

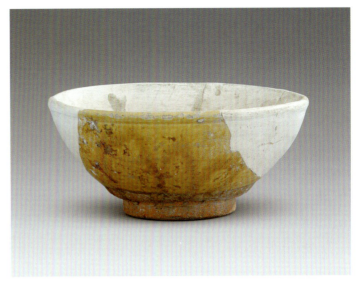

3. 寿州窑黄釉唇沿碗 YSXT302③：15

1. 定窑白釉玉璧足碗 YSXH1：6

4. 瓦当 YSXT302③：1

2. 巩县窑黄釉绞胎瓷枕片 YSXH1：18

5. 瓦当 YSXT302③：2

图版一八五　石塔西路遗址出土的唐代晚期瓷器和瓦当

1. YWJ1-1 正面、背面

2. YWJ1-2 正面、背面

3. YWJ2-1 正面、背面

图版一八六　扬州五代铁甲残块

1. YWJ2-2 正面、背面

2. YWJ2-3 正面、背面

3. YWJ2-4 正面、背面

图版一八七　扬州五代铁甲残块

1. YWJ3-1 正面、背面

2. YWJ3-2 正面、背面

3. YWJ3-3 正面、背面

4. YWJ3-4 正面、背面

图版一八八　扬州五代铁甲残块

1. YWJ3-5 正面、背面

2. YWJ4 正面、背面

3. YWJ4 顶面、底面

图版一八九　扬州五代铁甲残块

1. YWJ5 正面、背面

2. YWJ6-1 正面、背面

3. YWJ6-2 正面、背面

图版一九〇　扬州五代铁甲残块

1. YWJ7-1 正面、背面

2. YWJ7-2 正面、背面

3. YWJ7-3 正面、背面

图版一九一　扬州五代铁甲残块

1. YWJ8-1 正面、背面

2. YWJ8-2 正面、背面

3. YWJ8-3 正面、背面

图版一九二　扬州五代铁甲残块

1. YWJ8-4 正面、背面

2. YWJ8-5 正面、背面

3. YWJ8-6 正面、背面

图版一九三　扬州五代铁甲残块

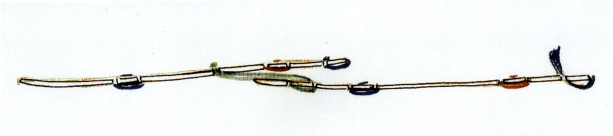

3. 剖面

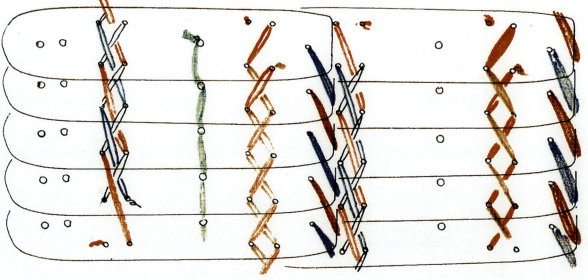

2. 背面

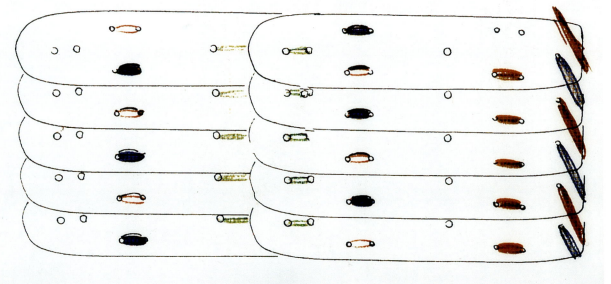

1. 正面

图版一九四　西藏末元明铁甲甲片缀合分析图

图版一九五　河北曲阳五代时期王处直墓彩绘浮雕武士石刻